财经应用文写作

Finance and Economics Practical Writing

主　编　游云琳

副主编　陈春梅　杨秀洪　蔡雅红　范成娇

厦门大学出版社 XIAMEN UNIVERSITY PRESS
国家一级出版社
全国百佳图书出版单位

图书在版编目（CIP）数据

财经应用文写作 / 游云琳主编 ；陈春梅等副主编
. -- 厦门 ：厦门大学出版社，2022.7
ISBN 978-7-5615-8599-3

Ⅰ. ①财… Ⅱ. ①游… ②陈… Ⅲ. ①经济－应用文
－写作 Ⅳ. ①F

中国版本图书馆CIP数据核字(2022)第081446号

出 版 人 郑文礼
责任编辑 施建岚
特约编辑 李瑞晶
美术编辑 李嘉彬
技术编辑 朱 楷

出版发行 厦门大学出版社
社 址 厦门市软件园二期望海路 39 号
邮政编码 361008
总 机 0592-2181111 0592-2181406(传真)
营销中心 0592-2184458 0592-2181365
网 址 http://www.xmupress.com
邮 箱 xmup@xmupress.com
印 刷 厦门金凯龙包装科技有限公司

开本 787 mm×1 092 mm 1/16
印张 22.5
字数 520 千字
版次 2022 年 7 月第 1 版
印次 2022 年 7 月第 1 次印刷
定价 49.00 元

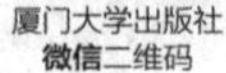

厦门大学出版社
微信二维码

厦门大学出版社
微博二维码

前 言

本书基于《普通高等学校教材管理办法》，以提高财经专业学生写作水平为目的，依据目前社会对复合型人才的需求，在编写体例上采用项目化结构，按照任务驱动来组织教材内容。通过对现代经济活动工作岗位和职业能力需求的分析，本书精选了现代经济活动中常用到的四十几个文种，并将这些文种设置为八个大的项目，每个项目的内容又分设为若干个工作任务，每个任务都以提高学生写作能力为宗旨。

本教材具有以下几个显著特点。

1.重视学生的写作思维训练，编写体例符合写作及教学规律

本书采用了"项目导向""任务驱动"的教材编写模式，且编写体例更加符合写作及教学规律。本书各文种写作以"案例引入、必备知识、例文鉴赏、写作模板、写作提示、技能训练、拓展学习"等为编写体例，循序渐进，体现写作思维训练从培养感性思维到培养理性思维到实际运用再到培养学习能力的过程，把写作知识和写作技能紧密结合，以达到提高学生写作能力的目的。

2.各文种的"写作模板"引导学生撰稿思路，方便学生套写

本书为强化学生的写作思维训练与培养，在各文种写作中利用"写作模板"引导学生撰稿思路，格式化模板方便学生快速套写，以达到事半功倍的效果。其中，"写作模板"由"框图模式"和"文字模板"构成，便于有效加强对学生的写作思维训练。

3."应该怎样写"和"不应该怎样写"的教学并重

各文种"必备知识""例文鉴赏""写作模板""写作提示"的模块设置，让学生学会"应该怎样写"，也突出了"写中学、学中写"的训练要领。书中均编配有足量的"病文分析"和"病文修改"训练题，以求让学生在明确"不应该怎样写"的同时更好地明确"应该怎样写"。

4.增设数字财经文书写作内容，时代感强

新科技新兴产业应"用"而生了新应用文文种，该文种形式新颖、实用高效。本书根据财经、经济学科新时代需求增设财经传播推介文书，包括电子商务文案、电商销售文案、电商品牌文案、推广类电商文案等文种写作，以帮助学生强化互联网思维，适应新时代需求。

5.案例新

新教材契合财经类专业需求，把实用作为目标导向，案例素材涵盖大量财经、商贸等

领域新案例,且有写作范例及模板,以帮助学生举一反三。

本书融汇了一线教师十几年的教学经验与成果,力求使本书更具现实意义与创新价值。本书语言准确、得体,具有创新性,便教利学易推广,还可作为企业文员和社会上其他相关从业人员的培训和参考用书。

本书在编写过程中参考了相关文献,参考了一些研究成果,但由于篇幅有限,不能一一标注,在此向其编著者表示感谢。由于编者水平有限,本书难免存在诸多问题与缺点,敬请各位专家、读者多提宝贵意见,以便日后充实与完善。

编　者

目　录

项目一　认识财经应用文

任务一　认识应用文与财经应用文

案例引入

华美股份有限公司是一家大型批发零售贸易企业，公司拟在2023年元旦期间举办十周年庆典暨大型促销活动，于是抽调各部门骨干力量成立了庆典活动筹备小组负责策划此次活动。在活动准备期间，他们需要完成活动策划方案、市场调研报告、邀请函、宣传广告、海报及庆典致辞稿等多项文稿。如果你是其中的一员，需要承担某项写作任务，你能胜任吗？

必备知识

一、应用文的概念与历史沿革

自从有了文字，人类就开始了写作活动。人类最早的写作就是为了解决各种实际需要而开始的。就写作目的而言，写作可分为两大类：一类是文学写作，另一类是应用文写作。文学写作主要用于抒发作者主观情感，反映社会现实，是为满足人们的欣赏需求而进行的艺术创作，如诗歌、小说、戏剧、散文等；应用文写作的目的是处理公务和个人私务，以解决实际问题。人们通常把实用型文章的写作称为应用文写作，而实用型文章是相对欣赏型文章而言的，是指为解决实际问题而撰写的各类文章，是在社会生活中有着特定用途的文章。

应用文的使用范围非常广泛，几乎涉及各个领域、各个部门、各个阶层、每个人。例如，政府机关指导工作，需要行公文；工商企业经营，需要拟合同；科研单位的人员，需要写学术论文；打官司，需要用诉状；即使是个人生病了不能上课，也需要用到请假条……相对于其他文体来说，应用文的使用频率要高得多，许多人可以一辈子不写小说、剧本、诗歌、散文，但他在工作、生活、学习中却免不了要写应用文——小到请假条，大到计划、总结、论文等。三国时期的魏主曹丕在《典论·论文》中写道："盖文章，经国之大业，不朽之盛事。"他把文章的功用提高到治理国家的高度。现代教育家叶圣陶先生说："工作和学习中经常需要写作，所以写作是每个人非学不可的。""大学毕业生不一定要能写小说诗歌，但是一定要能写工作和生活中实用的文章，而且非写得既通顺又扎实不可。"应用文是现代社会使用频率非常高的实用文体，与日常生活和工作有着密切联系。随着我国市场机制的逐步确立和不断完善，应用文在社会生活中发挥着越来越重要的作用，小到企业、个人，大到国家机关，都离不开应用文写作。良好的应用文写作能力已经成为社会衡量高素质人才的重要指标之一，也是国家机关和企业招聘过程中重点考核的内容。

综上所述，应用文是国家机关、企事业单位、社会团体或个人在工作、学习、生活中使用的，用于处理公私事务、传播信息、表述意愿的具有一定惯用格式的实用性文章。

应用文的历史非常悠久，只是在历代的名称不同而已。早在殷周时期，刻在甲骨文上用于占卜的文字(称为卜辞)，就已具有应用文的雏形。《尚书》中收录的商周时期的诰、誓、命等文书可算是最早的应用文。而后，应用文的文体不断增多，体式也更加完备，如春秋时期用于外交方面的辞、辞命，秦汉时期的诏、制、奏、表，魏晋时期的令、书、笺，唐宋以来的图籍表册、碑碣志铭、法律条例等。元明清时期对应用文的研究成果中值得一提的是刘熙载的《艺概·文概》。辛亥革命以后，应用文实现了从古体到今体的巨大变革。应用文在不同历史时期的管理社会事务及实现社会、政治、生活目标的活动中扮演着必不可少的角色，发挥着极其重要的作用。

二、财经应用文的概念与特点

财经应用文具有应用文的一般特点，即"以用为尚"、有一定的程式等，但其必须时时体现市场经济活动领域中的特点和规范，应紧密联系市场、为市场服务，从而达到促进商品交换、市场流通的目的。因此，财经应用文作为应用文的一个重要分支，是在财经活动中形成发展起来的，用以反映财经情况、处理财经事务、传播财经信息、协调财经活动、研究财经问题的应用文。财经应用文是各级财政部门传达、贯彻党和国家的财政方针、政策，发布财政法规，交流经验，沟通信息，解决问题时不可或缺的重要工具。

从财经应用文写作对象、内容、目的和适用语境的角度看，财经应用文存在着其独特的外在和内在特征。外在特征是从财经应用文的作用及应用范围来考查的，而内在特征则是从构成文书的内容、材料、结构和风格方面来考查的。大致来说，财经应用文具有如下特点：

(一)目的的实用性

一般来说，文章的写作都具有一定的目的性，但财经应用文写作中目的的实用性与其他文章写作的目的性有很大区别：

首先，市场经济活动是一种有目的的活动，活动的过程就是为实现预定的目标，如与对方协商谈判并签订合同、处理客户间纠纷、对市场做出分析、加强合作等。财经应用文写作就必须以实现上述目的为前提，一切写作都应是为了解决市场经济活动中的实际问题，绝不能进行形式上的无效的写作。

其次，财经应用文的撰写本身就是财经工作的实效在文字上的一种反映，如买卖双方从协商谈判到签订合同，从方案提出到调查研究、计划制订、工作总结等，每一篇文章都要求能产生不同程度的效用。

最后，市场经济活动是崇尚实干、非常讲求时间和效率的务实活动，与之相应的财经应用文也不例外，撰写的目的无非是解决市场经济活动中出现的一些实际问题，并促使这些问题尽早获得圆满解决。因此，财经应用文写作无论是从写作目的还是解决问题的作用上讲都是非常务实的，同时讲究可行性。

（二）内容的专业性

市场经济活动的内容决定了财经应用文的写作内容。市场经济活动的内容涉及社会的方方面面，也涵盖许多学科，如市场营销学、管理学、心理学、统计学、会计学等。因此，许多财经应用文都是非常专业化的写作，它要求撰写者必须具备相关的商务专业知识，还要懂得一些其他专业知识。例如商务谈判方案、经济活动分析报告、市场调查报告、商品说明书的撰写等，都要求作者调动广泛的业务知识储备，客观地反映市场动向和准确无误地传递商务信息，以避免在沟通中产生理解上的偏差。

（三）格式的规范性

大部分财经应用文的文体都具有相对固定的结构，这是长期以来在实际应用中逐步形成并约定俗成的，例如公文、合同、商函、规章制度等。这种格式上的规范性和稳定性使得人们在使用中可以仿照标准的样式去进行操作，以更有效地处理事务。当然，随着国际经济活动的增多、新的社会需求或新的书写工具的出现，会使原有的一些文体格式出现变革性的“变体”，这些“变体”或属于新体的萌芽，或属于某种需求的尝试，对它们的总结、定性，还需要经过一定的时间及实践的检验。

（四）思维的逻辑性

思维的逻辑性是指在撰写财经应用文时要讲究逻辑。体现在文章的结构上，就是要条理清楚，段落之间具有明显的逻辑关系；陈述的事项界限清晰，不交叉；内容前后讲究因果，材料能够证明观点。虽然财经应用文的文体在撰写过程中也有运用形象思维的，但多数文体是以具体的事件（或问题）为中心的，在阐述观点，分析前因后果、现象和本质时，采用的多是逻辑思维的方式。例如，写请示要讲清请示事项和请求批准的原因；写总结则应在陈述具体成绩和存在的问题的基础上，分析说明取得成绩和存在问题的原因；科技论文的结论则来自于对材料的分析和对问题的推断。

（五）表述的简明性

与财经应用文讲究实用的特征相呼应，财经应用文在语言表达上非常重视信息表述的准确、无误。因为在信息社会，谁的市场信息灵通，谁准确掌握了信息资源，谁快速、准确地传递了信息，谁就在生意场上多了几分制胜的把握；谁能恰到好处地表达自己的想法，谁就能赢得客户。这些就要求在传递信息、说明情况、解说理由上用语简明、准确，表述精当。

三、财经应用文的分类

随着市场经济的繁荣与发展，作为应用文的一个分支的财经应用文得到了迅速发展，尤其是随着经济领域的不断拓展和各种经济活动的快速增加，财经应用文的种类也越来越多。但目前对于财经应用文种类的划分尚无定论，一般有广义和狭义两种理解。狭义上，财经应用文是指只用于财经活动的专用应用文；广义上，财经应用文则还包括可用于财经活动的通用应用文。据此，我们将广义的财经应用文分为以下两大类：

(一)通用财经文书

通用财经文书是可用于财经活动的应用文。所谓"可用于"，是指这类应用文既可用于财经活动，也可用于其他活动，而非财经活动所独有，如公务文书、事务管理文书、诉讼文书、宣传文书等。

1.公务文书(党政公文)

党政公文是党政机关实施领导、履行职能、处理公务的具有特定效力和规范体式的文书，包括决议、决定、命令(令)、公报、公告、通告、意见、通知、通报、报告、请示、批复、议案、函、纪要十五种。

2.事务文书

事务文书是指单位或个人用来传递信息、交流情况、制订计划、总结经验、调查情况、规范行为等使用的文书，包括计划、总结、述职报告、简报、会议记录、规章制度等。

3.司法文书

司法文书是指司法机关、依法授权的法律组织，以及单位、个人为解决法律事务而作的文书，包括仲裁文书、诉讼文书、公证书等。

4.科技文书

科技文书是指科技活动、科技成果中形成的文书，包括科研项目申请书、科技实验报告、学术论文、毕业论文、毕业设计等。

5.新闻传播文书

新闻传播文书是指能够反映最新发生的事件且有社会价值的文书，如消息、通讯、新闻评论、新闻专稿、解说词、广播稿等。

6.礼仪文书

包括贺词、贺电、欢迎词、欢送词、答谢词、开幕词、闭幕词、讣告、唁电、题词、对联等。

(二)专用财经文书

专用财经文书是专门用于财经活动的应用文。这类财经应用文是专门用来开展财经业务或传递财经信息的，它只用于财经活动，具有很强的专业性。如财经协约文书，包括招标书、投标书、意向书、协议书、合同等；又如财经调研文书，包括市场调查报告、市场预测报告、财务分析报告、经济活动分析报告、审计报告等。

四、财经应用文的作用

(一)规范管理

自古以来，应用文就是对社会进行管理的工具。财经活动的顺利开展，必须以党和国家的经济方针、政策为依据，财经应用文正是传达和贯彻党和国家经济方针政策和法律法规的重要工具。因此，财经应用文具有指导和规范财经活动健康有序发展的作用：例如，招投标书规范了经济活动中的竞争行为；经济合同、协议书能有效地维护经济秩序，保护当事人的合法权益；贯彻财经方针政策的公务文书、财经方面的法令法规和规章制度等都是开展经济活动的重要依据。离开了财经应用文，财经活动中的管理、沟通与传播、协调工作就无法进行，甚至会陷于混乱状态。

（二）联系交流

现代社会里，人们参与各类活动的范围更加广泛，单位之间的合作交流日益增多，应用文就起到了交流信息、联系情感、协商事宜、协调行动、相互支持等作用，成为了加强上下级联系的纽带，成为了与各有关方面联系的有效工具。例如，双方合作需签订意向书、合同，推销产品需要策划广告，商洽业务需要互发信函等。上下级之间的上情下达、下情上报，各单位之间的信息交流、业务联系，都离不开财经应用文。

（三）调查研究

调查研究是做好财经工作的重要保证。通过调查研究，撰写各种财经报告和研究文章，如市场调查报告、经济预测报告、可行性研究报告、经济论文等，可为财经方针政策的制定和财经决策提供可靠的参考和依据，从而保证财经方针政策的可行性和决策的正确性。

（四）资料凭证

在社会生活中，财经应用文也是展开工作、解决和处理问题的依据和凭证。如党和政府发布的法规、相关部门出台的规章制度等，都可作为开展工作和检查工作的依据；而一些条据、合同文本等，也是业务中的凭证，一旦出现问题、纠纷，依靠这些凭证，可通过法律追究对方责任，维护自身利益。另外，一些重要的应用文也是历史档案资料，要了解某时期的政治、经济情况或某一方面的生产经营情况，只要查阅当时存档的应用文便可知晓。

例文鉴赏

［例文一］

国务院关于制止乱砍滥伐森林的紧急指示

各省、市、自治区党委、人民政府：

当前，许多地方再次出现乱砍滥伐森林的歪风，并且，这段歪风还在继续蔓延扩大。产生这种情况的原因，主要是相关的党、政领导机关对违法毁林事件的严重性认识不足，打击不力，有的甚至不抓不管，听之任之。而对当前的违法毁林事件，决不可借口工作存在不足就可以有法不行、执法不严。国家制定的有关森林的法律、法令，体现着全国各族人民的根本利益，受到广大群众的拥护，甘愿犯法毁林的只是极少数，姑且放纵这些极少数犯法者，是对人民的犯罪。只有对少数犯法者坚决给予打击，才能有效地刹住这股歪风，鼓励更多的人保护森林、发展林业，否则百年树木毁于一旦，将造成无法弥补的损失。为此，特紧急指示如下：

一、国务院责成凡有森林的地方县委和县人民政府负责监督护林法令的执行。望立即采取果断措施，限期制止乱砍滥伐森林事件。无论任何单位或者个人，利用任何手段侵占和破坏国有的和集体的山林，都必须彻底追查，依法惩办。对这些犯法者制止不力，就是失职，上级党委和政府必须追究县委书记和县长的领导责任。

二、对于破坏森林的任何单位或者个人，要区分情况，该退赔的必须退赔，该罚款的必须罚款，该判刑的要依法判刑。不管什么人，也不论是哪一级干部犯法犯罪，党委和政府不得姑息、包庇，或者借故掩护顶着不办。

三、抓紧搞好稳定山林、林权，划定自留山，确定林业生产责任制工作。凡是没有搞完林业“三定”的地方，除国家划定规定的木材生产任务以外，其他采伐暂时一律冻结。

四、保护森林、发展林业是我国社会主义建设中的一个重大问题。对森林的保护和管理必须加强，在任何时候都不能有丝毫放松。今后对乱砍滥伐歪风，应当随起随刹，绝不能手软。各级党委和人民政府应坚决刹住当前乱砍滥伐森林的歪风。针对今后如何加强对森林的管理和保护，以及进一步落实林业政策等问题，一定要立即进行一次认真的检查，就相关问题作出具体部署，切实把工作抓好，务求取得成效。

请各省、市、自治区党委、人民政府于今年年底前向国务院写出报告。

国务院

××××年×月×日

［例文二］

伐木者，醒来

1979年春天，笔者曾有海南岛之行，一路上风光秀丽、绿树成荫，但在踏访五指山时却为扑面而来的滚滚浓烟所挡，询问后才知道这是山民在烧山，每年春节到5月是这里群众烧山的季节，刀耕火种，历来如此。

往浓烟深处走去，烟雾时浓时淡、忽远忽近，在树木间飘忽，火光里一棵棵大树小树先是被浓烟吞没，继之是一树绿色变成焦炭状，然后小一些的树成为枯木倒下了，大树们则虽死犹立，必须再砍几刀才会倒下。

去年5月，有朋友从海南岛归来说及那边刀耕火种的情况，他所亲见的一如当年我所见到的，更令人不安的是，盗伐森林的现象也日趋严重。刀耕火种是当地人民，尤其是黎族、苗族少数民族人民几千年的习惯，他们借此获得粮食而谋生；盗伐者却不一样了，为了发大财而全然不顾一些珍贵树木的观赏价值，将其盗来据为己有。我们谈到有待开发的海南岛，尽管其闭塞、落后，但自然资源却是十分丰饶的，这一片片绿色便是难得的宝库啊！解放以来，海南岛上除了天然的森林以外，又种植了大量的以木麻黄、相思树为主的防护林带，抗风防沙，作为岛上自然森林植被的第一道防线。海南岛的海水蓝、树木青、花朵美，无不与此血肉相关。

难以想象的是，海南岛上的绿色正日渐稀少，这将意味着什么？一亩地的森林可比无林地多蓄积20立方米的水，破坏森林也就是破坏水源。春雷水电站在20世纪50年代发电量为2500千瓦，现在仅为1000千瓦，不是机器陈旧而是水源不足；20世纪50年代有自然水灌溉的农田10000余亩，到了20世纪80年代仅剩1000亩！

在森林被砍伐之后，我们已尝到部分沙漠、暴风、干旱、饥渴危机的苦果，其他因砍伐森林造成的危机的恶果正在逐步“结成”！

保护海南的热带森林已刻不容缓，盗伐之声、放火烧荒应该休矣！

简评：上述两个案例中，案例一是党的公文中的指示，采用公文事务语体，主旨鲜明，结构严谨；引据、本论、要求层次清楚；语言严密、简约、庄重，体现了公文的法定权威性，它使受文者明确事情的起因、为什么要这样办和怎样去办的道理。案例二是报告文学《伐木者，醒来！》的节选，运用文艺语体，形象性、情意性十分鲜明。文章报道了海南岛某些地方严重的毁林情况，作者通过对亲身经历的叙写、报道资料的引述以及访问的记叙，生动、形象地向人们诉说乱砍滥伐森林、破坏生态平衡已经引起和还将导致的恶果，呼吁保护森林"已属刻不容缓"。

例文一、例文二针对同一主题，倡导的也都是"保护森林"，但其行文风格、写作样式则完全不同。一个是应用文种，一个是文学体裁，两者的社会作用不同：应用文能够帮助治理国家、管理社会、规范行为，而文学作品则是服务社会、教育人民、感化行为。

技能训练

在进行应用文写作时，要注意文章在结构上应条理清楚、层次分明，以达到目的。下面一段话不符合应用文表达的要求，读后请按逻辑关系将它分为若干段，并加上标点符号。

保障老年人合法权益是全社会共同的责任各级劳动和社会保障医疗保险公安司法行政人事财政工商行政管理房屋土地卫生教育文化体育等部门和人民法院人民检察院以及企业事业单位应当依照各自职责做好老年人权益保障工作各级老龄委员会退休职工管理委员会工会共产主义青年团妇女联合会以及老干部管理部门应当协助支持各级人民政府贯彻实施本条例居民委员会村民委员会应当反映老年人的要求维护老年人合法权益为老年人服务报刊广播电视等新闻单位应当加强保障老年人合法权益的宣传教育工作弘扬敬老养老的传统美德谴责侵犯老年人合法权益的行为青少年组织学校和幼儿园应当对青少年和儿童进行敬老养老的道德教育和维护老年人合法权益的法制教育鼓励发展老年慈善事业提倡义务为老年人服务

拓展学习

一、名词解释

应用文　财经应用文

二、问答题

你担任过什么职务？你在学习、工作中见过哪些应用文？请列出10个应用文种类。

三、写作题

随着市场的快速开拓与发展，某公司已在全国主要城市设立了数十家分公司。近来，第三分公司业务非常繁忙，经研究，拟向总公司请示招聘人才。请问该如何写这份请示？

任务二　了解财经应用文写作基础知识

案例引入

乡村消费品零售额增速继续快于城镇，按经营单位所在地划分，2016 年城镇消费品零售额 20.2 万亿元，比上年增长 129%，乡村消费品零售额 3.2 万亿元，比上年增长 14.6%。2016 年，商务部门着力通过建立和完善现代流通体系扩大消费，在农村继续实施“万村千乡市场工程”等重点项目，标准化农家店已覆盖 75%的行政村。此外，加大社区商业建设，新建改造的便民菜市场已覆盖 20%的城市；创建“国家电子商务示范城市”“国家电子商务示范基地”和“电子商务示范企业”，促进电子商务普及应用，引导网络购物等新型消费业态健康发展；不断引导流通企业与金融机构合作，简化手续，降低个人信用消费成本；支持有条件的地区开展“零手续费、零首付、低利率”的信用消费优惠政策试点。这些措施使现代流通体系得到进一步完善，对促进消费发挥了重要作用。

（来源：中国经济信息网）

请概括上文的主题，并分析其语言和材料的特点。

必备知识

写作包含主题、材料、结构、表达方式、语言、修辞等基本要素，而应用文写作是写作学的重要组成部分。应用文写作的四要素是主题、材料、结构、语言，各要素在文中所处的地位是：主题为灵魂；材料为血肉；结构为骨骼；语言为血脉。财经应用文是应用文的一个重要分支，本节侧重于教授学生通过学习应用文的四要素来掌握财经应用文的基础知识。

一、应用文的灵魂——主题的选择

主题是指作者通过文章的具体材料所表达的中心思想、基本观点或者要说明的主要问题。应用文的主题就是通过文章的内容所表达的作者的写作意图、目的、思想和观点等，如计划的主题是“做什么、做到什么程度”，经济合同的主题是“标的”等。

主题犹如一条红线贯穿全篇，在构成要素中居于统帅地位，发挥决定性的作用。因此主题是应用文的灵魂所在，失去主题便如同人失去思想、三军缺少主帅，材料的取舍、结构的安排、语言的运用，甚至标题的制定、表达方式的运用，都会失去依据。

(一)主题确定的依据

应用文的种类很多，对立意的依据要求各不相同。一般来说，有以下两种情况：

1.以领导意图和工作需要确定主题

应用文的拟写是领导与管理工作中不可或缺的重要工具,根据工作的实际需要,其旨在“受领导之命,代单位立言”。因此,领导意图、工作需要就是写作目的,就是“剪裁”材料的依据,就是确立主题的主导根据。例如,某公司要调整第四季度销售计划,要求销售部门做出计划,这时“如何调整销售计划”的命题规定,就成为写稿人立意的依据。

2.依据实际材料确定主题

应用文要求真实、实用,丰富多彩的社会实践便是取之不尽、用之不竭的实际材料。深入分析这些材料,得出正确的判断,发现事物的本质,是形成主题的物质基础和必要条件。换言之,确立主题必须尊重事实,尊重事物本身的规律,不能凭空设想,生造主题。例如,市场调查与市场预测报告的主题必须是在分析材料的基础上得出的。

(二)主题拟写的要求

1.正确

首先,主题必须符合国家法律、法规,符合党和国家的路线、方针、政策,符合领导批示意图,能指引正确的方向;其次,主题的正确还体现在必须符合客观实际情况,能反映客观事物的本质规律及具体的业务规范,帮助人们正确处理工作事务。

2.鲜明

鲜明是指应用文的观点意图要清晰确切,旗帜鲜明,不容置疑。主题必须能够抓住问题的实质,肯定什么、否定什么、赞成什么、反对什么要一目了然,不能似是而非、模棱两可,甚至前后矛盾、不知所云。

3.集中

应用文应内容单一,文一事,不可多中心,“意多必乱文”。全篇内容应由主题统率,不枝不蔓,为表现主题服务。如何使主题集中呢?首先,要意在笔先,动笔之前要明确文章重点阐明什么思想、解决什么问题,与此不相干的问题应统统剔除;其次,主题必须单一;最后,分清主次,不可面面俱到。

4.深刻

撰写应用文要揭示事物的本质及其内部规律,体现原则性和指导性。例如,撰写党政公文要明确指出撰文的目的,体现原则性和指导性;写总结等要提炼规律性的认识和行之有效的措施。

(三)主题的表现方法

1.标题点题

在标题中点明主题,如《关于进一步做好医疗机构药品集中招标采购工作的通知》这一标题直接点明了写作目的。

2.开门见山

(1)使用主题句,开门见山。在公文和其他应用文书中明白、准确地表达主题的句子叫做主题句。主题句以介词结构“为了……”为特征。

(2)不出现主题句,开门见山。有的应用文开宗托旨,首句并不出现主题句,而是直接阐述意义、主张或基本观点。

(3)小标题显旨。小标题显旨是指将文章主题分解成几个部分,每个部分用一个小标题来显示。值得注意的是，各个小标题的排序必须注意体现合理的逻辑关系。如下文：

关于我省清理整顿公司工作的报告

国务院：

我省自××××年××月清理整顿公司以来，坚持既坚决又稳定的方针，抓紧清理整顿方案的拟订和实施，积极查处了公司违法违纪案件，努力加强公司的建设和管理，基本完成了党中央、国务院赋予我们的任务，达到了预期的目的，现将这项工作情况报告如下：

一、撤并了一批流通领域的公司，解决了公司过多过滥的问题。（略）

二、查处了公司违法违纪案件，整顿了公司的经营秩序。（略）

三、认真做好撤并公司的各项善后工作。（略）

四、加强了公司管理和法规、制度建设。（略）

××省人民政府

××××年××月××日

上文的四个小标题，围绕“清理整顿公司”这一主旨，表述了富有内在逻辑关系的四个思路和做法，各个小标题均是其下文字内容的概括。

(4)片言居要。片言居要即在文章的内容转换之处揭示主旨，同时起到承上启下的过渡作用，如在分析问题到解决问题的过渡之处揭示主旨等。《××人民政府关于严厉打击加工销售注水猪肉非法行为的通知》一文，在提出问题、说明“我市加工销售注水猪肉的不法行为十分猖獗”之后，通过分析指出其“危害极大，侵害群众利益，破坏肉猪声誉，扰乱市场正常秩序”，然后转而提出“各级人民政府及其有关职能部门要采取有力措施，坚决打击加工销售注水猪肉的不法行为”，之后便引出七条对策措施，而提出解决问题的对策和措施才是该文的主旨。

(5)呼应显旨。在正文的开头和结尾前后呼应，以突出主题。这种写法多是开头提出与主题相关的问题，篇末呼应。

(6)篇末点旨。在应用文正文的结尾点明写作主题。

二、应用文的血肉——材料的选择

材料是构成文章内容的要素，是指作者为某一目的而收集、选取并在文章中使用的一系列事实或依据。这些事实或依据包括事件、现象或数据、理论依据、公认的原则、公理等。我们所需要的材料是写入文章的，因此何时选择、怎样选择、选择什么材料，就需要动一番脑筋。

(一)材料的类别

文章的主题需要通过材料表现，主题要鲜明，因此材料要具体丰富。为此，收集的材料应类型丰富、数量充足：应有历史的材料，也应有现实的材料；应有本单位、本地区的材料，也应有外单位、外地区的材料；应有正面的材料，也应有反面的材料；应有直接的材料，也应有间接的材料；应有文字的材料，也应有数字、图表的材料；应有典型的材料，也应有一般的材料；应有来自领导层的材料，也应有来自基层的材料。

(二)选材的方法

1.亲身经历

材料分为第一手材料和第二手材料，为求得材料的准确、真实，常常需要我们深入现场，亲身实践，亲自调查，观察事物现象，借用知情者的见闻，得到确切的数据。亲身经历是认识客观事物的基础，也是获取材料的重要方法。例如，我们写新闻，就应该在第一时间赶赴现场，掌握第一手材料。亲身经历的选材要求主要有以下几方面：

(1)要系统、周密。对事物的全貌、各个部分、发展过程等要全面了解；

(2)要由此及彼、由表及里。不但要观察事物的表象，还要透过表象看到实质，通过比较对照了解特征、发现问题；

(3)要从实际出发，实事求是，尊重客观事实；

(4)要广泛深入、细致全面，不能先入为主、主观片面。

2.检索阅读

检索阅读是获取材料的重要方法，包括读书看报、翻阅档案，从中查找同类问题或相关问题的现实研究资料及历史资料。检索阅读的选材要求主要有以下几方面：

(1)熟悉和掌握图书分类，会查分类目录、书名目录、著者目录；

(2)学会利用书目、索引快速有效地获取更多的资料。熟练使用一些工具书，如字典、词典、百科全书、手册、文摘等；

(3)学会利用网络收集资料。这是当今最便利也最普遍的搜集材料的方法，通过网络，我们可以在很短的时间内查找、调用所需的材料，而且收集保存也极为方便。为了保证资料的真实可靠性，在网络搜寻时可以利用数据库，如万方数据库、中国知网、中国优秀硕博士论文库、超星图书馆等，这些都是目前在大学中广泛使用的高质量数据库。

(三)选材的标准

1.突出主题

材料是服务于主题的，在选材时要根据表现主题的需要来决定对材料的取舍。会不会围绕主题选材，能不能根据主题适当加工、增删材料，体现了作者处理材料的能力。写作时要根据主题的需要决定材料的主次详略，能直接而深刻地表现主题的材料要详写，对表现主题起辅助、烘托、陪衬作用的材料要略写，这样才能突出重点，主题鲜明。

2.真实准确

所谓真实，是指确有其事，能反映事物的本质，而不是表象；所谓准确，就是可靠无误。写进应用文里的材料必须准确无误，从大的事件到具体细节的一句引语、一个数据，都应是实事求是的反映。

3.典型生动

事物的本质往往通过个别的现象表现出来，要使材料很好地表现文章的主旨，就需要选用典型生动的材料。所谓典型的材料，是指能深刻揭示事物的本质特征，具有广泛代表性和说服力的材料；所谓生动的材料，是指那些具有感染力和鼓动性，能够使社会和谐、凝聚人心的材料。

4.新颖

写进应用文里的材料一定要有时代感，能够表现客观事物的发展变化趋势，反映客观事物的最新面貌，以及现实生活中人们最关心的那些新人、新事、新思想、新成果和新问题。

(四)材料的处理方法

1.筛选法

筛选法是在众多的材料中选择典型的、能表现主旨的材料的方法。

2.类化法

类化法是通过确立反映事物本质特征的、与分类目相适应的标准，将材料进行梳理分类的方法。

3.截取法

截取法是指选用一个完整事件的片段或完整事物中的部分以表现观点的一种处理材料的方法。用这种方法，不求事件的连贯、事物的完整，只求能言简意赅地说明问题和阐明观点。叙事性较强的应用文，如简报、通报、调查报告以及应用文中叙事性较强的部分常用此法。

截取材料的多少或详略需适度，必须考虑材料与观点的密切程度、读者对材料的熟悉程度。同时，在截取材料时，不能断章取义，不能扭曲原意，还要注意上下文的衔接过渡，并与整篇文章表述角度一致，不能牵强附会、生硬别扭。

4.撮要概述法

撮要概述法是指对虽有价值但却非常纷繁的材料加以概括压缩，使精华部分更为突出的方法。在具体做法上，对叙述性的事实材料往往保留主干，抓住要点，理清线索，剔除细节，变描写、详述为略述、概述，只要求简要交代事件的概貌和实质，而不求像文学作品那样细腻传神，形象感人。如《中共××市委、××市人民政府关于在全市开展向何国治烈士学习活动的决定》中，便是以撮要概述法写何国治的英雄事迹，文章如下：

××××年5月26日下午5时44分，我市3名儿童在锦江河九眼桥下踩水玩耍时，不慎失足跌入水深湍急的回水凼，生命危在旦夕。青年工人何国治听到呼救，毫不犹豫地第一个跳入河中抢救，奋力将溺水儿童推向浅处，何国强等几名青年也随后相继跳入河中，齐心协力救起3名儿童，在抢救过程中，何国治英勇牺牲。他们见义勇为、舍己救人的英雄事迹，谱写了一曲社会主义精神文明的壮丽凯歌，受到全市人民的热情赞扬。

何国治同志生前是成都市房地产经营公司职工，共青团员。他热爱祖国、热爱人民，时时处处学雷锋、树新风，工作勤奋，埋头苦干，勤俭节约，珍惜国家财产，勇于同坏人坏事作斗争，在平凡的岗位上做出了不平凡的事迹，表现了一个共青团员献身社会主义事业的崇高信念和优秀品质。

该文300多字便浓缩了英雄光辉的一生和舍己救人的英雄事迹，体现了应用文书叙述事实材料的写作特征。

三、应用文的骨骼——结构的安排

应用文的结构应完整、严谨，纲目清楚，层次分明，段落清晰，言之有序，要避免松散与重复。一般来讲，应用文的正文都具有开头、主体与结尾三大部分，但在具体安排时，还要根据不同文体的特点安排不同的结构形态。例如，行政法规、合同和协议书等文体应侧重说明根据、规则、措施，因此常常使用条款式、表格式组织结构；调研报告、学术论文等说理性的文体则要运用论据对论点进行论证，其结构一般按“提出问题—分析与论证问题—解决问题”的次序组织；工作报告、会议纪要等陈述性文体，大多根据管理活动、管理对象的发展变化及特征来组织文章结构，要求有头有尾、连贯完整。如果文章兼用记叙文与议论文两种体裁，其结构就要更复杂些。应用文的主要结构要素如下：

（一）标题

应用书文的标题要切题、醒目、简练，应直接揭示主旨或表明文章内容。常见的标题类型有以下三类：

1.公文式标题

公文式标题由发文机关、事由、文种三部分构成，事由的前面一般加入介词“关于”，如《国务院关于建立统一的城乡居民基本养老保险制度的意见》《教育部办公厅关于组织开展中小学校园足球工作专项调研的通知》。除此以外，还有些采用类似公文式标题的写法的文章可以不用“关于”的引出事由，但必须有文种名称，如《×××公司 2021 年度工作计划》，该标题的结构为单位名称＋时限＋事由＋文种。

2.文章式标题

文章式标题可以直接点明文章的内容和主题，多见于调查报告、新闻、讲话等，标题中一般不出现文种，如《大学生电子阅读现状分析》《崇高的理想》《股份制使企业走上成功之路》。

3.双标题。由主标题与副标题组成，主标题概括主要内容或基本观点，副标题补充说明单位、时限和事由，如《加强大学生思想道德建设——×××学院团委 2020 年工作总结》《一本书一页纸一句话——职业技能考证学习方法浅谈》。

（二）结构中的层次

1.层次

层次是应用文思想内容表现的次序。为了说明应用文的主题——总观点，需要设若干分观点，用一个层次来表述一个分观点，而后安排好文中的各个层次，各层次所表述的分观点的总和即应用文的主题。每个层次表述的分观点要具有相对的完整性，对层次的划分要前后有序、条理清楚。为此，撰写者应对所写的事物进行深入的分析，以使写作具有清晰的思路。

2.层次的形式

关于层次的划分，在一篇文章中要取同一标准，一般采用下述形式：

（1）以事件的时地为序。即依事件发生的时间或地点来划分层次，工作报告、通报、调查报告等应用文多用此形式。

（2）以管理活动的发展阶段为序。即依一项工作或工程、一个事件、一次会议、一个人物的发展阶段为序划分层次，综合工作报告、专题工作报告、调查报告等常用这种形式。

（3）以逐层论证为序。即应用文中各个层次的意思一层进一层，是逐层深入的关系。一般是首先提出一个中心论点，而后逐层由浅入深地论述，这种层层深入的结构形式反映了人们的认识由浅入深、由表及里的发展过程，这种结构又被称为递进式，适用于工作决定、讲话稿等文种。

（4）以问题为序。即按应用文中所反映的同题来安排层次，这些层次可以反映主次、并列、因果关系或正反对照的关系，这种结构适用于工作报告、总结报告、调查报告、会议纪要等文种。

(5)综合式。亦称纵横式,即由于应用文内容复杂、可以综合运用几种形式来安排层次结构,如先以时间为序划分大的层次,再以其中的题为序划分第二级层次。

3.层次的表述方法

(1)用小标题突出层次。

对于篇幅较长、内容复杂的应用文书,可以使用小标题将文章划分出几个相对独立又紧密相关的部分。小标题可以是分论点,也可以是论述内容。小标题的设置应在同一层面且互不交叉包含。小标题的语言应简明精练,句式、字数、词性应尽量整齐和谐。

如《中共中央关于加快农业发展若干问题的决定》一文的各层次间即用下述小标题表示:(一)统一全党对我国农业问题的认识;(二)当前发展农业生产力的二十五项政策和措施;(三)实现农业现代化的部署。

(2)用序数词或数字标注顺序。

对在内容上有包含关系或需要分条目说明的文章可以标注序数词或数字序号,以厘清上下层次关系。常见的标注方式有两种:一是标注"第一""第二""第三";二是使用数字,使用数字时成注意层次关系,一级标题使用"一"、"二"、"三",二级标题使用"(一)""(二)""(三)",三级标题使用"1.""2.""3.",四级标题使用"(1)""(2)""(3)"。

(3)用词、词组表示。

如"首先,……""其次……";"关于×××的问题……"或"会议认为……""会议决定……"等。

(三)段落、衔接与照应

1.段落

段落,这里指自然段,即应用文中能够表达一个完整意思而又相对独立的基本构成单位,是在行文中由于转折、间歇、强调等情况而自然形成的分隔、停顿。

划分层次之后,需要安排好段落。一是注意段与段之间的联系;二是每段要相对完整地表达出一个中心意思,不能把一个完整的意思分成几段来写,也不能把不相关的意思硬放在一段之内,要注意段落的完整性与单一性;三是段落要长短适度。

安排好应用文各层次、段落之间的衔接与照应,其目的是使层次、段落之间前后连接,转折自然。

2.衔接

衔接又称过渡,是指上下两个段落或层次之间需要设关联词语、词组、句子甚至自然段,以连接文意,使文章脉络畅通、结构紧凑。应用文常用的关联词,又称承接词,如"综上所述""总之""为此""故此"等,在应用文中起接的作用。

3.照应

照应是指上下文之间相互关照、呼应,即前面提示的内容,后面要有连续、回应,后面表述的内容,在前面应有提示;内容与标题、结尾与开头以及行文各层次之间都要有相互呼应,以使全文前后连贯、自然。

(四)正文

正文由开头、主体、结尾三部分组成。

1.开头

应用文，尤其是较长的应用文，需要在开头处书写导语。所谓导语，即采用开门见山的方法，提出要点，在开端处用极简要文句，说明全文的目的或结论。应用文的开头，一般常用的形式有如下几种：

(1)以撰文的缘由开头。即对撰写应用文的原因、依据、目的、意义和背景等作简明的交代，以帮助读者理解应用文的内容。一般来讲，请示、报告以写明理由为开头；指示、决定、批复以说明根据为开头；合同、规章制度以说明目的为开头。

(2)以陈述概况的方式开头。即在开头概述有关的一般情况。例如，总结、报告、综合报告，一般要在开头处先概述某一时期、某一方面工作的基本情况；会议纪要、调查报告，首先要介绍有关的时间、地点、范围、规模等。

(3)以揭示主题的方式开头。即在文章开头，以简要的文字揭示应用文的主题，唤起读者注意，引导读者继续阅读。

(4)以阐明论点(结论)的方式开头。即在开头处亮明观点。

(5)以提问的方式开头。即将应用文要回答的问题，在开头处以提问的方式一针见血地提出来，可以起到提起注意、开门见山的效果。

(6)以致意的方式开头。贺信、感谢信和讲话稿多以这种方式开头，目的是给人以亲切感。

(7)以表明态度的方式开头。如“国务院同意××部《关于×××的报告》，现转发你们……”，又如“经局办公会议研究，同意你处《关于××的请示》”。这类开头，一般用于批转通知或转发通知以及对请示或来函的批复。

2.主体的基本形式

正文的主体是应用文的核心部分，在此部分中应用文的主题和材料都要体现，且应有恰当的文章层次的安排和思想内容表现的次序。

(1)以简单的说明为序，简述“什么事”“怎么做”。内容单一、格式固定、篇幅较小的应用文常用此种格式，如请示、公告、通告等。

(2)以时间先后为序。以一定时间内，事物的发生、发展及变化过程为序，如工作总结、新闻、报告等。

(3)以逐层递进为序。按事理的逻辑性，即按提出问题、分析问题、解决问题的过程为序展开内容。

(4)以因果关系为序。按事物的因果关系来安排，或由因寻果，或由果溯因，体现逻辑性。

(5)以横向并列为序。或按事物组成的各个部分，或按问题性质的不同方面，或按轻重主次将材料横向排列。

(6)以总分变换为序。围绕某一中心点，采用总述—分述、分述—总述或总述—分述—总述的叙述方式，其中分述部分的内容呈并列形式。

3.结尾

结尾应该简洁明了，与开头呼应，完成写作目的。常用的结尾方式有以下几种：

(1)以专用词语结束全文。

部分文种有相对固定的结尾用语，如“特此通知”“当否，请批示”“现予以公告”“请尽快函复为份”。

(2)以点题形式结束全文。

在结尾点明主题或深化观点,可以加深读者对文章的理解,多用于工作总结、演讲稿、学术论文。

(3)以号召、希望结束全文。

结尾采用号召读者、展望未来、鼓舞士气、寄托希望的方法,适用于行政机关公文中的下行文、会议讲话。

(4)以强调文本要求结束全文。

结尾再次强调具体要求,提醒读者注意;或者指出此举的现实意义和历史意义。

(5)自然结尾。

主体部分已经言尽意明,无须结尾,一些公务文书、经济类文书可以采用这一方式。

四、应用文的血脉——语言

(一)应用文的语言要求

应用文的语言原则上与一般文章相同,但是由于其功能的特殊性,它在语言上有着特殊的规定与要求。

1.准确、规范

准确是指要恰当表达思想内容,主要包括以下几方面:

(1)要辨析词义。正确选用最恰当的词语,恰如其分地表达内容。例如,“责令”和“责成”在程度上不同,“夭折”和“过世”的适用对象不同,“散步”和“溜达”的语体色彩不同,“订金”与“定金”的性质不同。

(2)要注意符合语法。例如,“经过这次活动,同学们的觉悟有很大提高”中“觉悟”不能与“提高”搭配。

(3)注意避免歧义。对概念的划分要正确,如“走访了许多机关单位、学校、工厂”中,“机关单位”与“学校、工厂”所表达的意思有重叠;判断要恰当,推理要合乎逻辑,如“形式主义不应一概反对,应用文的形式不但不应反对,还要加以重视”中犯了偷换概念的错误。

(4)注意不同文种的风格色彩,避免使用不确定的词。例如,“最近表现不好”“这项工作已基本完成”,这些句子信息量过大。

规范是指恰当使用规范性书面语和文言词语,忌用口语、俚语、方言、简称。例如,“结婚”不能用“出嫁”或“娶亲”代替。

2.简明精练

(1)语言表达应删繁就简。行文时去掉套话、空话,适当使用缩略语。注意反复锤炼,缩词成字,删去重复的词,如“我们感到这里反映的主要问题是个别领导不够重视的问题,缺乏得力措施的问题”,句子冗长烦琐,可将后两个问题删去。

(2)语句不宜太长,表述层次不宜太多,尽量用短句。例如,“实行分配方案改革的目的是拉开收入差距,建立激励竞争机制,以便于最大限度地调动教师积极性,从而提高我校的教学科研质量”在改为“实行分配方案改革的目的,就是要拉开收入差距,建立激励竞争机制,最大限度地调动教师积极性,提高学校的教学科研质量”后更为简明扼要。还可以恰当使用格式语、专业语。

(3)语言表述要准确。即作者提倡什么、反对什么,态度要鲜明、是非要明确,不能模棱两可,含混不清。

3.得体

得体就是指语言既适合所写文种的需要,又能与作者、读者、发稿单位、行文目的,甚至客观环境和谐一致。如经济新闻的语言讲究客观、真实,而经济通讯除了应客观、真实外,还应生动、形象;商品说明书需要准确具体,而商业广告则应新颖别致;公关文书讲究委婉雅致,而党政公文则应明确庄重。即使同样是公文,由于行文关系不同,其语气特征也不同,如上行文在提出请求时,有谦恭的色彩;下行文在提出执行要求时,有强制的意味;而平行文在联系业务时,则要用商量的口吻。

4.平实

平实就是平易、朴实。应用文书是为解决实际问题而写的,它的语言重在实用,为了便于读者理解,应用文语言应力求平铺直叙、质朴无华,直截了当,开门见山,不夸张、不雕饰,少用方言土语,禁止滥用文言词语,不用不规范的新造词语,整篇文字都要明白、自然。

(二)应用文的语言特点

1.直接性

财经应用文是处理事务、解决实际问题的工具,因此,它的语言必须以应用性为准则,表达必须直接明了。应强调语言的平实化,排斥语言的艺术性,在写作财经应用文时,要选择表达意思最恰当的词和句来说明问题,要准确地把构成事物的某些基本要素叙述清楚,直接地判明是非;在用语上也要尽量简洁,使表达的意思简洁明了地呈现在读者面前。

2.行业性

应用文中的专用文书行业性较强,在语言上有明显的行业特征。如在经济文书中,"利润""决算""流动资金""分配""投资""提成""累计""周转"等行业用语使用频率较高;而在诉讼文书中则经常出现"原告""被告""事由""裁决""本案""认定"等行业语。行业语的运用在一定程度上消融了作者本人的语体个性,形成了文本化的语体特征。应用文的这一特征也决定了进行应用文写作的作者要在语言准确上下工夫,以更好地表达特定的行业内容,而不一定要致力于语言的创新,有时还要有意选择某些经常重复使用的行业术语,以更好、更准确地表达特定的行业内容。

3.模式性

语言的模式性与结构的模式性是相关的,公务文书、经济协约文书等的体式便是模式化的,一些专用语言更是模式化的,如"请函复为盼""按照……""……现……如下",这样的语体特征是在长期适应文体特征的基础上形成的,多次重复使用,久而久之就形成了语言的模式性,这种模式性主要体现在相同的句式和相同的词汇可以在不同内容、不同作者的文章中反复出现和重复使用。

4.常用数字和图表

财经活动是离不开数字的,经济类的应用文写作经常使用数字说明问题,数字比起文字的叙述要更为真实、准确、简明。图表是财经应用文语言表达的一种重要的辅助工具。图表能将抽象的概念、属性、发展过程和数量关系用具象的方式通俗地表达出来,显得直观、生动，因此在经济文书中的应用越来越普遍。表具有集中、清晰、简洁、直观的特点，是整理和表达数字与文字资料的重要工具，常用的表格有原始统计表、对比分析表、计算表、平衡表、流程表、调查表以及其他专业用表。图表作为一种辅助表达工具，与文字结合使用能相互说明、相得益彰。

(三)应用文的表达

1.表达方式

应用文的表达方式是指写作中采用的表述方法和形式。由于文体性质和写作目的不同，各类应用文的表达方式也不尽相同。一般来说，应用文写作主要采用叙述、议论、说明三种表达方式。通常情况下，计划、总结、简报、通报等宜采用叙述的方式；科技论文、判决书等则侧重于议论的方式；合同、规章、法规、通告等则多侧重于说明的方式。说明是应用文最基本的表达方式，通过说明情况、事理和措施达到写作的基本目的。

2.表达技巧

应用文的表达技巧是指写作中为了突出主题、抓住受众而采用的艺术表现手段。总体来说，应用文由于文种限制，在写作上要求严谨、庄重、准确、朴实。概括地说，应用文的表达技巧有以下四点：

(1)善于揣摩受众心理。即要在了解、分析受众心理需求的基础上，选择必要的手段来打动对方的心。例如，广告的策划就要分析顾客的消费心理，并用成功的手段引起顾客的兴趣，如三菱电梯广告词“上上下下的享受”，伊桑化妆品广告词“让母亲重温年轻的梦”。

(2)善于抓住诉求重心。一篇好的应用文，要么关注人们的理性，要么关注人们的情感，因此，在应用文写作的构思中，应该先做策划，做到胸有成竹，如一些法庭的辩护词就既有理性思辨，又有情感的诉求。

(3)善于综合有用信息。即要广泛收集、分析并采用各种材料、数据，使我们写出的文章更具说服力，如市场预测、营销策划、财经分析报告等都离不开信息的综合利用。

(4)善于借助表述形式。应用文的结构、语言一般都有相应的要求，我们必须遵循。但也有许多应用文种在形式上可以借鉴文学的表现形式，特别是一些商业活动策划书、法律文书，以及个人事务性应用文书。

(四)应用文的专门用语

1.称谓词

称谓词，即表示称谓关系的词。

(1)第一人称“本”“我”，后面加上所代表的单位简称，如部、委、办、厅、局、厂、公司、部门等。

(2)第二人称“贵”“你”，后面加上所代表的单位简称，一般用于平行文或涉外公文。

(3)第三人称“该”，在应用文中使用广泛，可用于指代人、单位或事物，如“该厂”“该部”“该同志”“该产品”等。“该”字在文件中正确使用，可以使应用文书简明、语气庄重。

2.领叙词

领叙词是用以引出应用文撰写的原因、根据、目的、理由或应用文的具体内容的词。应用文的领叙词多用于文章开端，引出法律、法规以及政策指示的根据或事实根据，也有的用于文章中间，起前后过渡、衔接的作用。

常用的有根据、按照、为了、接……、前接或近接……、遵照、敬悉、惊悉、……收悉、……查、为……特……、……现……如下。

3.追叙词

追叙词是用以引出被追叙事实的词。如：业经、前经、均经、即经、复经、迭经。在使用时，要注意上述词语在表述次数和时态方面的差异，以便有选择地使用。

4.承转词

又称过渡用语，即承接上文转入下文时使用的关联、过渡词语，如为此、据此、故此、鉴此、综上所述、总而言之、总之。

5.祈请词

又称期请词、请示词，用于向受文者表示请求与希望。使用祈请词的目的在于营造机关之间相互敬重、和谐与协作的气氛，从而建立正常的工作联系。如希、即希、敬希、请、望、敬请、烦请、恳请、希望、要求。

6.商洽词

又称询问词，用于征询对方意见和反映，具有探询语气。如是否可行、妥否、当否、是否妥当、是否可以、是否同意、意见如何。

7.受事词

受事词即向对方表示感激、感谢时使用的词语，属于客套语，一般用于平行文或涉外的公文。如：蒙、承蒙。

8.命令词

命令词即表示命令或告诫语气的词语。以引起受文者的高度注意。表示命令语气的词语有着、着令、特命、责成、令其、着即。表示告诫语气的词语有切、毋违、切实执行、不得有误、严格办理。

9.目的词

目的词即直接交待行文目的的词语，以便受文者正确理解并加速办理相关事情。

用于上行文、平行文的目的词，还须加上祈请词，如：请批复、函复、批示、告知、批转、转发。

用于下行文的目的词有查照办理、遵照办理、参照执行。

用于知照性的文件的目的词有周知、知照、备案、审阅。

10.表态词

又称回复用语，即针对对方的请示、问函表示明确意见时使用的词语。如：应、应当、同意、不同意、准予备案、特此批准、请即试行、按照执行、可行、不可行、迅即办理。

11.结尾词

结尾词即置于正文最后，表示正文结束的词语。

用以结束上文的词语有此布、特此报告、通知、批复、函复、函告、特予公布、此致、谨此、此令、此复、特此。

再次明确行文的具体目的与要求的词语有……为要、……为盼、……是荷、……为荷。

表示敬意、谢意、希望的词语有敬礼、致以谢意、谨致谢忱。

例文鉴赏

【例文一】

东莞市厦丽无线电有限公司财务处
××××年第一季度财务分析报告

公司经理办公室：

今年是“十六”计划的第一年，我公司要在××市有更快的发展，就必须打好基础，严把财务关。1月至3月的财务情况与去年同期相比，利润下降、成本增加、销售额降低、流动资金占用增加，此需引起公司领导和全体员工的高度重视。

××××年1—3月主要财务指标情况表

项目	计划/万元	实际/万元	增减/%	本期/万元	去年同期/万元	增减/%
利润	100	80	－20	80	99	－19
成本	140	160	＋20	160	145	＋15
销售额	170	140	－30	140	165	－25
流动资金	400	450	＋50	450	380	＋70

现将各项目指标分析如下：

我公司根据原定发展规划与去年各项指标完成情况，制订了2016年财务计划。今1—3月年原定利润共100万元，而实际完成80万元，比去年同期少19万元。成本计划140万元，实际160万元。利润下降的根本原因是成本上升、销售额下降。成本上升，全公司各部门都有不同程度的责任。因过年集体活动增多，奖金比去年同期增加10万元。各车间劳动纪律有一定松懈，正常工作日未完成生产计划，人员加班合200个工作日，多付出加班费5万元。此外，开发处开发新产品比计划多投资3万元。

销售情况方面，原定计划完成170万元，实际完成140万元，比去年同期减少25万元，导致库存增多，占用流动资金。流动资金计划400万元，实际450万元，比去年同期增加70万元。目前尚未与银行结算，利息预计要多付出7.5万元，这必将影响下一季度的利润和成本。

鉴于目前情况，建议如下：

1.根据实际情况修订公司工作计划与财务计划，在尽可能的情况下提高利润指标。

2.今年后三个季度要严格执行生产计划和财务计划。各部门要加强管理，不得超计划发放奖金和加班费。

3.开发处加快开发新产品，争取下一季度有适应市场需要的新产品问世，以增强产品竞争力。

4.销售科要给销售人员制定工作指标，争取提高销售额，降低库存率。

以上报告和建议，请公司领导研究定夺。

东莞市厦丽无线电有限公司财务处

××××年三月二十四日

简评：该文是公司季度经济活动分析报告，全文主题突出，语言简明。该文在结构上有以下特点：采用公文式标题，由单位名称＋时限＋事由＋文种组成；开头阐明了撰文缘由与依据，并开门见山地点出问题；正文的主体部分运用表格，采取对比分析法，比计划，比历史，对原因的分析发人深省，指出了问题的症结，最后针对存在的问题提出了有可行性的工作建议；结尾以专用词语结束全文，引起有关领导重视。该文是汇报工作的财务分析报告，所以有称谓和落款。

技能训练

阅读下列病文及修改稿，从材料的处理和语言的使用方面分析其优劣。

【病文】

××市17名党外人士担任区县政府领导职务

新当选的××市××区副区长王××今天对记者说：我作为民主党派成员当选为副区长，感到责任十分重大。民主党派成员进入政府领导班子，是社会主义民主政治的新发展，也是对我们民主党派的一次考验。在今后任职的3年中，我要紧紧依靠党的领导，认真深入实际，听取群众呼声，扎扎实实把工作做好。

陈××，现年53岁，民盟××市委委员、民盟区工委主任，原××教育学院××分院教授。今年3月，当选为××市××区副区长，主管文化、卫生、体育、老龄委等项工作。

××区现有1位正区长，6位副区长。其中6名中共党员，1名民主党派成员。

据了解，××市自去年10月开始的18个区县人大换届选举工作，截至今年3月6日已全部结束。在18个区县中有17个区县政府选出了17名非中共人士担任副区(县)长职务，占18个区县正副区(县)长总数的13.6%。在新当选的17名非中共人士副区(县)长中，民主党派成员5人，占29.4%；无党派人士12人，占70.6%；女同志5人，占29.4%；平均年龄50岁。

据悉，××市十分重视举荐党外干部担任政府领导职务，市委组织部和统战部曾下发文件，提出了举荐非中共人士干部的条件。市委领导要求，对担任各级政府部门领导职务的党外干部要政治上信任、工作上支持、生活上关怀，保证他们有职、有责、有权，并为他们创造学习、锻炼提高的条件。

××××年××市各区、县政府换届时，党外副区长只有5人。目前，全市共有党外局级以上干部23名，处级以上干部865人。其中，政府系统现有党外处级干部355人，比××××年的88人增长了近3倍。

［修改稿］

17名非中共人士在××市区县任要职

新华社北京3月16日电　××市18个区县人大换届选举工作已于近日全部结束。有17个区县选出了17名非中共人士担任副区、县长职务，占18个区、县正、副区、县长总数的八分之一强。

17名非中共人士中，有民主党派成员5人，无党派人士12人。据悉，在这次换届选举中，××市十分重视举荐非中共人士担任政府领导职务。

上届××市区、县政府中，担任正、副区和县长职务的非中共人士只有5人。

××市还要求对这些新当选的非中共人士要政治上信任、工作上支持、生活上关怀。

目前，新当选的××区副区长王××告诉记者，他将主管××区的文化、卫生、体育和老龄委等多项工作，他表示责任重大，要认真深入实际，把工作做好。

陈××也是民盟区工委的主任。

拓展学习

一、单项选择题

1.下列词语表示“征询”的有（　　）。

A.是否可行、妥否、当否、是否同意　　B.蒙、承蒙、妥否、当否、是否同意

C.敬希、烦请、恳请、希望、要求　　D.可行、不可行、希望、妥否

2.下列词语表示“期请”的有（　　）。

A.是否可行、妥否、当否、是否同意　　B.蒙、承蒙、妥否、当否、是否同意

C.敬希、烦请、恳请、希望、要求　　D.可行、不可行、希望、妥否

3.记叙要素齐全的是下列哪组？（　　）。

A.时间、地点、人物、事件、对话、情节　　B.时间、地点、人物、事件、描写、对话

C.时间、地点、人物、事件、原因、结果　　D.时间、地点、人物、事件、描写、情节

二、填空题

1.________防止计算机2000年问题，经国务院批准，现将有关问题通知如下。

2.以上意见，如________，请批转各部属院校。

3.________局大力协助，我校×××研究所各项筹建工作已基本告一段落。

4.×××来函已________，关于××一事，我部完全同意________局意见……特此________。

5.……以大力协作________。

三、下面文字使用了哪种开头方式？

1.为确保“菜篮子”产品长期稳定供给，提高“菜篮子”产品质量……现就新阶段“菜篮子”工作有关问题通知如下……

2.你院《关于筹建信息处理的请求》（×字〔2009〕5号）收，现批复如下……

四、写作题

应用文的标题常常就是文章的主题(又称基本观点)的集中表现。下面是一篇标题为《××公司办公室关于国庆放假的通知》的正文,读后请指出该文是否正确表达了主题。你认为应该怎样写?请写出来。

国庆来临,为了更好地迎接今年的50周年大庆,请各科室在节前进行一次大扫除,保持科室清洁,欢度国庆佳节。

项目二　财经事务文书

任务一　工作计划

案例引入

为了提高员工和管理人员的素质，提高公司的管理水平，保证公司可持续性发展，新天地股份有限公司坚持以人为本，重视职工队伍培养。近期，公司刚刚招聘了一批大学生，领导要人力资源部写一份培训计划，以为公司发展提供优质的人才保障。

请你代人力资源部拟写一份职工培训计划。

必备知识

一、计划的概念

计划是党政机关、社会团体、企事业单位和个人，为了实现某项目标和完成某项任务而事先做的安排和打算。

计划主要用于对未来的工作任务预先拟定目标，设想步骤、方法等，以做到事先心中有数，减少盲目性。

计划是计划类文书的统称。由于计划涉及的内容和期限不同，加上日常工作中的使用习惯也各异，因此计划文书还有不同名称，如规划、方案、安排、设想、打算、要点等。规划是具有全局性的、较长时期的长远设想；方案是对专项工作从目的、要求、工作方式方法、人员安排到工作步骤等作出全面部署与安排的计划；安排是对短期内工作进行具体布置的计划；设想是初步的草案性的计划，可变性较大；打算是短期内工作的要点式计划，该种计划对实施细节等内容考虑得还不是很周全；要点是列出工作主要目标的计划。

总的来说，这些文种的内容都是写未来，只是在范围、时间、详略、使用习惯等方面存在着差别。

二、计划的特点

(一)预见性

计划是事先拟定的,这就要求制订者对未来工作中可能发生的情况有充分准确的估计,制订出科学合理的计划。

(二)明确性

制订任何计划都必须有明确的目标,同时,任务、分工、方法、措施以及完成的时间也要明确具体,这样才能提高工作效率,实现计划的作用。

(三)可行性

制定计划不能脱离实际,要对自身的条件和客观的环境有清醒的认识,制定的目标要恰当,措施要得力,任务分工要合理,方法步骤要明确具体、切实可行,这样才能体现出计划的行动指南作用。

(四)约束性

计划一经制订,就会对实际工作起约束和制约作用,如无特殊情况,任务分工、时间安排,都必须按计划严格执行。

三、计划的类型

根据不同的标准,计划可分为不同的类别:按性质分,有综合性计划和专题性计划(单项计划);按内容分,有工作计划、生产计划、学习计划、科研计划、训练计划、军事计划以及各种会议活动计划等,其内容与各单位、各行业的业务工作有密切关系;按时间分,有长期规划、短期计划、年度计划、季度计划、月计划、周计划等;按范围分,有国家计划、部门计划、单位计划、个人计划等;按表达形式分,有条文式计划、表格式计划和文表结合式计划。

从不同的角度出发,我们可以把计划分为以上 5 种类型。事实上,一个计划可以是多种不同类型的计划的综合体划分标准可以划分成各种类型。如《××公司××××年第 4 季度生产计划》,就既属于单位计划,也属于季度计划、生产计划、专题性计划。

四、写作指导

(一)标题

计划的标题一般有以下 3 种写法:

(1)由计划单位名称、计划时限、计划内容、计划名称四要素组成的完整式标题,如《×××公司××××年营销工作计划》。

(2)省略式,即视实际需要省略某些标题要素,有的省略时限,如《××公司营销方案》;有的省略单位,如《××××年工会工作要点》;有的省略单位和时限,如《毕业生就业工作计划》。凡省略单位的标题,必须在正文后署名。

(3)公文式,即由发文机关名称、事由、文种组成。如《××总公司关于××××年机构改革工作的部署》。

若计划尚不成熟或未经批准,则在标题后或标题正下方注明其成熟度,如"草案""讨论稿”字样，并加上圆括号。

（二）正文

计划的正文一般由前言、主体和结语构成。

1.前言

前言一般写以下4个方面的内容：

（1）说明制订计划的依据；

（2）概述本单位的基本情况，分析完成计划的主观、客观条件；

（3）提出总的任务和要求，或完成计划指标的意义；

（4）指出制订计划的目的。

以上4个方面的内容可根据实际做出适当的选择。前言的文字表达要简明扼要；前言通常以“为此，特制订计划如下”或“为此，需抓好以下几方面的工作”为过渡语，引出主体部分。

2.主体

主体一般必须写清以下3个方面的内容：

（1）目标或任务，即在某一时段内要完成的工作任务，通俗地说就是写清楚“做什么”。

（2）措施。写清楚采取何种办法、利用什么条件、由何单位何人具体负责、如何协调配合以完成任务，即写明“怎么做”。

（3）步骤或程序，即写明实现计划分几个步骤或几个阶段，即“何时完成”。

目标、措施、步骤，可以分开写，也可以将措施和步骤放在一起写。根据计划的内容和表述的需要，可以把计划写成条文式、图表式或条文图表结合式。

不便在正文里表述的内容，可另作“附件”。

3.结语

计划的结语既可以说明计划的执行要求，也可以提出希望或号召；也有的计划不专门写结语。

例文鉴赏

［例文一］

推进城区中小学课后服务扩面提质工作方案

根据《关于“点题整治”群众身边腐败和不正之风突出问题的方案》（闽纪办〔2021〕9号），我厅按照省纪委2021年度“点题整治”关于“整治城区中小学课后服务覆盖不足问题，着力解决家长接送后顾之忧”选题内容，制定推进城区中小学课后服务扩面提质工作方案如下：

一、指导思想

坚持以习近平新时代中国特色社会主义思想为指导，深入贯彻党的十九大和十九届二中、三中、四中、五中全会精神，牢记习近平总书记对福建省教育工作的重要嘱托和来闽考察重要讲话精神，全面贯彻党的教育方针，落实立德树人根本任务，按照教育部和省委省政府相关决策部署，聚焦人民群众"急难愁盼"问题，加快建立健全中小学课后服务体系，全面提升课后服务水平，让学生在校内学好学足，促进学生健康成长，帮助家长解决按时接送学生困难和课后看护之忧，助力基础教育高质量发展体系建设。

二、目标任务

结合党史学习教育，围绕群众切身利益问题，扎实推进"我为群众办实事"实践活动，按照省纪委办公厅《关于"点题整治"群众身边腐败和不正之风突出问题的方案》通知要求，督促并指导各市、县(区)充分总结前期试点经验，进一步扩展课后服务覆盖面，完善课后服务政策体系，提高课后服务质量，实现"课后服务扩面提质"总目标任务。力争到2021年底，城区80%左右的中小学开展课后服务工作；到2022年，基本实现全覆盖，切实为家长解决后顾之忧，增强人民群众获得感。

三、工作措施

(一)全面调研，摸清底数。结合"再学习、再调研、再落实"活动，围绕目前各地课后服务开展实际情况进行专题调研，深入了解各设区市目前开展课后服务的学校数、参与教师数与学生数、课后服务形式内容、经费来源、遇到的难点堵点问题、好的做法以及意见建议等具体情况，摸清全省课后服务底数，为下一步课后服务政策制定与出台提供依据。

(二)明确分工，落实责任。指导各市、县(区)政府进一步明确由政府牵头，教育、工会、财政、人社、民政等相关部门组成的课后服务工作领导小组责任分工，建立健全工作机制，密切配合，组织相关部门推动学校课后服务工作落实，确保课后服务覆盖面进一步扩展，稳步推进城区有家长需要的学校开展课后服务工作。

(三)深入研究，完善政策。在前期调研与数据收集的基础上，省厅课后服务工作小组进行深入分析研究，明晰课后服务工作目前面临的问题，以问题和目标为导向，精准对接中央文件精神，形成我省进一步推进课后服务工作扩面提质的相关文件初稿，广泛征求有关厅局与各设区市意见建议，修改完善后联合省总工会、财政厅、人社厅、民政厅等有关部门正式出台进一步推进课后服务工作扩面提质的文件，完善课后服务政策保障体系。

(四)部门联动，形成合力。进一步加强教育、工会、财政、人社、民政、市场监管、团委、妇联等部门间的联动配合，密切交流，形成工作合力。整合社区活动场所、青少年宫、校外活动中心、妇儿活动中心等各类资源，构建起由学校、公益机构及社会机构等多方参与、协调发展的课后服务体系，丰富课后服务形式，满足学生家长不同类型课后服务需求。

(五)总结经验，加强推广。指导各设区市及时总结所属县(市、区)及学校课后服务方面典型经验和做法，加快推进所属县(市、区)课后服务扩面提质工作。省级也将收集各地先进经验和做法，在全省进行推广，指导校际间加强交流，建立紧密共同体，以优带弱，推动各地进一步落实课后服务各项工作，从整体上提高课后服务质量，确保如期完成课后服务目标任务。

(六)加强组织，强化督查。加强组织领导，将课后服务工作情况纳入"对市督导""对县督导"范畴，适时组织人员对课后服务工作进展较慢、工作不落实的县(市、区)进行专项督查，促进各地落实责任。强化日常监督管理，发现问题及时督促整改，畅通监督举报渠道，接受社会各界和广大群众监督，省教育厅设立整治"城区中小学课后服务覆盖不足问题，着力解决家长接送后顾之忧"项目举报电话和邮箱(0591-87091439，jytjjc@fjsjyt.cn)。

实行问题线索季报制度，每季度末由省教育厅汇总后报送省纪委办公厅。

四、进度安排

课后服务扩面提质工作将从2021年5月开始推进，到2021年底城区80%左右的中小学开展课后服务，主要分五个步骤推进：

（一）调查摸底（5月中旬完成）。向各地下发关于开展中小学课后服务工作专题调研的通知，并设计城区义务教育学校课后服务工作进展情况表，汇总各地围绕课后服务开展的重点项目形成的书面报告，收集各地课后服务开展的具体情况和意见建议，5月中旬前完成调查摸底。

（二）政策研究（5月底完成）。认真学习领会中央文件精神，明确目标任务，做到全面领会、准确把握中央文件精神。根据调研和数据统计情况，商请有关厅局和专家深入分析，明晰在财政经费保障、收费政策落地、人员配备、安全责任等关键问题上的落实举措。

（三）出台文件（7月底完成）。在认真学习和深入研究的基础上，起草课后服务文件，广泛征求意见并修改完善。联合有关厅局出台我省推进课后服务扩面提质工作文件并印发实施，进一步完善政策保障机制。

（四）推动落实（9月底完成）。要求各地以秋季学期开学为契机推动城区学校开展课后服务，扩大课后服务覆盖面，推动课后服务工作的开展，9月底前将推动情况、具体做法形成书面报告报送至我厅，并督促指导各地不断细化推进课后服务扩面提质工作举措。

（五）督导考核（年底完成）。建立分级督导考核机制，省级将适时分赴各设区市开展课后服务工作推进情况检查，并将检查情况反馈至各地，对发现的问题限期进行整改，年底将课后服务扩面提质工作情况上报省纪委。

福建省教育厅

2021年4月27日

（来源：福建省教育厅）

简评：这则方案是由福建省教育厅发出的，此处省略了公文头。从内容上看，该方案表达清楚，目标明确，重点工作任务具体可行，实施措施得力，对推进城区中小学课后服务扩面提质工作具有指导意义；从全文的结构上看，行文层次分明，条理清晰。

［例文二］

2021年省级部门“双随机、一公开”跨部门抽查工作计划

序号	抽查任务名称	省级组织抽查牵头单位	省级组织抽查配合单位	抽查区域（全省/部分地市）	抽查对象（行业企业、产品、项目等）	抽查比例	检查具体事项	计划抽查时间	实施检查单位
01	教育装备管理	省教育厅	省市场监督管理局等	福州、厦门	普通高中	5%	足球、实验室玻璃仪器、校服	下半年	省教育厅、市场监督管理部门等
02	校车交通安全检查	省教育厅	省公安厅、省交通运输厅	全省	全省配备校车的小学校和幼儿园	5%	配备校车的学校和校车服务提供者履行校车安全管理职责情况	下半年	市、县教育局、公安、交通运输等部门

（来源：福建省教育厅）

简评：这是表格式计划，没有前言和结尾，计划内容完全由表格体现。清楚明白，一目了然，表格设计合理。

写作模板

框图模式	文字模板
标题 ↓ 前言 ↓ 工作目标 （任务） ↓ 工作措施 ↓ 步骤程序 （及进度安排） ↓ 结尾 ↓ 落款	**××公司××××年×××工作计划（单位名称＋时限＋事由＋文种）** 根据×××××××××××××，为了×××××××××××××××××××××××××××××××××××××，××××××××××××××。 （撰文缘由：或依据，或原因，或意义，或目的，或背景。） 一、工作目标（或任务） ××××××××××××××××××××××××，××××××××××××××。×××××，××××××××××××××××。（目标和任务：要完成的任务及其质量要求。主要说明“做什么”“做到什么程度”。） 二、措施与办法 （一）××××××××××××××××，×××××××××××××××。 （二）××××××××××××××××，×××××××××××××××。 （三）××××××××××××××××，×××××××××××××××。 （措施与办法：完成任务应采取的方法。） 三、步骤或进度安排 （一）××××××××××××××××××××××××××××。 （二）××××××××××××××××××××××××××××。 （三）×××××××××××××××××××××××××××。 （实施的时间和过程安排。） 四、结尾：说明有关情况，或发出号召，或无。 ××公司 ××××年×月×日

写作提示

1.要把预测性和可行性很好地结合起来。必须符合党的方针政策、法律法规，并能适合本地区、本部门、本单位或本人的实际情况。计划的目标不能定得太高或太低，要坚持实事求是，切实可行。

2.计划的目标、任务、措施、步骤、程序等都要写得明确具体，切忌含糊不清、模棱两可。

3.要走群众路线，集思广益，把计划变成群体的共同意志，以保证计划的认同度和可行性。

4.语言要准确、明晰。

技能训练

下面是一篇病文，试指出其存在的毛病。

××县经委今后8个月工作计划

为了完成县委、县政府下达的3.1亿元工业总产值(力争3.5亿元)的任务以及各项经济指标，我们计划在今后8个月主要抓好以下几方面工作：

一、进一步深化企业改革。我们在全面推行厂长(经理)任期目标责任制的基础上，从实际出发，有针对性地分别实行租赁、承包、百元工资税利制和工资总额与企业经济效益包干等经营方式，把权、责、利全面落实到企业及其经营者身上，使企业真正成为相对独立的经济实体，成为自主经营、自负盈亏的社会主义商品生产者和经营者，较好地调动企业厂长和职工的积极性，增强企业活力，促进生产发展，并使这一改革能够健康发展，深入持久地坚持下去采取有效的措施加以保证。

二、加快新项目和技术改造项目的建设速度，确保这些项目预期投产，发挥效益。主要抓好芒麻纺织、印染工程等项目，并实行目标责任制管理，使这些项目预期投产，早日发挥效益。

三、进一步加强企业管理，提高企业经济效益。我们坚持以政革为动力，促进企业的发展，加强管理，提高企业经济效益，把增产节约、增收节支的工作作为提高企业经济效益的重要工作来抓，要求企业产品总成本、企业管理费及车间经费都要下降，具体措施如下：

(一)调整企业产品结构，大力增产适销对路产品，实现多产快销。

(二)加强企业管理，挖掘企业潜力、调整定额，向管理要效益。

四、加强企业职工思想教育、技术培训，努力提高企业职工队伍的思想素质、技术素质为企业上等级和企业现代化管理打基础。具体措施如下：

(一)全面进行思想、纪律、法律教育和坚持四项基本原则，反对资产阶级自由化的教育，全面提高工人的思想觉悟。

(二)搞好技术培训和职工文化、技术学习，努力提高职工队伍的技术素质。

拓展学习

一、名词解释

计划

二、简答题

1.计划的导言部分通常可写哪些内容？

2.计划的主体必须写清哪些内容？

3.在计划正文里不便表述的内容该如何处理？

4.制订计划有哪些注意事项？

三、写作题

试拟制一份本班近期课外活动的计划。

任务二　工作总结

案例引入

12 月 15 日，××房地产有限公司要求员工写一篇 2021 年个人工作总结，全面回顾一年来的工作情况，重点写取得的成绩和存在的问题，并从中总结出经验教训。假如你是该企业营销部门的一名员工，你该怎么写这篇总结？

必备知识

一、总结的概念

总结是对前一阶段的工作、学习、生活等实践活动进行回顾、反思和分析评价，找出成绩与问题、经验与教训，用来指导今后工作的一种应用文体。

计划是总结的前提和依据，总结是计划落实后的认识和评价。总结是在计划执行一个时期或完成以后写的，它可用来检查计划的执行情况，又可作为今后修订或制订计划的依据。

二、总结的特点

（一）客观性

总结是对已经做过的工作实事求是的评价，应以客观事实为依据，真实、客观地分析情况，不允许虚构和编造，要有一说一，有二说二。

（二）理论性

总结不是记流水账，不能只局限于罗列已经做过哪些工作，还要在说明做了哪些工作、取得了哪些成绩的基础上，对已经做过的工作进行深入分析并给予适当的评价，比较、归纳、提炼出规律和经验，从而更好地指导今后的实践活动。如果仅仅是摆事实而不讲道理，不能从感性认识上升到理性认识，那总结只能是一篇流水账。

（三）本体性

总结是自身实践活动的产物，它是以自身工作实践为材料总结出的理性认识，应该反映自身工作实践的规律。

三、总结的类型

按性质划分，可分为工作总结、学习总结、思想总结、活动总结等。

按时限划分，可分为年度总结、季度总结、月份总结、阶段总结等。

按范围划分，可分为个人总结、班组总结、部门总结、地区总结等。

按内容划分，可分为全面总结、专题总结等。全面总结，要求较全面地总结一个单位、部门或一个人各方面的情况；专题总结（单项总结），即针对某个时期的工作、问题进行专门总结，内容集中，针对性强，要求分析有一定深度，常用于总结经验等。

四、写作指导

（一）标题

总结的标题常见的有以下3种形式：

1.公文式标题

公文式标题由单位名称、时限、事由、文种构成，如“××公司关于××××年度的工作总结”。这种标题多用于综合性总结。

2.文章式标题

文章式标题即概括文章的内容或基本观点的标题。标题中不出现“总结”两个字。这种标题一般用于专题总结，如“股份制使企业走上成功之路”。

3.双标题

这种标题的主标题揭示主题或概括经验体会，副标题标明单位、时限、事由和文种等，如“一本书一页纸一句话——职业技能考证学习方法浅谈”。

（二）正文

正文由开头、主体和落款三部分组成。

1.开头

开头也叫做前言，要求概述基本情况，通常简述工作或任务是在什么形势下，遵循什么思想或方针完成的，有哪些主要成绩，存在哪些主要问题。介绍时要有所侧重，或重在单位基本情况，或重在指出成绩。不论哪一种形式，前言都要开门见山，简明扼要，紧扣中心，统领全文，有吸引力。

2.主体

主体一般有以下3个方面的内容：

（1）基本做法、成绩和经验。多数总结把这部分内容作为重点。要写明在什么思想的指导下做了哪些工作，采取了哪些措施，取得了哪些成绩，其主观和客观原因是什么，有哪些体会等。成绩、做法是基础材料，经验、体会是重点。要点面结合，重点突出，数据具体，以具有较强的说服力；切忌面面俱到，不分主次，写成流水账。

（2）问题与教训。要求以一分为二的观点看问题，写出工作中存在的问题与不足，并分析其主观和客观原因及由此得出的教训等。不同的总结，可以有不同方面的侧重：如果是着重反映问题的总结，就要把问题这部分作为重点来写；如果是典型的经验总结，或者在工作中确无大的失误，问题这部分就不必写，也可以把问题这部分内容合并到“努力方向"中去写；如果是常规工作总结，就要概括写存在的主要问题。

(3)今后的工作和努力的方向。这部分内容应写得简单明了。

主体部分切忌事无巨细、一一罗列。这个部分内容很多，既需要写基本做法，又需要进行理论分析、归纳，在写作时要以合适的方式来安排结构。常见的结构方式有以下3种：

第一，分部式结构。按"情况—成绩—经验体会—问题—今后的设想"或者"做法—效果—体会"的顺序，分成几个部分来写。每个部分可用序号列出，也可恰当地运用小标题，每个部分内容用一个小标题表示，或采用段旨句表示，即把观点置于每一段的开头，这是总结中最常见的写法。这种形式适用于单位总结、个人小结或体会。

第二，阶段式结构。把工作的整个过程按时间顺序划分成几个阶段来写。每个阶段写一个部分，在各个部分中再以块式结构来安排内容。这种形式适合写时限较长而又有明显阶段性的工作总结。

第三，观点式结构。根据内容归纳出几个观点，每个观点就是一个层次，使用"一、""二、""三、"……的序号排列，逐条叙述，条文之间具有比较严密的逻辑关系。这种结构形式能较有效地提升总结的理论性，较适合用于写专题经验总结。

3.落款

在正文右下方署上单位名称，名称下面标明时间。如果单位名称已署在标题下面，则可不再落款。

例文鉴赏

【例文一】

从落实责任制入手，加强企业管理的基础工作

××钢铁公司

近几年，我们公司建立了工人岗位责任制和干部职务责任制，对于克服职责不清和无人负责的现象起到了较好的作用。但是，没有明确每项工作要干到什么程度、达到什么标准，结果衡量没有尺度、考核没有依据，往往是责任制写在纸上、贴在墙上，执行或不执行都一个样。工人们反映，这样的责任制好像橡皮尺子，可长可短，不好衡量，容易流于形式。事实说明，生产水平越高，越要落实责任制，把基础工作搞扎实。

一、制定岗位考核标准

我们对全公司劳动管理和岗位责任制的现状进行调查，摸清了情况，然后根据各厂赶超国内外先进水平的目标和多快好省的要求，制定了工人岗位考核标准和干部的办事细则，要求做到"全、细、严"。所谓"全"，就是工人的标准要有七项内容：产量、质量、消耗指标，技术操作标准，事故控制标准，设备维护标准，文明生产标准，限额领料金额和劳动纪律规定。干部办事细则有四个方面：分管的指标必须完成，分管的基础工作必须健全，专业分析必须及时、准确，业务工作必须取得成效。所谓"细"，就是按工人岗位确定标准，每个岗位都要定出几条标准；每个干部都要把所承担的业务，一项一项地定出办事程序、协作关系、时限与完成程度。所谓"严"，就是制定岗位标准与办事细则，不能迁就现状，而是

要按照创水平、攀高峰的要求来制定，不仅要有“定向”的要求，而且要有明确的数量、质量、时间的要求，要能够据以考核。

二、严格按标准进行考核

制定出岗位考核标准后，我们坚持从严考核，用一整套的定额、计量、原始记录和统计，精确地计算每个岗位的生产效果，科学地分析每项技术操作，使各项经济活动和生产技术操作规范化、标准化、最佳化。各厂矿对工人普遍实行了班统计、日公布、周分析、月总结的制度；干部按人建立考核手册，按日登记办事细则完成情况，按周由上一级领导签字记分，按月用百分制进行计算。这样，使考核的过程变成技术分析的过程、班组经济核算的过程、竞赛评比的过程。有了这套考核办法，既可以有节奏地组织生产，又做到了好坏分明、功过分明，为实行奖惩和升级提供了可靠依据。通过坚持标准的严格考核，每一名干部、工人都自觉地各负其责，使企业管理和生产建设都出现了新气象：去年 30 项可比指标，全部超过历史水平；其中 6 项指标进入世界先进行列，16 项指标夺得国内同行业冠军。

三、根据考核结果实行奖惩

在严格考核的基础上，我们把考核同奖惩紧密结合起来，根据考核结果，做到赏惩分明。我们在发放利润提成奖时，根据在赶超先进水平和实现优质、低耗方面是否有成绩，在降低成本、完成订货合同、实现全部利润等方面经济效果是否显著，在企业管理基础工作上是否扎实等三个方面为每个厂矿评定分数，按得分多少，把厂矿分为贡献突出单位、成绩较好单位、完成任务单位、工作较差单位四类，并分别按四种标准领取奖金。各厂矿在把资金分到人时，还要根据平时考核，按贡献大小、能力高低、劳动态度三个方面，对每个职工评定分数，按分计奖。工人们说：“过去发奖，不是‘一人一勺汤’，就是领导凭印象。现在是奖多奖少看贡献，贡献大小有考核，有赏有罚心明眼亮。过去有事大家‘推着干’，现在是抢着干，出满勤、干满点的越来越多，泡病假、混日子的越来越少。过去许多单位争着要人，现在变成争着减人。”

实践证明，制定岗位考核标准，严格按标准进行考核、根据考核结果实行奖惩三位一体，是落实岗位责任制、把企业各项管理基础工作进一步扎根基层的行之有效的办法。

××××年 12 月 30 日

简评：这是一篇专题性经验总结。全文由前言、主体、结尾组成，结构完整，颇具内在逻辑性。前言交代背景，说明工作开展的基础，也为开拓下文提供依据。主体写了三个问题，每个小标题是一个中心，它既是做法，又是经验；而且三个小标题之间有内在的逻辑关系，前一个是后一个的前提条件，呈逐步递进关系，比如“制定岗位考核标准”是“严格按标准进行考核”的前提，只有“严格按标准进行考核”，才能“根据考核结果实行奖惩”。这样拟定标题、组织结构，能够反映出经验实施的全过程。结尾把以上三条经验归纳起来，上升到理论高度，加以肯定，不仅照应题目，而且深化了主题，既干净利落，又严谨有力。

［例文二］

××保险公司××××年度工作总结

新冠疫情暴发后，中国保险业遭受了巨大冲击。如今两年过去，世界经济正在复苏，中国保险行业不仅走出了低谷，还弥补了自身的“短板”。如今的保险业成为中国金融业重要的组成部分，对中国经济增长做出了独特的贡献。当前，中国保险业走在快速发展的道路上，兼有巨大的潜力和开阔的前景，我们坚信中国保险业会逐步成为中国资本市场的中坚力量。当前，我国保险行业自身发展和对外开放速度明显加快，竞争日益加剧，全面提升服务水平、营销能力，强化企业形象，提高美誉度，已经成为行业共识。我们××保险公司的保险市场规模、发展速度和水平位居全国同行业前列，公司积极解答社会公众对保险行业的相关咨询，更好地展现了我公司从业人员的良好形象以及公司的营销方式和能力，进而树立了良好的公众形象以及公信力，为广大投保人选择保险公司、保险代理人提供了参考。

一、指导思想

今年国际经济虽然有所复苏，但疫情的阴霾尚未彻底消散。公司领导积极拓宽发展思路和发展空间，防范风险、稳健经营，积极贯彻省市公司关于公司发展的一系列重要指示，与时俱进，勤奋工作，务实求效，勇争一流，带领各部员工紧紧围绕“立足改革、加快发展、真诚服务、提高效益”这一中心，进一步转变观念、改革创新。面对竞争日趋激烈的保险市场，公司强化核心竞争力，开展多元化经营，经过努力和拼搏，公司保持了较好的发展态势，为××保险公司的持续发展，做出了应有的贡献。

二、工作业绩与主要做法

（一）加强公司业务管理

为了使××保险公司稳步发展，公司领导制定了《××保险公司员工规范管理条例》，采取有效措施加强员工管理，通过不断完善各种管理制度和方法，使其真正贯彻到行动中去，充分激发员工的积极性，使员工出成绩、见效益。业务管理中，我们主要采取以下工作措施：

1.根据省公司今年下达给我们的全年销售工作计划及任务，公司制订各个部门的周、月、季度、年销售计划。制订计划时实事求是，根据各个险种特点、客户特点、部室情况确定每个部门合理的、可实现的目标。在目标确定之后，本着“事事落实，事事督导”的方针，通过加强过程的管理和监控，确保各部室目标计划的顺利完成。

2.注重各个部门的团队建设。一直以来，公司都十分注重各部门经理和部门成员的思想和业务素质教育。一年来，公司通过多次组织动员会、业务研讨会，开展业务培训活动，组织公司员工学知识、找经验，提高员工全面素质。培训重点放在学习保险理论、推销技巧的知识上，并且强调对团队精神的培养，促进各个团队素质的不断提高，为公司今年的持续、稳定发展打下了扎实的基础。

3.帮助经理室全面推进薪酬制度创新，不断夯实公司基础管理工作。建立与岗位和绩效挂钩的薪酬制度改革。今年，公司紧紧围绕职位明确化、薪酬社会化、奖金绩效化和福利多样化“四化”目标，全面推进企业薪酬体制改革。初步建立了一个能上能下、能进能出、能够充分激发员工积极性和创造性的用人机制。

（二）公司工作业绩

今年，寿险行业全面深化结构调整和业务转型，加上受到全球性金融危机的影响，行业整体增速放缓。在这种情况下，公司经营实现“逆势飞扬”，保费规模保持高于行业的增长水平，市场地位稳步提升。更难得的是，公司先于市场成功实现转型，业务结构、产品结构、业务品质、渠道绩效、机构作业能力、业务价值、经营效益等均达到历史最好水平，其中部分指标处于行业领先水平。

1.先于市场成功转型,保持了核心业务增速第一的领先优势

为进一步强化结构调整,全面发展高价值业务,公司在年初计划工作会议上首次下达核心业务计划任务。公司"核心业务战略"的实施取得显著成效:公司核心业务保费强势增长,保费收入达××亿元,同比增长××%;其中新契约核心业务保费收入××亿元,增速超过××%,均领先市场平均水平。从各渠道来看,各险期缴保费增速达××%,增速远高于市场。今年,个人保险保费近××亿元,创历史新高;银代期缴××亿元,市场份额××%,保持占比第一地位;法人短险实现保费××亿元,同比增长××%,月均平台突破××万元。

2.业务结构和产品结构持续优化,达到业内领先水平

随着公司转型的深入,业务结构持续优化。公司核心业务占比达到××%,总体期缴占比达××%,新契约期缴占比超过××%,均处于市场领先水平。个险新契约业务中,传统险和分红险合计占比××%,远高于市场平均水平,产品结构优势明显。

3.业务品质行业领先,渠道绩效不断提升

公司保险业务品质指标持续向好,达到行业领先水平。其中银代续收各项指标均达到90%以上,位居行业第一。良好的续期业务品质确保了公司客户数量和现金流量的稳定,为核心业务快速发展奠定了坚实基础。

主要渠道KPI指标不断提升,个险各项人力指标增幅均超过××%,创历史新高;绩优人力增长尤为明显,增幅超过××%,绩优人力占比达到××%,较去年同期上升×个百分点。同时,新人3月转正率由×月的××%上升到×月的××%;队伍留存率达到××%,较去年同期上升×%。渠道内部积淀逐渐形成,队伍持续发展能力得到增强。

(三)认真做好车险经营管理和车贷逾期清收工作

加强车险业务经营管理和做好车贷逾期清收,是今年两项非常重要的业务工作。车险业务一直以来在整个业务经营中具有举足轻重的地位和作用,必须做大做强、做精做细,继续加快发展车险业务,保持较快的发展速度。同时,大力优化车险业务结构,严格控制高风险、高赔付的业务,从承保源头抓起,从每一笔业务、每一件赔案、每一个环节抓起,从每一位承保人员抓起,全面提高车险业务经营管理水平,增强盈利能力,使车险真正成为增收保费和创造利润的骨干险种。

今年的车贷逾期清收工作,公司领导十分重视。为了更好地将清欠工作落到实处,公司成立了汽车消贷清欠工作领导小组,指定专人负责,制定了"汽车消贷清欠工作制度",明确了职责和责任,并根据上级公司下达任务的完成情况,对责任人实行奖罚。经办人员按照市公司统一部署和要求,加强逾期案件和合同未了责任的管理,规范催欠清收的工作流程,积极主动、认真扎实地做好这项工作,圆满地完成了省公司下达的各期清欠任务,把车贷逾期给业务经营造成的风险和损失降到最低限度。

三、工作上的不足及改进措施

(一)工作不足

目前存在的主要问题如下:一是理赔难的问题,包括理赔流程缓慢、保险责任未向客户阐述清楚、查勘定损服务态度欠佳;二是销售误导的问题,包括营业员夸大保险责任、缩小责任免除、保险售后服务没有持续性、营销员的业务水平不高。

(二)解决办法

一要继续重视解决群众反映的突出问题;二要打造一流的员工队伍,更好地服务于公

司；三要抓好保险业行风建设长效管理，全面落实“两个服务承诺，一个自律公约”各项内容；四要加强保险业宣传力度，为开展行风建设营造良好的社会氛围。

××××年 12 月 30 日

简评：这是一篇标准的单位年度工作总结。开头部分简要介绍了保险业的国内外时代背景和公司的年度成绩；主体部分从工作指导思想、管理制度和具体的业绩（列举了详细具体的数据和增比）及做法入手，总结了保险工作的经验；结尾部分指出了工作中存在的不足之处以及以后的解决办法。总的来说，这份总结思路清晰，层次分明，语言简练。

写作模板

框图模式	文字模板
标题 ↓ 前言 ↓ 基本做法 ↓ 成绩和经验 ↓ 存在的主要问题 ↓ 努力方向 ↓ 落款	**××公司××××年工作总结（单位名称＋时限＋事由＋文种）** ××××××××××××××××××××××××，××××××××××××××。××××××××××××××××××××××××，××××××××××××××××。（基本概况高度概述，引用数据和最有代表性的事实，点明主要的成就。） 一、××××××××××××××（成绩和经验体会。） （一）××××××××××××××××。 （二）××××××××××××××××。 （三）××××××××××××××××。 二、×××××××××××××××× （一）××××××××××××××××。 （二）××××××××××××××××。 三、×××××××××××××××× （一）××××××××××××××××。 （二）××××××××××××××××。 （三）××××××××××××××××。 （总结时要学会使用一些具体的事例作为材料，来突出重点。） 四、××××××××××××××× （一）××××××××××××××××。 （二）××××××××××××××××。 （二）××××××××××××××××。 （存在的问题是综合总结中不可缺少的部分，经验总结不写这部分。） 五、××××××××××××××（今后打算。） ××公司 ××××年×月×日

写作提示

1.要实事求是。总结必须从本单位、本部门的实际情况出发，反映真实情况，如实总结工作中的成绩、缺点和不足。不能无中生有，虚报成绩；不可文过饰非；也不可任意拔高，自我吹捧。任何的主观臆造都是总结写作的大忌。

2.注意点面结合，观点和材料要统一。

3.要找出规律。从客观实际出发，从分析研究问题和事实入手，透过现象看本质，发掘出事物的本质特点，找出取得成绩的原因和存在问题的根源，从而找出事物的本质规律，以指导今后的工作。

4.要叙议得当。叙议得当是总结在表述上的特别要求，应以叙述为主，叙议结合。一般在交代工作的过程、列举典型事例时，以叙述为主；而在分析经验教训、指明努力方向时，则多发议论。

技能训练

要写好总结，首先，要做好材料的收集整理工作；其次，要认真、反复地分析研究材料，通过由此及彼、由表及里的反复分析研究，发现本质特点，找出规律性的东西。在这些工作做完之后，还要注重谋篇布局。

试读下面这篇病文，分析其在分析材料、找出规律性的东西方面做得如何。

××公司上半年工作总结

半年来，本公司在精神文明和物质文明方面做了许多工作，取得了很大成绩，主要做了以下工作：动员组织公司干部和广大群众学习中央文件；安排、落实全年生产计划；推行、落实工作责任制；修建子弟小学校舍；建方便面生产车间厂房；推销果脯、食品、编织产品；解决原材料不足问题；美化环境，栽花种草；办了一期计算机技术培训班；调整了工作人员，开始试行干部招聘制。

半年来，在工作繁杂、头绪多而干部少的情况下，能做这么多工作，主要是因为：

一、上下团结。公司领导和一般干部都能同甘共苦，劲往一处使。工作中有不同的看法，当面讲、共同协商。互相间有意见能开展批评与自我批评，不犯自由主义。例如有干部就经理未做商议、擅自更改果脯销售奖励办法而影响产量一事有意见，经当面提出，经理作了自我批评，并共同研究了新的奖励办法，使公司又出现了增产势头。

二、不怕困难。本企业刚刚起步，困难很多，如技术力量薄弱、原材料不足、产品销路没有打开等。为此，领导干部共同想办法，他们不停奔走，放弃自己的休息时间，忍饥挨饿受冻，四处联系，终于解决了今年所需要的原料，推销了一些产品。

三、领导带头。公司的几位主要领导带头苦干、实干。他们白天到下边去调查了解情况、解决问题，晚上开会研究问题，寻找解决的办法。领导干部夜以继日地工作，使公司工作上了台阶。

××公司
××××年××月××日

拓展学习

一、简答题

1.试简述前言的写法。

2.总结主体一般写什么内容，各部分内容如何写。

二、写作题

写一篇学期末的个人总结。

要求：标题自拟，全面回顾一学期以来自己各方面的情况，重点写取得的成绩和存在的问题，并从中总结出规律性的东西。

任务三 述职报告

案例引入

为了更全面、准确地了解干部的工作表现和实绩，对干部形成客观、公正的评价，激励干部不断开拓进取，勤奋工作，新天地股份有限公司决定于××××年 12 月 30 日对全体中层以上干部进行年度考核。年度考核以岗位职责和工作任务为依据，内容包括德、能、勤、绩、廉五个方面。

每位中层干部都要全面总结德、能、勤、绩、廉等方面的表现情况，要客观、准确、简练、实事求是地写出个人述职报告，于 12 月 28 日前交公司人力资源部。

必备知识

一、述职报告的概念

述职报告是指担任一定领导职务的领导者或负有一定职责的工作人员，向所在工作单位的人事部门、主管领导以及上级机关陈述自己在一定时期内履行岗位工作职责情况的总结性书面报告，以便接受监督和检查。它是一种自我评述性的应用文。

二、述职报告的特点

(一)述职的自我性

述职的自我性,即自我评述,述职者用第一人称的口吻既要述(检查、总结自己的工作情况),又要评(解剖、评价自己的工作)。因此,写述职报告要紧紧围绕报告者自己做了哪些工作,取得了哪些成绩,对自己的德、能、勤、绩、廉等方面做出自我评价,要注意不能写成回顾整个单位或他人工作情况的工作总结、工作报告。

(二)论述的确定性

写述职报告,是对自己在任职一定时期内所做工作的评述。这里有一个客观标准,就是岗位职责和一定时期的目标任务。写述职报告要依据这个标准去评价自己的工作,而一般的工作总结、工作报告的评价标准是不固定的,往往是以上级部门的工作部署和基本要求为依据。

(三)内容的规定性

述职报告不像一般总结和报告那样内容涉及面较广,而是根据当前组织人事部门考核领导干部的有关规定,要求从任职一定时期内的德、能、勤、绩、廉等方面来述职,尤其绩(即工作成绩)是评价任期内工作好坏的主要标志,述职报告要充分呈现述职人的工作成绩,应诚恳务实地写出来,不能夸大,也不能过于谦虚而对其轻描淡写。

三、述职报告的种类

根据不同的分类标准,述职报告一般有以下几种:按时间划分,可分为年度述职报告、任期述职报告、阶段述职报告等;按内容划分,可分为综合性述职报告、专题性述职报告、单项工作述职报告等;按作用划分,可分为例行述职报告、晋职述职报告等。

四、写作指导

(一)标题

标题通常有两种写法:一种由述职人和文种构成,如“我的述职报告”;另一种直接用文种做标题,即“述职报告”。

(二)称谓

称谓即述职者面对的对象或呈报的部门,如“各位领导”“董事会”“组织人事部”等。

(三)正文

正文包括导言、主体和结尾3个部分。

(1)导言。导言概述现任职务、任职时间、岗位职责、工作目标及对自己工作的总体评价。

(2)主体。主体即履行岗位职责的情况。内容包括自己的工作思路、工作指导思想及工作的成效和经验,要注重介绍有代表性的典型的工作实绩,并写明其起止时间,概述存在的主要问题、工作中的失误和改正措施以及努力方向。

(3)结尾。结尾通常写“以上报告,请领导和同志们指正”“以上是我的述职报告,谢谢各位”一类的话语。

例文鉴赏

××大学××学院办公室主任述职报告

各位领导、全体教师：

××××年，学校对全校中层干部实行试聘制，我被聘为××院办公室主任，任期三年。今年是聘期的最后一年，现将三年来的工作情况述职如下：

一、办公室和办公室主任的职责（略）

二、三年来在办公室所做的重要工作

（一）文秘工作

1.制订工作计划，草拟各种制度，安排院内会议。（略）

2.维持公文的正常运转。截至今年12月中旬，全院共收到各种文件××件，各种资料××件，转出信件××件，以学院名义印发文××件。

3.整理各种档案资料。去年学校迎接教育部本科教学水平评估，需要大量往年有关教学文件，办公室为此加班加点清查、归类、整理，共整理装订教学档案××卷、管理档案××卷，同时编写出××××年档案专题目录及索引××余条，圆满完成评估待查工作。

（二）财务工作

主要抓了以下五项工作：（略）

（三）行政工作

主要抓了以下六项工作：（略）

三、办公室工作中存在的问题（略）

四、今后办公室工作的设想（略）

三年来，在院领导的关怀指导下，在全院教师的支持下，在办公室全体同志的勤奋努力下，我们的工作取得了一些成绩。其中，尽管我个人的作用有限，但我恪尽职守，努力拼搏，较好地履行了办公室主任的岗位职责，我个人认为自己还是称职的。

汇报中可能有许多不当之处，请同志们批评指正。谢谢大家！

××大学××学院办公室主任××
××××年××月××日

简评：本例文标题由单位名称、任职人职务和文种构成。前言陈述述职人的基本情况，语言简洁；主体部分主要陈述自己的工作实绩，包括工作职责、所做的重要工作、存在的问题及今后工作的设想等几方面；结尾表示自己将更加尽职尽责，做好本职工作的决心。

写作模板

框图模式	文字模板
标题 ↓ 称谓 ↓ 前言 ↓ 文种承启语 ↓ 工作思路，指导思想 ↓ 工作的成效和经验 ↓ 主要问题与不足 ↓ 改正措施、努力方向 ↓ 自我等级评价 ↓ 结尾 ↓ 落款	**×××2022年述职报告(述职人+时限+文种)** 尊敬的×××××××(称谓)： ×××××××××××××××××××××××，××××××××××××××。×××××××××××××××××××××××，××××××××××××××。(概述履行职务的基本情况。)现在向领导和同志们述职如下(文种承启语)： 一、××××××××××××。××××××，×××。(取得的成绩和实践经验。) (一)×××××××××××××。 (二)×××××××××××××××××××。 (三)×××××××××××××。 (四)×××××××××××××××××××。 (五)×××××××××××××××××××。 二、××××××××××××××。(存在问题和努力方向。) (一)××××××××××××××××。 (二)×××××××××××××××××××。 三、××××××××××。(改正措施以及努力方向。) (一)×××××××××××××。 (二)×××××××××××××××××××。 ×××××××××××××××××××××××，××××××××××××××。×××××××××××××××××××××××，××××××××××××××。 以上是我的述职报告，请领导和同志们指正！(结尾部分既要简明，又要表现出述职人的谦恭的精神，并注意使用惯用语。) ××× ××××年×月×日

写作提示

1.内容要客观。自评必须实事求是，全面准确；同时，要处理好成绩与问题、个人与团队的关系。

2.重点要突出。不能事无巨细地写成流水账，要写好典型的工作实绩，要突出自己的特点和独特的贡献。

3.注意述职报告与工作总结的区别。工作总结可以是单位的、集体的，也可以是个人的，其写作角度是全方位的，即凡属于突出的工作业绩、出现的问题、经验或教训、今后的工作设想等都可以写，虽然也要上升到理论高度概括经验和体会，但基本上是做了什么就总结什么。而述职报告则要求侧重展示个人在一定的时期内履行岗位职责的思路、过程和自己的能力等，重点是回答自己称职与否的问题，并不以表现本部门、本单位的总体业绩、问题为重点。

4.语言要诚恳、得体、简洁，且应口语化。

技能训练

下面是一篇述职报告的残缺稿，试写出残缺部分的提纲。

述职报告

现在，我把自己一年多来的思想工作情况作一个汇报，请予审议。本人自去年××月至今担任×××公司副总经理……(略)

一、履行职责情况

(一)抓员工思想教育，增强企业凝聚力，塑造企业形象(略)

(二)抓管理建章立制，争创一流(略)

(三)参与新产品KS-2型机器的研制(略)

二、思想作风情况

(一)理论学习(略)

(二)科技学习(略)

述职人：×××

××××年××月××日

拓展学习

1.举例说明述职报告与工作总结的区别。

2.班级和学生会干部根据自己履行职责的情况写一篇述职报告。

3.根据自己的工作岗位职责要求，试写一篇述职报告。

任务四 财经简报

案例引入

为了更好地督查、协调各项检查评估工作，根据我校《大学生思想政治教育工作检查评估工作安排意见》，经研究决定，各相关部门需将本部门工作任务完成情况及相关问题的简报上报给评估办公室，评估办将于次日向全院下发检查评估工作简报。

请你收集材料，写一份《大学生思想政治教育工作检查评估工作简报》。

必备知识

一、简报的概念

简报是党政机关、团体、企事业单位编发的反映情况、交流经验、传递信息的一种内部文件。简报可以下情上报，也可以上情下达，还可以用于平级之间的交流沟通。

简报是内部传阅的文字材料，也叫“反映”“动态”“简讯”“要情”“××简报”“××动态”“内部参考”“情况交流”“信息通报”等。

二、简报的特点

简报的特点可以用四个字概括：快、新、实、简。

(一)快

指反应迅速及时。简报具有新闻性，追求时效性，要求发现、汇集情况快，撰写成文快，编印制发快。

(二)新

指内容新鲜，有新意。简报要提出新情况、新问题和新经验。应善于捕捉工作、社会生活中的“新”，使简报具有更强的指导性和交流性。

(三)实

反映情况要客观。简报所反映的情况和问题要真实、准确，不能随意夸大或缩小。

(四)简

指篇幅简短。文字少，内容精，开门见山，尽可能为一事一议，少做综合报道。简报字数一般为几百字，至多不过千字。

三、简报的种类

按时间分，有定期的简报、不定期的简报等；按内容分，有综合简报和专题简报等；按性质分，有工作简报、生产简报、学习简报、会议简报等。其中，常用的有：

(一)工作简报

这是一种反映本地区、本系统、本部门日常工作或问题的经常性简报。它包含的内容较广，工作情况、成绩问题、经验教训、表扬批评、对上级某些政策或指示执行的情况和措施都可以反映。它定期出现，在一定范围内发行。

(二)会议简报

这是会议期间反映会议内容情况的简报。它是一种临时性的简报，内容包括会议中的情况、发言及会议决定等。规模较大、时间较长的会议常要编发多期简报，以起到及时交流情况、推动会议的作用。小型会议一般是一会一期简报，常常在会议结束后，写一期较全面的总结性的情况反映。

（三）动态简报

这是反映各部门、各领域的新情况、新动态的简报，包括情况动态和思想动态，如《市场动态》《学术动态》《文化信息》等。

四、写作指导

（一）简报的版式

从简报的版式可知，简报分为报头、报体和报尾三部分，如图 2-1 所示。

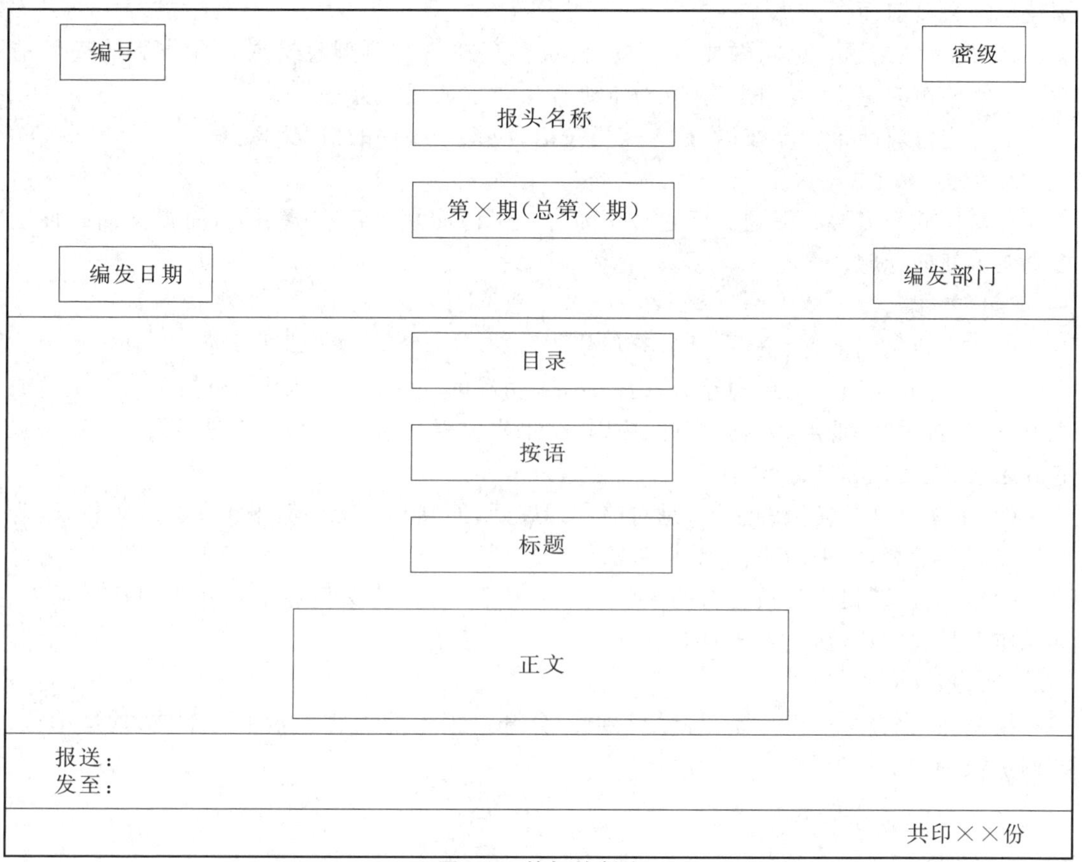

图 2-1　简报的版式

（二）报头部分

报头部分又称为版头，一般占首页三分之一的上方版面，用间隔红线与报体部分隔开。报头的内容包括以下几方面：

（1）简报名称。如《商业工作简报》，在居中位置，用套红大号字，要求醒目大方。

（2）期数。期数排在简报名称的正下方，按期序编排，有的简报还注明总期数。

（3）编发部门。编发单位写在横隔线的右上方位置。

（4）编发日期。印发日期写在横隔线的左上方位置。

（5）密级。写在报头右侧上方位置，标志密级加标识"★"，如"机密★"、"秘密★"或

“内部刊物”。保密时限写在标识后,如“1 年”或“4 个月”等。

(6)编号。编号印在报头右侧上方位置。

(三)报体部分

报体部分的内容包括以下几方面:

1.按语

按语是表明办报单位的主张和意图的文字,一般有 3 种写法:

(1)说明性按语。介绍稿件的来源、编发原因和发送范围。

(2)提示性按语。提示稿件内容,帮助读者理解稿件的精神。一般加在内容重要、篇幅较长的文稿前面。

(3)批示性按语。也叫做要求性按语,主要写在具有典型意义或指导作用的稿件前面。一般要声明意义,表明态度,并对下级提出要求或提供办法。

不一定每篇简报皆配按语,是否需要按语,应根据稿件的情况而定。

2.标题

每篇稿件都需要有标题。标题必须确切、醒目、简短且富有吸引力,简报文稿的标题多类似于新闻标题。

3.正文

正文一般包括前言、主体、具名三部分。

(1)前言。相当于消息的导语,用极简洁、明确的一句话或一段话,概括全文的主题或主要事实(含时间、地点、人物、事件、原因、结果六要素),给读者一个总的印象。写法一般有叙述式、提问式和结论式等。

(2)主体。这是简报的主干,是对前言的展开,使其具体化。简报正文如篇幅较长,为了讲究眉目清楚,可采用小标题、序数法等方式展开。

(3)具名。即提供简报材料的单位或个人姓名,写在正文后右下角并用圆括号括上。如果作者是编发单位,则可不具名。

(四)报尾

报尾在正文之下,由一条粗横线与报体分开。报尾的内容包括主送单位、抄送单位、印刷份数等。

例文鉴赏

工作简报

第×期(总第××期)

中国注册会计师协会主办　　　　××××年 6 月 10 日

《××简报》编辑部编印

地方领导关心行业和协会建设(十五)

近一段时间以来,广东省财政厅党组成员、副厅长蓝佛安,云南省财政厅副厅长张云松、总会计师杨利邦，以及吉林省财政厅助理巡视员杨海廷就行业发展、协会建设先后发表讲话，作出指示。现摘编如下：

9月8日，广东省财政厅党组成员、副厅长蓝佛安同志参加广东省注协党支部组织生活会，就如何进一步做好协会工作和行业建设作了重要讲话。

蓝副厅长在讲话中对注协近年来的工作所取得的成绩给予了充分肯定，指出了注册会计师行业工作的重要性以及当前行业发展中的突出问题，并指出，解决行业发展中的问题，必须从社会、经济、法律以及行业内部等不同层面采取相应措施综合治理，有赖于立法、司法、执法、行政部门，市场监管机构，行业内部等方方面面的共同努力，各方应共同创造注册会计师行业良好的执业环境。

蓝副厅长要求高度重视和加强协会自身建设：一是要树立全局观念、大局意识，不断增强工作的责任感和荣誉感。注册会计师行业管理工作是财政社会经济管理职能的一个重要组成部分，因此，注协的工作必须围绕省委、省政府的决策和省财政厅的各项中心工作来展开。二是要创造一种有利于人才聚集的机制和氛围，吸收高素质、懂专业的管理人才到协会中来，团结、凝聚行业内外的专家教授，发挥他们的专业作用，把协会建设成一支专家型、服务型的管理团队。三是要注重培养注册会计师的社会责任感和正义感，不断完善执业规范，深化行业诚信建设，严格职业道德约束，加强对会计师事务所和注册会计师执业监管，加大对行业违法违规行为的行政处罚、行业惩戒力度，树立行业管理和服务的威信。

9月30日，云南省财政厅副厅长张云松同志出席云南省注册会计师协会以“诚信、沟通、和谐、发展”为主题的CPA联谊会。省人大、省市财政、国资、审计、证管等政府有关部门的领导，国有大型企业集团负责人，以及部分会员参加了联谊会。

张云松副厅长在致辞中指出，云南省注册会计师行业在支持省国企改革、引进外资、资产重组、优化资源配置，保障社会公众利益，维护市场经济秩序等方面做出了积极贡献。希望广大从业人员能够按照“诚信立业、诚信育人、诚信办所、诚信执业”的要求，全面推进云南省注册会计师行业改革、建设和发展，充分发挥他们在市场经济中的鉴证和服务作用，切实维护社会公众利益和投资者、债权人的合法权益，保障全省改革开放的各项事业健康有序发展，共建和谐社会。

云南省财政厅总会计师、省注协副会长杨利邦同志代表协会对长期以来关心、支持注册会计师事业的各界人士表示衷心感谢。他表示，行业发展离不开政府部门的关心和支持，更离不开企业的理解和信任，举办主题为“诚信、沟通、和谐、发展”的联谊会，既是发挥协会的桥梁和纽带作用，为行业与政府和企业间搭建一个沟通、交流、增进友谊的平台，同时也表明了行业的立场和信念：诚信立身，竭诚为政府和企业做好服务；沟通交流，增进彼此理解和信任；和谐合作，政府、企业和事务所共建和谐社会；发展进步，全面推进行业发展建设，提高行业的社会公信力和市场竞争力，为繁荣、富强云南省经济社会做出应有贡献。

10月18日，吉林省财政厅助理巡视员杨海廷同志出席吉林省注册会计师协会第五次全省会员代表大会，并作重要讲话。

杨海廷同志指出，在建设和完善现代市场经济体制、全面建设小康社会和振兴吉林老工业基地过程中，吉林省注册会计师行业面临重要发展机遇，如何在新形势下谋求行业更大发展，是摆在全行业面前的新挑战。

杨海廷同志表示，这要求行业大力推进诚信建设，注册会计师要以维护社会公众利益为己任，会计师事务所要继续完善质量和风险控制机制，建立和完善科学、合理、有效的内部治理结构，构造行业发展的微观基础；继续加强注册会计师行业的信用体系建设，健全和完善行业诚信档案制度，解决诚信信息不对称、失信成本过低等一系列问题；进一步完善注册会计师资格考试、注册、培训等人才选拔、培养和储备机制，认真落实中注协行业人才培养"三十条"，加强队伍建设，全面提升吉林省注册会计师专业化水平；运用行业自身力量，对会员进行监督和指导，加强业务报备和自律惩戒机制建设，健全和完善自律监管制度，推进行业自律体制建设。

报送：财政部领导

抄送：各省、自治区、直辖市注册会计师协会，深圳市注册会计师协会

（共印400份）

（来源：中国注册会计师协会官网，http://www.cicpa.org.cn/）

简评：这是一份综合式工作简报，把不同单位在不同条件下发生的情况、问题、趋势、动态综合起来突出一个中心。本期简报的中心就是地方领导对行业和协会建设的关注，汇总了广东、云南、吉林三省财政厅领导关于行业发展、协会建设的讲话和指示。该简报报头格式较规范、完整；标题概括全文中心内容；正文按地区划分，分别总结了不同领导在不同时间和场合对会计师工作的评价以及做出的重要指示；报尾内容齐全、规范；语言简洁、朴实。

写作模板

<table>
<tr><th>框图模式</th><th>文字模板</th></tr>
<tr><td>按语（说明性按语、提示性按语、批示性按语）
↓
前言：概括主题或主要事实
↓
展开前言之一
↓
展开前言之二
↓
展开前言之×</td><td>【按语】
××××××××××××××，×××××××××××××。（说明性按语、提示性按语或批示性按语；按语是否需要，视情况而定）
×××××××××成绩显著
×××××××××××××××××××××××××××。（前言：概括全文主题或主要事实）
一、×××××××××××××××××××××××××××。（展开前言之一）
二、××××××××××××××××××××××××。（展开前言之二）
……
×、×××××××××××××××××××××。（展开前言之×）
（说明：正文如篇幅较长，可采用小标题、序数法等方式展开。）</td></tr>
</table>

写作提示

1.材料要真。真实是简报的生命所在。简报的材料绝不能合理想象,捕风捉影。

2.内容要新。简报中反映的事件要有新闻性,要写新情况、新经验、新趋势。唯有"新"的东西,才值得编发简报。

3.文字要简。顾名思义,简报是情况的简明报告。简报的"简"主要体现在以下3个方面:

(1)内容精粹、集中,一篇文章只反映一个主题,观点鲜明。

(2)语言简洁。应开门见山,直陈其事。字数一般以1000字左右为宜,最长不超过2000字,有的甚至只有几十个字。

(3)结构简明,线索单一,脉络分明。

4.编发要快。应及时捕捉信息,快速成文。

技能训练

给下面这份简报拟写"按语"。

财政简讯

第六期

宜春市财政局　　　　××××年×月×日

省财政厅下达专项资金致力提升我市中小学校舍安全

省财政厅、省教育厅下达了我市××××年中小学校舍安全工程专项资金4106万元,专项用于农村义务教育阶段且人口稠密地区公办中小学校舍抗震加固、校舍D级危房重建及学校迁移避险校舍建设。

我市中小学校舍安全工程自××××年启动至今,全市5年规划建设校舍总面积为272.93万平方米,资金总需求为16.07亿元。各地各部门面对资金压力,带着责任,在立足地方自筹的基础上,积极争取中央、省资金支持。此次省财政厅、省教育厅安排专项资金支持的项目,必须是在当地布局调整中予以保留的,并已纳入江西省中小学校舍安全工程规划的农村义务教育阶段公办中小学,未纳入规划和其他类别学校不得安排。同时要求各地财政、教育部门要密切配合,切实负起责任,专款专用,提高资金使用效益;加强对项目建设的监督、检查与管理,确保项目改造一所,安全达标一所,为广大学子筑起一个个健康成长的"安全港湾"。

拓展学习

1.完成"案例引入"的工作简报的编写。

2.请代学生会写一份学校开展第二课堂活动的简报。

3.根据下列材料,拟写一篇工作简报。

××××年6月17日,××××年全国职业院校技能大赛高职组“科力达”杯测绘赛项将在黄河水利职业技术学院开幕。教育部职业教育与成人教育司司长葛道凯宣布大赛开幕,国家测绘地理信息局职业技能鉴定指导中心主任、全国测绘地理信息职业教育教学指导委员会副主任、赛区组委会副主任易树柏主持开幕式。刘国际代表黄河水利职业技术学院17000余名师生致欢迎辞。他介绍了学院的办学规模和教育教学改革发展成果,并表示学院一定精心组织、周密安排,全力以赴办好此次大赛,为大赛提供优良的竞赛环境和周到细致的服务。希望各位领导和专家在大赛期间指导学院的建设和发展,希望与各兄弟院校增进交流、加深友谊,实现共同发展,为高等职业教育事业做出更大的贡献。

本次测绘赛项共有来自全国29个省、自治区、直辖市、新疆生产建设兵团的52支参赛队,共208名参赛队员参加比赛。竞赛内容包括“二等水准测量”、“工程施工放样”和“1∶500数字测图”,参赛选手在技能竞赛规定时间内提交合格成果的基础上,参加国家“工程测量员”职业标准理论考试并合格,将获得国家测绘地理信息局职业技能鉴定中心颁发的职业资格证书。

大赛期间,黄河水院将举行水利文化展、古城文化展、水利科普活动,举行教学成果展、实训教学展、实训基地展、“院士面对面”学生座谈会等活动,组织全院师生,特别是水工专业留学生班师生进行观摩。

任务五　规章制度

案例引入

××房地产有限公司创立于××××年,公司业务范围涉及中高端住宅、高级写字楼、零售物业、酒店式公寓开发、房地产销售及相关业务、物业管理、酒店及会所经营等。为了进一步深化企业管理,充分调动、发挥公司广大员工的积极性和创造性,切实维护公司利益和保障员工的合法权益,规范公司全体员工的行为和职业道德,××房地产有限公司决定制定一系列公司管理规章制度。

必备知识

一、章程

(一)章程的含义和用途

章程是政党、社会团体、企业或其他组织依据法律法规,对本组织的性质、宗旨、任务、组织原则、成员条件、成员义务、成员权利、机构设置、职权范围、行为规则、纪律措施等做出规范要求的规章文书。

国家行政机关及其职能部门一般不使用章程这一文种。

(二)章程的特点

1.组织性

根据国家有关规定,章程是成立一个团体组织的必要条件。在团体组织申报成立时,必须同时上报该组织的章程草案,以便主管部门和社团登记部门全面掌握其性质和宗旨。一个团体组织在获得批准成立之后,还需将章程草案提交代表大会或全体成员大会审议并通过,才具有效力。

2.准则性

章程是一个团体组织或全体成员的行为或业务等内容的规范性文件,是该组织或全体成员必须遵守的工作、行为准绳,违反者将受到处理。

(三)章程的常见类型

1.组织章程

组织章程即制定政党、社团组织的组织准则和成员行为规范的章程,如《中国共产党章程》《中国写作学会章程》等。

2.企业章程

企业章程即用于规范企业的性质、组织原则、机构设置和经营管理等的章程,如《广东中南公司章程》等。

二、规定

(一)规定的含义和用途

规定是党和国家机关、社会团体、企事业单位对某一项工作或开展某种活动做出政策性或规则性要求的法规文书。

(二)规定的特点

1.使用的广泛性

各级领导机关和职能部门均可制发规定,社团、企事业单位也可制发规定。规定既可用于重大事项,也可用于一般事项,篇幅可大可小,时效可长可短,制发灵便,适用范围广泛。

2.规范对象的集中性

规定规范的是某项工作或某种活动,对象具体、明确而集中。

3.制约性

规定的制约性主要表现在用它限定行为规范,制定办事准则及规范界限,对活动开展、事项管理、问题处置做出规定。具体来说,规定多用来解决"应该如何"和"不应该如何"的界限问题,特别是一些禁止性、限制性规定,其限定性特点尤为突出。

(三)规定的常见类型

1.管理性规定

管理性规定即制定某项活动或某方面工作的管理规则和要求,以达到加强管理、规范行为的目的。

2.政策性规定

政策性规定即依照有关法律法规条文，对某项活动或某项工作制定政策规范的规定。

3.实施性规定

实施性规定即为了实施有关法规而制定的规定。实施性规定与实施原件配套使用。

4.补充性规定

补充性规定即对某些法规性文件做出补充的规定。

三、制度

(一)制度的含义和用途

制度是国家机关、社会团体、企事业单位为了加强对某项工作的管理而制定的要求有关人员共同遵守的管理操作规程和行为准则。常见的制度有会议制度、公费医疗制度、保密制度、门卫制度等。建立制度是为了实现明确职责、规范行为，提高工作质量，以达到优化管理的目的。

(二)制度的特点

1.规程的具体性

规程的具体性即制度所体现的工作规范和工作程序，都是针对某项具体的工作或具体的岗位而制定的。规程具体，有利于促使该项工作顺利展开，提高工作质量。

2.准则性

制度对人们的制约性比不上规定，其主要是一种行为准则。

3.发布形式的多样性

制度除作为文件发布外，还可以张贴或悬挂在某一岗位和工作现场。

(三)制度的主要类型

1.岗位性制度

岗位性制度即为做好某一个岗位的工作而制定的管理操作规程和行为要求，如《××公司保安工作制度》《××厂门卫制度》等。

2.法规性制度

法规性制度即根据有关政策法规而制定的某一项工作的工作程序和管理规范，如《××银行资金营运管理制度》《××公司用电管理制度》等。

四、写作指导

(一)章程

1.标题

标题一般有两种写法：一种是由“团体组织名称”加“章程”构成，另一种是由“团体组织名称”加“事项”再加“章程”构成。

标题下可注明会议通过的时间及会议名称。

2.正文

第一章即“总则”，末章为“附则”，中间各章为“分则”。

(1)总则。总则是章程的纲领,对全文起统率作用。

①组织章程的总则部分一般要求阐明组织的名称、性质、宗旨、任务、指导思想和组织本身的建设等。

②企业章程的总则部分涉及的内容一般有企业名称、宗旨、经济性质、隶属关系、服务对象、机构等。

(2)分则。分则即基本规则部分,分则部分即总则和附则之间的各章。

①组织章程的分则部分,通常需写明的内容有以下几方面:

组织人员:加入条件、加入程序、义务和权利、纪律规定等。

组织机构:领导机构、常务机构和办事机构的设置、规模、产生方式和程序、任期、职责、相互关系等。

组织经费:来源、管理方式。

组织活动:内容、时间和方式。

其他事宜:根据不同组织、团体的需要而确定。

②企业章程的分则部分,通常需写明组织关系、资本构成、人事制度、资产管理、业务范畴、运作规程、利润分配等。

分则是章程的主体部分,要全面考虑,合理分章,使各章内容相互独立,先后位置安排有序,一条一款,清楚分明。

(3)附则。附则为补充说明的部分,无论是组织章程还是企业章程,附则一般都要说明解释权,修订权,实施要求,生效日期,本章程与其他法规、规章的关系,以及其他未尽事项等。

(二)规定

1.标题

标题通常有以下 3 种写法:

(1)由发文机关、适用对象或主要内容加“规定”构成,如《国务院关于征收私营企业投资者个人收入调节税的规定》。这种标题的构成与行政公文完全式标题的构成一样。

(2)由规范范围、适用对象或主要内容加“规定”构成,如《广东省开平县碉楼保护管理规定》。

(3)在“规定”之前加某些修饰限定语,如《关于加强引进资金管理的暂行规定》《关于退休工人待遇问题的若干规定》。

2.正文

规定的正文一般由缘由、规范、说明三部分组成。规定的缘由部分,一般说明制作本规定的依据或目的。

不同类型的规定,其规范部分的写法不尽相同:

(1)管理性规定着重于规定管理原则、管理职责、质量标准、措施、办法、管理范围及要求;

(2)政策性规定着重于界限划分、明确范围、提出要求和奖惩情况,解决“应该怎样”和“不应该怎样”的问题;

(3)实施性规定着重于对实施文件做出有关规定,对原件条款做出解释,提出相应的实施意见；

(4)补充性规定主要是对原件中某些提法不够明确、不够具体的方面加以明确和具体，对遗漏的问题加以补充完善，以便实施。

规定的说明部分，通常说明本规定的制作权、解释权和实施日期。

(三)制度

1.标题

标题有两种写法：一种由制发机关、制度内容和文种构成，如《××公司财产管理制度》等；另一种由制度内容和文种构成，如《××岗位责任制度》《行政事业单位定期审计制度》等。

2.正文

内容较多、涉及面较广的制度，正文的内容分为总则、分则、附则三部分。总则说明制文的目的、根据和指导思想；附则说明执行要求及生效日期等事项；分则是除总则和附则之外的中间部分，是对某项工作的实质性规范。

内容较单一的基层单位的制度，其正文一般第一条写制定制度的目的、要求、适用范围等，中间各条写制度的各项具体规范，最后一条写施行制度的要求及生效日期。

也有的制度各条均写具体规范，略去制定制度的目的、适用范围和生效日期等。

3.签署

写在正文右下方，由制发机关名称、制发时间构成。如果标题已注明制发单位，则此处可省略。

例文鉴赏

【例文一】

××大学图书馆阅览规则

一、凡入室阅览者，一律凭本人身份证、教师证、学生证或一卡通领取座位号对号入座。离室时，须交回座位号，如有遗失赔款五元。

二、本室期刊、报纸分开架和闭架两种。开架报纸，读者可以自由取阅，每次只准取一册，阅后必须按排架号放回原处，不得乱扔乱放。

三、开架报纸每月换一次，凡下架散报不再借阅。

四、报纸合订本及内部资料，只对学校教师开放，借阅的教师一律凭本部门介绍信查阅，介绍信须写明查阅目的和要查找的报纸及内容。

五、本室闭架现期期刊和合订本期刊一般凭教师本单位介绍信和本人教师证对口借阅，介绍信须写明查阅目的和查阅内容，一般情况下不予借阅。

六、本室所有报刊只准在室内阅览，一律不向外借阅；对未经管理人员许可而带出本室者，罚款100元。

七、要爱护报刊资料，不准卷折、圈画、污损，更不准折撕、剪裁，违者按报刊原价10～20倍赔偿。

八、注意室内安静和卫生。不准大声喧哗，不准吸烟，不准随地吐痰和扔纸屑。

九、凡来本室的读者，必须遵守本馆、本室的制度，服从工作人员的管理。

××大学图书馆

××××年8月30日

简评：这是内容简单的阅览室规则。标题由事由和文种组成。前言和结尾部分省略，主体部分采用条文式写法，分条叙述阅览规则。条文明确、扼要、具体，一目了然。

【例文二】

学校值班工作管理制度

为进一步加强和规范值班工作，完善值班制度，保证学校各项工作正常运行，根据上级安全工作精神，结合我校实际，制定本制度。

一、值班工作的宗旨

值班工作旨在保证学校上下联络畅通，下情及时上达，上情及时下传，及时掌握校内外动态，提高办事效率，为学校发展服务。

二、值班工作的任务

实行24小时昼夜值班，确保周末、节假日、晚间有专职人员值班；负责上下公务电话联系；处理急文要电和突发事件；办理重要内外活动报告、主要领导干部外出请假报告；受理领导交办事项。

三、值班工作处理问题的原则

（一）严肃认真，迅速准确，实事求是，符合政策。

（二）应该办理的，要及时办理，较大的事项应及时向领导汇报。

（三）各种自然灾害、重大事故等突发事件，按照预案做好各项应急处理工作。

四、值班工作程序

（一）做好记录。对来往的电话、接待的公务、校内情况和领导交办的事项等，要在"值班记录"上认真记录。记录应简明扼要，重点突出，文字通顺，字迹清晰。对来电的重要情节，应逐句核实。

（二）汇报请示。对上级机关的电话指示、通知应填写电话记录，并根据规定程序办理。遇有突发性事件，应及时报告值班领导，并按值班领导指示，抓紧做好应急处理工作。

（三）督促催办。对重大、紧急事项的办理情况，承办部门要及时汇报办理结果，值班人员也应督促催办，并将了解的情况及时向主管领导报告。

五、值班工作人员守则

（一）值班人员，采用专职和中层干部轮流值班相结合，休息日和法定节假日白天由学校安排人员轮流值班，并由领导带班。

（二）值班人员应具备良好的政治、业务素质，保持饱满的工作热情，树立良好的服务意识，熟悉学校日常工作，会熟练使用所配备的各种通讯工具和办公自动化设备。

（三）承办值班工作事项，必须按照工作程序，做到有报告、有登记、有落实、有反馈，特别是对领导交办的事项，要认真及时地办理，不折不扣地完成，件件落到实处。

（四）遵守值班制度，坚守值班岗位，做好交接班，不擅自离岗，如有急事离开值班岗位，应由其他值班人员替班，并报值班领导同意。

（五）工作要勤勤恳恳，埋头苦干，任劳任怨，充分发挥积极性、主动性和创造性，遇到突发事件，要发扬不怕疲劳、连续作战的精神。

（六）对经办的事要认真负责，一丝不苟。对受理的工作要迅速准确地完成，注重质量，讲究效率，不推诿扯皮、不拖延、不积压、不遗漏、避免差错。

（七）处理重大突发事件，要反应灵敏，做到快速、高效、及时、准确。

（八）要严格遵守保密规则，不准向无关人员泄露值班工作中的机密事项。

六、值班工作领导

（一）为加强对值班工作的领导，学校要有一位领导分管值班室工作，并做到值班工作“五落实”（值班人员、时间、地点、电话和制度落实）。

（二）建立领导干部值班制度。在节假日，领导值班应排出名单和值班地点、联系电话或手机号码。遇有突发事件，各级领导要在各自职责范围内认真进行应急处理，值班领导特别要坚守值班岗位，落实防范措施，组织抢险救灾工作，保持上下联系，及时掌握全面情况。当通讯中断、与上级失去联络时，应采取应急措施，主动派人及时向上级请示汇报。

（三）要从政治上、思想上、工作上、生活上关心值班干部，让他们参加必要的会议和阅读有关文件，尽可能帮助他们解决生活上的实际困难，调动他们的积极性，并使值班人员相对稳定，并能及时交流。

简评：这是一则条文式的管理制度。标题由事由和文种组成。前言说明了制定该制度的目的；主体部分采用条文式写法，分条列项说明制度的内容。条文明确、具体，语言概括精炼，简明扼要。

写作模板

一、章程

框图模式	文字模板
总则（公司性质、宗旨、名称、编制、地址、法人） ↓ 组织体制 ↓ 经营范围 ↓ 经营管理 ↓ 财务结算、收支分配 ↓ 附则（培训、考核、解释权、修订权等）	**××××××××公司章程（企业章程）** 第一章　总则 第一条　为××××××，特成立×××××公司。（特制章程的目的） 第二条　公司是在×××××领导下的××所有制企业，××编制。地址××××××××××，法人代表是×××××。（企业名称、隶属关系、机构、地址） 第三条　公司是以×××××××××××。（服务对象、经济性质） 第四条　公司以××××××××××为宗旨。（宗旨） 第二章　组织体制 第五条　公司开展××××××××××业务活动。在经营活动中具有法人地位，经理是法人代表。 第六条　本公司××××××××××，注册资金为×××万元。 第七条　公司实行××责任制，经理是行政负责人，××××××××××。 第八条　公司内部设置×××××××。 第九条　公司职工代表大会制度××××××××××。

续表

框图模式	文字模板
	第三章　经营范围 第十条　本公司经营范围：××××××××××。 第十一条　本公司生产经营方式：××××××××××。 第四章　经营管理 第十二条　本公司在×××指导下开展经营业务活动并遵守国家政策法令，制定各项规章制度，并严格执行。 第十三条　各项营业收费按××××××××××。 第十四条　本公司的业务活动按照《中华人民共和国经济合同法》有关规定处理，×××××××××。 第十五条　公司内部×××××××××。 第五章　财务结算和收支分配 第十六条　收入、费用、付款结算按人民银行制度规定办理。 第十七条　本公司会计核算按照《中华人民共和国会计法》和上级规定的财务、会计制度进行账务处理，按国家规定照章纳税。 第十八条　本公司经营实行××××××××××制。 第十九条　本公司对职工的劳动报酬实行“各尽所能，按劳分配”。 第六章　附则 第二十条　××××××××××。（政治教育、业务培训等） 第二十一条　××××××××××。（考核） 第二十二条　本章程解释权归××××。修改权归×××××。

二、规定

框图模式 （管理性规定）	文字模板 （管理性规定）
目的、依据 ↓ 管理原则 ↓ 管理职责 ↓ 质量标准 ↓ 管理措施 ↓ 管理办法 ↓ 管理范围 ↓ 管理要求 ↓ 生效日期、说明	××××××××××**规定（管理性规定）** 第一条　为了××××××，根据××××××，特制定本规定。（目的、依据） 第二条　×××××××××。（规定的管理原则） 第三条　×××××××××××××。（规定的管理职责） 第×条…… 第×条……。（规定的质量标准） 第×条　×××××××××××××。（规定的具体措施） 第××条　××××××××。（规定的具体管理范围和要求） 第××条　本规定自××××年××月××日起施行。××××年××月××日发布的《××××规定》同时废止。（规定的生效日期、废止原发布规定的说明。）

三、制度

框图模式 （基层单位或岗位制度）	文字模板 （基层单位或岗位制度）
目的、要求 ↓ 适用范围 ↓ 具体规范 ↓ 具体规范 ↓ 具体规范 ↓ 具体规范 ↓ 要求、生效日期	××××××××××**制度（基层单位或岗位制度）** 一、为了××××××××××，特制定本制度。（制定制度的目的、要求） 二、本制度适用于××××××××××。（制度的适用范围） 三、××××××××××。（制度的具体规范） 四、××××××××××。（制度的具体规范） …… 十五、本制度从××××年××月××日起生效。（施行制度的要求、生效日期。） ×××××公司 ××××年××月××日

写作提示

一、章程

（1）必须符合国家的法律、法规和方针政策，这是撰写章程的前提条件。

（2）章程从撰写初稿到定稿，需经历讨论、修改和会议通过等环节。合资企业的章程，一般先由合资各方签订“意向书”“会谈纪要”，经由各方深入磋商、对条款内容反复讨论修改后，才可能正式形成章程（草案）。

（3）做到每条内容只表达一个完整独立的意思，条文严谨、周密和规范。对于一些把握不准的提法和难以阐明或界定的问题，不能勉强写入，以免造成歧义。

（4）结构要合乎章程的规范写法，格式规范。

二、规定

（1）准确地掌握规定的适用范围。一般说来，制定某项规定性、政策性强的工作或活动的规则，可用“规定”。但对临时性、阶段性的工作，则应发“通知”，而对岗位性、局部性的业务性强的工作，则应制定“制度”。

（2）规定的内容要具体、明确。让读者明确“应该如何”和“不应该如何”，文字不能空泛。

（3）语言要凝练、准确、严密、肯定，避免产生歧义。

三、制度

（1）内容必须符合党和国家的方针、政策及法律。

（2）条文必须具体、实在，针对性强，有可行性。

(3)语言准确、明晰、简练,不含糊笼统,以免产生歧义。

技能训练

一、请阅读下面的章程,试回答下列问题:

1.这是一篇什么类型的章程?

2.第一章总则写了什么内容?

3.第二章至第四章分别阐述了什么内容?

4.第五章写了什么内容?

深圳行政学院××届同学会章程

(第五次会员大会通过)

第一章　总则

第一条　本会是由深圳行政学院××届毕业的学员组成的自我管理和自我服务的群众团体。

第二条　本会的宗旨:组织和团结××届学员,积极开展各种有益的活动,加强学员之间的联系,增进友谊,互相帮助,携手前进,为深圳市的经济建设和精神文明建设多做贡献。

第三条　本会的任务:

(一)发动和组织全体会员开展各种有益的活动。

(二)关心会员,帮助会员解决工作、学习和生活等方面的实际问题。

(三)收集和印制会员的通信资料。

(四)加强和母校的联系,在母校与学员之间起桥梁和纽带作用。

(五)激励会员为深圳特区建设多做贡献。

第二章　会员

第四条　凡是深圳行政学院××届毕业的学员和深圳行政学院的教职员工,承认本会章程,参加本会组织的活动,均可成为本会会员。

第五条　会员的权利:

(一)有参加本会举办的各种活动的权利。

(二)有选举权、被选举权和表决权。

(三)有对本会的工作提出建议和批评的权利。

第六条　会员的义务:

(一)有遵守章程、承担工作任务、履行职责的义务。

(二)有学习、宣传和执行党纪国法的义务。

(三)有联系校友、团结校友和服务校友的义务。

(四)有为本会捐助经费、帮助本会开展各项活动的义务。

第三章　组织

第七条　本会的组织原则是民主集中制。

第八条　会员大会每年××月××日召开一次,特殊情况可提前或延期召开。设立理事会，理事会由会员大会推选产生，每届任期3年，理事可连选连任。

第九条　理事会的权利和职责：

（一）定期召开会员大会。

（二）推选会长和秘书长。会长和秘书长负责处理本会活动事务。会长和秘书长可连选连任。

（三）解释和修改本会章程，组织开展本会的各项活动，审查本会经费的收支情况。

第四章　经费

第十条　本会的经费主要来自会员捐助，同时，可考虑参与办一些实业，获取活动经费的来源。

第五章　附则

第十一条　本章程由深圳行政学院××届同学会负责解释。

第十二条　本章程自××××年××月××日起生效。

二、下面是一篇病文，请写出修改稿。

××市人民政府关于加强自行车交通管理的规定

为了进一步贯彻《××市道路交通管理暂行规则》和《××市道路交通管理暂行处罚规则》，加强自行车交通管理，将补充以下规定：

一、凡骑自行车者，必须遵守以下规定：

（一）沿路靠右行驶，禁止逆行。在画有车辆分道线的道路上，不准在机动车或便道上骑行。

（二）转弯要提前减速，照顾前后左右的情况，并伸手示意。在画有上下四条以上机动车道的路段左转弯时，必须推车从人行横道内通过。不准突然猛拐、争道抢行。

（三）在三环路以内、郊区城镇或公路上，不准骑车带人，不准与骑车同行者扶身并行；不准双手离把、持物或攀扶其他车辆；不准骑车拖带车辆；不准追逐竞驶或曲折竞驶。

（四）自行车在道路上停车、载物、停放等均应按《××市道路交通管理暂行规则》的规定执行。

二、对违反规定的，要批评教育，处罚款××元至×××元。

三、因骑车人违反规定而造成交通事故的由骑车人承担全部责任。

四、本规定由市公安局负责实施。

三、请认真阅读下文，指出其存在的问题，并写出修改稿。

用电管理制度

（××厂××××年××月××日发布）

第一条　制定本制度，是为了合理利用国家电力资源，充分发挥用电设备潜力，达到安全、经济、合理、节约用电的目的。

第二条　加强用电管理、严格用电制度。实行内部经济合同制，每月根据生产、工作任务把用电指标下达到车间、部门，做到日清、旬结、月考核，实行节奖超罚，充分调动各用电部门的积极性。

第三条 所有用电部门应切实做到“五有”。

1.用电有计划

各用电部门不得随意更换生产设备、照明设备，以搞好计划用电。特殊情况需要更换时，需经动力科批准，否则动力科有权停止供电。

2.消耗有定额

工艺科根据产品数量、加工性质、工艺流程，制定当日用电定额，下达到车间和所有用电部门，同时交能源办公室一份备考。

3.考核有计量

所有用电部门的电度表不许任意更动，以免损坏，影响考核。不属于同一电度表的线路不准自行接线使用，违者罚款10～15元。

4.使用有制度

各用电部门要认真执行动力部门许可的用电时间，否则动力部门有权停止供电。如劝阻不改者，每千瓦用电罚款8元。

5.节约有措施

所有用电部门的生产、照明设备均应有专人负责，做到人走灯灭、机床停。

第四条 变电所(室)人员要严格按规定做好用电记录，发现问题立即报告管电人员，并按规定时间将用电记录呈报有关部门，登记考核。

第五条 所有办公室、集体宿舍、家属点的照明设施不得超过60 W(有特殊需要者须经厂长批准)，违者罚款10元。未经批准擅自接线使用电熨斗、电炉者，根据不同的情节，处以20～100元罚款。由此造成损失者，要负经济责任。

第六条 对常年坚持节约用电有贡献的集体或个人，根据贡献大小，分别在不同的范围内予以表扬，或作为评先条件之一。对提出用电合理化建议和双革措施，并且有节电经济效果的集体或个人，要给予物质奖励。

第七条 各部门要经常开展用电安全和合理节约用电教育，普及用电常识，使有限的电力资源在我厂发挥应有的作用。

拓展学习

简答题

1.试述企业章程的总则部分一般写什么内容。

2.试述企业章程的分则部分一般写什么内容。

3.章程的附则通常写什么内容？

4.管理性规定的正文着重写什么内容？

5.政策性规定的正文着重写什么内容？

6.实施性规定的正文着重写什么内容？

7.规定的写作有哪些注意事项？

项目三　财经调研文书

任务一　市场调查报告

案例引入

近年来,网购已经日渐成为人们购物的重要方式之一。××××年的"双十一",天猫更是创下了350亿的交易额,刷新了中国网络购物的新纪录。"双十一"就像一面镜子,"照"出了天猫的迅速成长,"照"出了市民的购物狂欢,同时也"照"出了网店对传统的实体店带来的冲击。

现在网购已经成为主流了吗?网购与逛街,市民更倾向于哪一种购物方式?传统实体店会被网店所取代吗?请对你所在地区的情况进行调查。

必备知识

一、市场调查报告的概念

市场调查报告是指在运用科学的调查方法有目的、有计划地对市场的供求关系、购销状况以及消费情况等进行深入细致的调查和分析研究之后,所写成的如实反映调查结果并提出意见和建议的书面报告。

市场调查报告有广义和狭义之分,广义的市场调查报告是对产品从生产到消费的各种环节进行的全面的调查研究和分析评价,而狭义的市场调查报告则是对销售环节进行的详尽的调查研究和分析评价。

二、市场调查报告的作用

市场调查报告旨在反映市场营销方面的情报资料,揭示市场需求状况以及影响这种需求状况的诸多因素，分析诸因素之间的关系，帮助企业及相关组织了解掌握市场的现状和趋势，增强在市场中的应变能力和竞争能力，从而提升经营管理水平。具体来说，市场调查报告有以下几方面的作用：第一，有利于企业掌握市场供求现状，提高决策的科学性；第二，有利于企业根据市场需求情况，生产适销对路的产品；第三，有利于企业遵循市场规律，制定有效的营销与广告策略；第四，有利于企业改善经营管理，提高竞争力。

三、市场调查报告的特点

（一）真实性

市场调查报告是经济决策的重要依据，其所反映的内容必须符合客观实际，所依据的材料必须真实可靠、准确无误。报告中的历史资料、现实材料、典型事例、统计数据等，都必须言之有据、准确无误。

（二）针对性

针对性主要体现在两方面：第一，必须明确调查目的。任何调查报告的目的性都很强，都是为了解决某一问题，或是说明某一问题，因而撰写报告时必须做到目的明确、有的放矢。第二，必须明确阅读对象。阅读对象不同，他们的要求和所关心问题的侧重点也不同。

（三）新颖性

市场调查报告应发现市场活动的新动向、新问题，提出新观点，形成新结论。只有这样的调查报告才有使用价值，才能达到指导市场活动的目的。

（四）时效性

由于市场信息瞬息万变，时间上的先机就是金钱和效益。因此，市场调查报告必须要及时、迅速、准确地反映、回答现实经济生活中出现的具有代表性的、紧迫的问题。否则，时过境迁，市场调查报告就会失去其参考价值。

四、市场调查报告的种类

按服务对象分，可分为市场需求者调查报告（消费者调查报告）、市场供应者调查报告（生产者调查报告）；按调查的性质分，可分为综合性市场调查报告、专题性市场调查报告和典型性市场调查报告；按调查范围分，可分为国际性市场调查报告、全国性市场调查报告、区域性市场调查报告；按调查频率分，可分为经常性市场调查报告、定期性市场调查报告、临时性市场调查报告；按调查对象分，可分为房地产市场调查报告、商品市场调查报告、金融市场调查报告、投资市场调查报告等。

五、写作指导

（一）标题

市场调查报告标题的写作没有固定的格式。常见的形式有两种：一种是公文式标题，如“关于吉诺尔冰箱销售市场前景的调查”；另一种是揭示调查对象式标题，通常采用正副标题的形式，如“中高档手机持续热销——××手机市场的调查报告”。标题必须概括全文的基本内容。

(二)正文

正文包括导言、主体和结尾三部分。

1.导言

导言要写明调查的基本情况,如调查的目的、时间、地点、对象、范围以及采用的调查方法等,也可以简要介绍报告的主要内容和观点,使读者获得初步印象。导言必须高度概括报告内容,简明扼要。

2.主体

主体是市场调查报告最重要的部分,要写明调查的结果和相应的建议。一般分为以下3个层次:

(1)基本情况。即介绍通过调查获得且经过归纳整理的资料数据及图表,说明被调查对象的过去和目前的商情。

(2)分析及结论。这部分内容包括对调查得来的资料数据是如何分析、归纳的,发现的问题和得出的关于市场状况的结论。这部分内容也可以和基本情况并在一起写,即边介绍情况边进行分析。

(3)建议。根据分析及结论提出有针对性的对策或措施。

3.结尾

市场调查报告的结尾没有特定的格式。可以概括全文的观点,写出总结式的意见;或说明调查中存在的问题、主要的情况倾向,预测可能遇到的风险等;也可以不另加结尾。

例文鉴赏

××市居民投资意向调查报告

为了深入了解××市居民投资意向的情况,特进行此次调查。各项调查工作结束后,将调查内容予以总结,特报告如下:

一、调查背景

随着生活水平的提高,居民收入逐渐增多,手中的闲余资金也相应增加。如何利用好这些闲余资金,使其保值增值,就成了市民十分关心的问题。希望通过本次社会调查报告,使广大市民对投资理财有一个客观的认识。

二、调查目标

此次"××市居民投资意向调查"主要研究以下几个方面的问题:

(一)了解居民投资状况(包括目前投资方向、投资在总资产中所占比例、投资时关注的信息、获得投资信息的途径、影响投资决策的因素和投资所遇到的主要问题)。

(二)了解居民投资意向(包括对目前投资收益的满意状况、重新选择投资的方向、期望投资方向和对各类投资的综合评价)。

三、调查时间

本次调查历时1个月(××××年7月27日至××××年8月26日)。

四、调查对象

此次调查的范围是××市区，被访者为在该市居住或工作时间超过一年的居民。

五、调查方法

调查方法为街头拦截式访问与发放调查问卷。

（一）根据实际情况，我们按照××市的人口流动分布以及地域分布，选取街头拦访调查点8个。

（二）此次共发放调研问卷220份，收回217份，有效问卷为185份，问卷有效率为85.3%。被访者基本情况如下：

在185个有效样本中，男性为122个，女性为63个，男女比例约为2∶1；被访者年龄大体集中在55岁以下人群中，其中35岁以下的占51.9%，36～45岁的占29.2%，46～55岁的占14.1%；被访者职业分布广泛，但主要集中在个体工商业者（28.1%）、一般职工职员（26.5%）和企业中高级管理人员（21.6%）。

本次调查对象的收入水平处于中上等水平，其中家庭月收入为800～3000元的被访者占70.9%，家庭月收入在3001元以上的占23.2%。

六、调查结果

（一）××市居民投资基本状况

1.居民目前投资方向："储蓄""保险"是主流

作为一种较为传统和稳妥的投资方式，"储蓄"在××市居民的投资方向中占据主要位置，有77.3%的被访者在该方面有一定数额的投资。而"保险"在近几年被当作一种新型的理财方式，已经被相当数量的人接受。在本次调查中，有50.8%的被访者有该方向的投资。另外，"期货""实业投资"和"房地产"也占有相当的份额，分别有24.9%、22.7%和20.0%的被访者在这些方面有资金投入。

如图3-1所示，从年龄结构方面来看，除去上述结论，各个年龄层都有相对于其他年龄层较为突出的投资方向。35岁以下的被访者对"外汇"有投资的比例（8.3%），明显高于其他年龄层的被访者（2.2%）；36～45岁的被访者对于"实业"相对青睐（33.3%）；而46～55岁的被访者则对"债券"（11.5%）和"房地产"（26.9%）的热情相对较高。

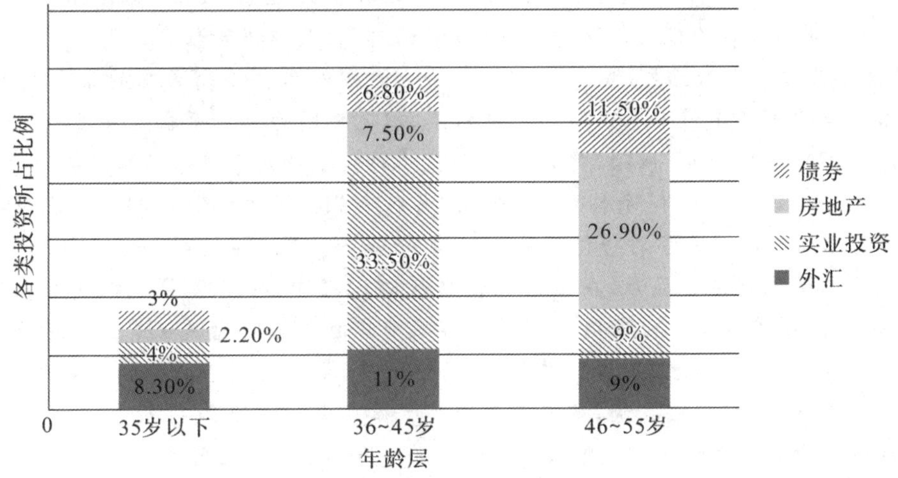

图3-1　不同年龄层的投资结构图

2.居民投资在总资产中所占比例:相当可观

在本次对于“投资在总资产中所占比例”的调查中,我们发现,多数居民都将一部分为数不多的资产用于投资,用钱生钱,提高自己的资产总量。其中,投资在总资产中所占比例为20%以下的被访者仅有21.4%,而投资在总资产中所占比例为21%~50%的有接近一半(47.1%)的被访者,投资多于一半(51%~80%)的被访者有22.5%,而将几乎全部的资产(81%~100%)都用来投资的被访者只有6%。

投资数额的大小取决于很多因素:个人的偏好、总资产的数目、宏观环境的变化等。对此,我们将在以下的调查结论阐析中对这些因素进行进一步的解释。

3.居民选择投资方向的信息依据:利益第一

本次调查结果显示,被访者在选择投资时,最重视的因素是投资方式的“利润回报情况”,有66.5%的被访者选择了此项。很显然,投资的直接目的就是取得利润回报,因此“利益第一”是无可非议的正当理由。同时,有43.2%的被访者选择了“政府的政策法规”,理性的投资者当然要重视客观的外部环境的因素。另外,“行情走势”也被作为一种重要的参考因素影响着投资者的决策,有36.8%的被访者选择此项。而投资者们对相关的“投资咨询机构的信息”则持不信任的态度,仅有5.9%的被访者选择了此项。

在对不同收入层次的被访者的进一步研究中,我们发现,家庭月收入在2001~5000元的被访者对“政府的政策法规”的参考度最低,比例只有38.0%;而家庭月收入在5000元以上的被访者则对“利润回报”更加重视,他们中有78.9%的人选择了这一项。

而在不同年龄层次中,年龄在46~55岁的被访者,更重视“政府的政策法规”(53.8%),显得更为从容和理性。

同时,在这个方面也存在投资者性别上的差异:女性对于“行情走势”的信任度(52.4%),要远远高于男性(28.7%)。由此看来,相对于男性来说,女性在进行判断时更加依赖比较直接和表面的信息。

4.投资者获得投资信息的途径:电视、报纸杂志是主要渠道

电视作为在中国老百姓中最普及的娱乐休闲方式,无疑是所有信息传播的最好媒介,投资信息也不例外。在本次调查中,有65.9%的被访者是通过“电视”来了解各种投资信息的。另外,有50.3%的被访者选择了从“报纸杂志”上获取投资信息。

“亲戚朋友介绍”(30.3%)和“网络”(27.6%)是另外两个较受青睐的信息获取途径。他人的亲身体验可能是最令人信服的参考信息,但是又因为个体存在差异性,所以来自他人的信息又不可尽信。而“网络”作为时髦而有效的媒介是效率较高的信息渠道之一。

性别差异在该方面仍有所体现。女性对“各种专业投资机构”的信任度(15.9%)明显高于男性(8.2%),她们更容易将信任赋予所谓“专业人士”。

进一步的研究结论还显示,在以上的信息获取途径中,年龄差异也很明显。35岁以下的被访者对“报纸杂志”和“网络”的钟情,要高于其他年龄段的被访者。而对于36~45岁的被访者来说,他们对于“亲戚朋友介绍”的依赖度,要远远高于其他的年龄层。他们正处于事业的高峰期,社交圈广阔,从这个途径获取信息更加方便和可靠。

5.影响投资决策的因素:“预期回报”和“自有资金状况”唱主角

在问及“影响投资者做出投资决策的主要因素”时,有接近半数的被访者选择了“预期

利润回报”(51.4%)和“自有资金状况”(44.9%)。在与投资相关的方面,利润总是占据了十分重要的位置;而对自身因素的分析,是投资者理性的另一个表现。还有一部分被访者选择了“个人偏好”(28.6%)和“投资环境”(27.0%)。

6.投资时遇到的主要问题:信息不对称让投资者“挠头”

在本次调查中,“投资信息是否及时以及可信度问题”使投资者最为头疼,有44.3%的被访者选择了此项。信息不对称现象存在于各个领域,并且对决策的正确性的影响很大。在投资方面,这个问题仍然存在。同时,对“个人理财能力”的不自信,也是影响投资者做出投资决策的障碍之一,有39.5%的被访者被这个问题所困扰。

(二)××市居民的投资意向

1.投资者对目前投资状况的满意度:多数投资者持乐观态度

本次调查显示,61.1%的被访者对目前的投资状况是满意的,而仅有38.9%的被访者表示悲观。

2.重新选择投资的方向(期望投资):“房地产”和“实业投资”翻身

在问及目前对投资状况不满意的被访者“如果您重新进行投资会选择什么投资方向”时,有42.5%的被访者选择了“房地产”,同时有30.1%的被访者选择了“实业”,比例大大高于“房地产”和“实业”在现有投资中的比例。而在现有投资中比例很大的“储蓄”和“保险”,未能吸引投资者的目光。

出现这种结果,首先是由于投资者身处××市这样一个“最适合人类居住的城市”,面对不断飙升的房价,自然无法抗拒这样一个投资的黄金产业;其次,“实业投资”也同样是由于其较高的回报率,因而赢得了更多的关注;最后,因为“储蓄”和“保险”都具有风险低收益也低的特点,因而投资者未选择这两个领域。

3.对各类投资的综合评价:“房地产”和“实业投资”赢得高分

在本次调查的被访者对各种投资形式根据收益与风险进行的综合评价中,“房地产”赢得了最高分——3.60分(满分为5分)。紧随其后的是“实业投资”,得分为3.51分。这些较为具体的实物性的投资,兼有收益高和风险小的特点,是公认的最优秀的投资领域。而其他的如“储蓄”、“保险”、“基金”、“外汇”和“债券”,都得到了一般的评价,得分在2.50分左右。另外,“股票”和“期货”因其高风险的特征而得分较低,只分别得到了2.28分和2.12分。

七、小结与建议

(一)关于各种投资方式的思考

储蓄和保险这两类较为传统和常规的投资方式已经丧失了强烈的吸引力,投资者渐渐将目光转向新的领域。如何“在旧瓶里装新酒”,这是个难题。

储蓄的相对平静和低调,同国家的宏观调控政策是息息相关的。在目前的扩大内需的大环境下,恐怕难以有新的起色。但是换个角度来看,这未必是一件坏事。居民们将资金从银行中转移出来,于己于国都是有积极意义的。投资意识的改变,标志着居民整体上经济头脑的转换。而其对我国经济发展所起到的积极作用,也将在今后的一段时间内给老百姓带来益处。

对于保险业来说,这样的调查结果既说明了保险观念在老百姓心目中根深蒂固的地位，也说明了其后劲不足。因此，保险业的改革势在必行。另外，在中国加入WTO后，面对国际保险业“大鳄”的挑战，本土的保险业也将不得不进行自身的完善和改进。而这样的局面势必带给保险业许多动力，也必将潜移默化地在老百姓们的投资意识中，为保险又增加了一枚重重的砝码。

房地产和实业投资的热度非常高，本次调查的结果已经很明确地表明了这一点。房地产在投资者中的人气是与××市的客观环境分不开的。这给房地产开发商的启示在于，房子盖好了并不只是用来住的，也是可以用来升值的。因此在楼盘的促销中，可以以此作为一种新的卖点，吸引广大投资者的投资性消费。而对于实业投资，可能更多的要靠投资者们自身对机遇的敏锐性和运作能力了。

在本次调查中，股票和期货这两类风险较大的资本运作的投资方式，在广大市民的头脑中已经不是理想的投资方式了。这与我国的资本运作机制的规范和完善有很大的关系。暴利的机会越来越少，投资者们也就理性地选择了放弃。债券、基金和外汇等其他的形式，则还未深入老百姓的头脑中。这些方式由于收益不高、不易操作，或者概念相对模糊，而未能成为主流的投资形式。因此对于这些投资方式的推广和宣传，是下一步可以进行的工作。

（二）关于投资决策的思考

市民们对于每一项投资方式的关注，主要集中于“预期利润回报”上，这也符合投资的最根本的目的，也是最客观的信息。而其他的外部信息，诸如“政府的政策法规”和“行情走势”的影响，也是不容忽视的。但恰恰就是这些投资者最关心的问题，成为了他们在进行投资决策时遇到的最大的问题。因此，各媒体，特别是电视和报刊杂志这些最受投资者关注的媒体，要加强对各种投资信息的发布和进行一些大方向上的指导，相信这样可以使投资者的眼界更加清晰。“个人理财能力”也是投资者遇到的问题之一，同时“个人偏好”又是投资者作出投资决策的主要依据之一。投资者们一方面对自己的能力持怀疑态度，另一方面又根据自己的主观意愿进行投资，这可能是投资失败的主要原因之一。因此，投资者要及时而主动地为自己充电，提高自己的决策能力，不要一味地跟着感觉走，要客观而理性地为自己谋投资之路。

（三）关于投资专业机构的思考

本次调查中，“投资专业机构”提供的关于投资的信息和决策建议，都没有得到投资者们的认可。这个行业的年轻和弱小可能是这种结果的原因。因此，这些专业机构应当尽快扩大自己的影响，在投资这个广阔又具潜力的市场上，找到自己的空间；同时，还要争取与政府的密切关系，根据政策及时调整自己的经营方式和理念，以达到与投资者双赢的结果。调查结果显示，女性对于这类专业机构的信任度，要远远高于男性，所以这些投资专业机构可以把女性作为突破口，逐步地吸引大众的目光。

简评：这份市场调查报告由调查范围、调查内容和文种组成，结构清晰，一目了然。导言部分简略地介绍了调查的目的，并用“各项调查工作结束后，将调查内容予以总结，特报告如下”一句话引领下文。第一至第五部分分条列项地介绍了调查背景、调查目标、调查时间、调查对象、调查方法；第六部分“调查结果”采用条块式来谋篇布局，分别介绍了“××市居民投资基本状况”和“××市居民的投资意向”；第七部分的“小结与建议”，又分成三个方面来阐述。全文结构完整，格式规范，条理分明，中心突出，详略得当。

写作模板

<table>
<tr><th>框图模式</th><th>文字模板</th></tr>
<tr><td>标题
↓
导　言
↓
被调查对象的
基本情况
↓
介绍如何分析处理
调查材料
↓
发现的问题
↓
市场状况结论
↓
建议性对策或措施
↓
结　尾</td><td>××××××调查报告
××××××××××××××××××××××××。（导言：写明调查目的、时间、地点、对象、范围以及采用的调查方法等，或简介报告的主要内容和观点，给读者一个总体印象。）
一、××××××××××××××××。
（一）××××××××××××××××。
（二）××××××××××××××××。
（基本情况：调查获得的资料数据、图表，被调查对象过去和目前的情况。）
二、××××××××××××××××。
（一）××××××××××××××××。
（二）××××××××××××××××。
……
（分析及结论：介绍如何分析、归纳资料数据。）
三、××××××××××××××××。
（一）××××××××××××××××。
（二）××××××××××××××××。
……
（分析及结论：介绍发现的问题、得出的有关市场状况的结论。）
四、××××××××××××××××。
（一）××××××××××××××××。
（二）××××××××××××××××。
……
（建议：提出有针对性的对策或措施。）
五、××××××××××××××××××。
××××××××××××××××××××××××。
（结尾：或概括全文观点，或概述全文观点，或点明存在的问题，或阐明主要倾向，或预测风险等。）
××××年×月×日</td></tr>
</table>

写作提示

（一）调查报告各部分具体要求

报告的正文由调查背景、调查目标、调查时间、调查对象、调查方式、调查结果、小结与建议等七个部分构成。各部分的具体要求如下：

调查背景即为什么要做本次调查，调查的出发点是什么；

调查目标即通过调查要验证某些观点、发现什么样的问题、解决什么问题、起到什么样的社会作用等；

调查时间即起止的调查时间；

调查对象即调查中面对的具体对象，如单位和人群；

调查方式即调查中所用的方法，如访谈法、问卷调查法等；

调查结果是重点部分，即用图表、数字或文字说明分析调查对象的情况；

小结与建议即本次调查得出哪些总结论，对以后有何建议。

正文主体字数为3000～5000字，包括调查内容、过程、发现的问题、结论和体会等，内容应做到层次分明、数据可靠、文字简练、观点正确。

(二)调查报告的排版格式

1.页面排版要求

(1)用A4纸打印。

(2)上边距：30毫米；下边距：25毫米；左边距：30毫米；右边距：25毫米。

(3)行距：20磅。

(4)封面、评分表不编页码，正文采用阿拉伯数字编码，附件采用罗马数字编码。

2.内容排版要求

(1)题目：首页首行居中，采用宋体三号字。

(2)标题：各层标题均单独占行书写。

一级标题编号为“一、”“二、”“三、”等，序号缩进两格书写，加粗宋体四号字；

二级标题编号为“(一)”“(二)”“(三)”等，序号缩进两格书写，末尾不加标点，加粗宋体小四号字；

三级标题编号为“1.”“2.”“3.”等，序号缩进两格书写，宋体小四号字。

(3)正文：采用宋体小四号字(英文用Times New Roman字体)，行距20磅。

(4)图：文中所有图须列明标题，并通篇统一编制序号。正文中与相关图对应的文字须在文字后加括弧，并注明“见图n”字样，图序及图名置于图的下方，数据来源置于图名正下方。字体采用5号宋体。

(5)表格：正文中所有表格须列明标题，并通篇统一编制序号，正文中与相关表格对应的文字须在文字后加括弧，并注明“见表n”字样，表序及表名置于表的上方，数据来源置于表格正下方。表内必须按规定的符号注明单位。字体采用5号宋体。

(6)公式：公式应在文中另起一行书写。公式后应注明该公式的编号。

(7)标点符号：标点符号应遵守《中华人民共和国国家标准：标点符号用法》的规定。

(8)数字：数字使用应执行《中华人民共和国国家标准：出版物上数字用法》的规定。

(9)注释：注释序号采用①、②、③……的格式，宋体五号字，设为上标；注释一般用尾注，即将注文置于正文之后，不可用夹注(夹在正文中注)。

(三)调查报告写作的注意事项

(1)资料信息要充分、真实。市场调查报告的写作必须建立在真实资料信息的基础上。如果资料信息不全面、不真实，就丧失了得出正确结论的前提。

(2)分析处理资料信息的方法要科学。市场调查报告不是资料信息的简单罗列，而是需要认真地分析、深入地研究，必要时要运用数学、经济学的原理和方法进行处理，才能得出正确的结论。

(3)一份市场调查报告以写一个问题为宜，切忌涉及的问题太大、太多，面面俱到。

技能训练

试指出下面这篇调查报告存在的毛病。

大学生课外阅读情况的调查

阳光下、草坪上、教室里、图书馆……到处可以看见书不离开手的大学生，他们脸上洋溢着满足自信的笑容。

“你课外阅读的主要目的是什么?”“你最喜欢阅读哪种类型的书籍?”“你平时看一本书用多长时间?”……前不久我们对大学生的阅读取向进行了一次访问式调查，目的是了解当代大学生“读什么书”、“读多少书”和“怎样读书”的问题。

通过调查得知，有一部分学生课外阅读主要是为了休闲。他们认为“平时专业课程的阅读量已经很大了，课外阅读当然选择内容较轻松的课外书籍，以缓解读书的压力”。这样的学生大约占44.9%。还有部分同学的课外阅读是为了拓展知识面，这样的学生所占比例较少，只有8%。

大学生不青睐具有专业知识的书籍是否合理呢？不少招聘企业都感慨现在的大学生专业能力很薄弱，学以致用的能力较差。在学校期间不注重专业知识的积累和自身专业技能的训练，不阅读、不关注相关专业的课外书籍，是产生这种现象的原因之一。

在回答“你最喜欢阅读哪种类型的书籍”这一问题时，大多数学生选择报刊杂志。报刊杂志始终占据大学生课外阅读排行榜的首位。多数大学生选择此类书籍的原因，大多是“阅读起来方便”和“信息量大、来源广泛、易获得”。调查中发现，学校为大学生免费提供的《文汇报》成为阅读人次最多的报刊，《青年报》《环球时报》《参考消息》《电脑报》《读者》有一定的市场。在阅读内容上，“新闻”占61%，领先其他3项；“生活信息及收集资料”占24%，“文学作品”占16%，“评论文章”占18%。

目前大学生的阅读结构对大学生正确世界观、人生观的形成非常不利，亟须加以正确引导。

拓展学习

1.请针对本校大学生网购情况进行问卷调查，并撰写一份市场调查报告。

2.调查本市××××年汽车市场需求状况，要求：

(1)设计市场调查问卷；

(2)组织发放、填写调查问卷并回收问卷；

(3)根据市场调查问卷进行分析整理，写出市场调查报告。

任务二 市场预测报告

案例引入

中国汽车工业协会近日预测，国内汽车在去年同比增长13.87%，销售量达到2198.41万辆之后，今年预计增长8%～10%，全年销量将达到2374万～2418万辆。其中，乘用车销量预计为1955万～1991万辆，增长率为9%～11%；SUV车型销量将出现高速增长，预测同比增长28.8%～31.1%，销售总量约385万～392万辆。中汽协表示，作出这样预测的依据是××××年国内宏观经济总体稳定，消费层面的信心会进一步增强；同时，国内迅速扩张的汽车消费刚性需求仍然存在，新型城镇化的推进催生更多购车需求和汽车消费升级，从而进一步拉动国内汽车市场的增长。因此，中汽协方面认为，从总体来看，市场利好因素还是会大于不利层面。

（来源：中国经济信息网）

请你对××××年本地汽车市场进行预测，并撰写一份××××年汽车市场预测报告。

必备知识

一、市场预测报告的概念

市场预测报告，是在市场调查的基础上，运用科学的理论和方法，对市场发展前景进行科学的分析、推测、判断，从而预测未来发展趋势，并提出有针对性的措施和建议的书面报告。

预测是对未来事件的陈述。预测得是否准确，表述得是否清楚，关键在于对市场的历史和现状的把握程度，而这种把握是建立在大量的事实和统计数据之上的。

市场预测和市场调查有着密切的关系。市场调查中包含着对市场供求趋势的预测，市场预测则以市场调查作为前提和基础，两者的主要区别在于：市场调查着重反映市场各方面情况的现状；而市场预测是对市场发展趋向的估计、预见，并提出针对性的措施和建议。

二、市场预测报告的特点

（一）预见性

市场预测报告是对未来市场的发展趋势作出预测判断，这种预测并非盲目的猜测，它是在深入分析市场既往历史和现状的基础上的合理判断，是有理有据的预测，是合乎规律的推断。

（二）指导性

市场预测报告不是凭主观想象，而是从实际出发，在详细的信息资料的基础上，通过逻辑推理、统计分析、数学模型、概率判断等科学方法去推断未来，为科学决策提供可靠的依据，因而具有极强的指导性。

（三）时效性

为了更好地把握市场的发展趋势，为领导及时决策服务，市场预测报告必须及时分析、及时预测、及时报送给领导。否则，时过境迁，预测报告也会成为明日黄花，失去它的价值。

（四）不确定性

市场预测既有科学性，又有不确定性。市场活动往往受种种因素的影响和制约，既受可测定因素的影响，还受无法预先测定因素的影响，加上预测还受预测者主观思维的影响，所以对未来市场发展的预测存在不确定性。

三、市场预测报告的种类

市场预测报告的种类很多，可按照不同的标准进行划分。按预测的时间分，可分为短期（1 年左右）预测报告、中期（2～4 年）预测报告和长期（5 年以上）预测报告。按预测的范围分，可分为宏观预测报告和微观预测报告。按预测的方法分，可分为定性预测报告和定量预测报告。按预测的内容分，可分为综合性预测报告和专题性预测报告。

四、写作指导

（一）标题

标题一般由预测区域、预测时限、预测对象和文种组成，如“××××年中国手机消费市场形势分析”。

（二）正文

正文包括前言、主体和结语三部分。

1.前言

前言又称为导言，一般简要介绍写作动因，说明有关情况，如预测的时间、范围、对象、目的及调查方法等。为了吸引读者的注意力，也可在前言中直接提出预测结果。也有的预测报告不写前言，而把这部分内容放在主体部分加以说明。

2.主体

主体一般由以下三部分组成：

（1）基本状况。运用有代表性、有说服力的资料、数据及图表，说明经济活动的历史和现状。这部分是市场预测的基础。之所以要介绍预测对象的过去和现在的情况,是因为事物的发展变化是有延续性的,是存在因果相承规律的。对预测对象的历史和现状的表述,可按时间顺序展开,也可按不同的性质归类而展开。

(2)分析及预测。即通过深入、准确地分析预测对象的历史和现状,作出科学推断,指明经济活动发展的规律和趋势,从而形成对预测对象未来前景的估计。这部分内容是市场预测报告的核心。

(3)提出建议。即根据预测的结果,提出有关商品生产、经营方面的意见。这部分内容是市场预测的目的所在。

3.结语

结语一般说明或强调某个观点,也可对未来进行展望。如无必要,则省略结语。

例文鉴赏

××××年下半年汽车市场预测

一、前言

预计下半年汽车需求同比增速进一步上升,汽车厂家将在上半年的基础上提高供给量,加价销售的部分车型的供需紧张形势将有所缓解。受此影响,下半年汽车价格将出现走低的可能,但下降幅度将会大大低于去年。

二、正文

(一)我国汽车市场现状综述

下半年市场需求进一步全面回升。国务院发展研究中心发布的《月度景气分析报告(3月)》提出了"汽车产业自××××年以来调整的拐点即将出现,即从增长的下降逐步转向上升"的观点,自4月份以来,汽车各月产销同比增速逐步回升,近几个月汽车市场的表现已经证明了这一判断。

由于××××年三季度是全年的销售低潮期,因此,在今年汽车市场回暖的大环境下,今年三季度同比增速有望进一步上升,从而带动全年同比增速的上升,但被动性增长的特征比较明显。

对于下半年汽车产业的发展预测,需要综合考虑以下因素:

第一,对于中国下半年的宏观经济走势的看法,各界有截然不同的判断。这与去年比较一致的经济较热的判断大相径庭,也表明了××××年上半年中国经济增长已经出现了一些新的变化。在国内钢铁价格、焦炭价格大幅下跌的同时,5月工业企业利润增幅比去年同期下降了27.9个百分点。在这种情况下,下半年经济增速有所放缓是完全有可能的,但不至于出现急剧的下降,即总体判断为国民经济仍将在高位运行,但增速会放慢。

第二,对于汽车产业而言,目前发展势头良好,市场平稳回升,尤其是中档以下轿车销量呈现全面增长,表明消费者正在逐步成熟,消费者的非理性对市场的冲击将会大为减少,有助于保持市场的稳步增长,减少大起大落。

第三，根据全国乘用车市场信息联席会的信息，今年1—5月厂家已消化库存5万辆左右，经销商消化15万辆的库存，全国总共消化库存20万辆。去年生产厂家与经销商总库存40万辆左右，现在已消化一半，库存已经逐步接近正常水平。

第四，今年上半年汽车价格的稳定已经明显地提高了消费者买车的热情和信心。在目前的市场环境下，对于中国汽车市场而言，重要的是价格的稳定，而不是价格的绝对高低。因为价格系列较之前几年已经大为丰富，消费者可以根据实际情况作出选择，而价格的波动却会扰乱消费者的预期，延缓其购买的行为。

第五，从汽车服务来看，汽车购买之后的服务市场竞争越来越激烈。经销商为了建立市场声誉也在努力提高汽车服务质量，生产商也降低了一些维修配件的价格，这些措施也有利于汽车市场的“回暖”。

综合上述因素，尽管目前车市仍存在部分紧俏车型，但受上半年市场良好表现的鼓舞，一些厂家已经提高了下半年的销售计划。尽管存在油价上升和汽车消费信贷偏紧的不利影响，但汽车市场还是表现出了稳步回升的态势，这表明国内汽车需求依然强劲。预计××××年全年汽车产销量将同比增长15%～20%，产销量将为580万～600万辆。

(二)我国下半年汽车消费市场预测

汽车产品消费格局发生变化。在上半年平稳回升的汽车市场中，引领市场的主力正在发生变化。自××××年6月以后，商用车成为支撑汽车市场的中坚力量，这一趋势一直持续到今年第一季度，自第二季度开始，商用车需求增速下降，乘用车需求增速快速回升，对汽车市场的增长贡献逐步上升，6月份的增长贡献度达到了92.3%。

目前，在新的汽车分类标准下，汽车产品的三大主力分别是基本型乘用车(主要是原来的轿车)、交叉型乘用车(主要是原来的微型客车)和载货车(涵盖范围小于原来的载货汽车)。基本型乘用车与交叉型乘用车的同比增速近几个月快速回升，在基本型乘用车中，增长的主力又是经济型轿车。

这种现象出现的原因，可以归结为以下几点：首先是轿车市场经过近一年的调整，需求力量逐步积蓄并理性释放；其次是油价上涨；最后是国家对经济型轿车持续不断的政策支持。

今年汽车市场的一个重要特点是月度产销量保持了较好的平稳性，预计下半年这一趋势仍将得到保持，基本型乘用车与交叉型乘用车的销量仍将以较快的速度增长，而载货车的销量则由于可能出现的经济增速下降而保持10%偏上的增长速度，再次出现增速大幅回升的可能性不大。总体预计，基本型乘用车全年销量将在270万辆左右，交叉型乘用车全年销量将在100万辆左右，载货车全年销量将在120万辆左右。这三大车型销量占全部汽车销量的81%～85%，以此估算，全年汽车总销量将在575万～600万辆。

汽车价格将下降但降幅不大。在目前的中国汽车市场上，价格变动情况仍是影响轿车进入普通百姓家庭的关键因素之一。在经历了××××年的汽车价格大战之后，××××年汽车市场的产品价格基本保持稳定，这对于改变消费者对汽车降价的预期起到了很大的作用。

上半年汽车产品价格稳定的原因主要有两个方面：一是原材料（主要是钢材）价格上升；二是生产厂商在××××年由于扩张的冲动对于市场增速的下降反应太不敏感，造成了大量的库存积压。今年则在吸取去年教训的基础上，制订了以销定产的审慎的生产计划，由此甚至导致了一部分车型一度出现了加价销售的现象。汽车产品在××××年上半年利润率继续下降，这也向消费者传递了一个信号，汽车的继续降价空间已经大为缩小，消费者只能根据自己的实际需求来决定买不买车，而不能单纯等待价格的下降。

根据网上车市的监测，××××年上半年各月的环比汽车价格变化幅度都在－0.5％～0.5％波动，6月汽车平均价格和年初基本持平，而网上车市汽车价格指数也反映出汽车价格在保持稳定的基础上稍有下降，基本上证实了上述结论。

（三）促进我国汽车市场健康发展的建议

1.要坚持和完善发展节能环保的经济型轿车的政策体系，将发展节能环保的经济型轿车作为我国汽车产业发展的基本战略选择。

2.要改善消费环境，取消不合理的限制汽车消费的政策，尤其是地方对经济型、微型车使用的限制。

3.要鼓励研发和自主创新的投入，走自主创新之路。

附件：

表1××××年各月的汽车产销同比增长速度（略）

表2××××年各月的汽车产销量（略）

表3××××年各月主要车型产销量（略）

××汽车销售有限公司市场销售部

××××年××月

简评：这份预测报告分为5个部分。前言部分很简单，开门见山地给出了“下半年汽车价格将出现走低的可能，但下降幅度将会大大低于去年”的结论。正文部分首先对我国汽车市场现状进行了综述，接着对我国下半年汽车消费市场进行预测，最后提出了促进我国汽车市场健康发展的3点建议。

写作模板

框图模式	文字模板
标题 ↓ 前言 ↓ 说明预测对象的历史和现状 ↓ 推断预测对象未来的前景、态势 ↓ 提出有关商品生产、经营方面的建议性意见 ↓ 结语	**××××××市场预测报告** ××××××××××××××××××××××××。 (前言:简述预测对象、预测时间、范围、目的及方法,也可简述预测结果。) 一、××××××××××××××××。 (一)××××××××××××××××。 (二)××××××××××××××××。 (基本状况:运用资料数据、图表,或按时间顺序展开,或按不同的性质归类展开,说明预测对象的历史和现状。) 二、×××××××××××××××。 (一)×××××××××××××××。 (二)×××××××××××××××。 …… 三、××××××××××××××××。 (一)×××××××××××××××××。 (二)×××××××××××××××××。 …… (分析及预测。由预测对象的历史和现状,推断预测对象未来的前景、态势。) 四、×××××××××××××××× (一)××××××××××××××××× (二)××××××××××××××××× …… (提出建议。根据预测的结果,提出有关商品生产、经营方面的意见。) ×××××××××××××××××××××××××××××××××× ××××××××××××。 (结语:或说明或强调某观点,或表示对未来充满信心。) ××××年×月×日

写作提示

市场预测报告和市场调查报告之间既有联系又有区别。

(一)联系

市场调查是市场预测的手段,是市场预测的基础。市场调查报告和市场预测报告均包含市场调查的内容。

(二)区别

(1)对象不同。市场调查的对象是过去和现在已经存在的经济现象,而市场预测的对象是尚未形成的经济现象。

(2)目的不同。市场调查侧重于对市场过去和现状的了解,总结经验,发现问题,掌握市场营销的状况及发展变化规律。市场预测则侧重于了解市场的将来走向,以帮助企业预测商品供求的变化趋势。

3.方法不同。市场调查报告一般通过现场调查或抽样调查获取资料,然后加以分析整理,得出结论;而市场预测报告则主要根据统计资料,通过数学分析,以预测市场未来的走向。

(三)市场调查和分析预测的方法要科学

首先需确保市场预测的材料和数据必须真实、准确。其次对材料或数据的比较、分析,除了运用定性分析方法外,还必须借助数学方法进行处理,以求得出的结论更精确、更有说服力。

(四)写作方式

除文字叙述外,还要尽量使用数字说明和图表说明的方式。

(五)讲究时效性

市场材料数据的获取、分析处理和市场预测报告的写作,都必须讲究时效性。

技能训练

病文修改。

××××年几种主要商品价格趋势预测

一、粮食价格会有上涨,但不可盲目乐观

经过近几年的结构性调整,我国粮食价格恢复到了比较合理的区间,目前的价格水平有利于农业结构的进一步调整,有利于提高粮食种植的科技含量。但是由于今年粮食价格上涨,棉花价格下跌,明年农民种植粮食的意愿会很强,如果明年没有大的自然灾害,粮食收成会是近三年最好的一年。同时由于加入 WTO 后,根据协议要履行粮食进口的部分配额,国际市场粮食价格的优势对国内粮价会产生比较大的压力。因此明年粮食价格会有所上涨,但上涨的空间不会很大。农业、种植业结构调整的步伐还要加快。

二、肉禽、蛋价格会继续平稳上浮

由于养殖成本上升,加之这几年养殖业效益不好、生产有所调整,预计明年肉禽、蛋价格仍将平稳上浮。受此影响,水产品价格会相应上浮,且不会低于今年。在调整结构、搞好与出口国关系的基础上,蔬菜价格涨幅会超过今年。烟酒及在外用餐的价格水平预计都会有所提高。整个食品类价格水平的上涨幅度会超过今年,这是明年居民消费价格指数保持上涨趋势的主要因素。

三、棉花价格呈现稳中上涨格局

虽说明年世界经济景气程度不会太高,棉花需求会有所影响,但国际、国内市场的棉花价格明年会出现略有上涨的局面。受棉花价格影响,多年持续走低的居民衣着类价格水平不会再有大幅下降的形势,预计能与今年持平。

四、食糖价格将渐趋合理

××××—××××年榨季甘蔗重点产区种植面积比上一榨季有所扩大，比上一榨季增长近100万亩，全国食糖产量将比本榨季增长130万吨，总产量约为750万吨，加上国储糖及进口糖因素的影响，××××—××××年榨季食糖总的供求形势将基本保持平衡，或略有缺口。我国“入世”后，国内糖市与国际糖市的关系由若即若离变得异常紧密，国内糖价的捉摸不定和国际糖市的风云变化，将为下一榨季糖市注入更多的不确定因素。近期国家有关部门正在积极制定入世后制糖业的对策和政策工作，随着国家调控作用的增强，企业对市场把握能力的提高，预计××××年的食糖价格将逐步回归至合理价位。

五、娱乐教育文化用品及服务的上涨幅度会明显低于今年

国家大幅下调中小学教材价格、整顿学校收费、治理娱乐文化场所，这些整顿治理因素会明显影响到明年娱乐教育文化用品及服务的价格涨幅。其他的如家庭设备用品及服务、交通和通信等价格不会有太大的变化，仍将维持小幅下降的趋势。随着治理市场经济秩序的深入，居民居住价格也不会有太多的上涨。伴随房屋建设费用的逐步治理，房地产价格会有所下降，水、电、热、气等价格也不会有太多的上涨。

六、明年工业生产资料价格会有比较明显的改观

受近几年国债持续投入的影响，我国基础设施建设规模逐渐扩大，其滞后作用开始显现；再加上西部开发和奥运项目的逐渐启动，明年建筑材料的需求将趋旺，价格会在近几年持续低迷的基础上明显改观。明年国债投向结构会作较大调整，技改项目会有所加强，加工工业会注入新的活力。但是行业生产秩序整顿工作不会停止，该“关停并转”的，国家也不会手软。这样一方面可以扩大新的、高质量的需求，另一方面可以淘汰落后的、低水准的供应。因此明年其他工业生产资料的市场价格（除汽车外）也会呈现稳中上涨的格局。

（来源：崔文凯.“经济预测报告”病文诊疗[J].写作：高级版，2010.）

【提示】病文缺乏充分的预测根据，属于不完整的预测报告，其科学性、准确性很难令人信服。需要补充预测的依据和科学的分析，才能显示预测结论的科学性。

拓展学习

1.小王大学毕业后想开一个店经营服装。为使经营方向、规模、品牌、方式等切合实际，在作出决策前，请你帮他进行市场调查与预测，并撰写预测报告。

2.请你为本地区房产市场进行市场调查，并撰写市场预测报告。

3.请你为本地区汽车市场进行市场调查，并撰写市场预测报告。

任务三 财务分析报告

案例引入

成也会计,败也会计

安然公司是美国一家大型能源公司,曾名列《财富》杂志"美国500强"排行榜的第7位。××××年12月,该公司申请破产保护,成为当时美国历史上最大的破产案,同时也拉开了美国大公司造假丑闻曝光的序幕(世界通讯、施乐、美林、默克、奎斯特等巨型公司相继曝出会计造假的消息,形成了多米诺效应)。调查发现,安然公司长期通过复杂的财务合伙形式,掩盖巨额债务并虚报盈余。当年,安然已连续5年被评为美国最具创新精神公司。然而,这个拥有上千亿美元资产的公司,却在几周内破产。安然破产还顺带"撂倒"了为其做假账的安达信会计师事务所(世界五大会计师事务所之一)。××××年10月23日,美国休斯敦联邦地区法院作出判决,安然公司前首席执行官因犯有欺诈、共谋、内部交易等一系列罪行被判处24年4个月有期徒刑。

如果说安然公司在投资决策方面犯了第一个错误的话,那么运用会计造假则是犯了第二个错误。如果说在犯了一个错误时,还有可能采取行动挽救公司命运的话,那么在犯了第二个错误后,错误的后果达到了极致,企业悲剧性的结局将很难避免。会计造假是一把双刃剑,既可以使其获得暂时的成功,也可以使其身败名裂。安然公司可谓"成也会计,败也会计"。

从上文中我们可以看出财务分析报告在经济生活中的重要性,它关系到一个企业的生死存亡。在当今经济高速发展的时代,一篇结构完整、内容翔实、写作规范的财务分析报告,能够更好地促进企业管理,优化企业决策。

必备知识

一、财务分析报告的概念

财务分析报告是指企业以财务报表及其他相关资料为主要依据,对企业报告期内财务状况和经营成果进行分析后,反映企业在经营过程中生产、资金、效益等方面的优缺点及发展态势,为改进企业财务管理工作和优化经济决策提供重要财务信息而编写的结论性的书面文字报告。

财务分析报告是建立在财务分析的基础上，运用一定的分析方法，对企业的财务活动进行具体分析后得出的书面报告。它是单位过去一段时期内生产经营业务的记录，是已完成的财务活动的总结，同时也可为进一步生产经营所需制定的各项计划指标提供现实依据，还是分析、评价企业生产经营状况的既有客观性又有具体性的文字式报告。

由于编写财务分析报告所需专业知识水平比较高，同时编写人又要对本企业的财务活动情况比较熟悉，因而一般由企业的总会计师或财务部门负责人执笔编写。财务分析报告对提高企业的经营管理水平和经济效益具有比较重要的参考价值。

二、财务分析报告的特点

(一)分析性

整篇财务分析报告是建立在财务分析的基础上的，离开了科学的分析方法，编写出来的财务分析报告只能是一纸空文，对实际工作没有多大的指导意义。

(二)检验性

通过对本企业的财务活动进行分析，可以检验本企业的日常财务活动是否遵守党和国家的方针、政策，是否遵守有关财经制度和财经纪律，从而为决策者调整经营方向和提高管理水平服务。

(三)参考性

政府主管部门、企业管理层及上级主管部门以及财税银行、投资者等相关单位或部门往往以企业财务分析报告中的有关指标和数字来评价企业的业绩，并据此来调整各项指标或追加投资等，因而财务分析报告的目的是向这些相关单位或投资者报送、公布本企业财务状况的总体概况，为他们提供有关参考信息。

(四)剖析性

财务分析报告对本企业的财务活动应实事求是地进行分析，在对本企业经营业绩、资金和效益等方面的优势进行重点说明的同时，也要科学地剖析企业目前所存在的问题或将要发展的不良态势，以及需要面对的经营风险和财务风险程度，以便企业决策者及时商讨对策，调整经营策略，从而使企业的生产经营活动实现良性运行。

三、财务分析报告的种类

财务分析报告的种类比较多，根据不同的分类标准，可以得出不同的分类结果。

(一)按报告的主从关系分

可分为主报告和辅助报告两类。主报告反映单位总体经济状况，包括资产、负债和所有者权益等方面情况；辅助报告只是对主报告中某一项内容进行具体的阐述和反映，如资产减值、利润分配等表格及其财务情况说明书。

(二)按报告所反映的资金运动方式分

可分为动态财务分析报告和静态财务分析报告两类。动态财务分析报告主要是系统地反映报告期内单位资金的运动情况，包括资金的筹措、营运、投放、回收；静态财务分析报告主要是用于反映和报告期末某一时点资金的分布情况，如年末或季末的资金结构和资金占用情况。

(三)按报告所反映的财务活动内容分

可分为资金变动情况报告、资产变动情况报告、利润及利润分配情况报告、负债变动情况报告、税务完成情况报告、股份变动情况报告等。

(四)按报告内容的作用对象分

可分为对内财务分析报告和可外财务分析报告两类。对内财务分析报告主要包括管理费用明细表、单位成本表、债权债务明细表、利税完成情况表等,用以满足单位内部领导及有关人员经营管理的需要。对外财务分析报告则包括资产负债表、利润及利润分配表、单位基本情况变动表、现金流量表等。

四、写作指导

财务分析报告一般由标题、前言、主体、结尾、落款组成。

(一)标题

标题一般包括企业名称、报告期和具体的分析内容,如《××公司××××年财务状况分析》。但并不是所有的标题都由这三项要素组成,需视财务分析报告的需要和当时的具体情况而定。有的标题可以由其中的某些要素组成,如《××××年度企业效益情况分析》;有些标题为了突出重点,也可以以报告中的主要陈述观点作为标题,如《关于盘活企业流动资产的意见》《关于适度利用负债资金发展生产的建议》,但这种标题形式常用于专项财务分析报告。

(二)前言

前言包括报告概述、依据、原则、意义等内容。概述主要是分析对象的基本情况和财务活动情况,以及取得的主要成绩和存在的不足,对过去一年财务状况作简单的回顾。接着对报告所遵循的依据和原则作出说明,对报告期财务状况作出简单的评价并分析其意义所在。在前言的最后,应用恰当的方式和语言从前言过渡到主体,为主体展开分析作好铺垫。如"虽然我单位在本年度加强了对发生业务费用的控制,今年与去年同期相比节约了20万元,比计划降低了2%,为提高企业效益做出了贡献。但业务费用发生总额还处于比较高的状态,在管理方面还存在某些问题,应该制定出更具体的措施来加以控制"。

(三)主体

主体是报告的主要分析部分。它包括企业报告期的基本财务状况和经营成果、总结工作中取得的成绩和指标的完成情况及增减变动情况,在此部分应抓住问题的主要方面分析其中存在的问题,并分析其成因。这一部分要用文字加以数据对比分析,分析要有力度、深度和说服力;要抓住问题的主要矛盾而不能偏离报告的主题;要用数据分析问题的本质而不能高谈阔论。分析可从主要财务指标如资产及负债、收入及费用、利润及利润分配等方面加以叙述、分析,说明各项指标的完成情况及增减变动情况。

(四)结尾

结尾部分包括评价与建议、改进措施与未来展望。报告在评价主要成绩的同时要有针对性地提出具体的改进措施和建议,还可以从财务发展趋势方面提出预见性的意见,对未来作适当展望,以供领导及有关方面参考。这一部分内容应写得具体简洁,意见要中肯,建议和改进措施要符合实际并切实可行。

（五）落款

要在正文之后的右下角标示出分析报告的单位或部门全称，并加盖印章，最后标示成文的年月日。

例文鉴赏

××医院××××年财务分析报告

一、医院基本状况

我院成立于1984年，是一所集医疗、教学、科研、急救、预防保健为一体的综合型二级医院，自治区爱婴医院，全市急救中心网络医院，医疗保险、新农合、社会保险、伤残鉴定、民政济困定点医院，血液透析制定医院。

医院现占地面积2.2万平方米，总建筑面积2.6万平方米。设22个临床科室，13个医技科室，15个职能科室，2个社区门诊部，已开放床位300张。全院职工达到378名，卫技人员274人，其中高级职称27人，中级职称61人。

二、××××年收入业绩摘要

本年度实现总收入7000万元，比上年度的5453万元增长了28.3%。其中医疗收入6028万元，其他收入36万元，分别比去年增长了21%和减少了18%。在医疗收入中，门诊收入2275万元，比去年增加了20%；住院收入3753万元，比去年增长了22%。

三、医院综合财务状况

××××年期末总资产12268万元，其中固定资产5824万元，流动资产1645万元，负债5704万元，净资产6564万元。

××××年总支出6996万元，其中人员经费2736万元，卫生材料费936万元，药品费1353万元，固定资产折旧费1007万元，无形资产摊销费1.2万元，提取医疗风险基金17.8万元，其他费用909万元；其他支出7.6万元；期末亏损931万元。

四、财务分析

总资产12268万元，比去年的10410万元增长了17.8%；其中流动资产1645万元，占总资产的13.4%，非流动资产10623万元，占总资产的85.6%。

（一）流动资产情况分析

流动资产1645万元，比年初1777万元增长了－7.4%；其中货币资金396万元，占流动资产的24.1%，比年初586万元增长了－32.4%；应收在院病人医疗款99.8万元，占流动资产的6%，比年初62万元增加了60.96%；应收医疗款106万元，占流动资产的6.4%；其他应收款460万元，占流动资产的27.96%，增长率为－1.37%；坏账准备14万元，占其他应收款的0.6%；预付账款248万元，占流动资产的15.1%，增长率为－22%；存货348万元，比年初326元增长了6.7%。

（二）非流动资产情况分析

固定资产原值7830万元，比年初5719万元增长了36.9%；累计折旧2029万元，比年初1051万元增长了90.9%；在建工程4754万元，比年初4313万元增长了10.2%。

（三）负债情况分析

流动负债2396万元，其中应付账款1597万元，比年初1004万元增长了59.1%；预收医疗款144万元，比年初63万元增长128.6%；应付职工薪酬220万元，比年初143万元增长了53.8%；应付福利费23万元，与去年持平；应付社会保障费121万元，比年初116万元增长了4.3%；其他应付款125万元，比年初70万元增长了78.6%；预提费用166万元，比年初204万元增长了－18.6%。

（四）净资产情况分析

净资产共计6564万元，比年初6409万元增长了2.4%；其中事业基金3293万元，专用基金757万元，财政补助结转(余)3.75万元。

五、收入情况分析

财政补助收入939万元，医疗收入6028万元；其中药品收入1585万元，占医疗收入的26.3%，比上年1481万元增长了7%。

门诊收入2275万元，比上年1893万元增长了20.2%；其中药品收入620万元，占门诊收入的27.2%，比上年586万元增长了5.8%。随着近几年我国经济的快速发展，人均可支配收入的增多，人们对健康意识的不断提高，使得做一些常规体检的人数越来越多，人均门诊费用的提高使得门诊收入也相对有所提高。

住院收入3753万元，相比上年3085万元增长了21.7%；其中药品收入895万元，占住院收入的23.8%，比上年966万元增长了－7.3%。今年我院新引进专用高端医疗设备数台，仪器设备的更新、医疗新项目的开展使住院人数不断增加，进而促使住院收入不断增长。

六、支出情况分析

××××年年末总支出为7010万元，其中医疗业务成本5346万元，管理费用1642万元。

（一）从医疗业务成本明细表中可以看出，人员经费为2736万元，占业务成本的51.2%，同比去年有所增长，主要原因是职工人数的增加以及业务收入总额的增加。

（二）卫生材料费936万元，占业务成本的17.5%，较去年501万元同比增长了86.8%，主要原因是高值耗材的化验及手术患者人数的增加。

（三）药品费1289万元，占医疗业务成本支出的24.1%；因为业务收入总额的大幅增长，所以药品的增长也会同步增长。

（四）固定资产折旧费1007万元，占医疗业务成本支出的18.8%，较去年846万元同比增长了19%；专业设备和一般设备的增加使用，使得固定资产的大幅增加是必然的。

（五）提取医疗风险基金17.7万元，去年是0.9万元；由于科室的收入增加，医疗风险基金的计提也会有相应的增加。

（六）本年度医疗收支亏损931万元。

七、依据年终财务报表数据从静态角度分析财务状况

（一）收入构成比例

财政补助收入占总收入的13.4%，医疗收入占总收入的86.1%，其中药品收入占业务收入的26.3%；我院2020年核磁室、高压氧的投入使用，医疗服务质量的全面提高，使就诊环境有了很大的改善，因此门诊人次、住院人数、住院天数与去年同期相比有较大的提高，所以医疗收入、药品收入都呈增长趋势。

(二)支出构成比例:人员经费占总支出的31.6%,卫生材料占总支出的13.4%,药品费占总支出的19.8%,固定资产折旧占总支出的14.4%,其他费用支出占总支出的13%。

(三)偿还能力:流动比率68.7%,速动比率44.3%。

综合以上数据可以看出,本年度我院的整体业务收入与去年同期相比减少了;但我院的偿还能力还是比较好的,虽然流动比率不太理想,但鉴于医院属于特殊的服务性行业,不只靠商品的销售量获得利润,所以库存物资量没有企业高,流动比率也能相对低点。××××年财务管理有待进一步加强和控制,如加强医疗专用设备的安全使用和维护管理;加强财务监督及控制职能;加强往来账目的管理,及时清欠回收资金,以加速资金周转,提高资金的利用率。应继续发扬我院勤俭节约的优良传统,在保证优质医疗服务的基础上节能降耗,努力降低成本,调动员工积极性,为在新的一年再创辉煌作出努力!

××医院(公章)

××××年×月×日

(来源:https://www.diyifanwen.com/fanwen/shishiredian/3658857.html)

简评:这是一篇分析具体、透彻的财务分析报告。这篇报告具备了财务分析报告所要求的基本要素。整篇报告紧紧围绕主题,从收入、成本、利润资金等方面进行具体的分析,并与上年同期进行了比较,把当期的财务状况切实地反映了出来。报告中特别是成本分析部分,找出了每项成本费用盈利的主要原因,突出了企业管理工作中的优点。报告的结尾部分提出了有针对性的建议,指出企业管理的薄弱环节,为管理层的决策和企业管理的加强提供了现实依据。

报告语言朴实,条理清楚,分析具体透彻,运用的数据也较有说服力,是一篇优质的报告。

写作模板

框图模式	文字模板
标题 ↓ 前言 ↓ 主体 ↓ 结尾 ↓ 落款	××××**财务分析报告** ××××××××××××××××××××××××××××。 (前言:前言包括报告概述、依据、原则、意义等内容。) 一、××××××××××××××××××。 (一)××××××××××××××××××。 (二)×××××××××××××××××××××××××××××××××× ××××××××××××××××××××××××××××××××。 二、××××××××××××××××。 (一)××××××××××××××××××。 (二)××××××××××××××××××。 …… ××××××××××××××××××××××××××。 (主体是报告的主要分析部分。它包括企业报告期的基本财务状况和经营成果,对工作中取得的成绩、指标的完成情况及增减变动情况的总结,在该部分应抓住问题的主要方面并分析其成因。)

续表

框图模式	文字模板
	三、×××××××××××××××××。 (一)×××××××××××××××××。 (二)×××××××××××××××××。 …… (结尾部分包括评价与建议、改进措施与未来展望) ×××××(公章) ××××年×月×日

写作提示

(一)标题要精练

财务分析报告的标题应突出重点,主题明确,经提炼而成,让人一看到标题便知整个报告的主题。如果标题太冗长,则容易造成误解;但并不提倡标题越短越好,言不达意的标题同样不可取。

(二)前言要承前启后,开门见山,切入主题

有些财务分析报告根据需要对以前一段时期的生产经营状况进行回顾,对业绩进行评价,则宜简单,然后开门见山,直接切入主题。有些应用文的作者喜欢在切入主题前写一些套话,如"在××领导下,在××决策下,在××配合下,在××支持下,在××努力下",这种套话没有任何实际意义,要尽量避免。

(三)主体要分析到本质,而且分析结论要准确

分析报告是建立在分析的基础上的,没有分析的报告则没有说服力。分析要建立在调查研究的基础上,运用一定的分析方法,剖析事情的本质,把语言表达到"点"上。

当然,分析离不开具体的数据。例如通过对相关财务活动的数据进行比较,可以看出各项计划指标的执行情况;通过对本期(或本年)数与上年同期数的比较,可以看出本期(或本年)数与上年同期数的变化情况。但切忌滥用数字,有些单位或个人为了达到自己的目的,人为操纵利用数据进行粉饰,这种做法切不可取。

同时,分析还应注意结合以下几个方面考虑:政策因素与企业内部管理因素;主观因素与客观因素;动态分析与静态分析;定量分析与定性分析;现状分析与态势分析;偿债能力分析与营运能力分析;盈利能力分析与发展能力分析。

(四)结尾要提出具体的意见或建议以供参考

结尾部分也比较重要,因为报告人要针对当时的实际情况提出合理化建议。在分析问题的基础上提出的合理化建议,往往具有很强的针对性和科学性,对决策者来说,具有比较重要的参考价值。有些报告只提笼统的建议,多半是缺乏具体深入的分析,因而无法发挥分析报告应有的作用。

(五)写财务分析报告,应熟悉有关财务指标

有关财务指标包括偿债能力指标、营运能力指标、盈利能力指标和发展能力指标。

技能训练

指出下面这篇财务分析报告存在的问题。

××纸厂××××年11月财务分析报告

一、利润

(一)基本情况

11月份实现利润66876.89元,累计实现利润435205.73元,去年同期累计实现利润890251.24元,比去年同期减少了455045.51元,降低了51.1%。

(二)实现利润增减因素

1.利润增加因素:

①产品销售价格提高(扣除包烟纸降价因素)使利润增加37.8万元(包烟纸降价减少利润10.5万元);

②税金变化、免税因素使利润增加22.4万元;

③烟纸销售数量增加使利润增加8.2万元;

④其他因素使利润增加1.8万元。

合计增加利润70.2万元。

2.利润减少因素:

①产品成本提高使利润减少90.9万元;

②打孔纸销售下降使利润减少15.7万元;

③营业外支出增加(退休统筹基金)使利润减少9.1万元。

合计减少利润115.7万元。

增减利润相抵,使利润比去年同期降低45.5万元。

二、成本

产品单位成本	本期	累计
打孔纸	56222.72	5826.68
激光纸	7169.57	6807.73

三、资金情况

	本期	累计
(一)定额流动资金周转天数	201天	195天
(二)定额流动资金平均余额	342万元	296万元
(三)定额流动资金期末余额	353万元	
(四)期末储备资金余额	56万元	
(五)期末成品资金余额	132万元	

四、存在问题及分析

(一)利润比去年同期减少的主要原因是产品生产成本的提高,生产成本的提高主要是因为原材料价格上涨。

(二)打孔纸销售量低于去年同期160T,使利润减少了15.7万元。

(三)成品资金占用高达132万元,使定额流动资金占用额增加、周转天数延长。

××纸厂财务科

××××年12月5日

拓展学习

1.财务分析报告写作重在分析。试结合例文,谈谈其分析的重要性体现在哪里。

2.财务分析报告包括哪几个部分?它的正文部分应该怎样写?

3.请针对××单位××××年的财务情况,写一篇财务分析报告。

任务四 经济活动分析报告

案例引入

你是格力集团的一名销售主管,熟知空调的销售情况。请你撰写近半年格力空调的销售分析报告。

必备知识

一、经济活动分析报告的概念

经济活动分析报告是经济部门以经济理论和国家现行的经济政策为指导,以计划指标为出发点,以各种经济核算资料(如计划、会计、统计、审计等)及调查研究获取的材料为依据,运用科学的分析方法,对企业经济活动或某一经济现象进行深入的分析研究后所写成的书面报告。

经济活动分析报告,顾名思义,包括两个方面:一是经济活动分析,二是报告。分析是报告的前提和基础,报告是分析的归宿和结果。

二、经济活动分析报告的作用

(一)有助于企业决策者了解客观经济活动,改善经营管理,提高经济效益

企业开展经济活动分析的目的是提高经济效益。但企业经济效益的好坏除受外部环境因素的制约外,还受企业内部管理水平的高低的影响。通过经济活动分析,企业可发现在经营管理上存在的不足,从而修正管理制度和措施,提高管理水平和经济效益。

(二)有助于经济管理部门统筹全局,发挥管理职能

财政、税务、审计、银行、统计等经济管理部门都经常进行经济活动分析。通过分析,这些部门可以了解企业的经营情况,预测未来市场的发展趋势,从而更好地执行国家政策法令和财经纪律,促进和监督企业生产的正常进行,充分发挥自身的管理职能。

三、经济活动分析报告的特点

(一)指导性

经济活动分析报告紧密配合经济工作的实际需要,对前一时期的经济工作进行总结、评价,并对现状提出意见、建议。通过对经济工作的分析研究,透过现象看本质、找原因、提措施,指导今后的经济活动。

(二)分析性

经济活动分析报告必须对特定的经济活动作出客观的、准确的分析评估,因此必须以一定的法律、政策或计划为依据,运用科学的方法,对各种数据进行定量、定性、定时的分析,以便找出相互间的关系,来考察经济运行的情况。通过分析,或肯定成绩,并说明其原因;或揭示问题,有针对性地提出纠正措施。这样才能综合地反映出一个时期以来的经济、金融形势,以及银行或工商企业的经营活动情况。

(三)专业性

经济活动分析是一项专业性工作,它要求撰写者具备很强的专业知识和专业技术,如分析中需借助于特有的分析方法,又如业务核算、会计核算、单据稽查以及分析中的数字换算都要求较高的会计知识和核算技术。所以,必须具备专业性,才能做好分析。

(四)数据性

为了更好地反映情况和说明问题,经济活动分析报告往往会充分运用数据,以数据分析为主,辅以文字说明。数据、指标显示的是经济活动的量,它不仅能反映经济活动的规模和成果的大小,而且蕴含着经济活动效益性的意义。

四、经济活动分析报告的种类

按部门行业划分,有工业、农业、商业和银行业等经济活动分析报告。上述不同部门的经济活动分析报告还可作进一步细分。

按内容涉及的范围划分,有宏观分析报告与微观分析报告两大类。前者是关于国民经济全局性问题和行业共性问题的报告,后者是关于企业生产经营等具体活动的分析研究报告。

按时间划分,有定期经济活动分析报告和不定期经济活动分析报告两大类。前者包括年度分析、季度分析、月度分析,多为一定时期经济活动情况的全面总结与综合分析;后者则是根据经营管理工作的特殊需要临时决定进行的分析,多为专题分析。

按内容划分,有综合性经济活动分析报告与专题性经济活动分析报告两大类。前者是指对某一部门或某一单位一定时期内的各项经济指标作全面而系统的分析后写成的报告；后者是指对某一具体的经济技术指标或经济活动的某个具体方面进行的深入详细的专门分析。

五、写作指导

经济活动分析报告由标题、正文、落款三部分组成。

（一）标题

1.完全式标题

一般要标明被分析单位、分析期限、分析对象和文种等四个部分，如《新天地公司××××年度经济活动分析报告》《万宝集团××××年度财务分析报告》。

2.省略式标题

将单位名称或分析期限省略，如《××市蔬菜品种结构存在问题分析》《新产品麦芽糖醇质量分析报告》。

3.文章式标题

将分析报告的主要内容加以高度概括，或以分析得出的主要结论及建议作标题，如《关于迅速整顿成品资金的建议》《关于增收节支、扭亏为盈的几点意见》等。也可以用提问方式揭示分析内容，再以单位、分析期限、文种作为副标题，如《财政收入为什么不能与生产同步增长——近三年财政收入分析》。

（二）正文

经济活动分析报告一般都应围绕分析中心，提出问题，分析问题，解决问题。经济活动分析报告的正文包括前言、主体、结尾三部分。

1.前言

前言也称引言，是分析报告的开头，一般要围绕分析中心，简要介绍基本情况，提出问题，说明分析目的，为下文的展开作好铺垫；也可直接说明分析的对象、内容、重点和目的，以引起下文。

2.主体部分

这是分析报告的核心部分，这一部分通常由情况、分析、建议三个基本层次组成。

（1）经济活动基本情况。这一部分主要根据会计核算、统计资料以及调查研究所掌握的情况，用对比分析法分析实际指标与计划指标之间的差距，指出成绩或问题，说明经济活动“怎么样”。这一部分是分析的基础。为了保证分析的准确度和报告质量，文中的数字要准确，要能全面反映某一问题的全貌。

（2）成绩或问题分析。通过经济指标的对比找到了差距，紧接着就是要查明差距产生的原因，分析经济活动“为什么会这样”的问题，这就是所谓的分析。分析是全文的重点，主要是根据前一部分的数字和数据进行分析，并应形成结论。这一部分一般采用分条列项的写法。

（3）提出建议。在分析评价的基础上，针对分析对象的现状提出改善企业经营管理的措施，回答“怎么办”的问题，供企业管理者决策参考，它是写作经济活动分析报告的重要步骤与归宿。

建议部分应针对分析对象的现状来写。分析对象状况良好，建议应侧重于为进一步改善经营管理、争取更好的经济效益献计献策；如果分析对象状态欠佳或存在问题，建议则应针对存在的问题提出解决的办法。无论是哪种情况，都要求建议具体、中肯，措施切实可行，具有现实意义与实际价值。

主体部分常见的结构有三种：

一是"三大块式"。这是综合性分析报告的通常写作方法。所谓"三大块"，即由基本情况、主要做法、问题与建议三部分内容组成。如《××造船厂××××年经济活动分析报告》的全文由以下三个部分组成：主要生产指标完成情况，取得良好经济效益的原因，存在问题及建议。

二是"两段式"。这是专题性分析报告常见的写作形式。所谓"两段"，可以是"成果"与"做法"，也可以是"问题"与"原因"，还可以是"情况"与"问题和建议"。如《新产品麦芽糖醇质量分析报告》共分两大部分：第一部分是"麦芽糖醇中间产品的质量分析"，第二部分是"麦芽糖醇质量存在的问题和改进意见"。

三是"对比式"。把生产经营中的有利与不利的方面，如盈与亏、得与失、良与莠、优与劣、利与弊等融合在一起，归纳成几个专门问题，逐一进行表述。如《××商场夏令商品销售分析》的主体内容是：服装生意难做，纺织面料回升；电扇销势不减，冰箱售势疲软；个人购买力猛增，集团购买力下滑。

3.结尾

在提出问题、分析问题的基础上提出对策，即提出解决问题的意见、建议或措施；还可以在结尾部分概括与总结全文，重申作者的观点，或者对未来的发展趋势作出预测；也可以省去这一部分，写完建议便结束全文。

（三）落款

即写作单位的署名和日期，属单位的要加盖公章。公开发表于报刊上的报告，署名一般在标题与正文之间；属于内部使用的报告，署名一般放在尾部；写给上级部门看的报告，通常以"报告人×××"署名。

例文鉴赏

××市电力局××××年上半年经济活动分析

半年来，在××的正确领导下，经济态势良好。各种营销经济指标较之去年均有较大幅度的增长，经济效益明显增强。然而由于受各种条件的限制，尤其是受经济环境和买方市场的约束，我局部分经济指标离系统的要求仍有差距，未能达到预期目标。为了更好地总结经验，找出差距，现将我局1—6月份营销活动综合分析如下：

一、上半年各项指标完成情况及分析

（一）购电量

1.购电量完成情况

××××年1—6月份购网电量完成7512384千瓦时，较××××年1—6月份完成电量7515552千瓦时少购电量3168千瓦时，基本与去年持平。购网电量与去年同期持平的主要原因是林区木材产量下降，多种经营、林产工业等替代产业滞后。这些因素导致用电量明显下降，影响了我局购电目标的完成。因此，我们采取各种措施拓宽电力市场，建立了增供扩销激励机制，制定了增供扩销奖励办法，分解指标层层考核，调动了营销人员的积极性。

2.按用电类别分析各类别购电量增减原因，如新装、增装容量的同比增长率。

（二）购电平均单价

1.今年1—6月份完成平均电价××元/千瓦时，与去年同期完成××元/千瓦时相比上升了××元/千瓦时，完成内部利润××万元。平均单价虽然较去年同期有较大的提高，但与系统的要求相比较仍然较低，这与用电构成相关，今年1—6月各类用电见下表（略）。由此可见，居民电量所占比重较大，而商业、工业电量比重较低，由于林区经济持续低迷，工业电量呈现负增长，影响了购电单价的提高。

2.影响购电平均单价同比增长的因素

(1)去年以来的四次调价

(2)基本电费增长

(3)利率电费增长

(4)峰谷电费增长

(5)高电价电量增长

3.影响购电平均单价同比下降的因素

(1)大工业倒挂

(2)高电价电量下降

(3)低电价电量增长（农业生产、居民生活）

(4)电价政策改变（养殖业用电改为农业生产电价等）

(5)优惠电价（苇河碳素厂）

（三）电费收缴完成情况

1—6月实现电费结零，收回陈欠电费13.2万元。电费收激之所以能月月结零，与我们将此项工作作为重中之重、常抓不懈是分不开的。我们与企业签订了电费回收责任状，积极催激，严格考核，对拖缴、拒缴电费的用户及时依法停电，有效遏止用电不交费行为。同时，采取各种措施和办法筹措资金，保证电费的按时上缴。

（四）节能降损工作

××××年1—6月综合线损率完成24.33%，与去年同期完成的25%下降了0.67个百分点。

今年，我们下大气力抓好按线、按台区考核线损工作的落实，按实际情况制定线损指标，把线损管理工作承包到班组、奖罚到个人，充分调动了广大职工的工作积极性。在抓好常规降损工作的前提下，促使生产、用电两个职能部门以做好线路的无功补偿和三项平衡作为降损工作的重点，并取得了明显的效果。

二、上半年主要工作

一是狠抓用电管理，大力降低线损。推行了“组包线、人包变”的管理模式，把线损指标任务派到班组，责任派到人，促线损指标完成情况直接与工资挂钩，对抄表员按实际线损与核定线损完成比例进行奖罚，连续超出核定线损指标的抄表员实行待岗。目前，有两名抄表员由于不能完成线损指标待岗学习。每月不定期对全局用电客户的用电表计进行全面清查，共查出窃电户 11 户，追回损失××××元，查出表计烧坏 75 户，对怀疑不正常表计到现场进行了校验，更换表计 35 户、次计量 6 只。

二是提高经济效益，普查商业用电。年初以来，我局每月定期组织人员进行用电普查，并把普查情况及时输入电脑，更正电价比例。到目前为止查出高价低接 6 户，追回电费约 10000 元，每月合理增收约 6000 元。

三是动力用户及商服用户的计量装置按标准进行了改造，并对大用户单独加封上锁，进行特殊管理。目前已改造该类用户××户，占全部用户的 67%，从而保证了计量准确，防止了电量流失。

四是加大了清欠工作，按哈农电局对清欠工作的要求，将欠费按时限和责任区落实到人，以清欠的难易程度、时间长短、额度大小对有关人员进行奖罚，确保了我局对上级电费月月结零。

五是落实服务承诺，提高服务质量。坚持“人民电业为人民”的宗旨，本着“优质、方便、高效、规范、真诚”的服务方针，不断提高服务质量，增强服务意识，规范服务内容。

（一）定期对员工进行服务理念教育，不定期地进行现场抽查，并严肃纪律，全年来未发现投诉事件。

（二）在营业窗口设立了客户意见簿，这样确保了能在第一时间了解自身存在的问题及客户的需要，做到了企业与客户心与心的沟通。

（三）将每次计划性或非计划性停电的有关情况及时通知事业、企业单位及个体、主要用电大户。

三、目前工作中存在的问题和不足

（一）线损达标率仍不尽人意，部分公变低压线损依然较高，离“两改”后的标准差距较大，用电检查和反窃电力度不够，因此对于降损工作仍有潜力可挖掘。

（二）10 千伏安以上台区及用户端没有电容补偿（林业局没有这方面的资金投入），对功率因数存在较大的影响，致使线损增加。

（三）营业管理体制有待按农电系统进行全面改革，规章制度有待进一步完善。

（四）长期以来，我们虽然狠抓员工队伍建设，在这方面也投入了大量财力、物力，但员工的整体素质仍不很高。

四、下半年工作思路

（一）增强以电力市场为导向的思想观念，做好市场需求预测工作，以人为本，加强营销队伍的培训工作，提高队伍整体素质，采取人才战略，进一步完善管理机制和制约机制，量化责任追究制和激励机制。认真执行各项管理办法，加大营销管理力度和考核力度，确保全年指标顺利完成。

（二）加强实抄考核工作，杜绝估抄、代抄、错抄、漏抄现象的发生。

（三）加强电费回收管理，按时上缴电费，对部分信誉不佳的用户和用电大户加装磁卡表、实行每月三次抄表，确保电费结零。

(四)加强线损管理,狠抓无功管理工作,提高网络的功率因数,积极开展低压线损理论计算工作,加强线损分析,分析出的问题按时限责任落实到人,坚持问题查不清、问题不解决、措施不落实决不放过的原则。

(五)加强计量装置管理,强化计量器具轮换和轮校,严把计量关,使计量准确无误。

(六)严格执行营业用电手续管理,继续深入开展营业大普查工作。

(七)开展好供电文明窗口建设活动,加强优质服务工作,增强服务意识,依法经营,诚实守信,遵守承诺,完善服务与信息功能,加强营销与服务一体化管理,达到社会效益、经济效益双丰收。

(八)提高规范化管理水平,建立健全各岗位的考核制度,真正达到各项管理规范化。

(九)全面开展增供扩销工作,抓住机遇,找准增长点,拓展电力市场。

(十)进一步降低网络线损,特别是低压线损的管理。加大用电检查和反窃电工作力,将公变低压线损率控制在系统标准范围内。

××市电力局(公章)

××××年×月×日

(来源:https://wenku.baidu.com/view/d297dd1000020740be1e650e52ea551810a6c996.html)

简评:这是一篇专题性的经济活动分析报告。本文观点明确分析准确,是一篇较好的经济活动分析报告。一个明确观点的形成,首先是要对分析对象认真调查以及对材料作全面、深入而细致的分析,其次要正确使用分析方法。本文作者在分析上半年各项指标完成情况时,使用了因素比较分析方法。因素比较分析,是指把同一基础上的材料进行比较,从而发现问题,找出原因,提出改进措施。这是撰写活动分析报告经常使用的方法。材料典型、叙述简要、判断准确,是本文写得较好的原因。经济活动分析的目的是揭露矛盾、分析矛盾、找出原因、以利改进,因而材料必须典型。本文所选用的事例和数据都具有典型、精确的特点。

写作模板

框图模式	文字模板
标题 ↓ 前言 ↓ 主体 ↓ 结尾 ↓ 落款 ↓ 时间	**××××经济活动分析报告** ×××××××××××××××××××××××××。 (前言:前言也称引言,是分析报告的开头,一般要围绕分析中心,简要介绍基本情况,提出问题,说明分析目的,为下文的展开作好铺垫;也可直接说明分析的对象、内容、重点和目的,以引起下文。) 一、×××××××××××××××××。 (一)×××××××××××××××××。 (二)×××××××××××××××××。 ×××××××××××××××××××××××××。 (主体是分析报告的核心部分,这一部分通常由情况、分析、建议三个基本层次组成。) 二、×××××××××××××××××。 (一)×××××××××××××××××。 (二)×××××××××××××××××。 …… ×××××××××××××××××××××××××。 (在提出问题、分析问题的基础上提出对策,即提出解决问题的意见、建议或措施。) 三、×××××××××××××××××。 (一)×××××××××××××××××。 (二)×××××××××××××××××。 …… ×××××(公章) ××××年×月×日

写作提示

(一)目的要明确

经济活动分析报告只有以实际应用为导向,目的明确,有的放矢,才能真正对企业的生产经营起到相应的指导作用。

(二)数据要准确

撰写分析报告的前提是汇总相关数据和资料。在数据运用上要准确无误,必要时可制成图表。如果数据“缺胳膊少腿”,资料残缺不全,甚至有的数据、资料缺乏严格的核证,属于道听途说,那就写不出有价值的报告。

(三)建议要可行

写经济活动分析报告,不是单纯地提出问题、分析问题,还要在分析、评价的基础上提出切实可行的对策,以指导经济工作或为经济决策提供参考。提出对策时不能空发议论,泛泛而谈,而要具体实在,有理有据,切实可行。

(四)分析方法要科学

经济活动分析的方法很多,如调查分析法、比较分析法、比率分析法、差额计算法等。经济活动分析是一门科学,写经济活动分析报告时必须掌握并运用科学的分析方法,使写出的分析报告具有严密的科学性,从而正确地指导经济活动。

(五)常用的经济活动分析方法

进行经济活动分析必须运用一定的分析方法,常用的方法主要有对比分析法、因素分析法、动态数列分析法、平衡分析法和相关分析法等。这里主要介绍以下三种方法:

1.对比分析法

也称为对比法、比较法。就是把同一基础(时间、项目、内容、条件等)上的具有可比性的经济指标、数字资料放在一起进行对比,根据对比中发现的差异和存在的问题来研究评价经济活动情况、分析问题形成的原因的一种方法。对比分析包括实际结果与最初计划的对比、不同时期的对比、相互联系的事物之间的对比、部分与总体的对比、同类现象情况的对比。

运用对比分析法要特别注意指标间的可比性。互相进行对比的指标在时间单位、口径范围、计算方法、计量单位等方面必须一致。当各项指标具有可比性时,才可以进行比较。

2.因素分析法

就是把综合指标分解成各个因素予以分析的方法。在经济活动中,将经济现象总体的发展变化分解成各个因素进行分析,研究各个因素变化的原因及其对总体的影响,这样就可以梳理清楚总体发展变化的情况。

运用因素分析法必须注意:要抓住主要因素作重点分析,不必面面俱到;要注意分析带有倾向性的问题(既包括现阶段的,也包括未来可能上升为主要倾向的问题);要对客观因素、主观因素同等重视,不能以此代彼。

3.动态数列分析法

将某一指标在不同时间段的数值按时间先后排列起来,就形成了动态数列。动态数列就是经济现象在时间上的变化和发展,它能描述社会经济现象的发展趋势和发展速度,据此探索社会发展变化的规律性,从而作出正确的分析和预测。动态数列可以分为绝对数动态数列、相对数动态数列和平均数动态数列。

技能训练

1.以一家中小型规模的工厂或商场为调查对象,掌握其近半年的营销情况,写一篇《某企业某年营销活动分析报告》。

2.调查一家企业在一定时期内的生产、营销等情况，撰写一份专题经济活动分析报告。

拓展学习

上网查找本市、省或者国家发布的经济分析报告，如《中国经济形势分析与预测》，并进行分析，细心体会其写作特点，写一份分析报告提要。

任务五 财务审计报告

案例引入

审计报告

ABC股份有限公司全体股东：

我们审计了后附的ABC股份有限公司（以下简称ABC公司）财务报表，包括20××年12月31日的资产负债表，20××年度的利润表、股东权益变动表和现金流量表以及财务报表附注。

一、管理层对财务报表的责任

按照企业会计准则和《××会计制度》的规定编制财务报表是ABC公司管理层的责任。这种责任包括：(1)设计、实施和维护与财务报表编制相关的内部控制，以使财务报表不存在由于舞弊或错误而导致的重大错报；(2)选择和运用恰当的会计政策；(3)作出合理的会计估计。

二、注册会计师的责任

我们的责任是在实施审计工作的基础上对财务报表发表审计意见。我们按照《中国注册会计师审计准则》的规定执行了审计工作。中国注册会计师审计准则要求我们遵守职业道德规范，计划和实施审计工作，以对财务报表是否不存在重大错报获取合理保证。

审计工作涉及实施审计程序，以获取有关财务报表金额和披露的审计证据。选择的审计程序取决于注册会计师的判断，包括对由于舞弊或错误导致的财务报表重大错报风险的评估。在进行风险评估时，我们考虑与财务报表编制相关的内部控制，以设计恰当的审计程序，但目的并非是对内部控制的有效性发表意见。审计工作还包括评价管理层选用会计政策的恰当性和作出会计估计的合理性，以及评价财务报表的总体列报。

我们相信，我们获取的审计证据是充分、适当的，为发表审计意见提供了基础。

三、审计意见

我们认为，ABC公司财务报表已经按照企业会计准则和《××会计制度》的规定编制，在所有重大方面公允反映了ABC公司××××年×月×日的财务状况以及××××年度的经营成果和现金流量。

××会计师事务所　　　　　　　　　　　　　　中国注册会计师：×××
（盖章）　　　　　　　　　　　　　　　　　　（签名并盖章）
中国注册会计师：×××
（签名并盖章）
中国××市　　　　　　　　　　　　　　　　　××××年×月×日

该审计报告是无保留审计报告。此外，还有哪些类型的审计报告呢？

必备知识

一、审计报告的定义

审计报告，是指注册会计师根据《中国注册会计师审计准则》的规定，在实施审计工作基础上对被审计单位财务报表发表意见的书面文件。

二、审计报告的类型

1.标准审计报告

当注册会计师出具的无保留意见的审计报告不附加说明段、强调事项段或任何修饰用语时，该报告称为标准审计报告。

2.非标准审计报告

非标准审计报告，是指标准审计报告以外的其他审计报告，包括待强调事项段的无保留意见的审计报告和非无保留意见的审计报告。

非无保留意见的审计报告包括保留意见的审计报告、否定意见的审计报告和无法表示意见的审计报告。

三、审计报告的基本内容

(一)标题

审计报告的标题应当统一规范为“审计报告”。

(二)收件人

审计报告的收件人是指注册会计师按照业务约定书的要求致送审计报告的对象，一般是指审计业务的委托人。审计报告应当载明收件人的全称。

(三)引言段

引言段应当说明被审计单位的名称和财务报表已经过审计，并包括下列内容：(1)构成财务报表的每张财务报表的名称；(2)财务报表的附注；(3)指明财务报表的日期或涵盖的期间。

引言段举例如下："我们审计了后附的ABC股份有限公司(以下简称ABC公司)财务报表，包括××××年×月×日的资产负债表，××××年度的利润表、股东权益变动表和现金流量表以及财务报表附注。"

(四)管理层对财务报表的责任段

应当说明管理层对财务报表的责任段，指明按照适用的会计准则和相关会计制度的规定编制财务报表是管理层的责任，这种责任包括：(1)设计、实施和维护与财务报表编制相关的内部控制，以使财务报表不存在由于舞弊或错误而导致的重大错报；(2)选择和运用恰当的会计政策；(3)作出合理的会计估计。

管理层对财务报表的责任段举例如下：

"一、管理层对财务报表的责任

按照企业会计准则和《××会计制度》的规定编制财务报表是ABC公司管理层的责任。这种责任包括：(1)设计、实施和维护与财务报表编制相关的内部控制，以使财务报表不存在由于舞弊或错误而导致的重大错报；(2)选择和运用恰当的会计政策；(3)作出合理的会计估计。"

(五)注册会计师责任段

注册会计师的责任段应说明下列内容：

(1)注册会计师的责任是在实施审计工作的基础上对财务报表发表审计意见。注册会计师按照《中国注册会计师审计准则》的规定执行了审计工作。《中国注册会计师审计准则》要求注册会计师遵守职业道德规范，计划和实施审计工作，以对财务报表是否不存在重大错报获取合理保证。

(2)审计工作涉及实施审计程序，以获取有关财务报表金额和披露的审计证据。选择的审计程序取决于注册会计师的判断，包括对由于舞弊或错误导致的财务报表重大错报风险的评估。在进行风险评估时，注册会计师应考虑与财务报表编制相关的内部控制，以设计恰当的审计程序，但目的并非是对内部控制的有效性发表意见。审计工作还包括评价管理层选用会计政策的恰当性和作出会计估计的合理性，以及评价财务报表的总体列报。

(3)注册会计师相信已获取的审计证据是充分、适当的，且为其发表审计意见提供了基础。

注册会计师责任段举例如下：

"二、注册会计师的责任

我们的责任是在实施审计工作的基础上对财务报表发表审计意见。我们按照中国注册会计师审计准则的规定执行了审计工作。中国注册会计师审计准则要求我们遵守职业道德规范，计划和实施审计工作，以对财务报表是否不存在重大错报获取合理保证。"

审计工作涉及实施审计程序，以获取有关财务报表金额和披露的审计证据。选择的审计程序取决于注册会计师的判断，包括对由于舞弊或错误导致的财务报表重大错报风险的评估。在进行风险评估时，我们考虑与财务报表编制相关的内部控制，以设计恰当的审计程序，但目的并非是对内部控制的有效性发表意见。审计工作还包括评价管理层选用会计政策的恰当性和作出会计估计的合理性，以及评价财务报表的总体列报。

我们相信，我们获取的审计证据是充分、适当的，为发表审计意见提供了基础。”

（六）审计意见段

审计意见段应当说明，财务报表是否按照适用的会计准则和相关会计制度的规定编制，是否在所有重大方面公允反映了被审计单位的财务状况、经营成果和现金流量。

无保留意见的审计报告的意见段举例如下：

“三、审计意见

我们认为，ABC 公司财务报表已经按照企业会计准则和《××会计制度》的规定编制，在所有重大方面公允反映了 ABC 公司××××年×月×日的财务状况以及××××年度的经营成果和现金流量。”

（七）注册会计师的签名和盖章

审计报告应当由注册会计师签名并盖章。

《中华人民共和国财政部关于注册会计师在审计报告上签名盖章有关问题的通知》（财会〔2001〕1035 号）明确规定：“（一）合伙会计师事务所出具的审计报告，应当由一名对审计项目负最终复核责任的合伙人和一名负责该项目的注册会计师签名盖章。（二）有限责任会计师事务所出具的审计报告，应当由会计师事务所主任会计师或其授权的副主任会计师和一名负责该项目的注册会计师签名盖章。”

（八）会计师事务所的名称、地址及盖章

审计报告应当载明会计师事务所的名称和地址，并加盖会计师事务所公章。注册会计师在载明会计师事务所地址时，标明会计师事务所所在的城市即可。

（九）报告日期

审计报告应当注明报告日期。审计报告的日期不应早于注册会计师获取充分、适当的审计证据（包括管理层认可对财务报表的责任且已批准财务报表的证据），并在此基础上对财务报表形成审计意见的日期。

注册会计师在确定审计报告日期时，应当考虑：(1)应当实施的程序已经完成；(2)应当要求被审计单位调整或披露的事项已经提出，被审计单位已经作出或拒绝作出调整或披露；(3)被审计单位管理层已经正式签署财务报表。

例文鉴赏

［例文一］

带强调事项段的无保留意见的审计报告

ABC 股份有限公司全体股东：

我们审计了后附的 ABC 股份有限公司（以下简称 ABC 公司）财务报表，包括 20×1 年 12 月 31 日的资产负债表，20×1 年度的利润表、股东权益变动表和现金流量表以及财务报表附注。

一、管理层对财务报表的责任

按照企业会计准则和《××会计制度》的规定编制财务报表是ABC公司管理层的责任。这种责任包括:(1)设计、实施和维护与财务报表编制相关的内部控制,以使财务报表不存在由于舞弊或错误而导致的重大错报;(2)选择和运用恰当的会计政策;(3)作出合理的会计估计。

二、注册会计师的责任

我们的责任是在实施审计工作的基础上对财务报表发表审计意见。我们按照中国注册会计师审计准则的规定执行了审计工作。中国注册会计师审计准则要求我们遵守职业道德规范,计划和实施审计工作以对财务报表是否不存在重大错报获取合理保证。

审计工作涉及实施审计程序,以获取有关财务报表金额和披露的审计证据。选择的审计程序取决于注册会计师的判断,包括对由于舞弊或错误导致的财务报表重大错报风险的评估。在进行风险评估时,我们考虑与财务报表编制相关的内部控制,以设计恰当的审计程序,但目的并非是对内部控制的有效性发表意见。审计工作还包括评价管理层选用会计政策的恰当性和作出会计估计的合理性,以及评价财务报表的总体列报。

我们相信,我们获取的审计证据是充分、适当的,为发表审计意见提供了基础。

三、审计意见

我们认为,ABC公司财务报表已经按照企业会计准则和《××会计制度》的规定编制,在所有重大方面公允反映了ABC公司20×1年12月31日的财务状况以及20×1年度的经营成果和现金流量。

四、强调事项

我们提醒财务报表使用者关注,如财务报表附注×所述,ABC公司在20×1年发生亏损×万元,在20×1年12月31日,流动负债高于资产总额×万元。ABC公司已在财务报表附注×充分披露了拟采取的改善措施,但其持续经营能力仍然存在重大不确定性。本段内容不影响已发表的审计意见。

××会计师事务所　　　　　　　　中国注册会计师:×××
（盖章）　　　　　　　　　　　　（签名并盖章）
　　　　　　　　　　　　　　　　中国注册会计师:×××
　　　　　　　　　　　　　　　　（签名并盖章）
中国××市　　　　　　　　　　　××××年×月×日

简评:这是一篇带强调事项段的无保留意见的审计报告。当存在可能对财务报表产生重大影响的不确定事项(持续经营问题除外)但不影响已发表的审计意见时,注册会计师应当考虑在审计意见段之后增加强调事项段,对此予以强调。

【例文二】

保留意见的审计报告(审计范围受到限制)

ABC股份有限公司全体股东:

我们审计了后附的ABC股份有限公司(以下简称ABC公司)财务报表,包括20××

年12月31日的资产负债表，20××年度的利润表、股东权益变动表和现金流量表以及财务报表附注。

一、管理层对财务报表的责任

按照企业会计准则和《××会计制度》的规定编制财务报表是ABC公司管理层的责任。这种责任包括：(1)设计、实施和维护与财务报表编制相关的内部控制，以使财务报表不存在由于舞弊或错误而导致的重大错报；(2)选择和运用恰当的会计政策；(3)作出合理的会计估计。

二、注册会计师的责任

我们的责任是在实施审计工作的基础上对财务报表发表审计意见。除本报告"三、导致保留意见的事项"所述事项外，我们按照《中国注册会计师审计准则》的规定执行了审计工作。中国注册会计师审计准则要求我们遵守职业道德规范，计划和实施审计工作，以对财务报表是否不存在重大错报获取合理保证。

审计工作涉及实施审计程序，以获取有关财务报表金额和披露的审计证据。选择的审计程序取决于注册会计师的判断，包括对由于舞弊或错误导致的财务报表重大错报风险的评估。在进行风险评估时，我们考虑与财务报表编制相关的内部控制，以设计恰当的审计程序，但目的并非对内部控制的有效性发表意见。审计工作还包括评价管理层选用会计政策的恰当性和作出会计估计的合理性，以及评价财务报表的总体列报。

我们相信，我们获取的审计证据是充分、适当的，为发表审计意见提供了基础。

三、导致保留意见的事项

ABC公司20××年12月31日的应收账款余额×万元，占资产总额的×%。由于ABC公司未能提供债务人地址，我们无法实施函证以及其他审计程序，以获取充分、适当的审计证据。

四、审计意见

我们认为，除了前段所述未能实施函证可能产生的影响外，ABC公司财务报表已经按照企业会计准则和《××会计制度》的规定编制，在所有重大方面公允反映了ABC公司20××年12月31日的财务状况以及20×1年度的经营成果和现金流量。

××会计师事务所　　　　　　　　　　中国注册会计师：×××
（盖章）　　　　　　　　　　　　　　（签名并盖章）
　　　　　　　　　　　　　　　　　　中国注册会计师：×××
　　　　　　　　　　　　　　　　　　（签名并盖章）

中国××市　　　　　　　　　　　　　××××年×月×日

简评：这是一篇带保留意见的审计报告。由于审计范围受到限制，注册会计师在"注册会计师的责任"后加上"导致保留意见的事项"段，阐述保留意见的原因及事项。

写作模板

<table>
<tr><th>框图模式</th><th>文字模板</th></tr>
<tr><td>被审计单位及事项
↓
注册会计师的责任
↓
管理层对财务
报表的责任
↓
导致保留意见的事项
↓
审计意见
注:以上为保留意见审计报告的基本内容结构。</td><td>审计报告(以保留意见审计报告为例)
××××××(被审计单位):
我们审计了后附的ABC股份有限公司(以下简称ABC公司)财务报表,包括20××年12月31日的资产负债表,20××年度的利润表、股东权益变动表和现金流量表以及财务报表附注。
一、注册会计师的责任
××××××××××××××××××××××××××××××××××××
二、管理层对财务报表的责任
××××××××××××××××××××××××××××××××××××
三、导致保留意见的事项
××××××××××××××××××××××××××××××××××××
四、审计意见
我们认为,除了前段所述×××可能产生的影响外,ABC公司财务报表已经按照企业会计准则和《××会计制度》的规定编制,在所有重大方面公允反映了ABC公司20××年12月31日的财务状况以及20××年度的经营成果和现金流量。

××会计师事务所　　　　　　中国注册会计师:×××
（盖章）　　　　　　　　　（签名并盖章）
中国注册会计师:×××
（签名并盖章）
中国××市　　　　　　　　××××年×月×日</td></tr>
</table>

写作提示

1.审计报告要尊重事实,客观公正,报告中提出的问题必须有根据,并有充分可靠的材料作为佐证。对于证据不足或未经查明的事项,可暂时搁置存疑,不要轻率地写入报告。

2.审计工作中搜集的材料很多,但在写报告时不能都写上,要抓住重点,通过典型事例说明问题。

3.审计报告不但要写明审计中发现的问题,而且要根据有关规定确定问题的性质,提出审计结论。与此同时,要具体写出切实可行的建议,帮助被审计单位改进工作。

4.审计报告语言要准确、简练,数字要准确无误。结论性的意见和评价要鲜明,措辞要恰当、严谨,如是“贪污”还是“挪用”,是“疏忽”还是“有意”,定性应准确,不能含糊其辞。

技能训练

下面是一例独立审计(又称社会审计、民间审计)报告。这是一种提供证明、鉴证、公证性质文书的审计报告。根据中国注册会计师协会制定的《中国注册会计师独立审计准则》和《独立审计具体准则第 7 号——审计报告》的规定,该审计报告由标题、收件人、范围段、意见段、签章和会计师事务所地址、报告日期等项构成。“范围段”应说明以下内容:第一,已审计会计报表的名称、反映的日期或期间;第二,会计责任与审计责任;第三,审计依据,即《中国注册会计师独立审计准则》;第四,已实施的主要审计程序。“意见段”应说明以下内容:第一,会计报表的编制是否符合企业会计准则及国家其他有关财务会计法规的规定;第二,会计报表在所有重大方面是否公允地反映了被审计单位资产负债表的财务状况和所审计期间的经营成果、资金变动情况;第三,会计处理方法的选用是否符合一贯性原则。读例文后请回答:

(1)这种审计报告适用哪些事项?

(2)这种审计报告与国家审计(审计机关进行)、内部审计(企事业单位内的审计部门进行)在功能和写法上有什么区别?

(3)这种审计报告有哪些种类?

审计报告

莱芜钢铁股份有限公司全体股东:

我们接受委托,审计了贵公司 2017 年 12 月 31 日的资产负债表与合并资产负债表、2017 年度利润表与合并利润表、2017 年度利润分配表与合并利润分配表、2017 年度现金流量表与合并现金流量表。这些会计报表由贵公司负责,我们的责任是对这些会计报表发表审计意见。我们的审计是依据《中国注册会计师独立审计准则》进行的。在审计过程中,我们结合贵公司的实际情况,实施了包括抽查会计记录等我们认为必要的审计程序。

我们认为,上述会计报表符合《企业会计准则》和《股份有限公司会计制度》的有关规定,在所有重大方面公允地反映了贵公司 2017 年 12 月 31 日的财务状况、2017 年度的经营成果和 2017 年度的现金流量情况,会计处理方法的选用遵循了一贯性原则。

山东乾聚有限责任会计师事务所中国注册会计师刘××

中国注册会计师林××

2018 年 1 月 18 日

拓展学习

北京××会计师事务所的注册会计师张某于××××年 2 月 15 日完成了对甲公司

××××年度财务报表的审计工作，现正草拟审计报告。甲公司是我国大型石油化工企业。按审计业务约定书的要求，审计报告应于××××年 3 月 1 日提交。在复核审计工作底稿时，假设存在以下几种情况：

（1）期末应收账款占企业总资产的 35%。应收账款项目无法进行函证，也无法实施其他替代审计程序。

（2）甲股份有限公司自××××年 1 月将办公用品 2000 元直接计入管理费用。

假如你是××会计师事务所的注册会计师张某，请针对甲公司以上情况编制一份翔实的财务审计报告。

项目四　财经协约文书

任务一　招标书和投标书

一、招标书

案例引入

招标、投标是当今国际上广泛流行的一种经济活动方式。这种公开竞争方式在生产经营、科学研究、工程建筑、大宗物品采购、技术服务等方面得到广泛应用。招标投标使企业在公平的起点上进行竞争，优化了市场经济秩序，有效地促进了经济增长，因此，了解招标投标的文种知识，掌握招标投标中各种文书的写法，是企业发展的要求，也是现代企业工作人员必须具备的一种能力。

2014 年 5 月，黄河大学管理系申报的中央财政与地方高校共建实训室项目获得批准，并获得 300 万元资金支持。7 月，该校就实训室设备项目进行公开招标采购，该校需要拟写实训室设备项目的招标书。招标书该怎么写呢？

必备知识

（一）招标书的概念

招标书又称招标通告、招标启事、招标广告，是招标单位为了征召承包者或合作者而公布标的和条件，邀请投标人，利用投标人之间的竞争并在投标人中选择理想的合作伙伴的一种实用性文书。它将招标的主要事项和基本要求公告于世，从而招使众多的投资者前来投标，一般通过报刊、广播、电视等公开传播媒介发表。在整个招标过程中，它属于首次使用的公开性文件，也是唯一具有周知性的文件。

(二)招标书的特点

(1)公开性。招标书是一种告知性文种,它要像广告一样,借助大众传播手段进行公开,从而利用全国各地的优势,以达到提高经济效益的目的。

(2)竞争性。招标书充分利用了竞争机制,以竞标的方式吸引投标者加入,通过激烈的竞争以实现优胜劣汰,从而实现业主优选的目的。

(3)时间性。招标书需要在短时间内获取结果,因而具有时间的紧迫性。

(三)招标书的种类

招标书可以从不同的角度进行分类。依性质和内容划分,有工程建设招标书、大宗商品招标书、企业承包招标书、企业租赁招标书以及选聘企业经营者招标书等;依时间划分,有长期招标书和短期招标书;依范围划分,有企业内部招标书和公开招标书;依计价方式划分,则有固定总价项目招标书、单价不变项目招标书和成本加酬金项目招标书等。

(四)招标书的内容

招标书的内容主要是对招标项目的介绍和招标具体事宜的说明,一般包括以下内容:

(1)招标单位名称,包括基本情况、招标目的;

(2)招标项目概况,包括项目名称、发布范围、现场地点、具备条件等;

(3)承包方式,包括对投标者的投资要求;

(4)质量、工期要求,包括保修要求;

(5)价款结算及支付方式;

(6)中标评定条件;

(7)投标起止日期及地点、方式、费用等;

(8)开标时间、地点、方式;

(9)招标单位联系地点、电话、联系人;

(10)其他说明。

(五)招标书的结构与写法

招标书的结构一般由标题、正文、落款三部分组成。

1.标题

招标书的标题主要有以下几种形式:一是由招标单位、标的名称、事由、文种构成,如《××洗衣机厂承包标书》;二是只写招标文件和文种,如《××市建筑公司招标书》;三是只写事由和文种,如《建筑安装工程招标书》;四是只写文种,如《招标书》或《招标说明书》。

2.正文

正文通常包括开头、主体和结尾。

开头应写明招标单位的基本情况,即招标的原因、目的、依据及标的(招标项目名称)等,文字要求准确、精炼。

主体是招标书的核心内容部分。由于招标书的性质和内容不同,其写法也不尽相同,但一般需要写入以下事项:标的概招标范围、投标方法、投标程序、投标资格、质量及技术要求、合同规格、权力义务、合同规则、权力义务、保证条件、支付办法及招标的起止时间、开标的时间和地点等。除文字说明之外,还可配图说明。内容应力求详尽、具体,表述应力求规范、明确。

结尾应写明招标者联系地址、电话、邮编、电传、电报挂号和联系人等。

如果是国际招标项目，还应将招标书翻译成外文，并写明国别、付款方式及用何种货币付款等。

3.落款

写明招标单位的名称(全称)、法人代表和签署日期。这些内容如在封面或正文部分已写明，落款可以从略。

为使正文更加简洁、顺畅，常常要把说明项目内容的材料，如工期一览表设计和勘察资料及其他有关文件等附在招标书的后面。这些材料可以视为招标书的一部分，也可作为其他招标文书另发。

(六)招标书的编写原则

1.遵守法律法规

招标文件是一份具有法律效力的文件。接到采购项目委托以后，首先要考虑该项目是否有可行性论证报告、是否通过国家相关管理部门的批准、资金来源是否已落实等。

招标文件的内容应符合国内法律法规、国际惯例、行业规范等。这就要求政府采购从业人员不仅应具有精湛的专业知识、良好的职业素养，还要有一定的法律法规知识，如合同条款不得和《中华人民共和国合同法》相抵触。有的招标文件中的必须具有本省的某行业领域资格证书、限制外地供应商竞争的规定就与我国法律相背离。

2.反映采购人需求

一般来说，采购单位对招标项目的了解程度的差异非常大，再加上采购项目门类繁多，因此招标代理机构在编制招标文件前就要对采购单位状况、项目复杂情况、具体要求等诸多方面有一个真实全面的了解。

在编招标文件时，应该考虑周全。即使当时不能确定具体要求，也应把考虑到的要求提出来。想到了但不能确定的，也应该提出来，让投标者根据自己的经验来建议。

有时一个细微疏漏，就可能造成被动局面。比如，只注意设备的技术性能而忽略其整体几何尺寸，最后设备可能进不了厂房的门，进了门可能又没有适合的面积来安装调试；考虑报价要求时，可能对设备报价都提出了要求，但偏偏把分项报价忽略了。这些都会给实际工作带来困难。

3.公正合理

公正是指公正、平等对待使用单位和供应商。招标文件是具有法律效力的文件，双方都要遵守，都要承担义务。

合理是指采购人提出技术要求、商务条件必须依据充分并切合实际。技术要求根据可行性报告、技术经济分析确立，不能盲目提高标准、提高设备精度等，否则会多花不必要的钱。合理的特殊要求，如支付方式、售后服务、质量保证、主保险费及投标企业资格文件等可在招标文件中列出，但这些条款不应过于苛刻。验收方式和标准应采用我国通用的标准，或我国承认的国际标准等。

4.公平竞争

公平竞争是指招标文件不能存在歧视性条款。只有公平，才能吸引真正感兴趣、有竞争力的投标厂商。招标文件不能含有歧视性条款，政府采购监管部门对招标工作要求制定得过低，看似扩大了竞争面，实则给评标带来很大困难，评标的正确性很难体现，最后选择的结果可能还是带有倾向性。

为了减少招标文件的倾向性，首先要根据使用要求和使用目的确定货物档次，建议采用同档次产品开展市场调查、进行比较，或向行业专家咨询，找出各匹配产品的质量、性能、价格等差异所在。其次要多分析、多观察，制定一些必须满足的基本指标，既要满足采购人的要求，又要保证有足够的供应商参与竞争。再次，招标文件应载明配套的评标因素或方法，尽量做到科学合理，这样会使招标更加公开，人为因素相对减少，令潜在的投标人更感兴趣。最后，招标文件成型后，最好组织有关专家审定、把关。这些都是保证招标公平、公正的关键环节。

5.科学规范

以最规范的文字，把采购目的、要求、进度、服务等描述得简洁有序、标准明了。只有使有兴趣参加投标的所有人都能清楚地知道需要提供什么样的货物、服务，才能满足采购需求。不允许使用大概、大约等无法确定的语句，不要委婉描述，不要字句堆砌，表达上的含混不清往往会造成理解上的差异。在某一部分已说清楚的事又在另外章节中复述，这样可能会产生矛盾，让投标人无所适从。如对于设备的软件问题，应根据需要合理提示，以防在签约时出现价格问题。

6.维护政府、企业利益

招标文件编制要注意维护采购单位的秘密，如给公安系统招标网络设备就要考虑安全问题。不得损害国家利益和社会公众利益，如噪音污染必须达标。应维护国家安全，如给广电部门招标宽带网项目时应注意此问题。总之，考虑要尽量细致、全面，以确保顺利执行。招标项目门类繁多，只有多积累、多调查、多思索，才能编写出一份符合规范的招标文件。

例文鉴赏

某建筑安装工程招标书

为了提高建筑安装工程的建设速度，提高经济效益，经××（建设主管部门）批准，××（建设单位）对××建筑安装工程的全部工程（或单位工程、专业工程）进行招标（公开招标由建设单位在地区或全国性报纸上刊登招标广告，邀请招标由建设单位向有能力承担该工程的若干施工单位发出招标书，指定招标由建设项目主管部门或提请基本建设主管部门向本地区所属的几个施工企业发出指令性招标书）。

一、招标工程的准备条件

本工程的以下招标条件已经具备：

1.本工程已列入国家（或部、委，或省、市、自治区）年度计划；

2.已有经国家批准的设计单位出的施工图和概算；

3.建设用地已经征用，障碍物全部拆迁，现场施工的水、电、路和通信已经落实；

4.资金、材料、设备分配计划和协作配套条件均已分别落实，能够保证供应，使拟建工程能在预定的建设工期内连续施工；

5.已有当地建设主管部门颁发的建筑许可证；

6.本工程的标的已报建设主管部门和建设银行复核。

二、工程内容、范围、工程量、工期、地质勘察单位和工程设计单位

三、工程可供使用的场地、水、电、道路等情况

四、工程质量等级、技术要求、对工程材料和投标单位的特殊要求、工程验收标准

五、工程供料方式、主要材料价格、工程结算办法

六、组织投标单位进行工程现场勘察，说明和招标文件交底的时间、地点

七、报名日期、投标期限、招标文件发送方式

报名日期：______年____月____日；

投标期限：______年____月____日起至______年____月____日止。

招标文件发送方式：略。

八、开标、评标时间及方式，中标依据和通知

开标时间：______年____月____日（发出招标文件日期至开标日期，一般不得超过两个月）。

评标结束时间：______年____月____日（从开标之日起至评标结束，一般不得超过一个月）。

开标、评标方式：建设单位邀请建设主管部门、建设银行和公证处（或工商行政管理部门）参加公开开标，审查证书，采取集体评议方式进行评标、定标工作。

中标依据及通知：本工程评定中标单位的依据是工程质量优良、工期适当、标价合理、社会信誉好，最低标价的投报单位不一定中标。所有投标企业的标价都高于标底时，如属标底计算错误，应按实予以调整；如标底无误，应通知评标剔除不合理的部分，确定合理标价和中标企业。评定结束五日内，招标单位通过邮寄（或专人送达）方式将中标通知书发给中标单位，并与中标单位在一个月（最多不超过两个月）内与中标单位签订××建筑安装工程承包合同。

九、其他

本招标方承诺，本招标书一经发出，不得改变原定招标文件内容，否则，将赔偿由此给投标单位造成的损失。投标单位按照招标文件的要求，自费参加投标准备工作和投标，投标书（即标函）应按照规定的格式填写，字迹必须清楚，必须加盖单位和代表人的印鉴。投标书必须密封，不得逾期寄达。投标书一经发出，不得以任何理由要求收回或更改。

在招标过程中发生争议，如双方自行协商不成，由负责招标管理工作的部门调解仲裁，对仲裁不服，可诉诸法院。

建设单位（即招标单位）：____________________

地址：____________________

联系人：____________________

电话：____________________

________年____月____日

简评：例文标题包括单位名称、招标项目名称和文种三部分。正文将工程内容、范围、

工程量、工程可供使用的场地、工程质量等级、技术要求、工程供料方式和主要材料价格、工程价款结算办法等事项和要求逐条列出，简明扼要，符合一般工程项目招标书的要求。

写作模板

框图模式	文字模板
标题 ↓ 前言 ↓ 招标项目基本情况 ↓ 招标条件和要求 ↓ 招标步骤 ↓ 其他 ↓ 结尾 ↓ 落款	**×××公司××××项目招标书（招标单位＋招标项目＋文种）** ×××集团公司就本公司××××××××××项目进行公开招标，欢迎×××××××××××参加投标。（招标的依据、原因、范围等） 一、招标项目概况 ×××××××，×××××××。（名称、质量、数量、价款等） 二、招标条件和要求（招标项目技术要求及对投标方的条件要求） 1.××××××，×××××××××。 2.×××××××，××××××××。 3.××××××××××，××××××。 三、招标步骤（即对招标工作所做的安排） 1.××××××，×××××××××。 2.×××××××，××××××××。 （包括招标的起止时间，招标文件的发送时间、地点、方式、价格，开标时间和地点等。） 四、其他说明 1.××××××，×××××××××。 2.×××××××，××××××××。 ×××公司（印章） ××××年×月×日

写作提示

（一）内容合法合理，切实可行

招标书的要求和应知事项，要符合国家有关法律、法规、政策规定；技术质量标准要注明国际标准、国家标准、部颁标准或是企业标准；招标方案既要科学、先进，又要适度、可行。

（二）重点明确，内容周密

招标项目（即标的）是招标书的核心内容，对其有关情况、招标范围、具体要求都要写清楚。如建设项目，应写明工程名称、数量、技术质量要求、进度要求，甚至建筑材料的要求等。总之，应做到重点明确，内容严密。

（三）语言表达应简明、准确

无论是定性说明还是定量说明，都应准确无误，没有歧义，尽可能使用精确语言而少用模糊语言。

技能训练

请找出下面这则招标书的不妥之处，并改正。

××集团公司修建计算中心大楼招标书

本集团公司将修建一栋计算中心大楼，由××市城市建设委员会批准，建筑工程实行公开招标，现将招标有关事项公告如下：

一、工程名称：××集团公司计算中心大楼

二、建筑面积：××××m^2

三、设计及要求：见附件

四、承包方式：实行全部包工包料

五、索标书时间：投标人请于××××年6月5日前来人索取招标文书，逾期不予办理。

投标人请将投标文书及上级主管部门的有关签证等密封投寄或派员直接送本集团公司基建处。收件至××××年7月5日截止。开标日期定于××××年×月×日，在××市公证处公证下启封开标，地点在本集团公司绿湖楼第一会议室。

报告挂号：××××

电话：××××××××

联系人：×××

××集团公司招标办公室

××××年5月5日

拓展学习

招标书的写作要求是什么？主体部分内容是什么？

二、投标书

案例引入

苏小语在学院网站上看到了新生校服的招标公告，把这个消息告诉了经营“兴淮服装制衣有限公司”的父母。父母让苏小语认真研究招标公告的要求，并结合公司的实际情况，拟写一份投标书。苏小语要怎么拟写呢？

必备知识

(一)投标书的概念

投标书是指投标单位按照招标书的条件和要求,向招标单位提交的报价和填具标单的文书。它要求密封后邮寄或派专人送到招标单位,故又称标函。它是投标单位在充分领会招标文书,进行现场实地考察和调查的基础上所编制的投标文书,是对招标公告提出的要求的响应和承诺,并同时提出具体的标价及有关事项来竞争中标。

(二)投标书的特点

(1)针对性。投标书的针对性主要表现在两个方面:一是必须针对招标项目和招标条件、要求来写;二是必须针对投标单位自身的实际承受能力来写。

(2)真实性。投标书的内容必须真实,因为投标单位一旦中标后,便要对自己的承诺负责,要承担法律责任。

(3)竞争性。投标是一项竞争性很强的商品交易行为。为了能够中标,投标书的内容和语言必须具有竞争性,尽可能显示投标单位具有的某些优势条件,以击败其他竞争者。

(4)规范性。投标书的制作既要遵守国家对招投标工作的有关规定和具体办法,又要执行国家颁布的技术规范和质量标准,不能随心所欲,任意制作。

(5)限定性。招投标活动一般有着严格的时间限定,必须在限期内将投标书递交招标单位,过期将视同自动放弃。同时,对投标项目的进度要求也有着严格的时间限定。

(三)投标书的种类

投标书有不同的种类,按投标方人员的组成来分,有个人投标书、合伙投标书、集体投标书、企业投标书;按性质和内容来分,有工程建设项目投标书、企业租赁投标书、劳务投标书、科研课题投标书、技术引进投标书。在一个具体的行业中也可再分类,比如,金融投标书可分为金融融资服务投标书、项目贷款投标书、资金集中管理投标书、现金管理平台投标书、企业网上银行投标书、金融代理服务投标书(如代收费、代发工资、代保险等)、金融理财服务投标书、基本账户开设投标书等。

(四)投标书的内容

投标书的内容主要是对招标项目的应标并报出标价、作出说明,一般包括以下几个方面的内容:

(1)标书综合说明,分两个方面:一是对投标人自身情况的详细介绍;二是对所投标项目的确认。

(2)标价,按招标的工程量报出总报价和单项造价,或对招标人的货物报出能接受的价格。

(3)对所投标项目的质量承诺或应标措施、态度。

(4)完成招标项目的时间。

(5)其他承诺及有关事项说明。

(五)投标书的结构与写法

投标书的结构一般由标题与时间、正文、署名三部分组成。

1.标题与时间

一般写上文种"投标书"即可。也可包括投标形式、投标内容和文种,如"租赁××市印刷厂的投标书"。投标时间可写在标题的右下角,也可写在文末投标人的单位名称下面。

2.正文

一般可分条例项(也可用表格式)写明投标的愿望、项目名称、数量、技术要求、商品价格和规格、交货日期等。承包经营项目的投标书,其正文一般要阐述对投标项目基本状况的分析,明确优势和存在的问题;提出经营方针;说明承包目标、考核指标以及达到目标的可行性分析和拟采取的措施;对招标者提出的要求、条件的认可程度等。

正文部分应用的数据要准确、完整;论述要条理清楚,说理透彻;目标要明确可信;措施要切实可行。

3.署名

要写清投标人的单位名称、法人代表以及邮政编码、地址、电话号码、传真号码、电报挂号、电子邮箱等,以便联系。如果是国际投资,应将投标书译成外文,写明国别、付款方式以及用什么货币支付等。有的投标书还要有上级业务部门和公证监督机关的签名盖章。如有必要,还应附上担保单位的担保书及有关图纸、表格等。

例文鉴赏

深圳经济特区土地使用权投标书

市政府土地招标小组:

我们审阅了市政府土地招标小组(以下简称招标小组)招标文件,愿意遵照《土地使用规则》的要求和招标文件的有关规定,并愿以×××元人民币获得××地块的使用权。

1.本投标书如被采纳,我们愿在接到正式中标通知书后×××天内动土,并根据招标文件的规定按时按质完成全部工程和按要求合理使用土地。

2.我们在提交本投标书的同时,还提交了××银行开具的资信证明担保书,本标书如能中标,则该资信证明/担保书即为我们的履约保证书。

3.我们同意从投标之日起180天内保留此标,在此期限终止前的任何时间,我们受本投标书的约束并随时接受本标书中列出的所有内容。

4.在正式合同签订及执行以前,本投标书连同由招标小组发出的其他招标文件,将作为政府和我们之间具有法律约束力的合同书。

5.我们理解招标小组并不限于接受最高价标和可以接受其他任何投标书。

6.投标书附件:

附件一:本单位注册证书(影印件)

附件二:本单位现状情况简介

附件三:本单位过去三年的年度经营报告与财务报告

附件四：规划设计方案

投标单位名称(盖章)：______________

地址及电话：____________

投标单位负责人姓名、职务：______________

联系人姓名、职务：______________

××××年××月××日

简评：本投标书具体写明了单位承接项目的优势，并提供了本单位注册证书、本单位现状情况简介、本单位过去三年的年度经营报告与财务报告、规划设计方案等附件作为依据。

写作模板

框图模式	文字模板
标题 ↓ 招标方 ↓ 投标人现状 ↓ 投标项目具体指标 ↓ 实现各指标措施 ↓ 同意招标要求条款 ↓ 其他 ↓ 结尾 ↓ 落款	**×××公司×××××××项目投标书(投标单位＋投标项目＋文种。)** ×××××××(招标方)： ×××××××项目，××××××(招标编号)，签字代表×××，××××××××××××××。××××××××××××××××××××××××，××××××××××××××××。(投标的项目名称，投标单位的态度、能力) 1.××××××，××××××××。 2.×××××××，×××××××。 3.×××××××××，×××××。 4.××××××，××××××××。 5.×××××××，×××××××。 (投标企业的现状、具备条件、提出标价、完成项目时间、质量承诺、经营措施等。) 地址：______________________________ 联系方式：______________________________ 投标人代表性名、职务：______________________________ 投标人名称(公章)：______________________________ 日期：________年____月____日 ×××公司(印章) ××××年××月×日

写作提示

(一)要实事求是

投标方必须在认真研究招标书的基础上，客观估计自己的技术、经济实力和相应的赔偿能力，经过专家的充分论证后，再决定是否投标，并实事求是地填写标单和撰写投标书，切不可妄加许诺，不可徇私舞弊，弄虚作假。因为一旦中标，就要在规定期限内与招标方签订合同，按合同办事。如不实事求是，将给国家、招标单位和本单位造成严重的经济损失，还要承担法律责任。

(二)内容要明确具体

对于投标书的具体内容,如目标、造价、技术、设备、质量等级、安全措施、进度等,都要详细写明,力求一目了然。如果交待不清,笼统含糊,无法使招标单位认可,将难以中标。

技能训练

指出下列投标书存在的问题。

××××公司投标书

××××总公司

诸位先生:

研究了招标文件 IMLRC—LCB9001 号,对集通铁路项目所需货物我们愿意投标,并授权签名人××、×××,代表我们提交下列文件正本一份、副本四份:

(1)投标报价表;

(2)货物清单;

(3)技术差异修订表;

(4)资格审查文件。

签名人兹宣布同意下列各点:

(1)所附投标报价表所列拟供货物的投标总价为×××美元。

(2)投标人将根据招标文件的规定履行合同的责任和义务。

(3)投标人已详细审查了全部招标文件的内容,包括修改条款和所有供参阅的资料及附件,投标人放弃要求对招标文件作进一步解释的权利。

(4)本投标书自开标之日起 90 天内有效。

(5)如果在开标之后的投标有效期撤标,则投标保证金由贵公司没收。

(6)我们理解你们并不限于接受最低价标和可以接受其他任何标书。

投标单位名称:中国广州×××公司(公章)

地址:中国广州××区××街××号

电话:×××××××××

授权代表:×××

××××年×月×日

拓展学习

1.分别回答投标书和招标书的主要内容和写作方法。

2.根据下述招标公告,拟写一片投标书。

京福高铁淮南东站站前广场及公园建设项目招标公告

招标编号:2011—009

一、招标条件

1.工程名称:京福高铁淮南东站站前广场及公园建设项目。

2.项目审批、核准或备案单位机关名称:发改投资〔2010〕391号。

3.招标人:淮南市城乡建设委员会、淮南市重点工程建设管理局、淮南市城市建设投资有限责任公司。

4.资金来源:政府投资(BT项目)。

5.总投资:约27261.20万元。

二、项目概况与招标范围

1.工程实施地点:大通区淮南农场境内,朝阳东路与站前交叉路口东侧。

2.建筑规模:121920m^2,其中:站前广场29680m^2、公园56840m^2、地下商场17639m^2、地下停车场15249m^2、地下通道2494m^2(来自中国招标网,实际以施工图面积为准)。

3.计划工期:165天(地下装饰及安装部分可延期至2011年年底)。

4.招标范围:设计施工图纸所含施工项目。

5.标段划分:一个标段。

三、投标人资格要求

投标人资格要求:具有市政公用工程总承包一级或房屋建筑工程总承包一级及以上资质。

项目负责人资质要求:项目经理具有市政工程或房屋建筑工程专业一级建造师资质所持有证件;单位介绍信、企业资质证书、营业执照、安全许可证书;拟派项目经理资质证书,安全生产考核证;拟派项目经理近三年类似工程业绩,企业近三年类似工程业绩;外地企业需填写《外地进淮企业资质登记备案表》。拟派项目经理近三年至少有一个单项承包合同不低于5000万元人民币的业绩(以施工合同和竣工备案表为准)。

资格审查方式:资格后审备查资料及其他资料;以上投标报名资料须留加盖公章的复印件,并装订成册。

四、资格预审文件的获取

1.报名时间:2011年1月31日至2011年2月28日(法定公休日、法定节假日除外),每天上午8:30至11:00,下午14:30至17:00(北京时间)。

2.报名地点(有形建筑市场):淮南市建设工程交易中心。

3.投标人在收到投标邀请书(或资格预审通过通知书)后,方可参与投标,并按照投标邀请书中相关规定购买招标文件。

五、联系方式

招标人:淮南市城乡建设委员会

淮南市重点工程建设管理局

淮南市城市建设投资有限责任公司

招标代理机构:安徽欣安造价师事务所

地址:淮南市洞山中路9号

地址:安徽省阜阳市清河东路360号
联系人:×××
电话:0554-2607575　　电话:18955806719
传真:0558-2171596

任务二　凭证类条据

一、领条　借条　欠条

案例引入

丁某向周某借12000元,周某自己将借条写好,丁某看借款金额无误,遂在借条签了名字。后周某持丁某所签名欠条起诉丁某,要求其归还借款120000元。丁某欲辩无言。后查明,周某在"12000"后面留了适当空隙,并在丁某签名后在"12000"后加了一个"0"。

必备知识

(一)领条、借条、欠条的概念

领条是从上级部门或相关部门领取钱物时,写给负责发放人员的、证明已领到的字据。

借条,又称借据,是彼此之间为处理财务、物资或事务来往,写给对方作为凭据或有所说明的条据。钱物归还后,打条人收回条子,即作废或撕毁。它是一种凭证性文书。

欠条是指向部门、单位、个人所借钱物已归还一部分,还有部分拖欠,证明所欠部分的字据。

(二)领条、借条、欠条的特点

(1)凭证性。领条、借条、欠条是领、借款物的凭证性条据。

(2)程序性。领条、借条、欠条的使用具有不同的程序性。

(三)领条、借条、欠条的类型

按性质划分,可分为公务领条、公务借条、公务欠条;私务领条、私务借条、私务欠条。

按对象划分,可分为领款条、借款条、欠款条;领物条、借物条、欠物条。

(四)写作指导

凭证类条据的内容构成为"标题+正文+署名+日期"。

1.标题

在正文上方，用较大字体写明条据的名称，如“借条”“领条”等。

2.正文

在标题下第一行距左空两格(两个汉字大小的位置)书写。

首先要直接写明条据的性质、关系，如“今借到”“今领到”之类的词语；接着写明钱物的用途、名称、数量、归还日期等；然后写上“此据”二字作结尾语，也可不写。

不同条据的侧重点不同：

(1)领条。领款条要写明所领到的款项的名称、来源、金额(包括大写和小写)、所领款项用途等；领物条要写明所领到的物品的名称、来源、数量、质量、种类、规格、用途等。如需归还，应注明归还款物时间。

(2)借条。数额较大的、事项较齐全的借款条，包括债权人(借出方)姓名(最好有身份证号码)、借款金额、币种、利息、本息还款时间、付款方式、违约(延迟偿还)罚金、纠纷处理方式等；借物条要写明借到物品的名称、来源、数量、质量、种类、规格、所借物品用途、归还物品时间等。

欠条。数额较大的、事项较齐全的欠款条、欠物条写法同上述借条。其中，对先归还一部分款物，尚欠一部分款物的欠条，特别要写明原借多少，尚欠多少；对借用款物时未写借条，事后补写欠条的，特别要写明原借钱物的数量和日期，并注明“今补欠条，作为凭证”；对购置物品时未当场付款而给对方的欠条，要写明欠对方钱物的名称、数量与原因。

3.署名

在正文右下方写上当事人的名字，盖上章或按上手印；如有见证人，最好也签上名字。

4.日期

在署名正下方写明日期。

例文鉴赏

【例文一】

领　条

今领到资产管理处下发给管理系的办公用品有：惠普笔记本电脑壹台，打印机贰台，卓越牌 U 盘拾个。

此据。

经手人：×××

××××年×月×日

简评：这是领物条。正文写明了领到何部门下发的何种物品，物品数量使用了汉字大写数字。“此据”表示以此为证明，具有凭证性。

［例文二］

借　条

今借到兴和有限公司佳能牌复印机壹台(产品型号:××××),音箱肆个,借期三天。到期归还,如有损坏,照价赔偿。

此据。

新天地股份有限公司(章)

经手人:×××

××××年×月×日

简评:这是借物条。在一单位向另一单位借用物品时使用。该借物条结构完整,语言表述清晰。文末的“如有损坏,照价赔偿”是对借方的法律性约束。

［例文三］

欠　条

今向永兴文化用品公司购买办公用品一批,共计捌仟零玖拾叁元整。因携款不足,现先付人民币陆仟叁佰捌拾玖元整,尚欠壹仟柒佰零肆元整,定于今年5月6日送到。

××公司采购员:×××

××××年×月×日

简评:这是购物欠款条,将总计多少、已付款多少、尚欠多少及还款日期写得很清楚。文中金额采用大写汉字,并在数字后加了“整”字,“整”字在此处是必须要加的。

写作提示

(一)要一文一事

公文要一文一事,条据类文书也要一文一事,即一个条据只涉及一个问题。如借条就是借条,如果还钱时一次未还清,应再打欠条,说明原借多少,已还多少,余额什么时间还清,同时,把原借条销毁。也有在原借条下加以注明的。

(二)数字书写要规范,要使用法定的计量单位

为避免纠纷,数字一定要写规范,不要用阿拉伯数字,而要用汉字数字大写形式。数字前写明币种,数字后还要写上“整”字。若数字书写不规范,则可能给某些人可乘之机。十个基本的汉字大写数字是壹、贰、叁、肆、伍、陆、柒、捌、玖、拾。

(三)字体要端正,字迹要清楚

条据类文书或是要说明某个问题,或是要作为凭据,所以,字体一定要端正,字迹一定要清楚。尤其是凭证类条据,不能有一点潦草之处,否则后续将会产生诸多问题。

技能训练

指出下面欠条存在的问题。

张某和高某是邻居又是同事。三年前，张某向高某借了14000元。去年7月，张某归还了高某10000元。为避免纠纷，张先生给高某打了一张欠条，写道："张某借高某人民币14000元，今还欠款4000元。"

请分析这个案例，张先生写的欠条规范吗？为什么？

拓展学习

1.写一份借条。

李力向张明借人民1000元。请你以李力的名义写一份借条。

2.为加强体育锻炼，体育部向各班下发体育器材，你班从体育部器材处领到以下器材：足球10个，排球5个，跳绳10根。请你以体育委员的名义写一张领条。

二、收条　代收条

案例引入

张某向孙某借款10000元，为孙某出具条据一张："收条，今收到孙某10000元。"

后孙某要求张某归还此笔款项时二人发生纠纷，于是孙某向法院起诉。张某在庭审答辩时称，为孙某所打收条的内容是孙某欠10000元；由于孙给其写的借据丢失，因此为孙某写下此收条。

请思考：这份收条有问题吗？

必备知识

(一)收条、代收条的概念

收条、代收条是各级行政机关、企事业单位、社会团体及个人均可使用的凭证类条据。

收条是收到单位、个人钱物时写给对方的表明收到钱物的字据，又叫收据。代收条是向单位、个人归还所欠钱物，当事人不在，由别人代收时所写的字据。

(二)收条、代收条的特点

1.凭证性

收条、代收条是收受到款物的凭证,具有合约性质,也就具有法律效力。

2.准确性

收条、代收条中的款项金额、物品数量等数据均应采用汉字数字大写形式,现金数字后加写“整”字,以确保准确,防止被篡改。若有涂改,应在涂改处加盖公章或私章,或重新立据。

3.简明性

收条、代收条语句简洁明了,内容简单明确。

(三)收条、代收条的类型

按性质划分,可分为公务收条、公务代收条、私务收条、私务代收条。

按对象划分,可分为收款条、代收款条、收物条、代收物条。

(四)写作指导

收条、代收条的内容构成与前述凭证类条据的内容构成相同,为“标题＋正文＋署名＋日期”。

1.标题

在正文上方,用较大字体写明条据的名称,如“收条”“代收条”等。

2.正文

在标题下第一行距左空两格(两个汉字大小的位置)书写。

首先要直接写明条据的性质、关系,如“今收到”“现收到”“代收到”之类的词语。接着写明事项:收到或代收到单位或个人送来的款项名称、用途、数量、质量、种类、规格等。

结尾以“此据”二字作结尾语,居左空两格(两个汉字大小的位置)。

3.署名

在正文右下方写上当事人的名字,盖上章或按上手印;如有见证人,最好也签上名字。

4.日期

在署名正下方写明日期。

写作提示

(一)数字要大写并不得涂改

为避免纠纷,数字一定要写规范,不要用阿拉伯数字,而要用汉字数字大写形式。数字前写明币种,数字后还要写上“整”字。

(二)钱物名称、数量、日期不得有误

例文鉴赏

【例文一】

收　条

今收到 4 月份加班费伍佰柒拾肆元，奖金贰佰捌拾玖元，共计捌佰陆拾叁元整。

此据。

第一车间第三组
经手人：×××
××××年×月×日

简评：这是收款条。开头就用了“今收到”，之后说明事项名称和金额，金额采用汉字数字大写形式，并在数字后加了“整”字，语言表述清楚明白。

【例文二】

代收条

今晓娟同学还给李莉同学的人民币伍拾元整。

代收款人：郭亮
××××年×月×日

简评：这是代收款条。例文交代清楚了借、还、代收关系，说明了事项名称和金额，金额采用汉字数字大写形式，并在数字后加了“整”字。

写作模板（条据的结构模板，以借条为例）

标题	借　条
正文	今借到×××（借出者）×××（汉字数字大写形式）元整。××时间归还。 此据。
落款	借款人：×××（签字） ××××年×月×日

技能训练

指出以下收条的问题。

今收到服装款 20000 元整。

拓展学习

1.某单位工会拟举办职工书画展,所以向全体职工征集书画成果,销售科科长王明提交了2幅获奖书法作品及证书,请你代工会办公室工作人员为其写份收条。

2.某单位工会举办的职工书画展结束后,要将书画成果归还给个人。销售科科长王明因出差在外地,他的作品由销售科小李帮其代收,请你代小李写份代收条。

任务三 意向书 协议书

一、意向书

案例引入

2018年5月12日,兴和实业有限公司(以下简称甲方)与新天地进出口公司(以下简称乙方)在上海协商,就双方共同合作生产压缩机事宜达成一致意向,双方即将签署意向书。请你代为起草这份意向书。

必备知识

(一)概念

意向书是当事人各方就某一项目或事务在正式签订条约、达成协议之前表达合作意愿、提出初步设想的一种应用文书。意向书的主要作用是传达合作的意向,为实质性合作奠定必要的基础、提供基本的依据。意向书是签订合同的先导,可以反映业务工作上的关系,在一定程度上约束双方的行动,保证双方业务朝着健康有利的方向发展。

(二)特点

1.协商性

合作意向书内容具有协商性,双方或多方的地位是平等的,单位不分大小,地区不分内外,友好协商。虽然双方或多方都有各自的利益,但必须经过协商取得一致意见,才能订立合作意向书。合作意向书的用词多有趋向性,如“希望”“拟”“将”“予以合作”等。

2.灵活性

意向书文字表达灵活,对实质性问题不像合同那样须做出具体、准确的表述。意向书上的条款可以做出调整和改变,在同一份意向书里也可以提出多种方案供对方选择。

(三)种类

(1)从范围上分,可分为国际间的事务合作意向书,国内的省市之间的事务合作意向书,地区之间、部门或单位之间、企业与企业之间的合作意向书。

(2)从内容上分,意向书可分为科学文化交流合作意向书、经济技术协作合作意向书、技术设备引进合作意向书、新产品开发合作意向书、工程基建合作意向书、产品购销合作意向书、企业联合合作意向书等。

(3)从签署形式上分,可分为单签式、双签式和换文式。单签式即由出具合作意向书的一方签署,文件一式两份,再由合作的一方在其副本上签章认可,交还对方,就算签署完成。双签式即联合签署式,在合作意向书上出具双方代表人的姓名,双方同时签署,然后各执一份为凭。这种形式比较郑重。签署重要的合作意向书一般还要举行仪式,其效力与其他形式无异。换文式是双方以交换信件的方式来表达合作意向。形式与外交上的"换文"相同,而内容是合作事务,仍属合作意向书的一种。

(四)意向书的内容构成

1.标题

标题常见的形式有三种:简单写法,只写"合作意向书"即可;概括内容,如《关于××摩托车生产集团的合作意向书》《××技术共同组建协作意向书》;类似于公文标题,概括双方单位名称和合作意向书内容,如《市化工局联合发展化工产业公司与××市化工局联合发展化工产品合作意向书》等。

2.正文

正文由导言、主体和结尾三部分构成。

(1)导言

导言要写明合作单位名称,有的在名称后用括号注明甲方或乙方。还应简明扼要地说明签订合作意向书的目的、遵循的原则,以及达成什么方面的意向。导言结尾多是"达成意向如下"或是"经友好协商,签订本合作意向书"等语句,以过渡到正文主体。

(2)主体

合作意向书的主体多用条款式来表述,把协商一致的意见有逻辑顺序地分条列项,一一列举出来。进行贸易交流协作的合作意向书,还应该拟定出下一步工作日程,如何时何地再会面协商、何时签署协议或合同。

(3)结尾

一般应写明"未尽事宜,在签订正式合同时予以补充"等语句,以便留有余地。

3.尾部

尾部应写明合作意向书签订各方单位的全称并加盖公章;参加和签订合作意向书人员应签名盖章;注明签署时间、联系地址、电子邮箱、电话号码等。

例文鉴赏

中外合资项目意向书

×××厂甲方××××公司、乙方双方于××××年×月×日在×地对建立合资企业事宜进行了初步协商,达成意向如下:

一、甲、乙两方愿以合资形式建立合资企业并暂定名为××有限公司。建设期为×年,即从××××年×月×日起至××××年×月×日止全部建成。

二、意向书签订后即向各方有关上级申请批准,批准的时限为×个月,即在××××年×月×日至××××年×月×日内完成。批准后由甲方办理合资企业开业申请。

三、总投资××××万元人民币,折××××万美元。××××部分投资×万元,折××万元;××部分投资××万元,折××万元。甲方投资×××万元,以工厂现有厂房、水电设施现有设备等折款投入;乙方投资×××万元,以折美元投入购买设备。

四、利润分配各方按投资比例或协商比例分配。

五、合资企业自营出口或委托有关进出口公司代理出口价格由合资企业定。

六、合资年限为×年,即从××××年×月起至××××年×月止。

七、合资企业其他事宜按《中外合资法》有关规定执行。

八、双方在各方上级批准后再具体商洽合资经营具体事宜。本意向书用中文文字书写一式两份。双方各执一份。

甲方×××厂印章　　　　乙方××××公司印章

代表签署　　　　代表签署

××××年×月×日　　　　××××年×月×日

写作模板

<table>
<tr><th>框图模式</th><th>文字模板</th></tr>
<tr><td>标题
↓
当事人
↓
前言
↓
双方意愿
↓
认同的事项
↓
其他说明
↓
尾部
↓
落款</td><td>××××××意向书
甲方：×××××××××
乙方：×××××××××
双方就×××××××项目的合作事宜，经过初步协商，达成如下合作意向（目的、根据、背景）：
一、同意就××××××××××项目开展合作研究开发。
该项目的基本情况是：
1.××××××，×××××××××。
2.×××××××，××××××××。
二、前期工作由甲乙双方各自负责。
甲方应做好以下工作：
1.××××××，×××××××××。
2.×××××××，××××××××。
3.×××××××××，××××××。
乙方应做好以下工作：
1.××××××，×××××××××。
2.×××××××，××××××××。
3.×××××××××，××××××。
三、在甲乙双方完成前期工作基础上，双方商定××××年××月××日签订正式合同。</td></tr>
<tr><td></td><td>四、本意向书是双方合作的基础。甲乙双方的具体合作内容以双方签订的正式合同为准。
甲方(盖章)：　　　　乙方(盖章)：
甲方代表：________(签字)　　　　乙方代表：________(签字)
甲方通联地址：________________　　　　乙方通联地址：________________
××××年×月×日</td></tr>
</table>

二、协议书

案例引入

甲方：

乙方：

经双方友好协商，由乙方负责拆除位于____×电梯，现就拆除电梯事宜甲乙双方达成如下协议：

一、甲方责任

1.负责对乙方的施工人员进行进场前的安全教育。

2.负责对乙方的施工过程及安全管理进行监督管理及安全教育，并提出意见。

3.负责监督乙方承接的工程是否转包，一经发现乙方转包承接工程，甲方有权终止协议。

二、乙方责任

1.乙方应持有相应的电梯拆除资质，乙方人员应持有符合国家规定的有效上岗证件，保证持证上岗工作。并将电梯拆除资质、人员资格等报甲方备案。

2.负责机房、井道的封闭施工。

3.(如)乙方派出的拆梯人员必须与乙方签有正式劳动合同及有社会保险或人身意外伤害保险，拆除期间因乙方造成人身伤亡或设备损坏等事故，由乙方负责。

4.乙方人员进入施工工地，必须服从甲方项目经理的现场管理，接受甲方的各项检查，遵守甲方的各项规章制度，对发现的问题立即整改。否则，甲方有权停止施工。

5.乙方应做好电梯井道的防护工作，厅门口应完全封闭，由于厅门口防护不严造成的第三方人员或住户的伤亡及损失，乙方承担全部责任。

6.在电梯拆除期间，因政府有关部门检查监督等产生任何罚款及一切连带责任由乙方负担，甲方不负任何责任。

7.对施工后的场地进行清洁及垃圾处理工作。

8.施工过程中不要在工作区域外乱走动。

三、施工时间：××××年×月×日至××××年×月×日

四、其他：乙方人员发生严重违章违纪事项，甲方有权终止本协议。此协议一式两份，甲方双方各执一份，具有同等法律效力。

甲方：　　　　　　　　　　乙方：

签字：　　　　　　　　　　签字：

日期：　　　　　　　　　　日期：

必备知识

(一)概念

协议书又称协议，它是国家机关、社会团体、企事业单位之间为了统一计划、分工负责、协同一致地完成某一共同议定的事项而签订的一种契约性文书。

协议作为契约的一种，将双方经过洽谈商定的有关事项记载下来，作为检查信用的凭证，一经订立，对签订各方具有约束作用。

它确定了各自的权利与义务，双方各执一份，作为凭据，互相监督、互相牵制，以保证合作的正常进行。

(二)结构和写法

协议书通常由标题、正文和签署三个部分组成。

1.标题

标题有以下几种写法：

(1)双方单位名称+事由+协议书，如《××服装公司批发部与××商场零售服务展销协议书》；

(2)事由+协议书，如《出国留学协议书》；

(3)双方单位名称+协议书，如《××厂与××公司协议书》；

(4)直接写协议书，如《协议书》。

签订协议书双方的名称，一般要写明全称。为叙述的方便，可分别确定为甲方、乙方，也可简称为双方。

2.正文

这是协议书的主体和核心部分，一般包括开头与主体两个部分。一般是写明双方或多方达成协议的各个事项，如合作的项目、方式、程序，双方的义务等。

(1)开头

通常是写协议的目的、根据和意义，如开头用一句话写明订立协议的根据，然后用"就合作投资创办出租汽车公司事宜，达成如下协议"引入主体部分。在开头与主体之间，常用的承上启下习惯用语有"就……达成如下协议""经充分协商，达成如下协议""经充分协商，协议如下"等。

(2)主体

这是协议的重点，一般采用分条列项的方法，有的协议每个条项还列出小标题，一目了然。这部分主要是要明确协议的内容、双方的权益与义务以及文本的形式和法律效力等。这些条款是双方合作的基本依据，因此这部分的条款要完备，避免疏漏；用字要准确无误，不允许有歧义。

3.签署

签署包括双方的签名和签订日期两项。签名要写出合作各方的单位全称并标明甲方、乙方，并由订立协议双方单位代表签名，此外还要加盖公章或按上指纹。写明订立协议的具体时间，签订日期要写全年、月、日。

例文鉴赏

协议书

甲方：深圳市____________________有限公司(以下简称甲方)

乙方：深圳市____________________有限公司(以下简称乙方)

经甲乙双方友好协商，就甲方委托乙方开具如下一款橡胶垫背胶3M模具签订如下协议：

一、模具制造要求：由甲方提供样品及产品图纸，乙方按经甲方核准确定图档后进行开模，甲方按所确定的图纸(样板)进行验收。

二、开模时间：按图档确定的合同生效付款日期起计算10天内完成模具的试模样品，每推迟一天，乙方应支付甲方模具制造总价的1%作为违约金，乙方延期超过一个月，甲方有权单方面终止合同，乙方必须退回甲方已付的全部款项。

三、乙方制造的模具打出的样件应符合零部件图纸或产品实样的相关质量、技术要求，乙方保证模具寿命在40万PCS以上，40万PCS内出现的模具质量问题，乙方应免费维修。

四、模具费付款方式：开模试模提供20PCS合格样品时，甲方付款；乙方须将收据原单给甲方。

五、模具均须按甲方确认的图纸进行制造，如果甲方需要修改，应在乙方开模前及时提出。

六、样品验收：甲方按照确定的产品图纸或原样品进行验收。

七、该模具所有权属于甲方，由乙方妥善保管并生产，模具的有关资料及实物乙方均不得提供给任何单位或个人，如有违约将追究法律责任。乙方保证不得将设计图纸及资料非法转让，并承担保密责任。

八、产品结款方式：月结60天。

九、未尽事宜双方友好协商解决。

十、本协议一式两份，甲乙双方各执一份，双方签字盖章即时生效，同具法律效力。

甲方：(盖章)　　　　乙方：(盖章)

负责人签名：　　　　负责人签名：

签订日期：　　　　签订日期：

简析：本协议直接以“协议书”为标题，主体部分包含协议的内容、双方的权益与义务以及文本的形式和法律效力等，内容均详细明确。

写作模板

框图模式	文字模板
标题 ↓ 协议双方 ↓ 目的、根据、背景 ↓ 双方责任 ↓ 履行时间 ↓ 双方权利 ↓ 相关说明 ↓ 尾部 ↓ 落款	**协议书** 甲方：××××××××××××× 乙方：××××××××××××× 经双方友好协商，×××××××，达成如下协议(目的、根据、背景)： 一、甲方责任： 1.×××××××××××××××××××××××××。 2.×××××××××××××××××××××××××。 …… 二、乙方责任： 1.×××××××××××××××××××××××××。 2.×××××××××××××××××××××××××。 …… 三、履行时间：×××××××××××××××××××。 四、双方权利：×××××××××××××××××(　　)。 五、未尽事宜双方友好协商解决。 六、本协议一式两份，甲乙双方各执一份，双方签字盖章即时生效，同具法律效力。 甲方(盖章)：　　乙方(盖章)： 甲方代表：________(签字)　　乙方代表：________(签字) 甲方通联地址：________________　　乙方通联地址：________________ ××××年×月×日

写作提示

协议书与经济合同的区别：

(1)协议书的使用范围比经济合同更广；(2)协议书的条款内容比经济合同更具有原则性；(3)协议书的形式比经济合同更灵活多样。

技能训练

指出以下意向书存在的问题。

中外合资项目意向书

×××厂甲方、××××公司乙方双方于××××年×月×日在×地对建立合资企业事宜进行了初步协商，达成意向如下：

一、甲、乙两方愿以合资或合作的形式建立合资企业，暂定名为××有限公司。建设期为×年，即从××××年起至××××年止全部建成，双方意向书签订后即向各方有关上级申请批准，批准的时限为×个月，即从××××年×月×日起至××××年×月×日止完成。然后由×××厂办理合资企业开业申请。

二、总投资×万元人民币，折×万美元，××部分投资×万元，折×万元；××部分投资×万元，折×万元。甲方投资××万元，以工厂现有厂房、水电设施、现有设备等折款投入；乙方投资××万元，以折美元投入购买设备。

三、各方按投资比例或协商比例进行利润分配。

四、合资年限为×年，即××××年×月—××××年×月

五、合资企业其他事宜按《中华人民共和国中外合资经营企业法》有关规定执行

六、甲方责任……

七、乙方责任……

八、违约责任……

九、双方将在各方上级批准后再行具体协商有关合资事宜。本意向书一式两份作为备忘录，双方各执一份备查。

拓展学习

经过一番激烈的角逐，兴淮服装制衣有限公司以过硬的资质、优惠的价格在众多竞争者中脱颖而出，成功中标。为了保证合作的顺利进行和双方的共同利益，××学院先和兴淮服装制衣有限公司签订了一份协议书。请根据情境拟写一份协议书。

任务四 经济合同

案例引入

宁波市叶先生去年年底与保税区现代建筑装饰公司慈溪分公司签订了装饰工程合同，为其别墅进行装修，装修价 11.9 万元，工期 85 天。在合同履行过程中，由于装潢质量问题，原来的图纸变更了多次，致使完工日期一拖再拖，而且在款额结算中也由于原先约定不明确发生了纠纷。慈溪市消协在调节这起纠纷中发现，该公司的装饰合同中存在多处陷阱：其一，合同中没有点明如果验收不合格，该施工单位应当承担什么违约责任。其二，合同中规定了装饰工程的保修期为 6 个月，而根据国家有关规定，保修期应该为 1 年。

其三，附件中有的项目只标明了价格，而没有注明用什么产品，随意性很大。如其中一项是“地面地板连油漆价格为每平方米 145 元”，但用什么档次的地板和油漆未作说明。

请你代为起草一份符合要求的装修合同。

必备知识

（一）经济合同的概念

合同是平等主体的自然人、法人、其他社会组织之间设立、变更、终止民事权利义务关系的协议。

经济合同指经济活动中使用的合同，它是法人、其他经济组织、个体工商户、农村承包经营户等相互之间为实现一定的经济目的，经过共同协商，明确相互权利义务关系而订立的文书。经济合同是一种契约，也叫“协议书”或“议定书”。

（二）经济合同的特点

1.平等性

签订合同的双方（或几方）的法律地位是平等的，权利与义务都是对等的。合同的这一法律特征，反映了合同主体在法律上的平等原则；不允许以上压下、以大欺小、以强凌弱，也不允许以小讹大、以穷吃富。

2.一致性

在签订合同的过程中，任何一方不得把自己的意志强加给对方，任何单位和个人不得非法干预。签约双方在订立合同时，必须充分协商，在意思表示真实的前提下，达成一致合同。

3.约束性

在《中华人民共和国民法典》生效前，《中华人民共和国合同法》第 8 条规定：“依法成立的合同，对当事人具有法律约束力。当事人应按照约定履行自己的义务，不得擅自变更或者解除合同。”此外，任何第三者都不得对依法成立的合同关系进行非法干预和侵害。

4.合法性

合同的内容必须符合国家相关法律法规要求，这样才能得到国家法律的保护。

（三）经济合同的种类

1.按内容划分，主要有买卖合同，供用电、水、气、热力合同，赠与合同，借款合同，租赁合同，融资租赁合同，承揽合同，建设工程合同，运输合同，技术合同，保管合同，仓储合同，委托合同，行纪合同，居间合同，财产保险合同等。

2.按履行期限划分，主要有长期合同、中期合同和短期合同。

3.按写作形式划分，主要有条款式合同、表格式合同、条款加表格式合同。

（四）合同的内容

合同的写作内容一般分为以下 5 个部分。

1.标题

标题由合同性质或内容加文种两部分组成，如《借款合同》《承揽合同》。

2.立合同人

即合同当事人名称或者姓名。要准确写出签约单位或个人的全称、全名，并在其后注明双方约定的固定指代称呼，如一般写“甲方”“乙方”。如有第三方，可将其称为“丙方”。在对外贸易合同中，有时可指代为“卖方”“买方”。不论在什么情况下，合同中都不能用不定指代称呼，如“你方”“我方”来指代当事人。

3.引言

引言即合同的开头，主要写明订立合同的目的、根据，以及是否经过平等、友好协商等。

4.主体

合同的主体内容由合同当事人各方约定，写明各方所承担的法律责任和应享有的权利。一般应具备以下条款：

(1)标的。标的是指合同当事人的权利义务所共同指向的对象，即合同的基本条款。如购销合同卖方交付的出卖物。

(2)数量、质量要求。数量是标的的具体指标，是确定权利与义务大小的度量，所以必须规定得明确具体，不但数字要准确，计量单位也必须精确。质量是合同的基本条件之一，必须从使用材料、质地、性能、用途，甚至保质期等各方面详细约定。

(3)价款或报酬。这是指合同标的的价格，是合同各方当事人根据国家法律、法规、政策和有关规定，对标的议定的价格，是合同一方以货币形式取得对方商品或接受对方劳务所应支付的货币数量。要明确标的的总价、单价、货币种类及计算标准，付款方式、程序和结算方式。

(4)合同履行的期限、地点和方式。履约期限就是合同的有效期限，是合同具有法律效力的时限和责任界限，过时则属于违约。日期用公元纪年，年、月、日须书写齐全。地点是指当事人履行合同义务、完成标的任务的地点。履行方式是当事人履约的具体办法，如借贷合同的出资方要以提供一定的货币来履约等。

(5)违约责任。违约责任是对当事人不履行合同义务时的制裁措施。违约责任应考虑周全，需逐一估计可能发生的事，包括写明发生当事人不能预料、无法躲避且不可抗拒的如地震、台风等因素时如何处理等。

5.尾部

(1)写相关必要的说明。如说明解决争议的方法，合同的份数、保管及有效期，说明合同所附的表格、图纸、实物等附件。

(2)落款。落款要写明双方单位全称和代表姓名，并签名盖章。还应写上合同当事人的有效地址、邮政编码、电子邮箱、电话以及开户银行、账号等。

例文鉴赏

【例文一】

订货合同

订立合同单位：××市××百货公司（以下简称甲方）

××省××电扇厂（以下简称乙方）

甲方向乙方订购以下货物，经双方协商订立合同如下：

货物名称：××牌××厘米遥控落地电扇

规格：××××××型

定购数量：×××台

货物单价：×××元

货物总额：×××元

交货日期：××××年×月×日以前全部交清。

交货地点：××市×××火车站。

交货办法：铁路托运，由乙方负责办理，费用由乙方支付。如有运输损失由乙方承担。

付款方式：银行托收。本合同签订后，一周之内一次付清。

误期交货处罚办法：误期7天以内，每台按原价10%交付罚款；超过7天，按15%罚款；超过1个月，按20%罚款；超过3个月，按50%罚款。

合同变更：中途如甲方要求增加订货，双方另行商定；如要求减少订货，乙方按减少台数的原价退60%货款。

损失赔偿：交货后如发现产品确因质量问题造成甲方减价销售的损失，由乙方负责赔偿；无法销售的，乙方负责更换。

本合同自签订之日起生效。货款两清后，其效力终止。

本合同一式两份，双方各执一份。

××市×××百货公司　　　　×××省×××电扇厂

经办人：×××（印章）　　　　经办人：×××（印章）

签订合同日期：××××年×月×日　　　　××××年×月×日

简评：这份合同标题由“合同的性质＋文种”构成，“经双方协商订立合同如下”引出主体，合同条款包括标的、数量、价款、履行期限、地点与方式、违约责任、解决争议的方法。

［例文二］

房屋租赁合同

合同编号：____________________

订立合同双方：出租方：________（以下简称甲方），承租方：________（以下简称乙方）

根据《中华人民共和国民法典》《中华人民共和国城市房地产管理法》及其他有关法律、法规规定，在平等、自愿、协商一致的基础上，甲、乙双方就下列房屋的租赁，签订本协议。

第一条　房屋基本情况

1.甲方房屋（以下简称该房屋）坐落于________________________________；位于第____层，共____（间），房屋结构为__________，建筑面积________平方米（其中实际建筑面积________平方米，公共部位与公用房屋分摊建筑面积________平方米）；房地产权证号为：______________________________。

2.房屋的主要设施设备、电器、家具有：______________________________，具体详见房屋室内物品清单。

第二条　房屋用途

乙方租赁甲方房屋仅用于____________________。未经甲方书面许可，乙方不得改变房屋用途，不得利用该房屋从事违法活动。不得将任何危险、易爆、易燃或有毒的物品，或国家现行法律法规所禁止持有的物品带入或保存或允许带入或收存于该房屋内。如甲方发现乙方有上述行为的，甲方有权解除租赁合同，没收押金，并要求乙方承担损害赔偿责任。

第三条　租赁期限

1.租赁期限自__________年__________月__________日至__________年__________月__________日止。租赁期满，乙方继续承租的，应提前__60__日向甲方提出书面续租要求，协商一致后双方重新签订房屋租赁合同。租赁期间，因乙方责任造成的一切安全事故和损失，甲方不承担任何责任。

2.租赁期满或合同解除后，甲方有权收回房屋，乙方应于合同到期__30__日内按原状返还房屋及附属物品、设备设施，结清应当承担的费用。如乙方未按上述期限撤出场地腾退房屋，则视为乙方对房屋内的一切商品/财物已抛弃，甲方有权强行收回房屋，并自行处理相关物品，乙方无权因此向甲方主张任何费用或损失补偿赔偿，如发生处置或保管费用，由乙方承担。

第四条　租金

该房屋每月租金不含税额为：______元，税额______元，每季度租金的不含税总额为：______元（大写______），税额：______元（税率______%）；合同结算总额为不含税总额和税额之和。租赁期间，如因国家政策或房价变动较大，甲方有权根据实际情况适当调整租金。

第五条　付款方式

1.租金按______支付，乙方于每月15日之前，向甲方支付下一个月的房屋租金。

2.乙方应于本合同生效之日起______日内向甲方支付押金（人民币）__________元整。乙方缴纳房屋租金和押金后甲方将房屋交付乙方使用。

3.本合同有效期内，因使用该房屋而发生的各项费用，包括但不限于水电费、煤气费、供暖费、电话费、宽带费、有线电视费、物业费、中央空调费、政府规费等一切费用均由乙方自行承担。

第六条 交付房屋期限

甲方于乙方支付完租金与押金起______个工作日内，将该房屋交付给乙方使用。

第七条 转租

在合同有效期内，未经甲方书面同意，乙方不得转租或出借给他人。如乙方未事先征得甲方书面同意，在租赁期内将房屋部分或全部转租给他人的，应就次承租人的行为向甲方承担连带责任。

第七条 房屋使用及装修改善

1.甲方保证该房屋交付前的使用安全。交付后，乙方应合理使用该房屋及其附属物品、设备设施。如乙方因使用不当造成该房屋及附属物品、设备设施损坏或故障时，乙方应立即负责修复或给予经济补偿，发生的费用由乙方自行承担。

2.租赁期间，因房屋本身出现质量问题，影响乙方使用的，甲方负责修缮，乙方应予积极协助，不得阻挠施工。房屋修理费用由甲方承担。

3.一般情况下，甲方不允许乙方对租赁房屋进行装修或改善增设他物，不得随意改变房屋结构，损害房屋设施。乙方事先书面申请的，在不影响房屋结构、不违反国家和本市有关规定的前提下，经甲方书面同意及有关物业管理部门书面许可后，方能进行装修、改善，但范围仅限于________________目的。

4.租赁合同期满或提前解除合同或终止合同时，租赁房屋的装修、改善增设他物不能与房屋分割的无偿归甲方所有，其他部分乙方应负责拆除，拆除时不能损坏甲方的房屋及附属物品、设备设施，发生的费用由乙方自行承担。

5.租赁期届满或提前解除合同或终止合同时，乙方应搬走属于自己的物品，完成房屋的清洁。否则，除甲、乙双方另有约定外，甲方有权处分乙方留置于该房屋内的物品，且不承担任何责任。

第八条 租赁期满

1.租赁期满后，乙方须将房屋退还甲方。如乙方要求继续租赁，则须提前____天向甲方提出，甲乙双方协商一致后重新签订房屋租赁合同。

2.合同期满或提前终止、解除合同，乙方应结清所有费用，甲乙双方应清点、交接该房屋及附属物品、设备设施等，清点无问题后，押金无息返还押金。如发现房屋及附属物品、设备设施等有损坏的，甲方有权要求乙方对房屋及附属物品、设备设施等进行维修，恢复原状或直接用押金抵扣应由乙方承担的费用、租金，以及乙方应当承担的违约赔偿责任，不足部分有权要求乙方弥补损失。

第九条 合同解除

1.经甲乙双方协商一致，可以解除本合同。

2.因不可抗力导致本合同无法继续履行的，本合同自行解除。

3.乙方有下列情形之一的，甲方有权单方解除合同，收回房屋：

(1)不按照约定支付租金达__15__日的。

(2)欠缴各项费用达一个月租金的。

(3)擅自改变房屋用途,并拒绝改正的。

(4)擅自拆改变动或损坏房屋主体结构的。

(5)保管不当或不合理使用导致该房屋或者附属物品、设备设施损坏并拒不赔偿的。

(6)利用房屋从事违法活动、损害公共利益或者妨碍他人正常工作、生活的。

(7)擅自将房屋转租给第三人的。

(8)其他法定的合同解除情形。

第十条　提前终止合同

1.租赁期间,任何一方提出终止合同,需提前＿30＿天书面通知对方,经双方协商后签订终止合同书,在终止合同书签订前,本合同仍有效。如乙方提出提前终止合同的,乙方已交的租金、押金不予退还。如甲方提出,则双方清点无误后退还乙方已支付的剩余租赁期间的租金与押金,如给乙方造成损失,甲方给予适当的补偿。

2.如因国家建设、不可抗力因素,甲方必须终止合同时,一般应提前＿＿＿个月书面通知乙方,双方清点无误后退还乙方已支付的剩余租赁期间的租金与押金。

第十一条　登记备案的约定

自本合同生效之日起＿＿＿日内,甲、乙双方持本合同及有关证明文件向＿＿＿＿＿申请登记备案(如果有)。

第十二条　违约责任

1.租赁期间双方必须信守合同,任何一方违反本合同的规定,按年度须向对方交纳年度租金的＿＿＿＿作为违约金。

2.甲方逾期交付房屋,每逾期一日,按年度租金的0.5%向乙方支付违约金。超过5日,乙方有权终止本合同,并要求甲方退还押金。

3.乙方逾期未交付租金的,每逾期一日按年度租金的0.5%向甲方支付违约金。超过5日,甲方有权解除合同,收回房屋。

4.乙方违反合同,擅自将出租房屋转租给第三人使用的,或未合理使用维护房屋、设备设施造成出租房屋、设备设施毁坏的,甲方有权终止合同,并要求乙方承担损害赔偿责任。

5.因乙方违约而产生的费用和/或致使甲方遭受的损失及乙方应支付给甲方的违约金,甲方有权从本合同总价、乙方与甲方及甲方关联公司的任何款项中扣除,直接冲抵乙方对甲方的债务。

第十三条　不可抗力

因不可抗力原因导致该房屋毁损和造成损失的,双方互不承担责任。

第十四条　其他

未经甲方同意,乙方不得在房屋养动物。如果动物影响到邻居或社区,遭到投诉或造成第三人伤害的,后果由乙方自负。甲方有权提前终止合同。

第十五条　争议的解决

本合同在履行中发生争议,由甲乙双方协商解决。协商不成时,甲乙双方同意提请甲方所在地人民法院诉讼解决。

第十六条　附则

1.本合同未尽事宜，由甲、乙双方另行议定，并签订补充协议。补充协议报送市房屋租赁管理机关认可并报有关部门备案后，与本合同具有同等效力。

2.本合同一式四份，其中正本两份，甲乙双方各执一份；副本两份，分别送市房管局、工商局备案，均具有同等效力，自双方签字盖章生效。

甲方：__________(盖章)

甲方代表：______(签名)

通联地址：______________

电话：__________________

______年______月______日

乙方：__________(盖章)

乙方代表：______(签名)

通联地址：______________

电话：__________________

______年______月______日

简评：这是一份租赁合同。标题由合同类别和“合同”组成。导言写立合同人、立合同的目的，并说明订立本合同双方经过了友好协商。第一条至第十五条为主体，分别写双方协商约定的各自承担的法律责任、享有的权利、解决争议的方式和有效期。第十六条作为尾部内容，分别写未尽事宜的解决方式、执合同者及合同的备案单位。

本合同条款具体，格式规范，语言明晰，行文周密，内容详尽，也为即将就业可能租赁房屋的学子们提供了借鉴文本。

写作模板

<table>
<tr><th>框图模式</th><th>文字模板</th></tr>
<tr><td>标题
↓
合同当事人
↓
引言
↓
标的、数量、价款或酬金，
↓
质量标准
↓
履行期限、地点、方式
↓</td><td>
×××购销合同
甲方______________________________
乙方______________________________
根据××××××××规定，为了×××××××××目的，经双方商协一订立本合同，以期×××××××××。(依据、目的)
一、产品名称、品种、数量、金额
<table>
<tr><th>产品名称</th><th>品种</th><th>计量单位</th><th>数量</th><th>单价</th><th>总金额</th></tr>
<tr><td></td><td></td><td></td><td></td><td></td><td></td></tr>
<tr><td colspan="6">合计人民币金额(大写)：</td></tr>
</table>
二、质量标准
×××××××××××××××，××××××××××××××××。
三、交货时间、地点和验收
交货时间：×××××××××××。
交货地点：×××××××××××。
验收：由×××××××××××验收。
</td></tr>
</table>

续表

框图模式	文字模板
违约责任 ↓ 解决争议方式 ↓ 其他事宜 ↓ 尾部	四、运输和费用负担 ××××××××××××。 五、付款方式和时间 需方收货10天以内,通过银行托付货款。 六、违约责任 1.甲方×××××××××××××,×××××××××××××。 2.乙方×××××××××××××××,××××××××××。 七、解决争议方式 ×××××××××××××,××××××××××××。 八、其他事宜 1.×××××××××××××,×××××××××××××。 2.×××××××××××××,×××××××××××××。 甲方:________(盖章)　　乙方:________(盖章) 甲方代表:______(签名)　　乙方代表:______(签名) 通联地址:________　　通联地址:________ ____年____月____日　　____年____月____日

写作提示

(一)合法、合理

合同内容必须符合法律规定,如果合同内容违反国家的法律和政策,不仅不受法律保护,还要被依法追究法律责任。同时,签订合同必须贯彻平等互利、协商一致、等价有偿的原则。

(二)条款规定全面完整

合同所必备的各个构成部分不能缺少,关键条款不能遗漏。

(三)表达简明准确

合同的写作采用说明方式,应做到周密严谨,言简意赅。要写得明确具体,条款清晰,概念准确,切忌词不达意或含糊不清。比如,必须使用规范汉字,不使用“最近”“基本上”“可能”“大概”“上一年”一类的模糊词语。价款与酬金数字必须用汉字大写。

(四)充分了解合作方的资格、资信和履行合同的能力。

技能训练

试指出下面这份合同存在的问题,并提出应如何修改才能符合合同的写作要求。

交换写字楼合同

甲方：××贸易总公司

乙方：××市广告集团公司

甲乙双方为了便于在穗深两地联系业务，需交换写字楼作为各自的办事处。现本着友好合作的精神制定如下协议：

一、甲方在广州市隆兴路168号大楼中为乙方提供一单元住宅（三室一厅，使用面积不得小于80平方米）作为乙方驻穗的办事处用房。

二、乙方在深圳市为甲方提供同样的一单元住宅，规格同上，作为甲方驻深办事处用房。

三、双方分别负责为对方上述办事处供水、供电及安装电话，以确保日常业务活动的正常开展。

四、本合同有效期为5年，是否延期届时根据需要商定。

五、本合同自双方同时履约之日起生效。

六、未尽事宜，由双方另行商定。

甲方代表签字：　　　　　　　　　　乙方代表签字：

甲方公章：　　　　　　　　　　　　乙方公章：

______年______月______日　　　　　______年______月______日

拓展学习

1.根据下述内容，请自行补充材料写一份经济合同。

××电机学院膳食科（甲方）代表刘达林与碧江路菜场（乙方）代表周华琴签订一份蔬菜购销合同。双方在合同中提到：乙方每天向甲方提供蔬菜200千克，其中家常蔬菜100千克，花色蔬菜（每天品种不少于五种）100千克，蔬菜要求新鲜，采摘期不超过二天。牌价按当天菜场供应市价的90%计算，运输由甲方自行解决。货款每星期结算一次，于每星期日通过银行托付，合同期限为一年。双方还提到：如任何一方终止合同，则应付违约金3000元。甲方如不能按时付款，则每逾期一天按总价5%罚款；乙方如不能提供足够数量和品种的蔬菜，则按不足部分的50%处于罚款。本合同一式五份，双方及上级各一份，公证处一份。

2.北京鹏飞公司准备租赁建业集团的福隆大厦24楼的写字间，请代为拟写一份合同（具体情况自拟）。

项目五　财经公务文书

任务一　认识党政机关公文

案例引入

深圳一派出所放假17天遭质疑
警方回应称系表述不当，通告已撤销

深圳龙华新区公安分局福民派出所日前贴出的一则通告称，由于国庆假期（9月26日至10月12日）放假，该所暂停办理被查扣电动车放行业务。这则通告引发网民强烈质疑：难道这个派出所要放假17天？看到这个通告网民们断定是“特权”作祟，所以民怨沸腾。

市民李先生告诉记者，他于9月27日到福民派出所想取回被民警查扣的电动车，不料被告知因为派出所“放假”，他的电动车没办法放行。当天来福民派出所申领被扣电动车或摩托车的市民有五六十人，大家纷纷指责该派出所“擅自延长双节假期，给辖区居民办理业务造成不便”。福民派出所真的要放假17天吗？记者29日前往该派出所看到，这则通告已被撤销，派出所称根本没有“放假17天”，是写通告的民警“表述不当”。

深圳市公安局龙华新区公安分局公共关系负责人黄警官告诉记者，福民派出所民警“放假17天”是不可能的事情，上述通告之所以引起歧义，是因为具体拟写通告的人员“表述不当”。实际情况是：按照龙华新区公安分局统一规定，“双节”期间福民派出所分两批轮班休整，即9月26日至10月3日为第一批，10月4—11日为第二批。因此，国庆长假期间该派出所仅有50%的警力在岗，人手不够，于是决定在此期间暂不办理被查扣电动车放行业务。但由于具体拟写通告的民警表述不当，导致被群众误读。

记者从深圳市公安局龙华新区公安分局了解到，有关部门已经对相关责任人进行了严厉批评，具体拟写通告民警都已作出检讨并向市民致歉。（据中新社电）

以上是2012年10月2日在《新商报》上发布的一则新闻。通告是党政机关公文之一，显然是由于该民警公文写作能力有限、表述不当而引发了舆论风波，甚至有民众质疑该机关滥用特权。

必备知识

一、党政机关公文的含义与特点

《党政机关公文处理工作条例》(以下简称《条例》)规定:党政机关公文是党政机关实施领导、履行职能、处理公务的具有特定效力和规范体式的文书,是传达贯彻党和国家的方针政策,公布法规和规章,指导、布置和商洽工作,请示和答复问题,报告、通报和交流状况等的重要工具。因此,党政机关公文主要包括新《条例》第 8 条所规定的 15 种公文种类:决议、决定、命令(令)、公报、公告、通告、意见、通知、通报、报告、请示、批复、议案、函、纪要。

党政机关公文是各级党委、各级政府进行政治活动及其他公务活动的工具和载体,是各级党政机关行使法定职权、实施有效管理的重要工具,具有很强的现实效用性。党政机关公文不仅明显地区别于其他各种文体,也不同于一般的应用文,这是由其性质与作用决定的,其特点主要表现在以下几个方面;

(一)政治性

党政机关公文是党和政府行政机关的指挥意图、行动意图、公务往来的严肃郑重的文字记录,直接反映党和国家的政治意向和根本利益,具有鲜明的政治色彩。党政机关公文象征着党和政府的公权力、公信力,代表着发文机关的权威。在中国社会转型中,党政机关公文是传达党和国家的路线、方针、政策、法律、法规和规章,以及各级党委和政府实施领导与管理的重要工具,其政治性更为突出。

(二)法定性

党政机关公文的法定性主要体现在四个方面:

1.有法定的作者

党政机关公文不是谁都可以任意制发的,而是由法定的作者制成和发布的。这是党政机关公文不同于一般文章作品的又一个显著特点。所谓法定的作者,是指依据宪法和其他有关法律、章程、决定成立的并能以自己的名义行使法定职能和担负一定的义务、任务的机关、组织或代表机关组织的负责人。在中国,只要是依据宪法和其他有关的法律、条例的规定并经过一定的审批程序建立和存在的各级党政机关、社会团体、企事业单位等都是法定的作者,它们都有独立对外行文的资格。《中国共产党章程》、《中华人民共和国宪法》和相关组织法等法律、法规规定了这些机关组织制定和发布公文的权限。如各级党的组织、人民代表大会、人民政府及其部门是依据《中国共产党章程》《中华人民共和国宪法》以及有关的组织法建立的。

2.有法定的权威

党政机关公文是代表各级党政机关意志、意图的,一经正式发布,就具有该机关权限内的强制执行性和约束力,有关单位和个人就要遵照执行。例如,中共中央文件具有党中央的法定权威,全党都必须遵照文件的精神贯彻执行。又如,国务院是我国最高行政机关，它所制定和颁发的文件代表中央人民政府的职能和职权范围，具有行政领导和行政指挥的权威等。这种法定的权威性，也叫做法规的强制力。国家领导机关发布的命令、法令、法规等，是通过一定的立法程序产生的，是要强制执行的，对于违法者是要依法予以行政制裁或移送司法机关追究其法律责任的。

3.有法定的效力

党政机关公文的法定效力是制发机关的法定地位所赋予的。每一份具体的公文，都代表其制发机关所赋予的法定效力和作用。比如，党政领导机关所发出的每一项指示、每一项决定，都要求所属机关认真贯彻、坚决执行，即使是一份通知，同样要求地方收文机关阅知和办理；下级机关的一份报告、一份请示也同样要求上级阅知和批复；等等。

4.有法定的执法程序

党政机关公文的制发程序，由相关的法律法规所规定。有关党政机关公文处理的法定程序，既是工作的准则，也是实现其权威性和法定效力的保证。所以，党政机关公文的制发和办理都必须经过规定的公文处理程序。例如，公文的制发一般应经过起草、核稿、签发的程序。只有经过机关领导人签发的文稿才能印刷、用印和传递。几个机关的联合发文必须履行完备的会签程序；重要的政策性文件还需报请上级机关审批或由主管部门批准等。对收文的办理，一般应包括签收登记、分办、批办、承办、催办等程序；任何人不能违反公文办理程序擅自处理。只有严格党政机关公文的行文程序，才能维护党政机关公文的严肃性，才能实现党政机关文书工作的科学化、规范化、制度化和提高党政机关工作效率。

（三）时效性

党政机关公文是服务于党和政府工作需要的，是在现行工作中形成和使用的。因此，时效性是党政机关公文的又一个显著特点。党政机关公文的时效性包含三个方面的内容：

一是当代性。紧密联系当前工作实际，发布党和政府的各项方针政策，满足时代发展的需要。

二是及时性。党政机关公文有很强的实用性和时间性，要求及时制发，及时办理，迅速产生效用，实现其发文宗旨和目的，不容许拖沓耽误。

三是效用的期限。党政机关公文一经正式发布，即产生法定效用。不过，这种法定效用是有期限性的。也就是说，某项工作已经完成，某一公共政策目标已经达成，或某一问题已经解决，由此形成并使用的党政机关公文的作用也随之结束。当然，各党政机关公文的有限期限是不相等的。工作计划长远的、宏观的纲领性文件或法规性文件时效较长，而一些具体的、微观方面的公文则时效较短。这些公文一旦完成了现行使命，其中那些对日后工作有查考利用价值的文件材料就被存档保存，在以后的工作中发挥查考凭证作用。

（四）规范性

党政机关公文的地位、作用决定了其从起草到成文，从收发、传递、分办、立卷、归档到销毁等，都有一套制度化、规范化的处理程序。为了维护党政机关公文的法定性、权威性，和便于进行公文处理，在党和国家有关部门发布的关于公文处理的一系列规范性文件中，对党政机关公文的体式做出了统一的决定，提出了统一的要求。新《条例》规定了党政机关公文的主要文种和体例;《中华人民共和国国家标准——党政机关公文格式》(GB/T 9704—2012)(以下简称新《格式》)规定了党政机关公文格式中各要素的区域、大小和方位。这些特定要求,是公文严肃性、规范化的重要标志。各级党政机关、社会团体、企事业单位制发文件都应当按照规定的体式(包括文体、文面格式和版面形式)办理,不能随心所欲,各行其是。

二、党政机关公文的种类

(一)根据不同的适用范围,新《条例》将我国党政机关通用公文种类规定为 15 种

现行新《条例》规定了 15 种党政机关公文的功能及适用范围,是我们在具体工作中正确选用恰当公文文种的法定依据。

(1)决议。适用于会议讨论通过的重大决策事项。

(2)决定。适用于对重要事项作出决策和部署,奖惩有关单位和人员,变更或者撤销下级机关不适当的决定事项。

(3)命令(令)。适用于公布行政法规和规章,宣布施行重大强制性措施,批准授予和晋升衔级,嘉奖有关单位和人员。

(4)公报。适用于公布重要决定或者重大事项。

(5)公告。适用于向国内外宣布重要事项或者法定事项。

(6)通告。适用于在一定范围内公布应当遵守或者周知的事项。

(7)意见。适用于对重要问题提出见解和处理方法。

(8)通知。适用于发布、传达要求下级机关执行和有关单位周知或者执行的事项,批转、转发公文。

(9)通报。适用于表彰先进,批评错误,传达重要精神和告知重要情况。

(10)报告。适用于向上级机关汇报工作、反映情况,回复上级机关的询问。

(11)请示。适用于向上级机关请求指示、批准。

(12)批复。适用于答复下级机关请示事项。

(13)议案。适用于各级人民政府按照法律程序向同级人民代表大会或者人民代表大会常务委员会提请审议事项。

(14)函。适用于不相隶属机关之间商洽工作,询问和答复问题,请求批准和答复审批事项。

(15)纪要。适用于记载会议主要情况和议定事项。

(二)根据基本使用范围,党政机关公文可分为通用公文和专用公文

通用公文是党政军各级机关和人民团体、企事业单位等社会组织在公务活动中普遍使用的公文。

专用公文是财政、金融、外交、司法等单位根据其部门的特殊需要和业务务特点而使用的公文。

(三)根据行文方向,党政公文可分为上行文、下行文、平行文等

上行文,是指下级机关向所属的上级领导机关汇报工作、请求审批、提出建议等时使用的公文,如报告、请示等。

下行文，是指领导机关向所属机关指导工作、回答问题、通知有关事项时使用的公文，如通知、决定、批复等。

平行文，是指平级单位之间或不相隶属单位之间互相商洽工作、询问或答复有关事情、请求批准等时使用的公文，如函。

三、党政机关公文格式

党政机关公文一般包括版头、主体、版记三部分。

（一）版头

共7个要素：份号、密级、保密期限、紧急程度、发文机关标志、发文字号、签发人。其中，发文机关标志、发文字号为必备要素。

1.份号

公文印制的份数的顺序号。涉密公文应当标注份号。

2.密级和保密期限

公文的秘密等级和保密的期限。涉密公文应当根据涉密程度分别标注“绝密”“机密”“秘密”，还应标注保密期限。

3.紧急程度

公文送达和办理的时限要求。根据紧急程度，紧急公文应当分别标注“特急”“加急”，电报应当分别标注“特提”“特急”“加急”“平急”。

4.发文机关标志

由发文机关全称或者规范化简称加“文件”二字组成，也可以是用机关全称或者规范化简称。联合行文时，发文机关标志可以并用联合发文机关名称，也可以单独使用主办机关名称。

5.发文字号

由发文机关代字、年份、发文顺序号组成。联合行文时，使用主办机关的发文字号。

6.签发人

上行文应当标注签发人姓名。

（二）主体

共9个要素：标题、主送机关、正文、附件说明、发文机关署名、成文日期、印章、附注、附件。其中，标题、正文、成文日期为必备要素，主送机关、发文机关署名、印章一般应该具备。

1.标题

由发文机关名称、事由和文种组成。

2.主送机关

公文的主要受理机关，应当使用机关全称、规范化简称或者同类型机关统称。

3.正文

公文的主体，用来表述公文的内容。

4.附件说明

公文附件的顺序号和名称。

5.发文机关署名

署发文机关全称或者规范化简称。

6.成文日期

署会议通过或者发文机关负责人签发的日期。联合行文时，署最后签发机关负责人签发的日期。

7.印章

公文中有发文机关署名的，应当加盖发文机关印章，并与署名机关相符。有特定发文机关标志的普发性公文和电报可以不加盖印章。

8.附注

公文印发传达范围等需要说明的事项。

9.附件

公文正文的说明、补充或者参考资料。

(三)版记

共3个要素：抄送机关、印发机关和印发日期。

1.抄送机关

除主送机关外需要执行或者知晓公文内容的其他机关，应当使用机关全称、规范化简称或者同类型机关统称。

2.印发机关和印发日期

公文的送印机关和送印日期。

3.页码

公文页数顺序号。

新《格式》将上述除页码外的17个格式要素分别纳入“版头”“主体”“版记”，并以此构成一份公文的版心，而页码则位于版心之外。

四、党政机关公文的行文规则

(一)行文的一般规则

(1)确有必要，讲求实效。“行为应当确有必要，讲求实效，注重针对性和可操作性。”

(2)按权限行文，逐级行文。“行文关系根据隶属关系和职权范围确定。一般不得越级行文，特殊情况需要越级行文的，应当同时抄送被越过的机关。”

(二)向上级机关行文的规则

(1)原则上单一主送，根据需要抄送，“原则上主送一个上级机关，根据需要同时抄送相关上级机关和同级机关，不抄送下级机关”。

(2)本级部门根据授权及权限向上级主管部门行文，“党委、政府的部门向上级主管部门请示、报告重大事项，应当经本级党委、政府同意或者授权；属于部门职权范围内的事项应当直接报送上级主管部门”。

(3)不得向上级机关原文转报下级请示事项，“下级机关的请示事项，如需以本机关名义向上级机关请示，应当提出倾向性意见后上报，不得原文转报上级机关”。

(4)请示与报告相区别,“请示应当一文一事。不得在报告等非请示性公文中夹带请示事项”。

(5)应以本机关名义向上级机关报送公文,“除上级机关负责人直接交办事项外,不得以本机关名义向上级机关负责人报送公文,不得以本机关负责人名义向上级机关报送公文”。

(6)受双重领导者向上行文,可抄送另一上级机关,“受双重领导的机关向一个上级机关行文,必要时抄送另一个上级机关”。

(三)向下级机关行文的规则

新《条例》中明确了向下级机关行文的5条细则:

(1)明确主送与抄送。“主送受理机关,根据需要抄送相关机关。重要行文应当同时抄送发文机关的直接上级机关。”

(2)上级机关的有关部门经授权可向下级机关行文。“党委、政府的办公厅(室)根据本级党委、政府授权,可以向下级党委、政府行文,其他部门和单位不得向下级党委、政府发布指令性公文或者在公文中向下级党委、政府提出指令性要求。需经政府审批的具体事项,经政府同意后可以由政府职能部门行文,文中须注明已经政府同意。”

(3)上级部门按权限向下级部门行文。“党委、政府的部门在各自职权范围内可以向下级党委、政府的相关部门行文。”

(4)行文事关多部门须协商一致。“涉及多个部门职权范围内的事务,部门之间未协商一致的,不得向下行文;擅自行文的,上级机关应当责令其纠正或者撤销。”

(5)向受双重领导的机关行文,可抄送其另一上级机关。“上级机关向受双重领导的下级机关行文,必要时抄送该下级机关的另一个上级机关。”

(四)同级机关行文的规则

“同级党政机关、党政机关与其他同级机关必要时可以联合行文。属于党委、政府各自职权范围内的工作,不得联合行文。党委、政府的部门依据职权可以相互行文。部门内设机构除办公厅(室)外不得对外正式行文。”

五、党政机关公文的处理规范

公文处理工作是党政机关公文工作中的一个重要组成部分,是党政机关办理公务的一种重要形式,贯穿于党政机关各项工作中,为党政机关公务活动的正常运转提供保障。它既是党政机关的一项基础性工作,也是党政机关的一项经常性的任务。新《条例》第4条明确规定:“公文处理是指公文拟制、办理、管理等一系列相互关联衔接有序的工作。”公文处理中必须坚持“实事求是、准确规范、精简高效、安全保密”,做到准确、及时、安全、保密。

根据新《条例》,公文处理工作主要包括公文拟制、公文办理、公文管理三个方面。

1.公文拟制

公文拟制包括公文的起草、审核、签发等程序。

2.公文办理

公文办理包括收文办理、发文办理和整理归档。收文办理的主要程序是:签收、登记、初审、承办、传阅、催办、答复;发文办理的主要程序是:复核、登记、印制、核发和分发。

3.公文管理

公文的管理,主要包括平时归卷、年终立卷、查阅、归档等。公文的立卷、归档是公文办结完后的善后处理工作。公文的立卷应以本机关形成的公文为主,并根据公文形成的特征、相互的联系和保存价值开展工作。其主要程序有分类、整理(含销毁不需留存的)、立卷、保存或移交等环节。

六、党政机关公文的语言规范

语言是公文的基本要素。公文语言是处理公务、开展公务活动的载体。公文语言使用正确与否,语言表达完整与否,都直接关系到公文内容是否能得到准确、全面的贯彻执行,以及公务活动中信息沟通的成效。

公文的应用领域与应用目的决定了公文有着自身的特殊语体,这就是公文语体。公文语体与其他各类文章的语体相比,个性特点十分鲜明,其特点和要求概括起来主要是准确、简明、朴实、庄重。

1.准确

准确是公文语言的基本特点和第一要求。党政机关公文只有用最准确、精炼的文字才能如实反映客观事物,如实表达发文机关的意图;收文机关快速、正确理解公文内容也要依赖于公文用语的准确性。党政机关公文的公文语言对各级各类机关团体的工作有着直接强制性、规范性、指导性的作用,如果语言表达不准确,语意含糊不清楚,都会在工作中产生消极作用。公文用语的准确性包括以下要求:

第一,要认真辨析词义。因为在汉语中,有大量意义相同或相近的词汇,成为同义词或近义词。一个基本意思,往往可以选用若干个同义词来表达,但其中必然有一个是最恰当的。由于近义词有词义轻重、意义褒贬、语体风格不同、范围大小、程度深浅等诸多细微区别,因此在公文写作中就要求作者有辨析同义词差别的能力。即使是近义词,仔细分辨起来还是有些微妙的差异的,所以必须在词语的细微差别和感情色彩上认真斟酌。如“制定”与“制订”、“资金”与“经费”是近义词,在使用时均应仔细区分。

第二,要讲究语法和逻辑。公文用语的规范性体现在句子上就是句子成分要完整,主干成分必不可少,造句合乎语法规则、合乎逻辑。

第三,要善用附加语。一个概念,其内涵往往较为丰富,为了把握程度、范围、性质等方面的分寸,往往要在中心词的前面用附加语对中心词加以修饰和限制,这样才能把一个意思表达得更加准确。

第四,要用好关联词。为了达意的准确、脉络的清晰、结构的严谨,公文中常常需使用多种关联词语,特别是在公文的缘由部分(或称开头、导言部分)。为了把发文的原因、根据、目的、经过等恰当地表达出来,公文中常常选用“由于……”“根据……”“为了……”“结合……”“经研究……”“现特作……”等关联词语。

第五,要巧用模糊语。公文用语是精确语言和模糊语言的对立统一。精确是公文的基础和生命,是公文用语的基本要求;但在某些特定的语言环境或特定的条件下却又必须使用模糊语言。从这个层面上讲,所谓模糊语言,即指外延小而内涵大的语言,例如“通过这次政治学习，使全厂大多数职工受到了深刻教育”，其中的“大多数”即为模糊语言，它具有不定指性，其表量是模糊的，但表意却是准确的，这是模糊语言的基本特性。如果将其改为“使全厂一千三百二十三人全部受到了深刻教育”，反而不够准确，也难以令人置信。公文运用模糊语言应注意两点：一要恰当、得体。模糊语言表现力极强，内涵及其丰富，使用时应注意恰当得体，该用则用，切忌滥用，否则将有损于公文的真实性和严肃性。二要注意模糊语言的相对性。在实际写作中，模糊语言往往要与精确语言配合使用，虚实结合，相得益彰。

2.简明

简明是指公文语言简明扼要、浅显易懂，更有助于充分传达和实现发文机关的意图。公文写作中之所以有用语繁多但意思仍不明确的情况，多半是因为语言不精确，只好增加语句去弥补，结果适得其反。要做到详略得当，需要注意：

第一，用语精准。不用一词多义、容易产生歧义和误解的词语，即使用了，也要作必要的解释和说明。

第二，尽量使用短句和适当采用文言词语。采用文言词语的一个重要原因是文言词语比现代汉语更精练。运用文言词语，要注意不要生吞活剥、食古不化，要适当、自然、流畅，活学活用。

第三，多用基本义。我国汉语在长期的演变和发展中，一个词语的基本意义常常会产生出若干个引申意义和比喻意义。公文在选用词语中往往采用其基本意义而较少用其引申或比喻意义。如在开展造林绿化、保护生态环境的公文中，常常要求人们要爱护身边的“花草树木”，这里的花草即为词的本意，与我们指责某些作风不正的人爱“拈花惹草”中的“花草”的意思大相径庭。

第四，常用缩略语。公文中适当使用事物的缩略语，是使公文语言简明的有效方法。然而，公文中的缩略语强调规范化。规范化的缩略语可在公文行文时直接使用，而没有规范化的缩略语却不能在公文中滥用。缩略语一般是约定俗成的，如“十一届三中全会”“三个代表”“建设四化”等都是约定俗成的缩略语，可在公文中直接使用。另外，先全后简也是一种简洁语言的方法。有的事物名称未约定俗成，且文字较多，却需要在公文中反复出现。遇上这种情况，可以在公文中第一次出现该名字时采用全称，然后用括号注明以下简称“某某”，便可将缩略语在这份公文中予以使用了。

3.朴实

所谓朴实，是指语言平直自然，无渲染，无矫揉造作，无夸饰，这是公文实际应用价值所决定的。朴实无华的语言有利于意图直接明了地表示和迅速有效地产生反响。这要求我们：

第一，慎用形容词和修饰语。公文追求的是表述的准确、明白、流畅、深刻，而不刻意求生动、形象，更忌浮华艳丽。这与诗词、散文、小说、戏剧的语言有很大的区别。因此，公文基本不用夸张、婉曲、双关、反语等修辞手段，即使要用形容词、修饰语时也应十分慎重，要以准确和简明为基本原则。

第二，实话实说，直截了当。公文不能像文学作品那样铺陈、渲染，运用曲笔含蓄达意。它应当开门见山，直述事实，直陈意见，直提要求，力戒说假话、说大话、说空话。因此,公文通常在开头讲清缘由后,就分条列项,直接分述有关内容。

4.庄重

所谓庄重,就是指公文的语言要端庄、郑重、严谨。不能用戏谑语,不追求诙谐与幽默,一般不用口语和方言、俚语。

第一,客观地叙述、阐释和评价。公文是代表机关发言的,在写作中不能带有任何个人的情绪和感情色彩。叙述时要客观、求实,说明时要显豁、平易,评议时要中肯、公正。

第二,使用书面语。公文语言需要大众化,既通俗又浅显易懂,但它又不能像一般记叙文,特别是通俗小说、方言文学那样大量采用口语和方言,而是强调使用规范化的书面语,这样才能使之既平易,又不失庄重、严肃的色彩。

第三,使用公文专用语。公文专用语是人们在长期的公文写作实践中形成和使用的相对固定、十分简洁的语言,它既保留了某些古汉语的特色,又使公文获得言简意赅的效果,因此长期沿用。公文专用语主要有以下四类:

(1)称谓用语。称谓用语包括自称、对称、他称用语。自称用语:我省、我地、我局、本公司、本企业、本人等;对称用语:贵市、贵公司、你厂、你校等;他称用语:该市、该地区、该局、该厂、该员等。

(2)领起用语。这类用语在公文分层次、分段落阐述不同内容时,居于各段之首,起带出主要内容的作用。常用的有:全会认为、大会审议了、会议强调指出、代表们一致认为、国务院要求、党中央号召等,常用于公报、决定、决议、纪要等公文中。

(3)承启用语。这类用语通常出现在公文的缘由(开头、前言、导语)部分结束、内容事项(主体、中间)部分开始的位置,承接前面的事由,带出后面的事项,起承上启下的作用,是全文上下衔接的过渡性语言。如"为此,特作如下通知""现就这项工作的开展提出如下建议""特命令你们""现将有关情况报告与后"等。

(4)结尾用语。这是各类公文正文结尾时表收束、祈请、请示、强调的语句,如"以上各项希各地遵照执行""以上规定希各有关方面切实贯彻""当否,请批复""以上意见如无不妥,请批转各地执行""特此通知""望予函复"等。

除以上四类公文专用语外,公文中还有"批转""转发""印发""发布""颁布""拟请""业经""责成"等多种专用语。

写作提示

公务文书的要求:

(1)符合政策,切合实际;

(2)行文得当,文种正确;

(3)主题明确,结构完整,格式规范;

(4)用语庄重严谨,简明通顺,平实得体。

技能训练

指出下列公文主体部分格式的错误并修改。

××市财政局关于贯彻《××市城市特困人员医疗救助暂行办法》有关问题的实施细则

各区县财政局，各委、办、局：

××。

一、《××市医疗参保人员医疗救助申请表》

二、《××市医疗救助人员情况变更表》

三、《特困人员收入证明》

××市财政局(印章)

二零二一年三月二十二日

拓展学习

读下列例文并回答问题：

1.公文的语言有什么特点和要求？

2.该例文是否体现了公文以及公文不同文种的语言风格？

3.对于不符合要求的，请予以改写。

××公司百货商场关于购置货车的请示

我商场实行独立核算后，民主推荐、选举了干部，建立了职工代表大会制度，充分行使民主权利，成立了企管会，完善了企业经营及财务管理制度，全场职工从来没有像现在这样气顺、心齐、力无比。企业面貌今非昔比，与三个月前相比，营业额增长了47%，利润增长了36.5%，创历史最好水平。由于营业额增大，原有一部货车已不能满足业务运输的需要，特申请添置4吨货车一辆。

可否，请批复。

任务二　通告　通知　通报

一、通告

案例引入

某国有银行为了提供更加丰富和优质的金融产品及服务，将于近期在分别位于四川省、云南省、贵州省、西藏自治区、重庆市的五家分行进行银行系统升级。升级期间，该行企业网银将暂停服务，网上银行企业服务部分功能也将受到影响。该银行需要提前把相关信息及业务安排告知各界。

思考：银行应该发布公告还是通告呢？

必备知识

（一）通告的概念

《条例》指出，通告是“适用于在一定范围内公布应当遵守或者周知的事项”的公文，属于知照性的下行文。与公告相比，两者主要有以下不同之处：从发文机关上讲，公告只有国家高层权力机关及其职能部门才能发布，通告则由地方政府或机关团体发布；从发布范围上看，公告无限制，知晓的人越多越好，而通告则局限在一定的范围之内；在发布形式上，公告只在强势媒体上发布，而通告既可在媒体上发布，也可采取内部行文的方式，甚至可以印（或写）在纸上张贴；从对受文者的要求看，公告的内容主要是让人知晓，而通告的内容除要求人们知晓外，某些具体的规定还要求人们执行，带有强制性。

（二）通告的特点

1.具体性

通告常常是发文机关针对本单位的一些实际业务活动而制发的，所以其内容较为具体，有时可以达到很细致的程度。如《长春市关于国庆节实施放焰火的通告》，时间细到几时几分，地点细到某个广场、某个公园。

2.广泛性（周知性）

一是制发单位的广泛性，国家权力机关、地方普通机关或企事业单位均可使用此文种；二是种内容的广泛性，可以包括政策法律的执行、地方的某些重要规定，以及单位的一些较为具体的工作事务。

3.制约性(约束性)

某些通告涉及的事务要求受文者遵照执行,因而具有一定的制约性。如《鞍山市公安局关于在城区禁止机动车鸣喇叭的通告》中规定所有车辆的驾驶人必须执行,否则将受到惩罚。

(三)通告的种类

可以根据用途、功能为通告分类,通告主要有以下两个种类

(1)知晓性通告(周知性通告)。主要让受文者知晓某事,此类通告有的也具制约性,但不强。如《××公司、××有限责任公司关于兼并经营的联合通告》,主要让有关单位及个人知晓此事,以免带来工作上的麻烦。

(2)制约性通告(规定性通告)。要求受文者遵照执行,制约性较强。如《郑州市人民政府关于封山育林的通告》就是此类通告。

(四)通告的结构

通告一般由标题、正文、落款、成文时间四个部分组成。

1.标题

2012年7月1日之前,通告的标题主要有两种:

(1)完全式,即发布机关+事由+文种。如《××市人民政府关于公文集中销毁的通告》。

(2)发布机关+文种。如《中华人民共和国公安部通告》。

按《条例》规定,从2012年7月1日起,通告的标题由"发布机关+事由+文种"构成。

2.正文

开头一般用一句话或一小段话写通告发布的缘由、根据、目的、意义等。

通告的正文从结构上看,主要可分为三类:

(1)单层式。由一个自然段组成。这类通告的内容单纯集中,把有关事项说明则止。

(2)多层式。由两个或两个以上自然段构成。分别讲通告的内容和相关的事项,如执行时间,惩处规定等。

(3)条文式。全篇通告以条款方式组成,各种规定讲得比较细致。

通告的结尾常用"特此通告"等习惯性用语。

3.落款

在正文右下方标注通告的发布单位。

4.成文时间

置于发布单位之下。

(五)通告与公告的区别

根据《条例》规定,公告适用于向国内外宣布重要事项或者法定事项。通告适用于在一定范围内公布应当遵守或周知的事项。公告与通告具有许多相似的地方:二者都是党政机关法定公文中的重要文种;二者都是面向社会公开发布;二者内容都具有知照性、晓谕性和公布性等特点。因此要充分了解公告与通告的区别,才不会在写作过程中出现混淆。公告与通告的区别主要体现在以下方面:

1.发布目的不同

公告是向国内外宣布重要事项或者法定事项，公告的主要任务是宣布事项，以告知为目的，多数公告并没有强制要求执行公告的事项。多数通告的目的不仅仅是告知，还要求有关人员遵守或执行通告事项。

2.发文内容不同

公告与通告发文内容的不同主要体现在所告知事项的影响力上，公告事项的影响力远远大于通告。公告所告知的事项性质突然、分量重大，为国内外所关注。而通告的事项一般为重要事项，其在国内外影响力不如公告。

3.发文范围不同

公告是面向国内外宣告事项，发布范围不仅国内，还包括国外。比如，关于国家重要领导人的换届选举或国家军事行动的公告，这些都是国内外关注的焦点，其发布范围涉及全世界。通告是在面向全国公布事项，其范围仅限于本国。因此，通告的发布范围明显小于公告。

4.发文机关不同

公告所告知的事项明显比通告重要得多，告知内容的重要性不同决定着两者的发文机关也有所不同。公告的事项特别重大，具有庄重性，且告知范围广，所以其制发机关也相应要求有较高权限，多为党和国家的上层机关，基层单位则无权发布公告，但是特殊部门，比如新华社、海关等可经由授权发布。通告的发文机关上至国家最高行政机关国务院，下至基层行政单位，甚至社会团体、企业单位在自己的权限范围内也可制发通告。

5.发布渠道和形式不同

公告的发布渠道主要是以大众传媒为主，一般不采用红头文件这一形式，而是通过网络、电视、广播、报刊等方式发布。通告因其发布范围相对较小，所以常采用更引起相关人士注意的形式发布，一般有公开张贴、悬挂、下发等告知形式。

6.发布时间不同

公告的事项大多已经发生，具有很强的告知性，是事后告知。通告多用于事前制定某些规定或提出某些要求，让有关方面遵守、执行，因而多是事前的告知。

例文鉴赏

××市人民政府关于××地区电话号码启用八位制的通告

为适应社会发展的需要，经邮电部批准，××地区（含××、××、××、××市）的电话号码定于××××年6月8日北京时间零时起启用八位制，即由现在的7位数升为8位数。升位方法是：原“8”字头的电话号码首位后加“1”，原“2”至“7”字头的电话号码在首位前加“8”。如原号码为8883088的电话，升位后的号码为81883088；原号码为31233456的电话，升位后的号码为83123456。

在电话号码升位过程中，凡有电话小交换机（即小总机）和经营自动寻呼及声讯台的单位，应积极配合××市电信部门做好有关试验工作。

电话号码升位后，使用电话请按八位制号码拨号。

××市人民政府

××××年1月22日

简评：这是一则周知性通告，发文单位为××市人民政府。其正文明确写出了通告的内容、通告事项的要求和实施措施，语言简明准确，符合通告的写作要求。

通告模板

框图模式	文字模板
标题 ↓ 依据、目的 ↓ 文种 承启语 ↓ 事项 ↓ 要求 ↓ 落款	**××公司关于×××××××××的通告** ××××××(背景、依据)，为了××××××(目的)，现将有关事项通告如下：(文种承启语) 一、×××××××××××××。(事项) 二、×××××××××××××。(事项) 三、×××××××××××××。(事项) 特此通告。 ××公司 ××××年×月×日

写作提示

总的来讲，通告和公告都是知照类下行文，其写作要求除发文单位有明显区别外，行文风格则大体相同，主要是要求语言要做到通俗易懂、准确简洁，便于受文者知晓和执行。

(一)正确使用文种

实践中，通告与公告、通告与通知时经常被混淆，应注意不同文种不同的使用范围。另外，需要强调的是通告属于正式公文，应注意维护其严肃性。有些事项，如迁移、挂失、更改电话号码等可用启事来周知；还有些事项，如电影、戏剧、比赛、文艺演出等活动的告知可用海报，应避免使用通告。

(二)行文合法有据

通告的发布及其具体的规定条文必须以有关法律、法规、政策为依据，并应在发文机关的权限范围内，不得滥用职权，随意制定、发布“土政策”，也不得超越职权范围行文。

(三)行文简洁，言语通俗易懂

通告，以公布政策、传达信息为主要目的，为方便民众阅读，行文需要精简清晰，篇幅以短小为宜。此外，与其他公文比较，通告的阅读者较为广泛，通告对象的层次也较为复杂,多数为普通社会公众。因此通告的语言应简明通畅,通俗易懂,少用专业术语,多用大众语言,便于公众理解。

技能训练

试指出下文的主要毛病。

关于加强交通管理的通告

为了整顿治安秩序,加强交通管理,经市政府批准,对市区车辆行驶实行统一管理,特通告如下:

1.除公交车及小轿车外,其他机动车辆白天一律不得驶入市区。

2.轻骑、摩托车行驶一律要有安全措施,严禁自行车带人。

3.非残疾人不得骑乘残疾车。

4.凡在市区行驶的车辆一定要按交通部门规定的时速行驶;严禁酒后驾车或无证驾驶。

5.严禁在道路两侧摆摊设点,不得在道路上晒谷扬场,不准设置路障。

6.车辆停放一定要在指定地点,途中临时停车不得超过5分钟。

7.服从交通值勤人员管理。

以上通告望遵照执行,对违反上述通告者由公安、交通部门依照有关规定进行处理。

××市公安局(公章)

××交通局(公章)

××××年×月×日

拓展训练

一、判断题

1.所有通告的标题必须是三要素齐全,由发文机关+事由+文种组成。( )

2.写通告应该符合国家政策法规,但更要从实际出发,考虑老百姓能否接受。( )

3.通告要按格式撰写,某通告在原由的结尾处用引领句“特通告如下”引领下文,在正文之后用“特此公告”结尾,这是规范的通告公文格式。( )

4.通告系普法性公文,多用张贴形式,不必写主送机关。( )

二、拟写题

连云港市将于2017年3月18日上午9时至下午1时举办2017“港城杯”马拉松比赛,为确保此次赛事的圆满完成,对花果山大道、徐圩新区、港城大道、沿海大道实行交通管制。除警备车、救护车、消防车、工程车外,禁止其他机动车辆通行。

据此信息,请你代连云港市公安局拟写一份通告。

二、通知

案例引入

假如你是某公司行政秘书何雯，下面是行政经理吴明需要你完成的工作任务。

便　条

何雯：

为了进一步提高公司员工的业务，推进公司业务的发展，公司将于2015年3月19日上午9时至下午5时在总公司第一会议室召开培训工作会议。请你写一份会议通知，要求各分公司培训部经理、经理助理参加会议。

谢谢！

行政经理吴明

2015年3月17日

必备知识

（一）通知的概念

《条例》中指出，通知"适用于发布、传达要求下级机关执行和有关单位周知或者执行的事项，批转、转发公文"。由此将通知分为发布性通知，指示性通知，周知性通知，批转、转发性通知四类。

（二）不同类型通知的结构与写法

1.发布性通知

发布性通知是指用以发布法规规章的通知。

（1）标题

这类通知的标题通常由三要素组成：发文机关、被发布的法规或规章名称、文种，例如《中共中央办公厅、国务院办公厅关于印发〈党政机关公文处理工作条例〉的通知》。与一般元素标题相比，其事由部分常带有"印发"或"发布"字样。

（2）正文

发布性通知正文部分较为简短，一般包括两层内容：一是明确指出所发布的法规或规章，该法规或规章的施行或生效日期及相关事项说明；二是提出贯彻执行的希望或要求，此项内容通常使用的语句有"请认真贯彻执行""请照此执行"等，如"《党政机关公文处理工作条例》已经党中央、国务院同意，现印发给你们，请遵照执行。"

2.指示性通知

指示性通知在上级机关对下级机关就某一事项作出具体规定或者就某一问题作出具

体指示时使用。

(1)标题

标题由三要素构成:发文机关、事由、文种,如《国务院关于促进房地产市场持续健康发展的通知》。

(2)正文

与一般通知的正文结构相同,即由发文缘由、通知事项、结尾构成。

发文缘由常写发布通知的意义、根据,有的通知的发文缘由还增加背景。在发文缘由的末尾,有些通知加写承启语,如"现通知如下""现将有关事项通知如下""特通知如下"等。

通知事项,这部分是受文单位执行的依据,因此要明确地交代出应知和应办的事项,即工作的任务和要求。结构安排上一般采用分条列项式,用序号表明层次;也可采用分列小标题式,将通知内容分为几个方面,分别进行阐述。

3.周知性通知

周知性通知是指要求受文机关知晓某一事项的通知。例如会议通知、迁址办公通知、成立或调整机构通知、启用印章的通知等。

(1)标题

标题由三要素构成:发文机关名称、事由、文种。例如:《××学院关于召开暑期安全工作的通知》《××学院关于成立新闻传播系的通知》。

(2)正文

与一般通知的正文的结构相同,即由发文缘由、通知事项、结尾构成。

发文缘由,与指示性通知写法相同。

通知事项,此部分是传达需要下级机关周知的事项。与指示性通知不同,一般只要求下级机关周知,并无强制执行的意图与内容。

会议通知可分为内容单一型与内容复杂型两种:内容单一的通知,只需交代清楚会议议题、目的、时间、地点、与会人员等即可;而内容复杂的通知,则需要告知会议名称、议题、时间、地点、与会人员、会议议程、要求、需准备的资料、发言提纲以及会议安排、接待手续等,有的还须注明会议食宿、交通费用归何方承担、有无专车迎候等。成立某一机构的通知,则应写明设置机构的目的、依据、名称、组成人员、办公地址及相关内容。调整或撤销某一机构的通知则应写明调整或撤销的缘由、依据等。启用印章的通知,则应写明经由哪级组织批准、使用何种印章、成立何种机构,同时还应宣布原用印章即行作废。

4.批转、转发性通知

此类通知包括两种情形:一是用于批转下级机关公文,通称为"批转性通知";二是用于转发上级机关、同级机关和不相隶属机关的公文,通称为"转发性通知"。此类通知与发布性通知相同,其后均有被批转、转发的原文作为附件。具体写法如下:

(1)标题

一般由三要素构成:发文机关名称,被批转、转发的文件标题,文种。如《国务院批转〈财政部、国家计委关于进一步加强外国政府货款管理若干意见〉的通知》《国务院办公厅转发〈人事部关于在事业单位试行人员聘用制度意见〉的通知》。

在实际写作中，由于批转、转发性通知涉及对原文标题的引用，为避免“长蛇阵”标题，应注意以下几个方面：一是压缩介词“关于”，在整个标题中只保留一个“关于”。如《×××关于批转〈×××关于×××意见〉的通知》，对此种标题，应将“批转”之前的“关于”删除。二是压缩相同且又重叠的文种。如《×××转发〈×××关于×××的通知〉的通知》，应将发文机关的文种名称删除，保留文件发源处的“通知”文种，即《×××转发〈×××关于×××的通知〉》。其三，减少中间环节，不要层层转发。如《××县人民政府转发××市人民政府转发〈××省人民政府关于×××的通知〉》，可省略中间层次，即简化为《××县人民政府转发〈××省人民政府关于×××的通知〉》。

(2)正文

此种通知的正文，通常写明三层内容：一是写明被批转、转发的文件。如“国务院同意《财政部、国家计委关于进一步加强外国政府货款管理若干意见》，现转发给你们”“现将《××省人民政府关于×××意见》转发给你们”。二是阐述批转、转发该文件的重要性和必要性，该部分阐述视情况可省略。三是提出贯彻执行的意见和要求。执行要求部分通常使用习惯用语“请遵照执行”“请认真贯彻落实”“请研究执行”等。

需要说明的是，发布性通知和批转、转发性通知均带有“公文”，该公文就是被印发的本机关公文、被批转的下级机关公文、被转发的上级机关和不相隶属机关公文。这些公文居于公文格式中的附件位置，但却不是真正意义上的附件，它们仍应被视为正件的一部分，因此，也无须在正文下方、落款上方标注附件说明。而一部分通知常有附件，如会议通知后的“回执”“交通路线图”等，这些附件才是真正意义上的附属文件，要在正文之后加以附件说明，即标识“附件”和“附件名称”。

例文赏析

【例文一】

中共中央办公厅、国务院办公厅
关于印发《党政机关公文处理工作条例》的通知

各省、自治区、直辖市党委和人民政府，中央和国家机关各部委，解放军各总部，各大单位，各人民团体：

《党政机关公文处理工作条例》已经党中央、国务院同意，现印发给你们，请遵照执行。

中共中央办公厅
国务院办公厅
2012年4月16日
(此件发至县团级)

简评：这是一份用来发布法规的通知。由于条例属于法规体公文，因而需要借助通知的名义进行发布，于是就形成了“主体(通知)—附件”的外在结构模式，其中通知起到文件头的作用，是形式上的主件，只担负将《条例》引出来的任务，而《条例》则是实质上的件，是行文的目的所在。

［例文二］

国务院办公厅关于继续深入扎实开展“安全生产年”活动的通知

各省、自治区、直辖市人民政府，国务院各部委、各直属机构：

近年来，各地区、各部门、各单位深入贯彻落实科学发展观，按照党中央、国务院的决策部署，大力推进科学发展、安全发展，持续开展“安全生产年”活动，取得积极进展和明显成效，各类事故总量和重特大事故大幅度下降，事故伤亡人数大幅度减少。为进一步加强安全生产工作，有效防范和坚决遏制重特大事故，切实维护人民群众的生命财产安全，经国务院同意，现就继续深入扎实开展“安全生产年”活动有关事项通知如下：

一、总体要求

全面贯彻落实党的十七大和十七届三中、四中、五中、六中全会及中央经济工作会议精神，以邓小平理论和“三个代表”重要思想为指导，深入贯彻落实科学发展观，认真贯彻落实《国务院关于坚持科学发展安全发展促进安全生产形势持续稳定好转的意见》（国发〔2011〕40号）精神，坚持以人为本，以科学发展安全发展为总要求，以深入扎实开展“安全生产年”活动为载体，以强化预防、落实责任、依法治理、应急处置、科技支撑、基础建设为主要措施，以进一步减少事故总量、有效防范和坚决遏制重特大事故为工作目标，切实把各项责任落实到位，把各项政策措施落到实处，全力以赴做好安全生产各项工作，全面促进全国安全生产形势持续稳定好转，以安全生产的新成效迎接党的十八大胜利召开。

二、牢固树立科学发展安全发展理念，夯实安全生产的思想基础

（一）大力宣传落实科学发展安全发展理念。各地区、各部门、各单位要积极组织宣传、认真贯彻落实国发〔2011〕40号文件精神，围绕以“科学发展、安全发展”为主题的“安全生产年”活动，切实把科学发展安全发展的理念落实到生产经营建设的每一个环节和岗位，使之成为衡量本地区、本行业领域和各生产经营单位安全生产工作的基本标准。各级政府和部门要把安全生产工作作为重中之重，各级领导干部要自觉践行科学发展安全发展理念，大力实施安全发展战略，切实坚持安全第一。正确处理好发展与安全的关系，实现安全与发展的有机统一。各企业要大力推进安全生产，企业负责人要始终把安全作为企业发展的前提和基础全面提高职工的安全意识、技能和素养，以安全发展促进企业健康可持续发展。

（二）……（略）

三、坚持预防为主，切实抓好隐患排查治理

（一）……（略）

（二）……（略）

四、坚持落实责任，切实肩负起安全使命

（一）……（略）

（二）……（略）

五、坚持依法治理，规范生产经营建设秩序

(一)……(略)

(二)……(略)

国务院办公厅(印章)

2012年2月14日

简评:这是一份指示性通知。文中先用一段文字阐述了安全生产工作的重要性,以此作为行文的依据和缘由;然后从八大方面列摆了具体通知事项,对下级机关就安全生产工作作出具体规定和指示。

【例文三】

××市人民政府批转市公安局
《关于进一步加强消防宣传工作实施意见》的通知

各区、县人民政府,各委、局,各直属单位:

市人民政府领导同意市公安局《关于进一步加强消防宣传工作的实施意见》,现转发你们,望遵照执行。

××市人民政府(印章)

20××年×月×日

简评:这是一份批转性通知。上级机关对下级机关文件批准并转发所属的其他下级单位。例文的标题包括三个部分:发文机关名称、被转发的文件标题、文种。正文部分首先表明文件已被批准,然后提出贯彻执行的要求。

【例文四】

中共中央办公厅国务院办公厅转发中央宣传部、新闻出版总署
《关于进一步加强和改进报刊出版管理工作的意见》的通知

各省、自治区、直辖市党委和人民政府,中央和国家机关各部委,军委总政治部,各人民团体:

中央宣传部、新闻出版总署《关于进一步加强和改进报刊出版管理工作的意见》已经党中央、国务院同意,现转发给你们,请结合实际认真贯彻执行。

中共中央办公厅

国务院办公厅

2008年12月24日

评析:这是一份转发性通知。例文的标题,包括三个部分:发文机关名称,被批转、转发的文件标题,文种。正文部分首先对转发的文件表明肯定性的态度,然后提出贯彻执行的要求。

【例文五】

××省人民政府办公厅关于召开全省高等教育工作会议的通知

各市人民政府、行署,省直有关部,各普通高校、省属成人高校及高级技工学校:

经省委、省政府同意,定于12月20日至21日在××召开全省高等教育工作会议,贯彻全国普通高等教育工作会议精神，研究部署今后一个时期的高教工作。现将有关事项通知如下：

一、参加会议人员：各地市分管教育工作的副市长、副专员，教育局长（教委主任），省直有关部门负责人，各普通高校党委书记、校长，省属成人高校、高级技工学校主要负责人。

邀请省委办公厅、宣传部、研究室、高校工委，省人大教科文卫委，省政协文教卫生委及驻×新闻单位的负责同志出席会议。

二、请与会人员于12月19日到××饭店报到。需接站者，请提前告知××省教育委员会办公室，联系电话：××××

三、请各市通知驻地高校。

附件：与会单位名单

×省人民政府办公厅（印章）

××××年××月××日

评析：这是一份转发性会议通知。例文的标题包括三个部分：发文机关名称、事由、文种。正文部分将会议通知的各要素及会议要求逐条列出，内容详尽。

通知模板

框图模式	文字模板
标题 ↓ 主送机关 ↓ 依据、目的 ↓ 文种承启语 ↓ 事项 ↓ 要求 ↓ 落款	1.指示通知 **××集团公司关于开展×××××××的通知** 各×××，公司各部门： ×××××××××××××（背景、缘由、问题、依据）。为了××××××××××（目的），现就有关问题通知如下：（文种承启语） 一、×××××××××××。（事项） 二、×××××××××××。（事项） 三、×××××××××××。（事项） ×××××××××××××。（要求、希望） ××集团公司（盖章） ××××年×月×日

框图模式	文字模板
标题 ↓ 主送机关 ↓ 依据 ↓ 目的 ↓ 文种承启语 ↓ 事项 ↓ 要求 ↓ 落款	2.会议通知 **×××公司关于××××会议的通知** 各×××,公司各部门: ×××××××××××××(背景、缘由)。为了××××××××(目的),本公司决定召开××××工作会议(会议意图)。现将有关事项通知如下:(文种承启语) 一、会议内容:×××××××××××××。 二、与会人员:×××××××××××××。 三、会议时间:×月×日至×月×日。 四、报到时间和地点:×月×日 9:00—18:00,在×××××××××××酒店大堂报到。 五、会议地点:×××××××××××××。 六、其他事项: 1.×××××××××××××。 2.会务联系:××工作会议会务组。 通联方式:××××××。联系人:李秘书。(事项) 附件:会议报名回执表 ××××公司(盖章) ××××年×月××日

写作提示

中共中央办公厅、国务院办公厅在《党政机关公文处理工作条例》中指出:“通告适用于在一定范围内公布应当遵守或者周知的事项。”指示性通知和周知性通知也具有遵守或周知的作用。指示性、周知性通知与通告的主要区别是:

(一)受文对象不同

通知的对象是下级机关,与发文机关具有行政隶属关系,而通告的对象是一定范围内的社会公众。

(二)行文要求不同

通知除须周知外,有的还须办理或执行,而通告则要求遵守或周知。

(三)受文范围不同

通告的受文范围是社会公众,而通知则局限于机关内部。

技能训练

下面是一篇病文,试指出其存在的毛病,并写出修改稿。

机关游泳池办证的通知

机关各直属单位：

机关游泳池定于6月1日正式开放，6月10日开始办理游泳证。请你们接此通知后，按下列规定，于元月30日前到机关俱乐部办理游泳手续。

1.办证对象：仅限你单位干部或职工身体健康者。

2.办证方法：由你单位统一登记名单、加盖印章到俱乐部办理，交一张免冠照片。

3.每个游泳证收费伍角。

4.凭证入池游泳，主动示证，遵守纪律，听从管理人员指挥。不得将此证转让他人使用，违者没收作废。

5.家属游泳一律凭家属证，临时购买另票，在规定的开放时间内入池。

×××俱乐部

××××年××月××日

拓展训练

一、修改下面公文标题

1.《某大学关于向市教育局申请增加财政拨款的通知》

2.《国务院转发发展改革委关于2010年深化经济体制改革重点工作意见的通知》

3.《河北省人民政府办公厅批转省发展改革委等部门关于进一步支持农村邮政物流发展意见的通知》

二、根据根据下面材料，为总公司草拟一份通知

为纠正不正之风，加强廉政建设，根据中央的指示精神，要求各公司、各机构、各部门加强财经督理，切实教育干部职工严守财经纪律，不得利用一切职务的方便索贿受贿；不得动用公款私自请客、送礼和用公款购买香烟招待客户；领导干部和财务人员不能利用职权或职务之便挪用公款，任何借款需要通过正常手续的批准，否则当贪污论处。总公司将在12月底对各单位执行情况进行大检查。发通知日期为××××年2月10日。

三、根据下面材料，拟写一份会议通知

全国市场营销协会决定于2018年7月10日至16日在广西壮族自治区南宁市召开一年一度的营销协会年会。于6月28日发出会议通知。会议的内容是研究和探讨当前营销学的有关学术问题和热点问题，全国市场营销协会的会员均可参加。会期为7天，7月10日报到，报到和开会地点是南宁军区空军招待所。要求：每位与会者于会前半个月交来相关学术论文一篇。会务费自理。

三、通报

案例引入

情景介绍:2014 年 6 月 14 日上午,会计系 2012 级会计与审计专业学生刘某某(男,学号:201210×××),新闻传播系 2012 级播音与主持专业学生兰某某(女,学号:201213×××),在全国大学生英语等级考试中使用手机作弊,根据《××大学学生违纪处分条例》,学校决定给予刘某某、兰某某校外察看一年处分,察看期为 2014 年 6 月 24 日至 2015 年 6 月 23 日。请根据情景介绍,思考××大学教务处应以什么形式将该事件告知全校学生,以达到对当事人及所有在校生教育的目的?

必备知识

(一)通报的概念

《条例》规定:通报"适用于表彰先进、批评错误、传达重要精神和告知重要情况"。通报是告知性、指导性、知照性下行文,其主要作用是沟通信息,通过知照有关情况而发挥教育、启示的作用。

(二)通报的特点

1.时效性

通报主要用于表彰先进、批评错误,传达重要精神。无论是表彰先进起到示范作用,或是批评错误起到惩戒作用,通报都必须及时发布,否则时过境迁,就会削弱其奖惩的效果。传达重要精神或者情况也要及时,否则会延误工作。所以,时效性强是通报的一个显著特点。

2.典型性

典型性即代表性,表彰或批评都要找到典型的人物或事例,才能起到"奖惩一个,教育大家"的作用。就其内容而言,通报的内容是具体的人、事或信息,它们不仅要具备严格的真实性,而且要具备足够的典型性。只有通报真实而典型的事例、经验(或教训),才能发挥教育、启示、引导作用,以引导良好的工作风气或指导做好某方面的工作。

3.准确性

通报行文以陈述事实为重点,而陈述事实必须以准确为前提。无论是实施奖惩还是传达情况,都要求涉及的事实准确无误、客观真实。否则,不但起不到应有的作用,反而会产生不良影响。

4.启示性

这是就其作用而言的。通报与通知不同,通知的作用重在指挥、指导,而通报的作用在于教育启示，主要表现在以先进的典型树立榜样，发挥感召的作用；以错误的典型作反面教材，产生警戒作用；及时提供有用的信息，启发思维，促进工作的开展。

（三）通报的结构与写法

1.标题

通报的标题由三要素组成：发文机关、事由、文种。如《共青团××市委关于表彰肖××等同志英勇救人的通报》《国务院办公厅关于江西省上栗县“3·11”特大爆炸事故情况通报》《公安部关于九月以来接连发生特大火灾事故的通报》。

2.正文

通报的正文结构为发文缘由＋通报事项＋分析评价＋奖惩决定＋希望要求。

(1)发文缘由

一般要求写出发文意义、根据、背景，以及事项概要或发文机关对此事的态度。这一部分是正文的“帽子”，但不一定每篇通报都有“帽子”，也不一定每段缘由都写全上述各项，这要根据实际行文来确定。

(2)通报事项

通报事项或写表彰事迹，或写错误事实与事故经过，或写重要精神、情况，这是正文的主体。通报的目的是为了陈述事实，以便使人们了解事情经过，因而这一部分要详写。

表彰通报与批评通报都要求写明事情发生的时间、地点、当事人或单位、结果。表彰通报要抓住主要的先进事迹，批评通报要抓住主要的错误事实或事故过程，传达通报要抓住所要传达的重要精神和情况。

(3)分析评价

对所通报事项的性质和意义、造成的影响进行客观的分析评价。

(4)奖惩决定

这部分是对表彰先进或批评错误作出嘉奖或惩处的决定措施。表彰通报与批评通报均须运用决定形式向下级机关表达本级机关奖惩意见，而传达通报一般无决定内容，所以不需要设置决定的部分。

(5)希望要求

在表彰、批评通报中，该部分是激励人们学习先进典型或让人们引以为戒；在传达通报中，该部分是提出指导性意见，以指导全局工作。

以上为通报正文的结构与写法，需要说明的是，这是通报内容大致的排列顺序。在具体写作中，一些通报会调整上述项目的排列顺序，如先说奖惩决定再分析评价；或略去某个项目，如缘由或号召要求等。

（四）通报与相似文种辨析

1.通报与通知的区别

通报与通知有相似的一面，都是下行文，两者都具有知照性的特点，可以用来沟通情况，传达领导机关的意图。

但两者又有明显不同，如表5-3-1所示：

表 5-3-1 通报与通知的对比

<table>
<tr><td rowspan="2">对比项目</td><td colspan="2">文种</td></tr>
<tr><td>通报</td><td>通知</td></tr>
<tr><td>适用范围不同</td><td>表扬先进，批评错误，传达重要精神和告知重要情况</td><td>发布、传达要求下级机关执行和有关单位周知或者执行的事项，批转、转发公文</td></tr>
<tr><td>行文要求不同</td><td>通过典型事例或重要情况的传达，向下属进行宣传教育或沟通信息，以指导、推动今后的工作</td><td>告知事项，布置工作，要求遵照执行，带有指导性</td></tr>
<tr><td>表现方法不同</td><td>陈述事实，分析意义，作出评价，使人们明白清楚事实真相，受到教育；有分析，有议论</td><td>用概述式语言，一般不评议，直接写做什么、怎么做，具体明白，语言平实</td></tr>
<tr><td>发文时间不同</td><td>制发于事后，重在传达，往往是对已经发生了的事情进行分析、评价</td><td>制发于事前，通过具体事项的安排，要求下级机关在工作中照此执行或办理</td></tr>
</table>

2.通报与决定的区别

通报用于表扬先进、批评错误，决定用于奖惩有关单位和人员。但两者存在明显不同：

(1)目的不同

通报的目的是使收文单位了解某一重要情况或者典型事件，重在教育比照，或通报具体先进示范人生的人或事，或以儆效尤。奖惩性决定重在处置，它的着眼点在奖惩有关单位或个人，它代表了领导层的权威意志，奖功罚过是其首要目的。

(2)性质不同

通报用于表扬积极事迹，批评典型错误。所表扬或批评的人和事件属于一般性的典型，具有教育性、启示性的特征。而决定的事项比通报事项重要，表彰决定一般用于授予某些对象模范称号或记功等，处分决定一般用于撤职或留党察看等项目，处分决定中涉及的过错或过失都是比较严重的，因而决定具有权威性、重要性特点。

例文赏析

［例文一］

××省化工总公司党委关于
授予张××“优秀共产党员”荣誉称号的通报

各分公司党委、总公司党委各部门、各直属机构：

张××同志是××分公司所属天宏化工厂管道维修工人，共产党员。20××年 8 月 12 日上午 8 时 30 分，该厂成品车间后处理工段油气管道突然爆炸起火。正在利用公休日清理夜间施工现场的张××被爆炸气浪猛烈推倒，头部、右臂和大腿等多处受伤，鲜血直流，鞋子也被甩出很远。在这危急关头，张××强忍剧痛，迅速爬起来，顾不得穿鞋和查看伤势，踩着玻璃碎片，冲入烈火之中，迅速关闭了喷胶阀门、油气分层罐手阀、蒸汽总阀。接着先后用了10余个干粉灭火器扑救颗粒泵、混胶罐等处的大火，在随后赶来的保安人员的援助下，共同英勇奋战十余分钟，最终将大火全部扑灭，避免了火势的蔓延。

张××同志在身体多处受伤、火势凶猛并随时可能发生更大爆炸的万分危急关头，将个人生死置之度外，果断处理突发事件，为遏制火势蔓延，防止事故扩大，减少国家财产损失，做出了突出的贡献。他的行为体现了为保护国家财产和人民利益而置个人生命安危于度外的崇高精神品质，谱写了一曲保持共产党人先进性的正气之歌。

为了表彰张××的英雄行为和崇高的革命精神，总公司党委研究决定：授予张××"优秀共产党员"荣誉称号，将张××奋力灭火的英勇事迹通报全公司，晋升二级工资，并颁发灭火奖励10000元，以资鼓励。

希望各分公司党委、各直属机构组织广大共产党员和干部职工以张××为榜样，落实安全生产责任，努力做好本职工作，为化工行业的改革与发展做出更大的贡献。

××省化工总公司党委(印章)

20××年8月18日

简评：这是一篇表彰通报。正文结构由通报事项、分析评价、奖励决定、希望要求四部分构成。全文结构合理，格式规范，语言通俗流畅。美中不足的是对事件过程的叙述可以概括得更精炼一些。

【例文二】

××市食品酿造公司关于
××食品厂司机××擅自开车到北戴河游玩的通报

公司所属各单位：

20××年8月8日晚，××食品厂司机××以磨合汽车为借口，擅自驾驶"630"食品防尘车并带上五人从××分厂去北戴河游玩。10日早8点抵达北戴河，至12日夜间12点才返回公司，行程600多公里。

××的行为违反组织纪律，错误实属严重。车队负责人在问题发生后未及时向公司汇报，这种做法也是错误的。为了严肃纪律，维护公司利益，同时教育××本人，经公司研究决定，对司机×××予以通报批评，扣发三个月奖金，并责令其上交全程所用汽油费。

望各单位接此通报后，组织员工们及时学习、讨论，从中吸取教训，把各项工作提高到一个新水平。

××市食品酿造公司(印章)

20××年8月14日

简析：这是一篇批评通报。正文第一部分写当事人的错误事实和经过，具体交代了时间和地点，即通报事项；第二部分对当事人的错误进行了分析评价，同时作出了处理；第三部分对各单位提出了希望要求。

通报模板

框图模式	文字模板
标题 ↓ 主送机关 ↓ 介绍事由 ↓ 文种承启语 ↓ 事项 ↓ 要求 ↓ 落款	1.表彰性通报 **××有限公司关于表彰张×的通报** ×××××： ××同志，是×××××（介绍事由）。 ×××××××××××××（分析评价）。 ×××××××××××××（目的），公司研究决定：授予张×同志“××××”荣誉称号，并颁发奖金××××元（奖励决定）。 希望××××××××以×同志为榜样，努力做好本职工作，××××××××。（提出希望要求） ××有限公司 ××××年×月×日

框图模式	文字模板
标题 ↓ 介绍事由 ↓ 文种承启语 ↓ 事项 ↓ 要求 ↓ 落款	2.批评性通报 **××有限公司关于批评×××的通报** 各部门、各有关机构： ×××××： ××同志，是×××××（介绍事由）。 ×××××××××××××（分析评价）。 ×××××××××××××（目的），公司研究决定：（惩罚决定）。 希望××××××××引以为戒，努力做好本职工作，××××××××。（提出希望要求） ××有限公司 ××××年×月×日

框图模式	文字模板
标题 ↓ 介绍事由 ↓ 文种承启语 ↓ 事项 ↓ 要求 ↓ 落款	3.情况通报 **××××公司关于×××××××××情况的通报** 公司所属各单位： 最近，我公司发生了×××××事件（背景，依据）。为了××××（目的），现将情况通报如下（文种承启语）： ××××××（概括叙述情况；事项之一）。 ×××××××（分析情况；事项之二）。 ××××××××（提出希望和要求）。 ××公司 ××××年×月×日

写作提示

通报写作应注意：

(1)时效性;(2)指导性;(3)真实性。

技能训练

将下面通讯改写为通报。

李坚　舍己救人　英勇献身
共青团全国铁道委员会和团委决定
授予“优秀少先队员”光荣称号并追认为共青团员

本报讯:5月28日下午,共青团成都铁路局委员会在局工会俱乐部召开大会,宣读共青团全国铁路委员会和共青团四川省委的决定,授予为抢救落水同学而英勇献身的李坚同学“优秀少先队员”的光荣称号,并根据他生前要求,追认他为共青团员。

李坚同学生前是西昌铁路中学学生,刚满14周岁,××××年5月2日,李坚和另外四名小朋友在河边玩耍,忽然,张昆同学不慎落入水中,李坚当即跳下水去营救,张昆被救了,而他却献出了年轻的生命。

团委副书记等领导在讲话中分别号召全国铁路系统和省内各地的小朋友向李坚同学学习,做一个有理想、有道德、无私无畏的好孩子。

拓展学习

试根据下述材料,拟一份处分通报

×××年×月×日中午,××大学经济学院二年级何××在宿舍使用电炉烧水,水未开时遇到学校停电,后何××未将插头拔出便离开宿舍上课了。下午四时来电,电炉烘烤旁边的写字台达两小时之久,致使写字台着火,蔓延至窗户,烧毁三开窗户一扇、写字台一张,幸亏其他两个同学及时发现,才避免造成更大的火灾。为此,对何××记大过处分一次,并责令其按价赔偿火灾造成的损失。

任务三　报告　请示　批复

一、报告

案例引入

4月21日，国家发展和改革委员会主任受国务院委托，在第十二届全国人民代表大会常务委员会第八次会议上作节能减排工作报告时指出：全国节能减排工作虽然取得了积极进展，但仍然存在许多困难和问题。完成“十二五”目标任务，形势十分严峻，任务非常艰巨。

2014年5月15日，国家出台了《2014—2015年节能减排低碳发展行动方案》，督促各地区制定具体实施办法，抓好工作落实。开展节能减排目标责任评价考核，考核结果向社会公布，接受社会监督。

全国各地都出台了节能减排低碳发展工作要求和实施方案。年底，国家要求各地将节能减排低碳发展工作实施情况报告上来。

必备知识

（一）报告的概念

《条例》指出，报告是“适用于向上级机关汇报工作，反映情况，回复上级机关询问”的公文。

报告是党政机关经常采用的重要的上行文，是上下级之间沟通情况、协调工作的重要公文。它使上级能够及时掌握下级机关的工作情况，从而更好地指导工作，避免工作的失误。在公务活动中，信息流向不同，使用的文种也不一样：上级向下级传达情况用通报，下级向上级反映情况用报告。

报告是上行文，主要用于三个方面：第一，向上级汇报工作，便于上级了解、掌握本单位的工作现状；第二，反映情况，把本单位的动态情况（有的是突发性情况）告知上级，便于接受上级的指示，较好地处理有关问题；第三，答复上级的询问，使上级了解尚不清楚的事宜。总的来讲，向上级递送报告，是为了保持上下级之间联系渠道的畅通，有利于工作的展开。

(二)报告的特点

1.真实性

向上级报告的内容必须客观、真实、确凿。虚假报告不但达不到积极的目的,反而有害于工作,最终是害人害己。有的单位习惯于报喜不报忧,正面的东西大报特报,负面的东西有意隐瞒,这也是另一种不真实,因为它不客观、不全面,没让上级了解真情。

2.多样性(内容的广泛性)

在日常工作中,报告的种类、所报的内容都是多样的。从种类及方式上讲,包括工作报告、情况报告、答复报告、例行报告(在特定情况下按日、周、月等定期上交的报告)、递送报告(随同向上级递送的某一重要物品而交的报告,如武器弹药)等;从内容上讲,有综合报告、专题报告、呈请类报告、检讨报告等。报告的多样性反映了工作的复杂性,是开展工作的正常需要。

3.及时性

给上级的报告必须尽快及时,不能拖延时间。尤其是一些动态性的情况报告或答复上级询问的报告,更要如此。有时,情况会瞬息万变,若不及时报告,定会贻误时机,造成不应有的损失。

4.陈述性

报告帮助上级及时了解情况,掌握下情,为其决策提供依据。因而,在写作方面报告的最大特点是其陈述性,即把基本的情况讲清楚,这也是报告行文的最大特色。

5.单向性

报告是下级向上级提供信息,让上级掌握工作进展,因此一般是不需要上级回复的。这和请示不同,请示具有双向性特点,下级机关的请示,上级机关一定要批复。报告则是单向行文,不需要有与之对应的公文。

(三)报告的种类

根据《条例》规定,从内容、性质上来看,报告可以划分为:

1.工作报告

工作报告适用于定期地向上级汇报某一阶段的正常工作。全面汇报工作中的困难、做法、经验和教训,使上级能及时掌握本单位工作进度,有利于取得上级的支持和帮助。例如《深圳市人民政府2011年政府信息公开工作年度报告》。

2.情况报告

情况报告适用于向上级反映情况,特别是反映调查了解到的重大情况、特殊情况,一些有倾向性的新风气、新动向以及最近出现的新事物也有必要向上级汇报。作为下级机关,有责任下情上达,使上级了解重要的社情、民情,如果隐情不报,是下级的失职。情况报告具有临时性、突发性等特点,如《四川省人民政府关于猪链球菌病疫情况报告》。

3.答复报告

答复报告适用于答复上级查询事项,这种报告较为单一,针对性很强,即上级问什么答复什么,不答非所问。例如《襄汾县公安局关于“双龙湖景区摩托车失窃事件”办理情况的答复报告》。

另外，按报告的写作范围未划分，报告可以分为综合性报告和专题报告两种。综合性报告用于反映一定范围内或一定阶段多方面的工作情况，是综合、全面的汇报。专题报告用于反映某一项专项工作，内容集中、单一，一事一报。工作报告可以是综合报告也可以是专题报告，情况报告和答复报告是专题报告。

（四）报告的结构

报告由标题、主送机关、正文、落款四部分组成。

1.标题

报告的标题一般由三要素组成：发文机关、事由、文种。例如《株州市卫生局关于2012年依法行政情况的报告》。

2.主送机关

报告的主送机关是直接的上级机关，原则上主送一个上级机关，根据需要同时抄送相关上级机关和同级机关，一般不向上级机关负责人送报告。

3.正文

报告正文一般由报告缘由、报告事项和结语三部分组成。

（1）报告缘由

以概括性言语简要说明报告的背景、主要内容、结论，或者说明写作报告的目的和依据。段末常用“现将有关情况报告如下”导入下文。

（2）报告事项

此部分是正文的核心，是报告的重点部分，不同报告的写法有所不同。

工作报告的内容包括如下方面：一是基本情况与成绩，陈述工作概况和基本做法，并在此基础上总结成绩和经验。这部分是对工作实践的理性认识，要善于概括、抽象出规律性的东西，使之系统化、理论化。写作时注意点面结合，突出重点、详略得当。不应是简单地堆砌事实，罗列材料，不加分析、综合，使上级不得要领，难以指导工作。总之，应有主有次，以叙述为主，加上适当议论点名主题。二是存在的问题与不足，分析工作失误原因，以及应当吸取的教训。应善于在事实的基础上归纳分析，使之条理化，避免在今后的工作中再犯类似错误。三是今后工作的打算和拟采取的整改措施。

情况报告重在反映重要的、特殊的、突发的新情况。其内容主要有重要的社情、民情；严重灾害、事故、案情、敌情及处理情况；举办重大活动、召开重要会议的基本情况；各级代表的选举结果；对上级重要决议、决定事项的督办，检查某项工作的开展情况；对某项工作造成失误和存在重大问题的检讨与反思。情况报告以陈述情况为主，应写明时间、地点、原因、经过、结果、已采取的措施或建议等。写作时应注意：情况是专题报告，内容要集中单一。若提出处理意见或建议，必须写得具体、明确，并且要注意时效。对于特大事故，国务院明确要求事故发生单位必须在24小时内写出情况报告送上级，以使上级尽快了解下情，做出决策。

答复报告针对性强，一般问什么就答什么。不能漫无边际地写一些与上级机关询问无关的事项，应针对所提问题答复意见或处理结果，有问必答，答其所问，表述明确具体，用语准确，不含糊其辞、模棱两可。

(3)结语

报告的结语比较简单,通常使用“特此报告”“特此报告,请审阅”等惯用语,也可以报告事项即止,不写结束语。

4.发文机关署名

在正文之后署上发文机关的名称。

5.成文时间

置于发布机关之下。成文时间应用阿拉伯数字,年、月、日应齐全。

(五)报告要短小精悍

(1)避繁就简。这里所讲的“繁”主要是指现象拼凑,事实罗列,也就是通常所讲的“流水账”;“简”是指注意综合分析、寻求规律、讲究提炼、显示本质。

(2)厚积薄发。所谓“厚积”是指材料要多;“薄发”则是言简意赅、一语中的。

(3)舍得删改。报告草稿写成后,要通过修改,把那些可用可不用的字、词、句删掉,化冗长繁杂的句子为短小精悍的句子;要“脱靴摘帽”,削减开头的“套话”和结尾的“空话”。

例文鉴赏

【例文一】

××学院行政管理系
关于首届行政管理专业学生毕业论文指导工作的报告

××学院:

按照教学计划的规定和我校《学生毕业论文工作管理办法》的要求,20××年2月至6月,我系积极稳妥地开展了首届行政管理专业(以下简称行管专业)学生毕业论文指导工作。在院领导的关心支持下,在同志们的共同努力下,现在此项工作已经结束。总的来看,工作完成得比较顺利,取得了一定成绩,结果较为圆满。根据学院的要求,现将毕业论文指导工作报告如下:

一、主要工作情况

由于首次组织行管专业毕业论文指导工作,所以我们缺乏相关经验,因此,我们本着早做准备、精心组织、边实践边摸索的原则开展工作。全部工作主要包括以下步骤:

1.印发论文参考选题。(略)

2.安排论文讲座。(略)

3.落实指导教师。(略)

4.开展个别指导。(略)

5.组织成绩评定。(略)

二、主要成绩与效果评价

回顾毕业论文指导工作,我们认为成绩是主要的,应当给予充分肯定。(略)

1.首次组织毕业论文指导工作,是在摸索过程中完成的。(略)

2.撰写毕业论文,不仅进一步培养了学生们的科学精神,而且对强化写作训练,增强分析、研究和解决问题的能力,发挥了重要作用。(略)

3.首届论文指导工作,是在我系师资力量比较紧张的情况下完成的。部分教师首次承担这样的工作,为了确保质量,大家共同研讨,向有经验的同志请教,整个指导过程完成得比较顺利。(略)

4.指导教师的工作,得到了学生们的充分肯定。在谈到毕业论文写作收获时,同学们有以下共识:(略)

总之,首次毕业论文指导工作是一次有益的尝试,成绩是主要的。它既保证了行管专业教学计划的完整执行,提高了毕业论文质量,也使教师得到了锻炼,为继续开展这项工作积累了经验。

三、存在问题及改进意见

我们认为毕业论文指导工作尚有值得改进之处:

1.在印发论文参考选题之后近半年的时间里,忽略了对学生在选题和收集资料方面的指导和督促,失去了提前下发参考题目的意义。今后这个环节的工作需要抓紧。

2.对毕业论文写作方法的总体指导还不够。在学生写作论文之前,系里组织过一次专题讲座,但由于时间紧,有些问题无法展开,致使部分同学在开始写作时无从下手。今后,要加强论文写作的集体指导。

3.收尾阶段工作不够扎实,答辩工作比较仓促。主要原因是安排不太合理。今后应适当调整课程安排,抓紧前期工作,以便节省时间;切实搞好论文成绩评定,有成效地开展论文交流、答辩工作,以便学生相互借鉴,取长补短,并且更加科学准确地评定毕业论文的成绩。

我们要继续发展成绩,不断改进工作,吸取第一次毕业论文指导工作的经验教训,把以后各届学生的毕业论文指导工作做得更好。

特此报告。

行政管理系(印章)

20××年7月12日

简评:这是一份汇报工作报告。正文围绕主旨,首先介绍了工作背景和对工作的总体肯定性评价。通过文种承启语“报告如下”引出报告的事项,即“主要工作情况”、“主要成绩与效果评价”和“存在问题及改进意见”,文章最后以“特此报告”的习惯用语作结。文章展开内容采用分条列项法,对毕业论文指导工作所取得的成绩、经验与问题以及解决办法等向学院作了较详细的汇报。

【例文二】

××市人民政府关于××煤矿“×·××”窒息事故的情况报告

×××:

20××年×月×日下午13时左右,××乡××煤矿井下工人在开切眼时,误穿原小煤窑巷道的采空区,致使大量有害气体涌出,2名掘进工人窒息死亡。事故发生后,市委、市政府领导高度重视，市委书记×××立即批示："一是安排好死者的善后工作；二是调查事故原因，依法依规处理；三是举一反三，开展煤矿行业安全检查，防止安全事故再次发生"，并指派×××副市长赶往××煤矿指导事故调查和处理善后事宜。市委副书记、市长××接到事故报告后，立即指示："迅速查明事故原因，严肃依法处理，并在全市高危行业中再次全方位地开展一次隐患彻查"，并传达了×××州长要求对××煤矿事故严肃处理的指示。现将有关事故情况汇报如下：

一、事故单位基本情况

××煤矿位于××市××乡××村，"五证一照"齐全有效，矿井保有储量79.1万吨，设计生产能力3万吨/年，正进入"三改九"设计阶段，矿井开拓方式为平硐开拓，缓倾斜煤层，煤层倾角16°～18°，煤层高0.4m～0.6m，煤尘无爆炸性，自燃倾向性为二类。20××年度省经委鉴定为低瓦斯矿井，矿安全管理人员、特殊工种人员持证均在有效期内。

二、事故发生经过(略)

三、死者基本情况(略)

四、事故处理措施

1.×月×日对××煤矿已下达停产通知书，责令停止一切生产活动。

2.暂扣××煤矿《安全生产许可证》。

3.×月××日前，市安委会办公室迅速向各乡镇人民政府、街道办事处、市直相关部门下发了《关于加强安全生产工作的紧急通知》。通知指出：一是要认真吸取事故教训，举一反三，严格现场监督管理，防止类似事故发生。二是要对辖区内煤矿、非煤矿山、烟花爆竹、危化物品、重点建设及建筑工程等行业开展全面的安全生产大检查，排查安全隐患，对不具备安全生产条件和存在重大安全隐患的企业要进行停产通知整改。三是对安全生产许可证到期的非煤矿山企业要严格执行市安监局下达的停产通知要求，认真进行一次全面检查，严格明停暗开、日停夜开的现象发生。四是各煤矿企业要组织全体从业人员进行一次安全学习，针对此次事故对井下生产系统进行全面的检查，严格落实矿领导带班下井制度，凡发现有老窑水、采空区的地方必须停产。对怀疑有老窑水、采空区的地方做到有疑必探，先探后掘，排除安全隐患，确保煤矿的安全生产。五是进入盛夏炎热季节，要严格做好防火措施，以防火灾发生。

4.对全市已进入技改程序的煤矿企业，要严格按照《初步设计说明书》及《安全专篇》进行技改，严禁边建设边生产。

××市人民政府(印章)

20××年×月×日

简评：这是一份反映情况报告，由事故发生的单位的基本情况、事故发生的经过、死者基本情况及处理意见整改措施等部分构成，对事故情况作出了具体的记叙，并提出了切实可行的整改措施。

【例文三】

××集团公司关于张××同志职称评定问题的答复报告

××市人民政府办公室：

接市办5月20日查询我单位张××同志有关职称评定情况的通知后，我们立即进行了调查。现将有关情况报告如下：

××同志是我集团公司二分厂工程师。该同志1962年起曾在××工学院受过四年函授教育，学习了有关课程，因“文革”而未能取得学历证明。因缺乏学历证明，在今年上半年职称评定时，根据上级有关文件精神，我单位职称评委会决定暂缓向上一级职称评委会推荐其评定高级工程师职称，待取得学历证明后补办。该同志认为这是刁难，因而向市政府提出了申诉。

接到市政府办公厅查询通知后，我们派人专程去××工程学院查核有关材料，得到××工学院的支持，学校正式出具了该同志的学历证明。现在，我集团公司职称评委会已为××同志专门补办了有关评定高级工程师的推荐手续，并向该同志说明了情况。对此，他本人已表示满意。

特此报告。

××集团公司(印章)

20××年5月28日

简评：这是一份答复报告。正文开门见山地表明接到市办查询通知及已进行了调查，这是行文的背景。接着以文种承启语导出主体，主体为根据上级机关的询问作出的答复，包括张××一事的原由、调查和处理的情况。

报告模板

<table>
<tr><th>框图模式</th><th>文字模板</th></tr>
<tr><td>标题
↓
介绍事由
↓
文种承启语
↓
事项
↓
要求
↓
落款</td><td>1.工作报告
×××分公司关于×××××工作的报告
总公司：
×××××××(背景、依据)。在×××××××下，现在×××××工作已经结束。总的来看，工作×××××××进展得比较顺利，取得了××效果(基本情况及总体评价)。现将此项工作报告如下(文种承启语)：
一、××××××(主要成绩)
二、××××××(经验教训、效果评价)
三、××××××(存在问题、改进意见、建议)
特此报告，请审阅。
××分公司
××××年××月××日</td></tr>
</table>

框图模式	文字模板
标题 ↓ 介绍事由 ↓ 文种承启语 ↓ 事项 ↓ 要求 ↓ 落款	2.情况报告 **××××关于×××××事故的报告** ×××××： ×月×日，我单位发生了一起×××××事故。×××××××(背景。概述事故基本情况，包括事故发生的时间、地点，造成的损失)。 现将情况报告如下(文种承启语)： ××××××(对事故的救助活动情况)。 ××××××(事故原因、救助方案)。 ××××××(处理事故的做法、措施)。 ××××××(对事故责任人如何处理)。 ××××××(教训或表态)。 ×××××× ××××年××月××日

写作提示

不同种类报告写作的共同要求是：事项要真实，层次要清晰，语言要规范。但不同种类的报告，写作要求又有着细微差别：

(一)工作报告

(1)要写明有关本单位工作的多方面内容，包括工作的进程、成绩与经验、问题与不足、改进的措施、未来的打算等。

(2)主次要分明，重点要突出，不能记流水账。

(3)要能客观、全面报告工作情况，不能报喜不报忧。

(二)情况报告

(1)重在反映动态情况，如突发情况、意外事故，以及工作中出现的新事物、新动向、新问题等。

(2)要详略得当，合理布局。

(3)要反应敏锐，及时报告。

(三)答复报告

(1)要有针对性，针对上级机关的询问而报告。有问必答，问什么答什么。

(2)不能在报告中夹带请示事项。

技能训练

找出下列两份公文中的错误并说明理由。

关于申请拨给灾区贷款专项指标的报告

省行：

×月×日，××地区遭受了一场历史上罕见的洪水袭击，×江两岸、村同时发生洪水，灾情严重。经初步不完全统计，农田受灾总面积达38000多亩，各种农作物损失达100多万元，灾民个人损失也很大。灾后，我们立即深入灾区了解灾情，并发动干部群众积极开展生产自救。同时，为帮助受灾农民及时恢复生产，我们采取了下列措施：

一、对恢复生产所需的资金，以自筹为主。确有困难的，先从现有农贷指标中贷款支持。

二、对受灾严重的困难户，优先适当贷款，先帮助他们解决生活问题。到×月×日止，此项贷款已达××万元。

由于这次灾情过于严重，集体和个人的损失都很大，短期内恢复生产有一定的困难，仅靠正常农贷指标难以解决问题。为此，请省行下达专项救灾贷款指标××万元，以便支持灾区恢复生产。

以上报告当否，请批示。

××银行××市支行

××××年十月十日

知识拓展

2017年7月9日，本市源义高进公路龙湖路段发生了塌方事故，并造成了一定的伤亡后果。事故发生后，近300名消防队员、工地工人、公安干警赶到现场紧急抢救，抢救时间持续近24小时。据了解，××市政总公司第一分公司是该工程的承建商。事故发生前，桥面上有三四十名工人，已经浇铸了近260立方米的混凝土，且违章施工，按照施工程序本应分两次浇铸的混凝土却一次浇铸。估计事故原因是桥面负荷过重。据悉，此次事故已经得到较好地处理。事故发生后，××市建设委员会要求××市市政总公司加急将此次事故的处理详情报告给他们，以总结经验教训。

根据材料，以××市市政总公司的名义向××市建设委员会写一份情况报告，且要有附件说明事故相关人员的资料。

二、请示

案例引入

新天地股份有限公司的经营商品涵盖传统家电、消费电子、百货、日用品、图书、虚拟产品等综合品类，公司采用“店商＋电商＋零售服务商”相结合的新零售业模式，线上线下的融合发展引领着零售发展的新趋势。随着业务的快速发展，该公司河南分公司需要招聘营销、客服、物流管理等大量人才，为此，河南分公司需要向公司总部提交人才招聘请示。

必备知识

（一）请示的概念

《条例》指出，请示是“适用于向上级机关请求指示、批准”的公文。主要用于三个方面：第一，在工作中遇到困难，或是做前所未有的工作，无章可循，可向上级请示如何开展该项工作；第二，工作中需要解决某些实际问题，如有关人、财、物的困难，本单位无力解决，要求上级予以支持；第三，本单位须决定一些重大的事项，但受权限范围的制约而不能作出相关决定，可请求上级批准。

具体地说，下级机关遇到新情况、新问题，因无章可循而没有对策或没有把握，需要上级机关给以明确的指示的；下级机关对有关方针、政策和上级机关发布的规定、指示有疑问，或有不同理解，在执行中遇到一定困难，需要上级机关给予明确的解释或答复，或根据本地区、本单位实际情况需要对上级的行政措施作出变通性处理，而需要上级机关重新审定并明确回答的；下级机关之间在较重要的问题上出现意见分歧，认识难以统一，无法正常工作需要上级机关裁决的；下级机关在处理较为重要的时间和问题时，事关重大，因涉及有关方针政策必须慎重对待，需要报请上级机关批准的；下级机关在工作中遇到问题，因涉及面广，虽然有解决的办法，但由于职权、条件的限制，没有权利或没有能力实施这些办法，需要上级予以协调、统筹安排、帮助解决的；本机关无权决定，按照规定必须请示上级主管领导机关或部门审核、批准以后才能办理的事项，如机构设置、人员编制、涉及工作事项等情况，均应向上级报送请示。

（二）请示的特征

1.期复性

写请示最直接的目的就是得到批复。期复性指期待上级给予指示、给予批准、给予政策、给予帮助等。在公文体系中，请示是为数不多的双向对应文体之一，与它相对应的文体是批复。下级有请示，上级就要有批复。

2.单一性

跟其他上行文相比，请示更强调遵循“一事一请”的原则。在一份请示中，只能就一项工作或一种情况、一个问题做出请示，不得在一份公文中就若干事项请求指示或批准。如果确有若干事项需请示，应撰写若干份请示，各自都是一份独立的文件，有不同的发文字号，上级机关则分别对不同的请示做出不同的批复。同时，请示不能向上送给多个单位，只能单一主送。

3.程序性

请示应当根据行政隶属关系按级向上呈送，除非有特殊情况，一般不应越级请示。请示必须是下级向上级行文。如果在工作中需要得到其他同级机关或不隶属机关审核、批准或协助,则不能使用请示,而应使用函。

(三)请示的种类

根据主要用途,请示一般可分为三类:

(1)请求批准的请示。对于一些具体事项,如干部任免、经费不足、机构设置、重大项目等问题,下级无权决定或无力解决,要求上级批准与支持。

(2)请求指示的请示。在工作中,特别在前所未有的新工作中遇到一些疑难,如对有关方针政策或规定的执行难以正确把握,要求得到上级的指示。

(3)请求批转的请示。本部门对某些事关全局的问题提出解决方法或处理意见,请求上级批转给各单位,以便共同执行。

(四)请示的结构和写法

请示由标题、主送机关、正文、发文机关署名、成文日期五部分组成。

1.标题

请示的标题一般用三要素标题,即由发文机关、事由、文种组成。例如《重庆市民政局、重庆市财政局关于建立城镇义务兵家庭优待金自然增长机制的请示》。要注意的是,标题中不得出现"申请、请求"之类的祈请类的词语,即不得用"关于申请(请求)××的请示",避免语义重复,因为"请示"即"请求指示"之意;也不能把"请示"写成"请求",或与报告混用,写成"关于××的请示报告"。

2.主送机关

请示的主送机关只写一个,一般是直接上级领导机关,原则上不能越级请示。如需同时送其他机关,应用抄送形式。即使是受双重领导的机关,也应根据其内容写明主送机关和抄送机关。

3.正文

请示的正文有三部分:请示缘由、请示事项、请示要求(结语)。

(1)请示缘由

提出请示的原因和理由。请示的缘由是请示事项和要求的理由及依据。要先把缘由讲清楚,然后再写请示的事项和要求。缘由很重要,关系到事项是否成立、是否可行,当然也关系到上级机关审批请示的态度。因此,缘由一般应十分完备,依据、情况、意义、作用等都要写上。请示的缘由部分一般比其他公文的缘由部分要详细一些。这部分在写作时要实事求是,情况清楚,依据有力,说理充分。切忌将请示缘由写得抽象、笼统,使上级机关看不出所请示批准办理的事情的必要性和可行性,这样的请示事项很难被批准。

(2)请示事项

就是提出有关问题要求上级指示或批准,这是请示的核心内容。提出的请示,要符合有关方针、政策,切实可行,不可矛盾上交。因此,事项要写得具体、明白。请示批准的请示,主体要写明想在哪些具体问题、哪些方面得到请示;请求批准的请示,如果请示的事项内容比较复杂,要分清主次,要把要求批准的事项分条列款一一写明,条理要清楚,重点要突出。

请示是上行公文,语气应注意要诚恳谦恭,杜绝明确强烈的主观色彩,如"我们认为""一定要""决定"等,减少施压的嫌疑。行文的主观性若引起上级部门的反感,会使请示的批准被耽搁，或不予批复而转回。这一部分的常用语有“拟”“为此，特请求……”“鉴于上述情况，特请示如下”。

(3)请示要求(结语)

一般以征询、期盼的口吻请求上级答复。在主体之后，另起一段，按程式化语言写明期复请求即可。根据请示的目的不同，请示的常用语有“是否妥当，请批示”“妥否，请批示”“特此请示，请予批复”“以上请示妥否，请批示”“以上请示如无不妥，请批准”等。

4.发文机关署名

在正文之后署上发文机关的名称。

5.成文日期

成文日期应写在发文机关署名下一行，应用阿拉伯数字，年、月、日齐全。

(五)报告与请示的区别

1.行文目的不同

报告是为了向上级汇报工作、反映情况、答复上级机关的询问而行文，其目的主要是让主管机关了解情况，及时处理工作中的有关问题；请示是为了解决单位自身的某一具体事项，请求上级机关指示、批准。

2.行文要求不同

报告主要是为上级机关提供决策信息和依据，不要求上级机关答复，因此，报告中不能夹带请示事项；请示是请求上级机关批准，明确要求上级机关答复，上级机关也一定要给予批复。

3.行文时限不同

报告可以在工作进行中、工作完成后行文；请示必须在事前行文，待上级机关批复后，请示的事项才可以施行，未经批复的则不能施行。

4.内容含量不同

报告的内容含量大，在一文一旨的前提下，可以就工作的诸多方面进行陈述，即一文数事；请示的内容单一，要求一文一事。

5.性质结语不同

在性质上，报告是不要求上级回答的陈述性文件，因此，报告一般写不要求回答的结语，如“特此报告”；请示是要求上级机关回答的祈请性文件，因此，请示一般写要求回答的期复语，如“特此请示”“以上请示如无不妥请批复”“请审批”等。

例文鉴赏

［例文一］

山东省人民政府关于开通威海—××××海上货运航线的请示

国务院：

我省威海市自开通至××××海上客货运输航线以来，客货运输量日益增加。××

××年通过合资经营的“金桥”轮运输进出口货物总量2500多个标准集装箱。去年我省对×××××出口已达3.13亿美元，跃居我省出口国别和地区的第3位。从发展趋势看，今后对×××××出口仍有大幅度增长。但因为“金桥”轮是客货两用船，且以客运为主，吨位小，远远不能满足双方进出口货物运输的需要。我省许多出口货物到仁川岗后，需转运釜山，既延误了时间，又增加了费用，急需开通威海至釜山航线。威海港为国家一类开放港口，拥有万吨级泊位1个，五千吨级泊位2个，千吨级泊位3个，其他设施也日趋完善，已具备了开通釜山航线的条件。为此，特申请批准开通威海—×××海上货运航线。该航线由山东省所属的海运公司负责经营。

当否，请批复。

山东省人民政府(印章)

××××年3月19日

简评：这是一份求批性请示。文中用精练的文字讲明“为什么请示”，即请示的缘由与背景。接着明确“请示什么”，即请示审批事项——“申请批准开通威海—××××海上货运航线”。全文语言精练，理由充分，请求事项明确。

［例文二］

××省高级人民法院关于交通肇事是否给予被害者家属抚恤问题的请示

最高人民法院：

据我省××县人民法院报告，他们对交通肇事致被害人死亡、是否给予被害者家属抚恤的问题，有不同意见。一种意见认为，被害者若是有劳动能力的人，并遗有家属要抚养的，给予抚恤。另一种意见认为，只要不是由被害者自己的过失所引起的死亡事故，不管被害者有无劳动能力，都应酌情给予抚恤。我们同意后一种意见。几年来的实践经验证明，这样做有利于安抚死者家属。

妥否，请批复。

××省高级人民法院(印章)

××××年×月×日

简评：这是一篇请求指示的请示。正文内容简洁明了，请示事项单一明确。以“据……报告”作行文依据、背景，然后对交通肇事致被害人死亡是否给予其家属抚恤的问题提出两种不同意见，同时表明行文单位的倾向意见，最后请求上级单位给予指示。

写作模板

框图模式	文字模板
标题 ↓ 介绍事由 ↓ 目的 ↓ 事项 ↓ 要求 ↓ 结束语 ↓ 落款	**第××工程有限责任公司关于××××的请示** ××集团： 　　×××××××××××××(事实依据、原由、条件)；××××××××××××(理论依据、原由、条件)。 　　为了×××××(目的一)，×××××(目的二)，我公司现请求(申请)××××××，××××××(要求指示、批准、支持、帮助的具体内容)。 　　当否，请批复(习惯式用语)。 　　附件：××××××××××份 ××集团第××工程有限责任公司 ××××年3月8日

写作提示

(一)一文一事

一份请示只能写一件事，这是《条例》所规定的，也是实际工作的需要。如果一文多事，可能导致收文机关无法批复。同时，在请示写作时要注意：为了避免工作的失误，必须经常向上级机关请示，但是又要避光什么都向上级机关请示。对上级的方针、政策不了解的地方，对工作中不能解决的问题才向上级机关请示。

(二)明确主送机关

请示只能主送一个上级领导机关或者主管部门，不多头请示。如果需要，可以抄送有关机关。这样可以避免出现推诿、扯皮的现象。此外，应注意不越级请示，如果因特殊情况或紧急事项必须越级请示时，要同时抄送越过的直接上级机关。除个别领导直接交办的事项时，请示一般不直接送领导个人。

(三)不抄送下级

请示是上行公文，行文时不得同时抄送下级以免造成工作混乱，更不能要求下级机关执行上级机关未批准和批复的事项。

(四)必须事前请示

请示必须在拟办事项进行之前行文，绝不可先斩后奏。

(五)注意与报告的区别

切忌用报告夹带请示行文，在报告中夹带请示事项，或在标题中将文种写成“请示报告”。

技能训练

指出下面的公文在格式和构成要素方面存在的问题(要求按规范的格式重写一遍)。

关于请求允许本公司购买卡车的报告

总公司党委会:

目前,我公司只有卡车十五辆,但出口任务十分繁重,因此不能完成上级交给我们的任务。几年来,在党的对外开放政策的正确指引下,经过全公司的齐心协力,我们的出口任务完成得很好,基本落实了计划。但发展外贸,扩大出口,没有卡车就不能保证出口任务的完成。为此,请求增加五辆卡车,这样还可以安排几名本公司的待业青年工作,顺便请求下达五名就业指标。

此致敬礼!

××××省进出口公司

××××年9月8日

拓展学习

20××年5月13日,××公园办公室。赵园长说:"为了丰富广大游客的娱乐活动,也为了提高咱公园的社会效益和经济效益,咱们准备新增游乐设施'太空飞行器'。"刘秘书说:"资金怎么解决?"赵园长说:"咱园出,已经计划好啦,这个项目总投资55000元,其中设备30000元,基建25000元,全部资金由向工商银行贷款解决。"刘秘书问:"那资金怎么回收,怎么还贷?"赵园长说:"这也计划好了,慢慢还贷吧,拟定乘坐太空飞行器的收费标准为每人次15元。"刘秘书说:"收费标准得报批呀。"赵园长说:"这正是我要交代你做的事。小刘,你就'乘坐太空飞行器收费标准'问题给××市园林局写个公文。"假设你是刘秘书,请结合所学向××市园林局写一份公文。

三、批复

案例引入

新天地股份有限公司的经营商品涵盖传统家电、消费电子、百货、日用品、图书、虚拟产品等综合品类,公司采用"店商+电商+零售服务商"相结合的新零售业模式,线上线下的融合发展引领着零售发展的新趋势。随着业务的快速发展,该公司河南分公司需要招聘营销、客服、物流管理等大量人才,为此,河南分公司需要向公司总部提交人才招聘请示。

总公司接到河南分公司的请示后，经研究决定同意该分公司的请示。请你以总公司的名义，起草一份同意河南分公司招聘人员的批复。

必备知识

(一)批复的概念

《条例》指出，批复是"适用于答复下级机关请示事项"的公文，是答复性的下行文。上级机关收到下级机关的请示后，要使用批复这一公文予以答复。对请示的内容要明确表态，或同意，或不同意。有时在表态的同时，还要对下级所请示的事项作出必要的指示。

上级机关针对下级机关请示指示、批准的事项，要用批复给予明确答复、阐明指示性意见。批复的写作要以下级的"请示"为前提。

(二)批复的特点

1.行文的被动性

使用批复的前提是下级机关上报请示，它是专门用于答复下级机关请示事项的公文。先有上报的请示，后有下发的批复，一来一往，被动行文，没有请示，就没有批复。

2.内容的针对性

批复是针对下级机关的请示而写的，请示是问，批复是答。因此，在批复写作时要着重解决针对性问题。下级机关请示什么事项，上级机关就批复什么事项。上级机关对请示事项无论同意与否，都必须有针对性地明确予以回答，不能答非所问。

3.效用的权威性

批复中针对请示问题作出的指示，无论下级同意或不同意，都具有党政工作的规定性，是下级机关开展工作的依据。批复所给予的结论性意见，下级机关必须按批复意见执行或办理，不得违背，特别是对一些重大事项的答复，体现了党和国家的有关方针、政策，具有权威性。所以批复一经下发，下级机关必须遵照执行。

4.态度的明确性

批复的态度和观点必须十分明确。对于请求指示的事项，批复要给予明确指示。对于请求批准的事项，上级机关批准或不批准，表意要准确，态度要鲜明，不能有模棱两可的语言，不允许态度暧昧，使请示单位不知道如何处理。有时，由于情况的复杂性，也可以原则上同意，但对某些个别问题提出不同的意见和要求。

(三)批复的分类

请示分为请求指示的请示和请求批准的请示，批复作为与请示对应的文种，根据内容和性质不同，可分为：

1.指示性批复

又称为阐释性批复，用于答复请求指示的请示，是针对下级机关提出的难以解决的政策问题或没有明文规定的实际疑难问题，或针对现行政策、法律、法规指示的不明确的情况，上级机关作出的具体解释或答复。同时，还就请示事项的落实、执行或该事项的重要性、意义及落实措施提出若干指示性意见,对下级机关的该项工作有指导作用。如《交通部关于对外商投资道路运输业立项有关问题的批复》。

2.批准性批复

又称为表态性批复,用于答复请求批准的请示,主要针对下级机关请求批准的事项进行认可和审批,通常是关于机构设置、人事安排、项目设立、资金划拨等事项的审批,带有表态性和手续性,是对请示事项表示同意或不同意的批复。如《重庆市人民政府关于设置垫忠高速公路白石收费站的批复》。

根据答复的情况,批复可分两类。

(1)肯定性批复。即同意或基本同意请示的事项。这类批复有时写得很简单,表态就行;有时则针对请示的内容作出有关指示,或补充某些内容。

(2)否定性批复。即不同意请示的事项。作出否定性批复时,态度要慎重,要以理服人,说明不同意的原因。这是保护下级机关工作积极性的表现,也是对工作负责的表现。

(四)批复的结构及写法

批复由标题、主送机关、正文、落款几部门组成。

1.标题

批复的标题常有三种写法:一是常见的三要素标题,由发文机关、事由、文种组成,在事由中一般将下级机关请示的问题写进去,如《教育部关于 2011 年度高等学校增设第二学士学位专业的批复》。二是由发文机关、表态词、请示事项,文种组成,如《国务院关于同意建立金属非金属矿山整顿工作部际联席会议制度的批复》。批复若是同意下级请示内容的,可在标题中明示"同意",若是否定下级请示内容的,则标题不宜采用"不同意"之类的否定性文字。三是由发文机关、事由、收文机关、文种组成,在发文机关后可加上表态词,旨在突出所针对的请示事项和单位,如《国务院关于同意烟台市城镇住房制度改革试行方案给山东省人民政府的批复》。

2.主送机关

批复的主送机关,一般只有一个,那就是发出请示的下级机关。如果所请示问题有普遍性或需告知其他一些机关,可用抄送等形式。

3.正文

批复的正文一般由批复引据、批复事项、批复结语三部分组成。

(1)批复引据

即正文起首语,是批复的起因或依据,主要说明因什么来文而批复。

引据写法较为固定,要写明请示标题及发文字号,如"你校《关于接受中国人民银行研究生部分成立清华大学五道口金融学院的请示》(清校发〔2012〕9 号)收悉。"

(2)批复事项

指示性批复和批准性批复此部分写法不同。指示性批复针对请示事项给以具体明确的答复,请示什么问题就答复什么问题,答复要具体、准确,可以采用篇段合一形式;内容较复杂时,也可分条表述。

批准性批复,首先针对来文表明态度。同意请示事项的批复,用"同意"作肯定的答复,然后再逐一引述请示事项予以首肯。根据实情还可以作出相关的指示,提出实施办法、注意事项或补充意见。此类批复也可以只表明肯定意见，答复后没有必要的就不再作指示，行文十分简洁。

基本同意请示事项的批复，用“基本同意”或“原则同意”表态，还须写明修正意见和补充处理办法。

不同意请示事项的批复，用否定性表态语，文中首先用“不同意”表明态度，然后须具体说明理由，有理有据地纠正下级机关错误请示，亦可提供其他解决办法。

4.批复结语

使用惯用语“特此批复”“此复”并单独成段。如果开头已用“现批复如下”此类承上启下用语，则可以在批复事项完后就结束公文，省略结语。部分批复不用结语，而是简要提出执行要求。

5.发文机关署名

批复在正文之后署上发文机关的名称。

6.成文时间

置于发文机关之下。

例文鉴赏

【例文一】

省政府关于常熟历史文化名城保护规划的批复

常熟市人民政府：

你市《关于请求批准〈常熟历史文化名城保护规划（2015—2030）〉的请示》（常政呈〔2016〕62号）收悉。现批复如下。

一、原则同意《常熟历史文化名城保护规划（2015—2030）》。

二、同意常熟历史城区保护范围为鸭潭头、颜港、东市河、西城河、西门湾、虞山古城墙、菱塘沿围合的区域，面积2.4平方千米。同意确定南泾堂、西泾岸和琴川河等3个历史文化街区，保护范围面积分别为8公顷、9.2公顷和13公顷，具体在历史文化街区保护规划中划定。

三、你市要按照保护规划要求，制定完善并全面落实相关措施，加大对市域各类物质文化遗存及非物质文化遗产的保护力度，重点保护虞山、尚湖、护城河、琴川河等山水环境。

四、保护历史城区整体空间格局及其周边历史环境，保持传统街巷、河道的空间形态与尺度，严格控制新建建筑高度，保护以方塔、辛峰亭、虞山为焦点的视线走廊，延续当地传统和特色风貌。加强配套基础设施建设，完善公共服务和综合防灾体系，不断改善人居环境质量。

五、抓紧编制完善历史文化街区保护规划，进一步明确空间格局、传统风貌及物质遗存的保护要求，全面落实各项保护措施。

六、正确处理历史文化保护与经济社会发展的关系，依据规划要求制定分期实施计划，加强规划实施管理，依法合理利用历史文化遗存，努力实现社会效益、环境效益和经济效益的协调统一。

江苏省人民政府

2016年9月5日

简析：这是一份批准性批复。这篇批复事项同意请示的内容，批复事项将请示的事项复述一遍，并作出相关指示，提出工作要求。

【例文二】

广东省地方税务局关于法院代执行经济纠纷赔偿款开具发票问题的批复

东莞市地方税务局：

你局《关于法院代执行经济纠纷赔偿款开具发票问题的请示》（东地税发〔20××〕78号）悉，现批复如下：

一、经济实体发生经济纠纷，经法院判决得到赔偿，由法院代为负责执行，并要求收款方开具发票的，由收款方开具发票给支付方（被执行人）。

二、法院代为执行的经济纠纷涉及营业税劳务、转让无形资产或者销售不动产的，均应使用地方税收发票。地方税收发票的适用范围不应涉及增值税应税劳务。

广东省地方税务局

20××年×月×日

简析：这是一份指示性批复。对下级机关提出的法院代执行经济纠纷赔偿款开具发票问题作出具体解释或答复。

写作模板

框图模式	文字模板
标题 ↓ 依据 ↓ 文种承启语 ↓ 答复事项 ↓ 要求 ↓ 落款	**×××（批复方）关于××（事由）的批复** ××××公司： 你公司《关于×××××的请示》（××××××〔×××〕20号）收悉（依据、缘由、背景）。经研究，现批复（　　）如下（文种承启语）： 一、×××××××××××××××××。（事项） 二、×××××××。×××××××××。（事项） 特此批复。 ××××××集团 ××××年×月×日

写作提示

（1）批复要具有针对性。请示什么事项，就答复什么事项；不能无的放矢，答非所问。

（2）态度要明确，措词要肯定。无论同意与否，观点都要鲜明。不能模棱两可，含糊笼统。否定性的批复要说明理由。

（3）如在表态的同时作出相关的指示与建议，要明确具体，便于下级操作。

技能训练

指出下列批复的错误。

济南市人民政府关于同意明珠园地名命名的批复

历下区人民政府：

同意你们命名为明珠园。

济南市人民政府（印章）
20××年×月×日

拓展学习

福建省××学校因资金缺乏，新开设的机械和自动化两个专业实习场地无法建设，影响了这两个专业学生操作技能的基本训练和教学计划的完成。据此，学校拟向其上级主管部门福建省××局写一份请示，希望能调拨专款 10 万元以供购买机床，以解决教学上的燃眉之急（附《调入机床明细表》一份）。福建省××局收到××学校的请示后，即做批复。

请根据上述材料替福建省××学校向其上级主管部门写一份请示，并替福建省××局给请示学校写一份批复。

任务四　决定与意见

一、决定

案例引入

2014 年 5 月 31 日，江西省宜春市一辆中巴车上，一名男子突然持菜刀行凶，致 5 名乘客受伤。危急关头，被砍两刀的宜春三中高三(17)班学生柳艳兵勇敢地冲了上去，将歹徒按倒在地，并最终夺下歹徒手中的凶器。事发后，他与另一名同学被送医院救治。柳艳兵背部、头部各被砍了一刀，头部颅骨出现裂缝，医生说再砍深一点就没命了。两人伤情严重，柳艳兵的英勇事迹感动了全国网友，不少网友发帖对他大力点赞，还有素不相识的市民自发来到医院看望。不过，因伤情严重，他们无法参加今年 6 月 7 日的高考。教育部已委托江西省教育厅看望慰问，对他们的行为表示赞赏，并表示待他们身体康复后，教育部门将为他们组织单独考试。6 月 6 日，南昌大学传来好消息，表示愿意帮助这位好少年圆梦。

（来源：综合新华社、宜春日报、信息日报、江西日报等的报道）

请为当地政府部门拟写对柳艳兵的表彰决定，为南昌大学拟写帮助柳艳兵圆大学梦的决定。

必备知识

(一)决定的概念

《条例》指出：决定是“适用于对重要事项作出决策和部署、奖惩有关单位和人员、变更或者撤销下级机关不适当的决定事项”的公文。

可从三个方面理解这一概念：

(1)它是对重要事项作出的决策和部署，一般的、较小的事项不宜用决定；

(2)根据上一条的精神，它所奖惩的单位及人员，应是指那些在社会上影响(正面或负面影响)较大的单位与人员，而不是一般的单位及人员。

(3)下级的某一决定不恰当，上级可以用决定来撤销它。

(二)决定的特点

(1)权威性。决定的发布机关是党和国家的权力机关，并且是对重要事项所作的决策和部署，在党内和社会上会发生相当大的影响，因而决定具有很高的权威性。

(2)严肃性。决定的内容十分严肃、重大，并非什么事项都可发布决定，只有涉及党和国家的大事，以及对为国家作出突出贡献的人员实行嘉奖时，才可发布决定。

(3)强制性。决定在执行过程中有高度制约作用。一旦发布，在其有效范围之内，任何单位或个人必须绝对服从，不得违抗与抵制，也不得作出变通性的处理。

(三)决定的种类

(1)指挥性决定。这类决定多由高层领导机关作出，用于部署事关全局、涉及重大方针政策和战略决策的重要工作，理论性、政策性和指挥性都很强。如《中共中央关于构建社会主义和谐社会若干重大问题的决定》。

(2)奖惩性决定。用于奖惩在工作中作出突出贡献的有功集体或人员的决定为“嘉奖性决定”，而对犯有错误者在党纪、政纪上给以处分时所使用的决定为“处分性决定”。

(3)变更性决定。用于变更或者撤销下级机关不适当的决定事项。

(4)知照性决定。用于向人们宣告某一重要问题的主张、态度或解决结果时使用的决定。如调整行政区划、设置重要机构、重要人事安排等。

(四)决定与决议的区别

决议和决定均属于领导性文件，两者的性质特点比较接近。从行文关系上看，二者都是下行文，其制发机关必须是领导机关或权力机关。从内容上看，两者都具有决策的性质，并且具有一定的强制力和约束力，收文机关必须坚决贯彻执行。从作用上看，二者都是对重要事项或重大问题做出结论或安排。

1.形式程序不同

决议制定的程序严格，须经某一机关或组织机构的法定会议对某一议题进行集体讨论，由法定多数表决通过，然后形成正式文件，并以会议的名义公布，才能生效。决定既可以是将某种会议讨论研究的成果形成正式文件予以公布，也可以由各级领导机关直接制定并予以公布。凡是未经有关法定会议讨论通过这一程序，而是以领导机关的名义发布的文件，就只能使用决定。

2.决策内容不同

决议的内容，多是关系本行政区域内全局性、原则性的重要问题、重大事件或活动，具有宏观性和战略指导性，重在统一思想，一般从宏观上讲得比较多。而决定的内容，多涉及某一领域某一方面的重要事项和重大活动的决策和安排，比较具体、明确，具有较强的针对性，重在统一行动，安排落实。

(五)决定的结构与写作

决定由标题、正文、发文机关署名、成文时间四个部分组成。

1.标题

决定的标题由制发机关、事由、文种构成，如《中华人民共和国民政部关于取缔法轮大法研究会的决定》。

如果决定是由某次会议通过或批准的，应在标题下写明日期和经过哪个会议通过或批准，也可以只写会议通过时间，并用小括号括起来。文末不再需要落款。

2.主送机关

决定通常应写明主送机关,若收文机关较多,则应当使用全称或规范化简称、统称。高层党政机关发的涉及重大方针政策和战略政策的重要工作决定,无主送机关。

3.正文

从结构上看,决定的正文一般包含决定缘由、决定事项、执行要求或发出的号召。

(1)决定缘由

决定的开头应写明作出决定的根据、原因、目的、意义等,其中根据包括理论根据、政策法律根据和事实根据三个方面。如指挥性决定,需要充分阐述缘由;表彰性决定,要叙述基本事实,点明被表彰先进事迹的突出特点及其蕴涵的意义;变更、撤销性决定,则要说明作出变更或者撤销的原因、依据、理由。

(2)决定事项

要求直截了当地写出决定的具体内容。

(3)执行要求

这是决定的结尾,一般以一个自然段的篇幅发出号召或提出希望。

4.发文机关署名

在正文右下方标注发文机关名称。

5.成文时间

置于发文机关之下。

例文鉴赏

国务院关于2015年度国家科学技术奖励的决定

各省、自治区、直辖市人民政府,国务院各部委、各直属机构:

为全面贯彻党的十八大和十八届三中、四中、五中全会精神,大力实施科教兴国战略、人才强国战略和创新驱动发展战略,国务院决定,对为我国科学技术进步、经济社会发展、国防现代化建设做出突出贡献的科学技术人员和组织给予奖励。

根据《国家科学技术奖励条例》的规定,经国家科学技术奖励评审委员会评审、国家科学技术奖励委员会审定和科技部审核,国务院批准,授予"多光子纠缠及干涉度量"国家自然科学奖一等奖,授予"髓系白血病发病机制和新型靶向治疗研究"等41项成果国家自然科学奖二等奖,授予"硅衬底高光效GaN基蓝色发光二极管"国家技术发明奖一等奖,授予"农产品黄曲霉毒素靶向抗体创制与高灵敏检测技术"等65项成果国家技术发明奖二等奖,授予"高效环保芳烃成套技术开发及应用"等3项成果国家科学技术进步奖特等奖,授予"5000万吨级特低渗透—致密油气田勘探开发与重大理论技术创新"等17项成果国家科学技术进步奖一等奖,授予"高产稳产棉花品种鲁棉研28号选育与应用"等167项成果国家科学技术进步奖二等奖,授予杨克里斯特·杨森教授等7名外国专家中华人民共和国国际科学技术合作奖。

全国科学技术工作者要向全体获奖者学习,继续发扬求真务实、勇于创新的科学精神，深入实施创新驱动发展战略，坚定不移走中国特色自主创新道路，为加快建设创新型国家、全面建成小康社会，实现“两个一百年”奋斗目标和中华民族伟大复兴的中国梦做出新的更大贡献。

国务院

2016年1月1日

简评：这是奖励性决定。第一段发文缘由阐述了目的意义；第二段先说根据，再具体介绍奖励事项，清楚明白，振奋人心；最后提出希望和号召，本决定对于弘扬科教兴国、科教创新具有巨大的促进作用。

写作模板

框图模式	文字模板
标题 ↓ 依据 ↓ 目的 ↓ 文种承启语 ↓ 事项 ↓ 要求 ↓ 落款	事项性决定 **关于×××××的决定** ××××公司： ×××××××××××××(原由、背景、依据)，为了×××××(目的)，经×××研究决定如下：(文种承启语) ×××××××××××××××× ××××××××××××××××××(事项) (变更或撤销性决定，必须说明依据的法律、法规、相关的政策规定，以及不处理的后果。要求一般可略。) ××××集团公司 ××××年×月9日

写作提示

(一)要有政策依据

决定是对重大行动或重要事项作出安排的决断，所涉及的事项关系重大，因此行文时必须谨慎。依据国家的有关政策法令，掌握有关现实情况并进行分析，抓住问题的实质和焦点，以作出切合实际的判断和决策。只有这样，才有利于收文者遵照执行。

(二)用于庄重、行文严肃

原因要写得简洁明白，有法可依，有理有据；所决定的事项要写得具体明确，具有可操作性；态度要鲜明，语言要果断，在作出决定、提出要求时，注重使用“必须”“要”“不准”一类词语。

技能训练

下面是一篇病文，请指出其毛病并写出修改稿。

关于××违反劳动纪律的处分决定

张××，男，现年30岁，系机加车间原汽车装卸队工人。该同志自入厂以来，累犯劳动纪律，曾多次发生殴打事件，谩骂领导干部，辱骂老工人。特别是今年4月20日，伙同林××（已收审）、李××（已记大过）两次殴打曹××，影响极坏。为了维护厂规厂纪，加强劳动纪律，经厂务会议讨论通过，决定给予张××开除厂籍并留厂察看一年的处分。察看期间仅发生活费，每月×××元。

××市××厂

拓展学习

下面是一个决定，试说说决定有哪些特点。决定和公告、通知有什么区别？

全国人民代表大会常务委员会关于设立烈士纪念日的决定

（××××年8月31日第十二届全国人民代表大会常务委员会第十次会议通过）

近代以来，为了争取民族独立和人民自由幸福，为了国家繁荣富强，无数的英雄献出了生命，烈士的功勋彪炳史册，烈士的精神永垂不朽。为了弘扬烈士精神，缅怀烈士功绩，培养公民的爱国主义、集体主义精神和社会主义道德风尚，培育和践行社会主义核心价值观，增强中华民族的凝聚力，激发实现中华民族伟大复兴中国梦的强大精神力量，第十二届全国人民代表大会常务委员会第十次会议决定：

将9月30日设立为烈士纪念日。每年9月30日国家举行纪念烈士活动。

全国人民代表大会常务委员会

××××年9月1日

二、意见

案例引入

5月21日，全省加快养老服务业发展工作电视电话会议召开。会议明确了当前和今后一个时期的工作任务和政策措施，部署加快推进我省养老服务业发展工作。副省长李××出席会议并讲话。

我省已于1998年进入老龄化社会，目前全省60周岁以上老年人口达1300多万，占人口总数的13.8%。当前,我省以“居家为基础、社区为依托、机构为支撑”的社会养老服务体系初步形成并快速发展。截至2013年底,全省每千名老人拥有床位数25.13张;城市日间照料中心(托老站)940个,覆盖率21%。李××强调,加快推进我省养老服务业,就要加快发展居家养老服务,支持建立以企业和机构为主体、社区为纽带、满足老年人各种服务需求的居家养老服务网络;加快发展社区养老服务,加强老年人日间照料中心、托老所等社区养老服务设施建设;积极推进医养相结合,引导、鼓励、促进医疗卫生资源进入养老服务机构、社区和居民家庭;加快发展养老服务机构,重点发展供养型、养护型、医护型养老服务机构,为半失能、失能老年人提供专业化照料服务。

请为当地政府部门拟写《××省关于加快发展养老服务业工作的指导意见》。

必备知识

(一)意见的概念

《条例》指出:意见是“适用于对重要问题提出见解和处理方法”的公文。

要从两个方面理解这一概念:

(1)它是对重要问题提出的见解和处理方法,而不是对一般问题的看法,作为文件,有其严肃性。

(2)从行文方向上看,这一文种既可作上行文,也能作下行文,还可作平行文。作为上行文,它是下级机关向上级机关提出的工作构想,如果能得到上级批准,就能成为正式执行的文件;作为下行文,它是上级机关向下级机关作出的工作指示;作为平行文,它是向平级部门和不相隶属部门提出的工作建议和处理问题的方法。

(二)意见的特点

1.新鲜性

它“适用于对重要问题提出建议和处理办法”,这就意味着它所处理的不是小事或老问题,而是涉及方针政策的全局性的新问题。

2.实践性

它不仅要提出见解,还要提出处理办法,即它要求作者在对工作中遇到的新问题进行理性思考的同时,还要拿出具体可行的解决方法与措施,既要“务虚”,更要“务实”,从而具有很强的实践性。

3.民主性

一般来说,它所提出的观点与办法具有建议的性质。如果是上行文,它只有在上级的批准下,才能转化为具有强制性与约束性的文件;如果是下行文,它在本质上,虽是一种工作指示,但又不像命令、批复那样,带有很强烈的制约性质,而是比较灵活和“平易近人”,体现了当前机关工作民主化增强的趋势。

4.灵活性

意见的灵活性体现在可上行、下行、平行。作为下行文,它可用于上级机关对下级机关提出一些指导性、规定性意见,表明政策主张,进行工作计划与安排,阐明工作原则、步骤、方法和要求。若文中对贯彻执行有明确的要求，下级机关应遵照执行，若明确要求，下级机关可参照执行。作为上行文，它也可用于下级机关向上级机关提出一些建议和参考意见。它亦可平行文，提出意见供对方参考。

(三)意见的种类

根据意见的行文方向和用途，意见可分为四类：

(1)建议性意见(参考性意见)。属于上行文，它用于待上级批准后正式执行。

(2)指导性意见。属于下行文，它用于上级机关对重大工作提出建议，指导下级更好地开展工作。

(3)实施性意见。它用于机关内部，对某些具体问题提出实施性构想，便于职能部门进行操作。

(4)请批性意见。下级机关或职能部门就开展和推动某方面的工作提出初步设想和打算，基于权限无权要求有关单位执行，呈送给上级审阅后，请求上级机关予以批示或批转。此类意见一经上级机关批转后就体现了上级机关的意志，文件中提出的见解和处理办法能在大范围内实施。

(四)意见的结构

意见由标题、主送机关、正文、发文机关署名、成文时间五个部分组成。

1.标题

意见的标题与其他文种相同，由制发机关、事由、文种构成。如《国务院关于进一步加强防震减灾工作的意见》。

2.主送机关

为应知照的单位或群体。下行文意见的主送机关、收文机关较多，应当使用全称或规范化简称、统称。上行文意见的主送机关一般只有一个。

3.正文

正文一般包括发文缘由、意见的主要内容、结语。

(1)发文缘由

回答为什么要提出意见，主要介绍提出意见的背景、依据、目的、意义等内容。意见的缘由写作要目的明确、理由充分。无论上报建议还是下发指导性意见，都应充分阐明其必要性及政策、法律依据。然后用“现提出如下意见”过渡，引出下文。

(2)意见的主要内容

这是意见的核心，在该部分通常对有关问题或某项工作提出见解、建议或解决问题办法。该部分内容涵盖量大，多采用条文式结构。写作时要注意把原则性内容与规范性内容结合起来，既提出总的原则性要求，又提出明确、具体、便于实际操作的措施办法。

(3)结语

指导性意见的结语多为“以上意见，请结合实际情况贯彻执行”。参考性意见的结语多为“以上意见，请审阅”“以上意见，请予考虑”。请批性意见的结语多为“以上意见如无不妥，请批转各地有关单位执行”。

意见的正文从结构上讲一般分为两层：

(1)原因或根据。这一层讲意见的依据或缘由。

(2)见解与事项。这一层谈对有关问题的见解与所建议的具体内容。

4.发文机关署名

在正文右下方标注发文机关名称。

5.成文时间

置于发文机关之下。

例文鉴赏

国务院办公厅关于大力发展装配式建筑的指导意见

各省、自治区、直辖市人民政府，国务院各部委、各直属机构：

装配式建筑是用预制部品部件在工地装配而成的建筑。发展装配式建筑是建造方式的重大变革，是推进供给侧结构性改革和新型城镇化发展的重要举措，有利于节约资源能源、减少施工污染、提升劳动生产效率和质量安全水平，有利于促进建筑业与信息化工业化深度融合、培育新产业新动能、推动化解过剩产能。近年来，我国积极探索发展装配式建筑，但建造方式大多仍以现场浇筑为主，装配式建筑比例和规模化程度较低，与发展绿色建筑的有关要求以及先进建造方式相比还有很大差距。为贯彻落实《中共中央　国务院关于进一步加强城市规划建设管理工作的若干意见》和《政府工作报告》部署，大力发展装配式建筑，经国务院同意，现提出以下意见。

一、总体要求

(一)指导思想。全面贯彻党的十八大和十八届三中、四中、五中全会以及中央城镇化工作会议、中央城市工作会议精神，认真落实党中央、国务院决策部署，按照“五位一体”总体布局和“四个全面”战略布局，牢固树立和贯彻落实创新、协调、绿色、开放、共享的发展理念，按照适用、经济、安全、绿色、美观的要求，推动建造方式创新，大力发展装配式混凝土建筑和钢结构建筑，在具备条件的地方倡导发展现代木结构建筑，不断提高装配式建筑在新建建筑中的比例。

(二)基本原则

坚持市场主导、政府推动。坚持分区推进、逐步推广。坚持顶层设计、协调发展。

(三)工作目标

以京津冀、长三角、珠三角三大城市群为重点推进地区，常住人口超过300万的其他城市为积极推进地区，其余城市为鼓励推进地区，因地制宜发展装配式混凝土结构、钢结构和现代木结构等装配式建筑。

二、重点任务

1.健全标准规范体系。2.创新装配式建筑设计。3.优化部品部件生产。4.提升装配施工水平。5.推进建筑全装修。

三、保障措施

1.加强组织领导。2.加大政策支持。3.强化队伍建设。4.做好宣传引导。

国务院办公厅

2016 年 9 月 27 日

简评:这是指导性意见。发文缘由阐述了发文的背景、意义后,以“现提出以下意见”转入意见事项部分。事项部分从“总体要求、重点任务和保障措施”等方面提出了明确意见。全文规范得体,语气果断,指导性强。

写作模板

<table>
<tr><th>框图模式</th><th>文字模板</th></tr>
<tr><td>标题
↓
背景、依据、目的
↓
文种承启语
↓
事项
↓
要求
↓
落款</td><td>1.指导性意见
××××× 关于×××××××× 的意见
×××、××××(可多个下级单位):
××××××××(背景、问题、依据)。为了××××××××(目的),特提出如下意见(文种承启语):
一、××××××××(政策性、倾向性意见或实施要求)。
二、××××××××(政策性、倾向性意见或实施要求)。
三、××××××××(政策性、倾向性意见或实施要求)。
以上意见,请结合实际情况贯彻执行(指导性意见结语)。
×××××
××××年×月×日
2.建议性意见
××××× 关于×××××××× 的建议意见
×××××(只一个上级单位或一个兄弟单位):
××××××××(背景、问题、依据)。为了××××××××(目的),特提出如下意见(文种承启语):
一、×××××××(对问题或工作的见解、建议或解决办法)。
二、×××××××(对问题或工作的见解、建议或解决办法)。
三、×××××××(对问题或工作的见解、建议或解决办法)。
以上意见供领导决策参考(以上意见供参考)(呈报类建议意见结语)/以上意见如无不妥,请上级批转××执行(呈转类建议意见结语)/以上意见供兄弟单位参考(平行意见结语)。
×××××
××××年 8 月 6 日</td></tr>
</table>

写作提示

(1)目标明确,主题集中。意见具有多属性,因此,制发意见前应明确目标,要知道是针对什么问题、达到什么目的。写作时，应围绕一个主题，将一项工作、一个问题的目的意义、性质特点、措施要求等阐述透彻明白，切忌漫无边际，主题分散。

(2)角度准确，语言得体。由于意见具有多属性，在写作前先找准行文的角度就显得很重要。若是上行文意见，就按照请示的要求来写，语言得体，语气平和谦恭；若是下行的指导意见，就要提出具体可行的政策措施要求，语气坚定果断，但避免指令性词语和口气；若是向同级单位发的协商性意见，则应以协商的态度和语气，阐明处理问题的意见和主张。

(3)结构合理，条理清晰。意见大多篇幅较长，为了达到良好的表达效果，写作时必须合理安排结构，做到层次分明，条理清晰。或采用条款式，或适当设置小标题。

技能训练

下面是一篇病文，试指出其存在的毛病。

××县关于处理山体滑坡事故的意见

××市人民政府：

由于我县近期连续遭受暴雨袭击，6月20日上午，位于巴山和巫山西侧的山体出现大面积滑坡。除毁林近百亩外，还使位于山下的永乐村5组的11户农房被毁，7头牲畜死亡。幸好山体滑坡发生在白天，故无人员伤亡。为处理好这一事故，特提出如下意见：

一、巴巫山体仍有滑坡的可能，加之永乐村地处山区，远未脱贫，建议干脆将该村的全部250户村民迁往市外安置，请国家按三峡移民迁建政策，给这250户村民予以一次性补贴。

二、请上级速派有关专家来现场排除滑坡险情，若排险成功，我县可酌情给有关专家做点小小的表示。

三、请上级顺便给我县拨付20万元排险救灾款。

××县人民政府办公室

××××年6月27日

拓展学习

一、判断正误

1.意见可以上行，也可以平行、下行。(　　)

2.意见作为上行文时，应按照请示性公文的程序和要求办理。上级机关应当对下级机关报送的意见作出处理或给予答复。(　　)

3.处理日常工作中的一般事务性问题，不宜使用意见这一文种。(　　)

二、不定项选择题

1.以下对意见处理正确的是(　　)

A.上级机关应当对下级机关报送的意见作出处理或答复

B.下级机关对上级机关提出意见，文中对贯彻执行有明确的要求的应遵照执行；无明确要求的，下级机关可参照执行

C.平级或不相隶属机关提出的意见仅做参考

D.对意见都要按报告性公文的程序和要求办理

2.意见分为(　　)三种。

A.要求下级机关贯彻执行的意见　　B.要求上级批转或转发的意见

C.供平级或不相隶属机关参考的意见　　D.对重要问题提出见解和处理办法的意见

3.意见适用于对重要问题提出见解和处理办法。在其正文的主体部分要把对问题的见解或处理办法具体明确地表达出来。由此可见，其特点为(　　)

A.指令性　　B.指导性　　C.强制性　　D.广泛性

4.下列结语中，可用于请批性建议意见的有(　　)

A.以上意见供领导决策参考　　B.以上意见，请结合实际情况贯彻执行

C.以上意见如无不妥，请批转各地执行　　D.以上意见请审阅

任务五　函　纪要

一、函

案例引入

为了进一步提高办公室人员的办公自动化能力，更好地推进业务发展，万宝公司拟请黄河大学信息管理学院开办办公自动化培训班。培训内容、学员管理及费用等具体事项双方将择日协商。公司要求办公室起草一份商洽函，与对方进行初步的交流与沟通。

黄河大学信息管理学院接到万宝公司的函后，经领导研究并征求主讲教师的意见，同意在暑假期间为该公司开办培训班，学院要求办公室写一份复函。

(一)函的概念

《条例》指出，函是“适用于不相隶属机关之间商洽工作，询问和答复问题，请求批准和答复审批事项”的公文，是平行文。

应该说明的是，向有隶属关系的上级请求批准有关事项用“请示”，向无隶属关系的主管部门请求批准有关事项则用“函”。例如，某省人民政府因受灾向海关总署请求免税进口救灾物质，这两个单位之间无隶属关系，故用“函”。“不相隶属机关”包括同级机关。

(二)函的特点

(1)运用的宽泛性。函是运用得较广泛的一种公文，无论哪一级机关都可运用。无论某一

机关是中央级、省级还是县级机关，都可以向与它无隶属关系的机关(包括同级机关)发函。

(2)内容的非强制性。函的主要功能是商洽、询问某一事项，既非请示与汇报，也非命令与指示，相互之间不带强制性。即使在某些函里一方对另一方有所要求，那也是商量性质的要求。

(3)言辞的礼貌性。函的内容、功能决定了它的言辞特点：礼貌性强。即使是上级机关向不相隶属的下级机关发函，语气也是商洽性或询问性的，不会让下级机关有颐指气使、盛气凌人之感。

(4)短小简便。函所涉及事项单一，内容简约直接，形式精短，在商洽工作、联系有关事项时十分简便和迅速。

(三)函的种类

根据主要用途来给函分类，可以分为以下五类：

(1)商洽函。也称“申请函”。用于不相隶属机关(包括平级机关，下同)之间商洽某一事项，或提出某一请求。

(2)询问函。用于平行机关、不相隶属机关之间就某事提出询问。

(3)答复函。用于平行机关、不相隶属机关之间答复有关问题。

(4)请求批准函。请求批准函即发文机关向没有上下级关系的主管部门请求批准的函。发文机关在请求批准时有两种文书可用：请求上级机关批准须用请示；请求不相隶属的有关业务部门批准，须用请求批准函。

(5)告知函。告知函是用于向非隶属关系的组织告知有关工作或活动的函。

若按发文目的分，函可以分为去函和复函。去函即主动商洽工作、询问事项、告知情况等所发出的函。复函则是为回复对方所发出的函。

(四)函的结构和写法

函一般由标题、主送机关、正文、发文机关署名、成文时间几个部分组成。

1.标题

函的标题由发布机关、事由、文种组成，如《国务院办公厅关于安阳文字博物馆冠名问题的复函》。如果是去函，标题中文种只写“函”；如果是复函，则可写明“复函”，如《南京市物价局关于停车场收费管理有关问题的复函》。

2.主送机关

函必须标明主送机关。函的主送机关应写全称或规范化简称，一般不写单位或部门领导人。如是去函，其主送机关一般或许一个，也可能多个。如是复函，其主送机关就是来函的单位，只有一个。

3.正文

内容多寡不同的函，正文的结构也不同，一般有两种结构方式：

(1)单层式。正文由一个自然段构成。

(2)多层式。对于某些内容较复杂的函，其主体的结构一般是“多层式”，由几个层次构成。这类函有开头、主体和结尾。开头多写缘由目的；主体写事项，可分为几个段落，或分成某些条文。此类函的结尾比较灵活，可用某些习惯性短句作结，或者事完文止，不另写结尾。

发函缘由需要阐明制文的依据、理由与背景，即为什么要发函。如请批函的缘由为

“为什么要请求批准的内容”。复函的缘由部分，一般首先引叙来函的标题、发文字号，然后再交代根据，以说明发文的缘由。如“你单位××年×月×日来函收悉”或“你单位《关于××××的函》已收悉”，概括交代发函的目的、根据、原因等内容。在阐明发函缘由后，一般用“现将有关问题说明如下”或“现将有关事项函复如下”等过渡语转入下文。

发函事项是函的核心内容部分，主要说明致函事项。函的事项部分单一，一函一事，行文要直陈其事。如果是复函，还要注意答复事项的针对性和明确性。

发函结语一般要用礼貌性语言向对方提出希望：或请对方协助解决某一问题，或请对方及时复函，或向对方提出意见，或请主管部门批准等。如“特此函询”“专此函达”“请予函复”“可否，请速函复”“特此函告”“特此函复”等。

4.发文机关署名

发文机关署名置于正文右下方。

5.成文时间

置于发文机关之下。

(五)函与书信的区别

函与书信同属于信件类，但两者有着严格的区别，主要表现在：

(1)无论是公函还是便函，都是机关之间处理公务的信件。而对于书信而言，普通书信、介绍信、证明信、表扬信、公开信、贺信、感谢信、慰问信等，都是个人与组织之间、个人与个人之间、组织与组织之间借助文字交流思想感情或互通情报的一种应用文体。

(2)函属于公务信件，使用时比较庄重严肃，有比较严格的格式。书信则比较自由，虽有特定的格式，但不那么严格，较为灵活。

(3)函在文字表述上更为简洁。书信则可长可短，重视思想感情交流，这是函应必须避免的，其措辞特别讲究得体。

例文鉴赏

【例文一】

××集团公司关于商洽委托代培涉外秘书的函

××大学文学院：

本集团公司新近上岗的秘书人员缺乏专门的涉外秘书知识，业务素质亟待提高。据报载，贵院将于今年9月开办涉外秘书培训班，系统讲授涉外秘书业务、公关礼仪、实用文书写作等课程。这个培训项目为我集团公司新上岗的涉外秘书人员提供了一个难得的在职进修机会。为能尽快提高本集团公司涉外秘书人员的从业素质，我们拟选派8名在岗秘书人员随该班进修学习，委托贵院代培。有关代培费用及其他相关经费，将按时如数拨付。

妥否，请函复。

××集团公司(印章)

20××年7月20日

简评：这是一份商洽函。正文由发函的缘由、函事项、结语组成，语言简洁。

［例文二］

金亮时装有限公司人力资源部关于人事调查的函

凯琳经贸有限公司人事部：

我公司正在进行人事调整工作，根据省政府关于重视选拔任用“海归”人才的精神，我部拟推荐万青同志担任某部门负责人工作。为查实万青同志的情况，烦请贵部协助我公司调查以下问题：

一、万青同志在贵公司工作的起止期。

二、万青同志在贵公司两次受奖是何奖项？

三、贵公司对万青同志表现的评价。

请予复函。

金亮时装有限公司人力资源部

20××年4月8日

简评：这是问答函中的询问函。发文单位金亮时装有限公司人力资源部与受文单位凯琳经贸有限公司人事部是不相隶属关系。发文单位明确地向受文单位提出了需要询问的事项，请对方予以答复。

［例文三］

凯琳经贸有限公司人事部关于万青同志情况的复函

金亮时装有限公司人力资源部：

你部《关于人事调查的函》(×发〔20××〕×号)收悉。关于万青同志的情况，经我部与相关部门研究现函复如下：

一、万青同志在我公司工作起止时间为20××年9月1日至20××年2月10日。

二、万青同志的两次获奖，一次为公司20××年先进工作者，一次为销售部20××年业绩突出奖。

三、我公司认为，万青同志是个很好的管理人才，其业务熟练，能独当一面；严于律己，能够以身作则，积极进取，敢于挑战新任务。不足之处是偶有急躁情绪，有时欠缺合作精神。

特此函复。

凯琳经贸有限公司人事部

20××年4月18日

简评：这是问答函中的答复函。复函单位凯琳经贸有限公司人事部依据金亮时装有限公司人力资源部的三点询问一一答复。复函内容具体明确，言简意赅。

［例文四］

××省人民政府办公厅关于申请拨款维修省政府机关办公室的函

省财政厅：

省府机关办公室多是五十、六十年代修建的，不少门窗破烂，漏水严重，急需维修。为保证省府机关正常办公，请拨给房屋修缮费十万元。

妥否，请函复。

××省人民政府办公厅

××××年×月×日

简评：这是一份请批函。××省人民政府办公厅与省财政厅之间是不相隶属机关，即使是有请求批准事项也不能用请示行文，应该用函这一文种。

【例文五】

××省财政厅关于同意拨款维修省政府机关办公室的复函

××省人民政府办公厅：

你厅关于《关于申请拨款维修省政府机关办公室的函》(函号)收悉，现函复如下：

为保证省府机关正常办公，同意拨付房屋修缮费十万元。

此复。

××财政厅

××××年×月×日

简评：这是一份批答函。省财政厅根据××省人民政府办公厅来函予以回复，函复中同意事项要将来函的请求事项复述一遍，即“同意拨付房屋修缮费十万元”；而不能仅写“同意”或“同意你们的请求”等，这样的意见不够明确也不符合行文规范。

写作模板

框图模式	文字模板
依据 ↓ 目的 ↓ 文种承启语 ↓ 事项 ↓ 要求 (以上为去函的基本内容模块，除了“事项”，其余模块也可视情况作相应的省略。)	1.去函 **×(发文方)关于商洽(函请；函知)×(事由)的函** ×××有限公司： ×××××××(依据、缘由、背景)。 为了××××××(目的)，现函商(现函请；现函洽；现函告)如下(文种承启语)： ××××××××××。 ××××××，××××。(事项) 如蒙同意(如蒙慨允；如可行)，请函复(请函批；请函告)(要求、希望、祈盼)。 ××××××总公司 ××××年×月×日

<table>
<tr><th>框图模式</th><th>文字模板</th></tr>
<tr><td>依据
↓
目的
↓
文种承启语
↓
事项
↓
要求
(以上为复函的基本内容模块结构模式，除了“事项”，其余模块也可视情况作相应的省略。)</td><td>2.复函
×(复函方)关于×(事由)的复函
××××总公司：
贵总公司(贵方)《关于×××××的函》(××××××〔×××〕20号)收悉(依据、缘由、背景)。经研究，现函复(现函批；现函告)如下(文种承启语)：
一、×××××××××××××××。(事项)
二、××××××。×××××××××。(事项)
专此函复(特此函复；特此函批)。
××××××有限公司
××××年×月×日</td></tr>
</table>

写作提示

(一)一事一函

问函、复函均应做到一事一函，不要把性质不相关的几件事放在一份函中叙述。

(二)行文简洁明确，用于把握分寸

开门见山、直叙其事是函写作的基本要求。因函是一种比较简便的行政公文，讲究快捷，所以一般写得很简短，简明扼要，切忌含糊其辞。

(三)注意函与请示、批复的区别

请示与请求批准的函都有请求批示或批准的意思，二者的区别为：请示是上行文，请批函是平行文。向有隶属关系的上级机关请求批示、批准事项用请示，而向不相隶属机关请求批准有关事项用请批函。

批复是对有隶属关系或领导关系的下级单位的请示件的答复，复函是对无直接隶属关系的单位与个人关于某事情或问题的答复。

技能训练

修改下面的公文。

宏远公司培训部关于租借育英学校第一阶梯教室的请求

育英学校领导：

为了开展岗位技术培训，我公司拟举办一个300人的“计算机应用技术培训班”。因我公司培训场地不是很够，需向贵校租借第一阶段梯教室，拟用时间是六月二十五日至六月二十六日。

因事情紧急，一定要尽快答复我们。

宏远公司培训部(印章)

20××年6月22日

拓展学习

平山供销社于去年11月30日向华康贸易公司订购尿素100吨(合同编号951220)，规定今年2月20日前交货，但至今(3月10日)对方仍不履行合同，虽经电话及派人多次联系，但仍未解决。现春耕已到，急需化肥供应农民。请你代平山供销社拟写一份向华康贸易公司催货的公文。

二、纪要

案例引入

××××年1月10日，新天地股份有限公司董事长主持召开了年度第一次办公会议，与会人员有公司副董事长、总经理、全体常务副总经理、各部门经理、总经理助理、总公司办公室主任等。总经理作了××××年工作总结，会议讨论了××××年工作计划。会后，由秘书起草本公司2014年度第一次办公会议纪要。

必备知识

(一)纪要的概念

《条例》指出，纪要是“适用于记载会议主要情况和议定事项”的公文。纪要又称会议纪要，“纪”和“记”含义相同，意为记录，“要”就是要点。纪要是在归纳、整理会议记录及其他相关会议材料的基础上，按照会议的宗旨和要求，针对会议讨论研究的工作事项和问题综合整理而形成的公文，它既可以用于解决问题、统一协调各方面的步调，作为开展某类工作的依据与指导，要求与会单位共同遵守、执行，还可以用于向上级机关汇报会议情况。

(二)纪要的特点

(1)纪实性。纪要是某次重要会议的真实概括与提炼，有较强的纪实性。不仅会议召开的时间、地点、参加会议的人员等基本素材是真实的，而且会议研讨的事项、会议的精神也是真实的，没有任何虚假的成分。

(2)概括性。纪要不是对会议过程的简单机械的记录，而是通过归纳、整理而形成的具有概括性的文件。它具有思辨的特征，能反映出对某些客观规律的认识。

(3)约束性。纪要是一种行政公文，它具有行政公文的若干基本特征，约束性是其中的主要特征之一。它是某项工作展开的依据，在具体实施的过程中，不能背离会议纪要的精神，也不能违反会议作出的某些决定。

(三)纪要的结构

《格式》明确指出："纪要格式可以根据实际制定"。故纪要的结构与格式与前面各节所讲的党政公文格式有所不同。

1.标题

纪要的标题主要有两类：

(1)单行标题，即普通公文标题，由事由(会议名称)、文种构成，如《××市计划生育工作会议纪要》《××市长办公会议纪要》等。

(2)双行标题，以正副标题形式出现。有的纪要正标题是文章类标题，副标题是文件类标题，如《穷追猛打，除恶务尽——某市扫黄打非工作会议纪要》；也有纪要的正标题是文件类标题，副标题概括内容，如《××市长办公会议纪要——关于制定特色产业园入驻企业及生产经营期间优惠政策的会议纪要》。

应该说明的是，纪要不写主送机关，也不落款，印好后直接发给参加会议的机关、个人和需要知道会议情况的机关与个人。

2.正文

纪要的内容一般比较丰富，故正文结构是多层次的，有开头、有主体、有结尾。

(1)开头。多写会议的名称、开会的时间与地点、召开会议的目的与依据、参加会议的人员、会议的主要议题等。然后用"现将会议纪要如下"之类的过渡性句子转入主体。

(2)主体。对会议讨论的事项进行归纳、整理，将观点或内容分成若干段落予以罗列；既有具体事项陈述，又有理论分析。

(3)结尾。或用一小段总括全文，提出希望与要求；或事尽文止，不另加结尾。

与其他公文不同，纪要需标注出席人员名单，一般用三号黑体字，在正文或附件说明下空一行左空两字符写"出席"二字，后标全角冒号，冒号后用三号仿宋体字标注出席人单位、姓名，回行时与冒号后的首字对齐。

(四)会议纪要与会议记录的区别

(1)从性质上看，会议纪要是法定公文，会议记录是机关、单位内部用于记录会议发言的事务性文书。

(2)从内容上看，会议纪要是经过整理加工的在会议上达成的一致认识，是会议内容的要点；会议记录是会议发言的原始记录，基本上要做到有言必录。

(3)从形式上看，会议纪要基本上按照公文的规范格式书写；会议记录没有统一的格式，多是各单位自定。

(4)从发布方式上看，会议纪要按公文发文程序发，但没有主送和抄送机关；会议记录仅作为内部资料保存，不公开发布。

例文鉴赏

办公室会议纪要

××××-05-21

会议由发展规划部部长×××主持，校园规划委员会成员×××、校园规划办公室成员×××等参加了会议。

一、会议讨论审议并通过立项申请的工程项目

1.关于《基建工程部提交三教、四教西侧空地绿化方案立项申请报告》的审议同意立项申请。由于三教、四教西侧空地绿化属于临时性质，因此形式不必过于复杂。原则是以绿化为主，多铺生态砖，用以停放自行车；绿地中间可以有道路，但不必做喷水池。采用绿篱勾画出图案，中间可以点缀少量灌木、花卉及乔木。

2.关于《物理学院提交为进口设备建膨胀制冷机用房立项申请报告》的审议同意立项申请。……

二、会议讨论认为应提交校园规划委员会会议审核的工程项目(略)

三、对已获准立项申请工程项目的方案评审

1.关于《燕园社区服务中心建设生活服务附属用房及社区服务中心综合楼设计方案》的再次审议同意此次设计方案。燕园社区服务中心建设生活服务附属用房及社区服务中心综合楼设计方案已经审议过两次，此次提交的方案对前次提出的修改意见进行了调整，已基本满足规划要求，可以进行下一步施工图设计。

2.关于《基建工程部提交学校东侧门警卫室立面方案》的再次审议。(略)

四、会议讨论审议暂不同意立项申请的工程项目

1.关于《物理学院提交再次增加金工车间面积申请报告》的审议暂不同意立项申请。会议讨论认为，……

五、其他项目的通报(略)

写作模板

框图模式	文字模板
标题 ↓ 会议概况 ↓ 文种承启语	1.格式一： **×××会议纪要** ××××年×月×日，本集团公司在×××召开了××××会议。参加会议的有×××××部门的负责人。会议由××总裁主持。会议讨论了×××××问题。

续表

框图模式	文字模板
↓ 议定事项	现纪要如下： 一、××××××××××××××××。 二、××××××××××××××××。 三、××××××××××××××××。 2.格式二： ×××**会议纪要** ××××年×月×日，公司在×××召开了×××会议。参加会议的有各部门负责人。会议由×××总裁主持。现将会议主要情况和议定事项纪要如下： 一、会议指出：××××××××××××××××。 二、会议认为：××××××××××××××××。 三、会议要求：××××××××××××××××。

写作提示

（一）分清主次，抓住要点

注意不要把纪要写成会议记录，会议纪要不是有闻必录，记流水账，而是要分清主次，抓住要点，有详有略，突出最重要的内容。

（二）叙议结合，注重归纳

纪要不能僵硬地叙述事实，而要对事实进行归纳，要把所研究的事项用简明扼要、具有理论概括性的话说清楚。

（三）精心构思，层次分明

纪要内容丰富，最忌讳的是层次不清，使人不得要领。要精心构思，使文章的结构合理，层次清楚，一看便知有什么内容。

技能训练

下面是一份病文，试指出其存在的毛病。

关于审批××镇商业服务业网点现场办公会议纪要

×年×月×日，区委常务副书记×××、区政府常务副区长×××在××镇召开了审批商业、服务业网点现场办公会。区委、区政府以及有关委、办、局、公司和镇党委等单位负责民志参加了会议。会上，听取了××镇党委书记×××同志《关于××镇1×年至×年第三产业发展规划》的汇报。然后，与会人赴现场查看了商业服务网点建设用地情况。

一、同意在×××至××街地段建设商业街。××地段现在即可施工，××街地段因有移树问题，待春季再动工。

二、同意将×××街至×××地段两侧建成商业街。有关事宜要与邻近单位协商好，建设网点临时设施要避开地下管道，保护好路旁树木。同时对×××商业摊车也要整顿。

三、原则同意在×××街北段两侧建设商业街。新建商业服务网点临时设施，待公路修好后施工。

四、同意将×大街建成便民服务街。可采取城乡结合，以××镇与×××农工商联合公司联合兴办的形式进行建设。此事请×××同志牵头，做好城乡双方的谈判工作。

会上，×××同志指出，××镇党委在发展第三产业工作上，思想比较解放，规划比较现实。在指导思想上既要注意抓好物质文明建设，又要注意抓好精神文明建设。如在发展第三产业的同时，注意美化市容、居委会建设等想法都是值得肯定的。今后在修改"规划"时，要根据××镇的地位和我区分区规划的要求，着重考虑长远的总体设想问题，也要实事求是根据本地区实际适当发展第二产业。

×××同志肯定了××镇发展第三产业的指导思想："方便群众、美化市容、便利交通、增加收入"。肯定了他们建设商业街讲求速度的精神，如加快要在春节前后开业的×××、×××街这两条商业街的建设，这种加速兴办第三产业的精神是值得提倡的。

他还指出：我们要贯彻整党精神，做到边整边改，未整先改，积极发展第三产业，全心全意为人民服务，为基层服务，不断提高工作效率。今后要坚持现场办公会的工作方法，同时带领基层一起改进工作作风。今后现场办公会，各部、各有关局、各公司要出席能解决事情的负责人。有关执法的综合部门，在发现某个企业的某些方面不符合法规或规定时，不但要严格执行政策，还要帮助其分析原因使其及时改正，但不要轻易下令停产。今后下令停产必须经过区经济改革办公室同意。今天，对各有关部门再一次提出要求，凡现场办公会上决定的事情，大家要积极地给以支持。我们要齐心协力迈大步，共同把我区发展第三产业的工作做好。

××区×××办公室

×年×月×日

拓展学习

根据下面的材料练习写一份纪要。

××××年3月15日上午，××学院院长李××组织召开了院学术委员会扩大会议，与会人员有学院领导和学术委员会全体成员。会议中心议题是关于制定该校2010年—2015年中长期发展规划的问题。会上李院长说："我们学院发展到今天是历任院长、专家与教师共同努力的结果……他们的努力为学院的进一步发展奠定了良好的基础……"。李院长在分析了学院当前形势之后指出：我们未来的发展目标是加快内涵发展，提高自身的竞争力，争创全国示范性高职院校。我院目前正处于高职专科向高职本科转型时期，为此，我们需要为学院的未来做出前瞻性的发展规划，为学院升格做充分的准备，我们要加强内涵建设，提高办学的软实力；加快新校址的建设；强化办学特色，提高办学质量……学院中长期发展规划包括三方面内容：科技教育发展规划、学校新校址建设规划及制度建设。会上，学术委员会成员结合各自的工作畅谈了对学院、科室发展的设想和建议，副院长杨××、徐××、张××，纪检书记关××也都分别对学校的发展规划提出了自己的见解。与会人员激情满满，为学院的发展建设献计献策，高度体现了主人翁的责任感和对学院未来发展的信心。

项目六 财经传播推介文书

任务一 电子商务文案

案例引入

华为P30手机最新的广告视频文案用7个小故事讲述了不同职业、不同年龄、不同人生阶段女性的生活，涉及家庭、爱情、事业、兴趣与梦想等方面，是对21世纪新女性生活的补充说明，表现出她们积极、正能量的生活方式。部分广告视频文案如下：

"相比于高光时刻，黑暗中的微光更值得铭刻。"

"我眼里的好，是我喜欢就好。"

"谁治好了我的公主病？我的小公主。"

"为自己熬的夜，不需要给别人看。"

"最好看的腮红，是跑出来的那种。"

"有时候，不退一步也能海阔天空。"

……

"心里的话，用影像说。"

这篇文案是针对女性群体设计的。当下女性群体因其强大的消费能力逐渐被商家所重视，众多以女性群体为主要受众的文案也应运而生。由于华为P30手机的主要卖点是其强大的拍摄功能，而这一点正好是女性受众所看重的，所以华为P30手机的文案定位是与产品定位相契合的，这反映了互联网文案定位的精准性。

必备知识

互联网的快速发展推动着电子商务的不断进步，在这一进程中电子商务文案也应运而生，并逐渐发展成为一个新兴的行业。它基于电子商务这个广阔的平台，在继承传统文案特点的基础上，延伸出自己的特点。

一、电子商务文案的内涵

传统的文案是指广告作品中的所有语言文字，即在大众媒介上刊发出来的广告作品中的所有语言文字。而随着新媒体时代的到来，逐渐发展为基于网络平台传播的文案，这些文案以商业目的为写作基础，通过网站、论坛、微博和微信等交流平台进行发布，达到让浏览者信任并引起其购买欲望的目的。传统的文案是以报纸、杂志、书籍和直接邮寄广告等方式，进行广告信息内容表现的一种形式，具有一定的局限性。电子商务文案拥有更丰富的表现形式和传播途径。

二、电子商务文案在营销中的作用

(一)促进品牌资产的积累

随着市场与商品竞争的不断加剧，企业以及商品品牌之间的竞争也越来越受到商家的重视。同时，消费者也更容易因受到品牌影响进而选择购买商品。一般来说，品牌资产包括品牌认知、品牌形象、品牌联想、品牌忠诚度和附着在品牌上的其他资产。

文案可以将企业和商品品牌以形象生动的文字表达出来，让消费者了解品牌的形成过程、企业所倡导的文化精神以及品牌所代表的意义等，提升品牌的形象，增加消费者对品牌的好感和信任度。长此以往，就可以逐渐积累起品牌的美誉度，使公众对于该品牌的质量可信度、社会公信力、市场竞争力、服务诚意、致力公益和回报社会等方面的综合评价有良好的印象。

(二)增加消费者的信任

电子商务文案是一种带有销售性质的文案，它的主要目的是让消费者信任文案中所描述的商品并产生购买的欲望。因此，也可以将电子商务文案看作是一种销售行为。销售基于信任，而文案恰恰能够建立起商家与消费者之间的信任，如详细的商品信息展示、第三方评价、权威机构认证等都是很好的途径。

不仅如此，文案还能更准确地揣摩消费者的心理，从多方面出发，做到动之以情、晓之以理，激发出消费者平时没有关注到的潜在需求，引起消费者情感上的共鸣，促使消费者产生购买动机。

(三)整合与互动作用

电子商务文案基于网络平台可以无处不在，消费者只要具备上网的条件就可以看到它，并且还可以通过各种平台进行文案的推广与宣传，扩大文案的作用范围，能及时获得公众的意见与回复，增加了彼此之间的互动，形成讨论与话题。

(四)增加外部链接与点击

电子商务文案的一个优点是可以添加外部链接，以便带来更多的外部流量并提升网站的PR值(网页级别)。消费者可以通过单击这些外部链接访问更多的网页，了解企业或商品的更多信息。其次，从搜索引擎优化的角度来考虑，外部链接越多的网页越能够被搜索引擎发现和收录，这就表明网页越能够被消费者搜索到，这样流量也会逐渐上升。

三、电子商务文案撰写技巧

(一)明确文案的目标导向

在写任何一个文案的时候都要想清楚以下问题:文案是给谁看的?平台的定位是什么?文案解决了什么问题?

不同的平台类型所定位的目标消费人群不同;即使是同一个平台,在大促期和非大促期的文案定位类型也会不同。例如,蘑菇街是专注定位于女性消费者的买手街,其页面也大都是以女性口吻做叙述,突出女性相关痛点为主的文案;天猫、京东这类综合性电商平台的首页一般不会单独针对某一类人群有单独的文案描述,该类平台首页的文案大多数以品类力度或者单品力度和单品卖点为突破。

(二)尽可能呈现消费者最想看到的元素

无论如何进入一个网站的首页,应该至少能够清晰地呈现给消费者以下几个环节:一个完整的消费路径、一个明确的检索路径、一个清晰可供消费者选择参考的活动利益点。虽然不同的消费者想看到的元素必然不同,但是具体可感的促销点一定是消费者进入电商网站观看各个版块最想得到的信息。

(三)说服消费者尽快进行决策购买

电子商务文案是属于最直接的销售型文案,应该最直观地向消费者展示产品的卖点,继而让消费者产生购买行为。文案要突出与众不同的卖点,例如 iPhone12 128G 在天猫、京东、苏宁都卖 5999 元,这个时候如果京东标价也是 5999,但是买手机能免费赠送 1 年的碎屏险,这就突出了在京东的购买差异化,从而成为消费者的购买理由。

(四)好文需要配好图

好图的搭配很重要,每一个特色配上一张对的图,效果就不一样了。也可以配上影片、GIF 动图,用文案说明细节,用图片帮助消费者缩短理解的时间。

例文鉴赏

百度智能云《爱,看在眼里》

在我看见你之前,你已经在看我了
有时候 我以为你看不见
有时候 想让你少看一点
也有时候 我不好意思让你看见
但我也知道 你都看得见
我长大了 你们又成了小孩
现在你们的慌乱
轮到被我看穿
无所不能的你们
有时也看不到答案

不像小时候你们照看我那样
总在我身边
长大离开家乡后
我只会说
你们要学着照看自己
如今我也想看着你 就像当年的你
都为了更健康的身体
就像当年的你
每一次紧握
都为了更安心的脉搏
就像当年的你
第一次起舞
每一次起舞
都为了我们成为更好的自己
你看着我
我看着你
爱
看在眼里

借着感恩节的势头，百度推出了这款小度智能屏×8 健康版的广告。影片记录了子女与父母日常相处的细节，从子女未出生到长大成人出去工作，每一幅画面都深深地打动着我们的心，因为这些生活琐事几乎是每个人都发生过。当你有心无力之际，那种浓浓的愧疚感往往会席卷你全身。影片放大了这种愧疚感，引起了用户的共鸣。而在你浑身乏力之际，小度便可以帮助你解决这些问题。

小度可以提醒老人吃药，科学管理健康数据，还能放广场舞陪伴老人跳舞……这么看来，小度会不会比你还要贴心、温暖呢？

生活中总有一面，值得感谢。父母作为给我们生命、养育我们的人，一定值得你去感谢。而感谢父母，也许你可以送一个小度。

还没有小度智能屏的你，有没有打算买一个呢？

写作模版

写一篇优秀的电商文案不是在计算机上将文字进行组合并添加恰当的形容词即可，不是只要文笔好就可以。首先需要找到所描述的商品或服务在当下最需要解决的问题是什么，并通过创造性的文案去让受众理解、领会乃至接受这一点。

一、明确文案的写作目的

明确文案撰写的主要目的：是为了品牌传播，还是为了提高商品的销售量，又或是进行商品的推广宣传,目的不同,文案写作的思路和方法也不同。

二、列文案创意简报

文案创意简报也叫创意纲要,在广告公司主要用来指导文案的创意、撰写及制作。但对于企业文案来说,自行列出文案创意简报有利于文案的最终出品。

文案创意简报主要在于梳理清楚三个问题:对谁说?说什么?在哪说?文案写作就像日常的沟通,对象不一样,沟通对话的内容或形式都会有所不同。这也是文案写作前期重点需要梳理清楚的三个问题,只有理清楚了这三个问题,文案的写作才会更有方向。

对谁说。本次文案要写给谁看,即对目标人群的分析。从行为学、地理学、人口统计学、消费心理学的角度分析,谁是潜在的消费者?他们有什么典型的个性特征?

说什么。在"对谁说"的基础上,再考虑"说什么",文案通过怎样的方式去说服目标人群信任所推广的内容。这就需要深入挖掘自身的卖点,对照竞争对手的说服策略(要考虑消费者面对多种选择时,我们以怎样的方式让消费者觉得我们的商品、服务或品牌会比竞争对手的更好),并在此基础上提炼出自身文案的说服点。

在哪说。即根据人群选择合适的媒体、合适的时间进行文案发布。有时候也会根据不同的媒体而发布不同形式的文案内容。

文案创意简报主要包含以下三个部分:

(1)目标说明。简单具体地说明广告的目的或要解决的问题,也包括商品或品牌相关的名称、具体的目标消费者的描述。

(2)支持性说明。对支持商品卖点的证据进行简要的说明。

(3)品牌特点说明或品牌风格说明。对品牌自身风格的说明或希望传达出的品牌价值。

三、文案创意的写作输出

在明确了本次文案的写作目的、目标人群、竞争对手以及自身的卖点后,找到本次文案需要解决的问题,结合媒体投放渠道的特性,再进行创意思考,最后完成文案的写作输出。

四、文案复盘

复盘即对已做过的工作内容再次进行梳理、总结。可通过数据、目标人群的反馈将文案工作中的优点及缺点一并总结。优点可继续保持,对于缺点则需提出进一步的修改及改进意见并保留,以备下次写文案时加以参考。

技能训练

1.一家女装店铺 20 周年店庆即将到来,请设计一个关于店庆优惠促销的广告文案。

2.搜索"爆款"文案,分析它用了什么样的构建场景的创意策略。

(1)以某品牌口香糖为例,寻找其文案切入点。

提示:可结合热点、情感、其他品牌等,从其功能、口味等方面展开联想。

(2)以"520 告白节"为背景,为奥妙洗衣液写一篇节假日文案。

提示:节假日文案重要的是植入产品或品牌,并引起情感共鸣。

3.现有一款家用智能吸尘器,请根据下面的产品功能介绍撰写一个合适的文案标题。

智能清洁:只要按下启动按钮,无须人工辅助,便可自吸尘。

遥控清扫:红外线遥控感应器,随时遥控清扫。

边缘清扫:装有侧边刷,可清除室内死角区域的灰尘。

自动充电:电量不足时,主动寻找充电器进行充电。

防止掉落:具有防掉落感应功能,桌面、楼梯及高处都可以清洁。

低噪节能:作业噪音 50 分贝,且充电 5 次只耗电 1 度。

记忆功能:充电完成后,可以自动恢复清洁状态。

停机保护:处于卡住停滞状况时,10 秒后会自动断电,以保证安全。

4.现有一款红茶产品,请根据下面的产品特点和功效撰写一个有吸引力的电商文案标题。

特点:外形条索紧细,肥壮重实,毫多而匀齐;色泽乌黑油润,略带红褐,芽尖呈金黄色;茶香馥郁纯净;汤色红艳,碗沿有明亮金圈,冷却后有"冷浑浊"现象;茶汤滋味醇厚、鲜甜。

功效:健胃消食,利尿,消除水肿,并具有抗酸化作用,降低心肌梗死的发病率。经常用红茶漱口还可预防蛀牙。

拓展知识

3 个方法,你也能写出"共鸣感文案"

到底什么是"共鸣感"?怎么和读者产生共鸣?看完这篇文章,教你无脑批量写出共鸣感文案。

假设现在为产品家用手持美容仪写一段文案。既然主打"家用",你瞬间就想出了广告语"在家也能做美容"。这句文案虽然简单易懂,但总感觉平平淡淡……好像没有击中读者的"痛点"。

好,我们现在开始改造。

一、三步写出共鸣文案

1.确定产品卖点

"在家也能做美容。"

2.加入场景化内容

在家也能做美容,过于抽象,我们加入场景化内容。

"躺在客厅的沙发上,享受美容院的肌肤护理。"

这段文案利用了场景化技巧,让用户联想躺在家里沙发上的悠闲感觉。

3.利用情感共鸣

场景化有了,但是仿佛还是缺少"共鸣",现在我们利用共鸣技巧。

"休假才去美容院?可皮肤衰老不休假。"

手持美容仪:"躺在沙发上,享受美容院的肌肤护理。"

利用女性害怕衰老的记忆，打造情感共鸣。一段"基本款"共鸣文案就完成了。总结一下，写出共鸣感文案的3个步骤：一是产品买点（在家也能做美容）；二是把抽象的文案变成可视化的场景（躺在沙发上）；三是把文案和用户的情感进行关联（害怕皮肤衰老）。

"确定卖点"和"加入场景化内容"都比较简单，但怎么"利用情感共鸣"呢？

二、怎么找情感共鸣？

首先，我们先看个故事。为了杜绝高中生吸烟，A老师与B老师分别在班会上这样呼吁：

A老师：吸烟有害健康！科学家研究发现：吸烟的人患癌症的概率更高！

B老师：男同学认为吸烟很酷？据统计，93%的女孩会主动远离吸烟者并认为吸烟是很土鳖的行为。

很明显，B老师貌似更有"共鸣"，为什么呢？

因为A老师的文案没有连接学生的记忆，大多数学生没有患绝症的经历，而共鸣的必要前提是和读者的记忆产生链接。

而B老师的文案更容易产生共鸣，因为"希望得到女生的注目"几乎是所有青春期男生的共同愿望。大家都有过被女生"注意"或"无视"的经历，文案和以往的记忆产生链接，引发共鸣。

正面案例：

红星二锅头酒的文案"用子弹放倒敌人，用二锅头放倒兄弟"。人们都有过在酒桌上想"放倒"兄弟的记忆，所以文案能唤起共鸣。

反面案例：

五粮液的文案："五粮之巅，一统天下"。很少有人有过"一统天下"的记忆，所以文案更像"自嗨"。

共鸣要在用户记忆中寻找，并引导其发泄某种情绪。那么，哪些情绪可以被"利用"呢？

三、哪些情绪容易引起共鸣

在这里介绍两种方法：支持认同和带其反击。

共鸣情绪一：支持认同。当用户对自己的某些行为表示迷茫、不确定的时候，支持他们，帮助他们合理化自己的行为。

案例：滴滴打车

先思考：人们过去的记忆中会对自己的哪些行为表示怀疑，不确定是否应该这样做？

下班之后很疲惫，想坐更舒适的车回家。但是地铁更省钱。

再思考：我们如何帮助他们认同自己呢？

工作已经很疲惫了，下班就应该享受生活。

滴滴打车的最终文案：

"如果每天总拼命

至少车上静一静

全力以赴的你

今天坐好一点"

共鸣情绪一：带其反对。当用户面对某个令他不满的现象时，帮他进行批评这种现象。

所有人都经常面对指责和否定，而你的文案应该坚定地站在他那一边，替他说出他想说却没说出口的话。

案例：老罗英语

先思考：人们在过去的记忆中，有哪些不合理的现象想要批判？人民币贬值得太厉害，购买力逐年下降。

再思考：我们如何带他们批判这种不合理？

人民币到今天还能买些什么？

老罗英语的最终文案：

"人民币一块钱在今天还能买点什么？

或者，也可以

老罗英语培训听八次课"

四、总结

共鸣的本质是"连接过去的记忆"，但"共鸣"只是一种创意技巧，不能代替品牌定位。

（作者：@周得狗，来源：人人都是产品经理）

任务二　销售文案

案例引入

如果人类的征途是宇宙苍穹，那就从今天开启沉浸式太空生活。

2021 年 10 月 27 日，京东携手中国航天太空创想在双 11 到来之际，开启太空创享日，发售"太空蛋茄"种子并发布广告片。

视频讲述了一位太空宇航员在太空漫游期间，遇见太空星球上的对网购商品赞不绝口的夸夸 man，月月吃土没钱网购的月光兔，和网购等不到快递小哥的太 BUY 金星，宇航员就"正品、低价、快递速度"三方面分析，推荐他们上京东网购。

京东首部太空 MINI 剧：夸夸 man、月光兔和太 BUY 金星的故事。

必备知识

一、销售文案的特点

销售文案无论长短，都具有以下特点：

1.给出立刻购买的理由

购买理由每次只重点突出一个,如果还有更多的购买理由,可用副标题的形式突出。

2.制造紧张感、稀缺感

类似于“活动仅3天”“限100名”的文案则通过活动时间、参与人数、产品数量的限制,来制造紧张感和稀缺感,甚至用倒计时的方式,加强紧张感。

3.有明确的购买引导

明确的购买引导文案如“立即购买”“点击了解更多”“立即抢”等更有利于人下意识的购买动作。

一般具有以上特点的销售文案普遍出现在广告图中,主要作用为短时间内吸引消费者注意,刺激购买情绪。但是对于长文案,则需要涉及更多。

二、写出创造购买冲动的文案

销售文案需要解决消费者的两个疑问:“为什么要购买?”“为什么要现在购买?”即销售文案应给出产品卖点,写出产品能够为其解决什么问题。在此基础上,通过促销活动、制造紧张感和稀缺感,引导消费者立即成交。

“为什么要购买”需要销售文案给出强有力的购买理由以及适合的销售环境,分别从理性及感性层面与消费者进行沟通。

1.创造合理的需求缺口

“让生活更美好”曾被很多企业用在文案里。这个文案几乎符合一切产品,所有的产品都是为了让生活更美好而生产的,但用在销售文案上,反而并不能凸显产品的特点和卖点。

2.创造合适的销售环境

同一个人,当他在西餐厅时,会尽量小声说话,举止得体,有绅士风度;而当他和朋友一起在路边摊吃烤串、喝啤酒的时候,却可以大声喧哗。人会自动做出一系列调整以适应环境,销售也同样需要一个合适的环境。

实体店会根据节假日气氛来布置节奏快的音乐去影响人的销售行为,而新媒体平台也同样可运用文案、图片、声音、视频等营造适合的销售环境。

三、销售文案创作框架

对图文形式或商品销售页面的产品介绍以及其他销售长文案,除了创造合理的需求缺口以及合适的销售环境外,还需考虑目标人群的认知过程,从最初的吸引注意、有代入感,到产生信任并购买,可通过文案框架来实现。

销售员有一个销售说服的框架,称为4P,即Picture描绘、Promise承诺、Prove证明、Push敦促。描绘:描绘出一幅景象,让读者意识到自己的需求。承诺(Promise):承诺假如读者购买商品,就能够解决相应的痛苦场景或者达成原本描绘的理想场景。证明:证明商品能帮读者做到所承诺的那些,具体到什么卖点在支撑文案中的承诺,然后依次对卖点进行论述、证明。敦促:以诚恳迫切的态度引导读者做出行动。我们可通过标明活动、送礼、限时限量等敦促读者下单,通过描绘、承诺、证明、敦促,一步步将读者引导至购买。

销售文案整体结构就是按“描绘、承诺、证明、敦促”搭建的。

1.描绘

开篇描绘痛苦场景，如：即使是同一件衣服，如果发皱，也会影响气质，并且上升到衣服发皱影响生活态度和精神状态。

2.承诺

“今天就来给大家介绍一款居家必备神器，让你花很少时间就能保持整洁得体的新力佳挂烫机。”这句话就是由“描绘”部分直接过渡到“承诺”部分。

3.证明

卖点1：“20秒出气，超快熨帖。”这是卖点，也是内容的主要论点，接下来的内容，都是为了证明这个卖点而存在的。

卖点2：小巧便携，带去哪儿都方便。为了证明小巧，也专门用数据进行了说明。

卖点3：操作简单，安全性有保障。在这里，用了很多细节来具体证明。

卖点4：一机多用，性价比高。

4.敦促

使用用户评价来证明挂烫机的各种优点，并且帮助读者确认选择，再通过限时优惠特价及满减的活动形式，来促使读者下单。

任何销售文案，都可以运用4P文案框架，说服读者认识并购买商品。

例文鉴赏

01

晚归

总是心慌慌

还好门口有道光

美的安心入户智能套系

开门即亮灯

永远为你亮起回家的灯塔

(见图6-1)

图6-1　美的商城销售文案(一)

02
小白掌勺手忙脚乱
智慧食谱
见招拆招
美的轻松下厨智能套系
语音搜索云食谱
手把手教你做大餐
(见图 6-2)

图 6-2　美的商城销售文案(二)

03
职场生活
朝九晚五
也能给娃全天照顾
美的带娃无忧智能套系
远程监控熊娃行踪
智能陪伴带娃无忧
(见图 6-3)

图 6-3　美的商城销售文案(三)

04
萌娃半夜也不困
宝妈照样睡安稳
美的儿童哄睡智能套系
语音在线哄睡
妈妈也可安心睡
（见图 6-4）

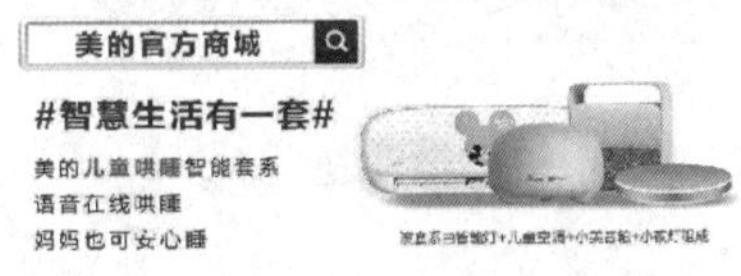

图 6-4 美的商城销售文案(四)

05
怕肥怕油怕上火
健康的放纵学问多
美的健康饮食智能套系
智能推荐健康食谱
吃和健康两不误
（见图 6-5）

图 6-5 美的商城销售文案(五)

06
早起不再手脚慌
一秒搞定瞌睡脸
美的快速洗漱智能套系
浴霸定时提前开启
语音实时播报路况
(见图 6-6)

图 6-6　美的商城销售文案(六)

07
等车等灯等外卖
回家的热水不必等
美的舒适沐浴智能套系
定时打开热水器
回家就洗热水澡
(见图 6-7)

图 6-7　美的商城销售文案(七)

08
扫帚不到
灰尘也会自己跑掉
美的舒适起居智能套系
自动清洁地板、空气
回家与清新撞个满怀
（见图 6-8）

图 6-8　美的商城销售文案（八）

09
不用数羊数鸡数星星
一二三四睡到天明
美的舒适睡眠智能套系
根据睡眠曲线自动调节睡眠环境
助你一夜好眠
（见图 6-9）

图 6-9　美的商城销售文案（九）

美的商城洞察到了社会中这些成年人生活的辛酸和焦虑，出了一组策略点很好的海报。九张海报是九个成年人生活焦虑的缩影，“做饭时手忙脚乱”“担心孩子安全”“饮食健康”等，这样的焦虑涉及每个人的生活日常。

针对每一种焦虑，美的都给到了相应的解决方案，比如开门即亮灯的系统解决晚归心慌慌的状态，远程监控系统解决因朝九晚五而照顾不到宝宝的困境。同时，在画面的呈现上，也将生活化的场景代入到了海报中，增强了用户的代入感，使得用户在生活中遇到这些焦虑的时候，容易联想到品牌本身。

写作模版

销售文案内容的设计可从标题、架构、开头、结尾四大模块入手。

一、销售文案的标题拟定

1.标题设计思路

普通网友面临大量信息推送，浏览时间有限，只能选择感兴趣的话题阅读，因此吸引人眼球的标题越来越重要。同样的正文，采用不同的标题所达到的效果会相差十倍以上。每一篇爆款销售文案，都需要对标题反复设计与优化。

销售文案标题拟定，可以从吸引力、引导力、表达力三个维度思考。

首先是吸引力。你的标题需要吸引眼球，当你的标题与其他作者的标题同时出现在微博或微信订阅号时，要能够引起读者的关注。

其次是引导力。吸引注意力的标题能让网友感兴趣，但是感兴趣之后还要激发网友点击文章进行阅读。实际上，好的标题不只是吸引网友的注意力，还要能引导网友点击标题、浏览正文。

最后是表达力。大卫·奥格威曾表示，80%的读者只看广告标题，不看内文。实际上，这句话对新媒体文案标题依然适用。

需要注意的是，销售文案标题要与内容相呼应，不能过于“标题党”。断章取义、涉黄涉赌、歪曲事实甚至制造假新闻等都会严重伤害品牌，甚至会触及法律红线。

2.销售文案的标题拟定方法

常见的新媒体文案标题拟定方法如下：

(1)数字化

数字化标题，即将正文的重要数据或本篇文章的思路架构，整合到标题。

数字化标题一方面可以利用吸引眼球的数据引起读者注意，另一方面可以有效提升阅读标题的效率。

(2)人物化

互联网世界，信任先行。据统计，绝大多数网友会考虑来自好友推荐的产品，其次是专业人士，最后是陌生人。换言之，如果身边没有朋友买过某产品或看过某文章，网友会出于对专业人士及名人的信赖，而信赖他们的观点或推荐。

因此，如果你的正文中涉及专业人士或名人的观点，那么可以将其姓名直接拟入标题。

(3)历程化

真实的案例比生硬的说教更受欢迎。在标题中加入“历程”“经验”“复盘”“我是怎样做到的”等字眼，可以引起网友对真实案例的兴趣。

(4)体验化

体验化语言能够将读者迅速拉入内容营造的场景，便于后续的阅读与转化。

每个人所处的环境不同，看文章的心情也不同。为了引导读者的情感，你需要为读者营造场景，在标题中加入体验化语言，包括“激动”“难受”“兴奋”“不爽”等情感类关键词及“我看过了”“读了 N 遍”“强烈推荐”等行为类关键词。

(5)恐惧化

读者会关注与自己相关的话题，尤其是可能触及自己利益的话题。如果正文内容关于读者健康、财物等，可以尝试设计恐惧化标题，从而激发猎奇心理，同时产生危机感。

(6)稀缺化

超市某产品挂出“即将售罄”的牌子后，通常会引来一波哄抢。“双 11”电商平台销量逐年上涨，也是由于平台商家约定“当日价格全年最低”。对于稀缺的产品或内容，网友普遍更快做出决策，直接购买或点击浏览。因此，销售文案标题也可以提示时间有限或数量紧缺，促动网友进入正文阅读。

(7)热点化

体育赛事、节假日、热播影视剧、热销书籍等，都会在一段时间内成为讨论热点，登上各大媒体平台热搜榜。如果文章内容可以与热点相关联，标题可以拟入热点关键词，增加点击率。

(8)神秘化

销售文案也可以制造神秘，吸引网友眼球。人类对于未知事物，通常有猎奇心理——越是神秘，越想探一下究竟。

(9)模拟化

手机、平板电脑等移动设备会收到消息推送，包括版本更新提示、红包提醒、聊天消息提示等。基于移动端的销售文案，可以在标题仿照推送文字，博人眼球。

不过需要注意，模拟化标题不能高频使用。偶尔采用模拟化标题可以增加幽默成分，让读者会心一笑；但经常使用，会引起读者的反感，甚至影响品牌。

二、销售文案的正文架构

销售文案重要的不是文采，而是思路——你需要有清晰的段落架构思路，通过思路阐述你的观点。销售文案新手，可以尝试以下五种常见的段落架构。

1.瀑布式

瀑布式架构，分为瀑布式故事与瀑布式观点。瀑布式故事架构，先点明故事核心要素，接着按照顺序，把故事的起因、经过、结果等环节分别讲明白。瀑布式观点架构，先提出观点，指出某观点“是什么”，接下来分析“为什么”和“怎么办”，逐层推进，说明问题。瀑布式架构,可以采用数字化、体验化或历程化标题,突出观点。

2.水泵式

水泵式架构与瀑布式刚好相反——自下而上,先剖析观点或讲故事,最后提炼出文案核心。与瀑布式类似,水泵式架构也分为故事、观点两大类别。

3.沙漏式

沙漏由沙子从玻璃球上面穿过狭窄的管道流入底部玻璃球,来对时间进行测量。而沙漏式架构,指的是文章首尾呼应,开头抛出核心观点,结尾再次强调与升华观点。沙漏式架构,可以采用体验化或历程化标题,突出观点。

4.盘点式

盘点式架构,大多是由作者拟定小标题(盘点对象)并整合而成的,省去网友"找素材、做总结"的步骤,帮别人节省了时间。因此,盘点类文章是最受网友欢迎的写作架构之一。盘点类文章,可以对产品进行盘点,可以对模式进行盘点,也可以对行为进行盘点。

5.并列式

并列式架构,由三个以上相互无联系的部分组成,独立性强,从不同的角度对问题进行描述。

三、销售文案的开头设计

销售文案开头具有承上启下的作用。一方面,开头要与标题相呼应,否则会给读者"文不对题"的印象;另一方面,开头需要引导读者阅读后文,好的开头是成功的一半。

开头通常需要具有引发好奇、引入场景两个特点。引发好奇,即利用图片、文字等内容吊足读者的胃口,使读者产生继续阅读的兴趣。当读者点击标题进入文章后,如果开头索然无味,读者会直接关闭页面。所以,开头写不好,会浪费精心设计的标题。不同的文案有不同的场景设计,因此需要在开头就把读者引入场景。通过故事、提问等方式,让读者了解本文要表达的情感、环境和背景。

1.故事型

从读者的角度,读故事是最没有阅读压力的。故事型开头,直接把与正文内容最相关的要素融入故事,让读者有兴趣读下去。

2.图片型

正文以一张图片开始,可以吸引读者眼球,并增加文章的表现力。

使用一张好的图片,可以极大地增加读者目光的停留时间,并提升读者的阅读兴趣。图片的存在给了文案更好的表现形式。

3.简洁型

如果你的标题已经写得很明白,那么开头可以一笔带过,一句话点题即可。

4.思考型

思考型开头,通常会以问句的形式。通过向读者提问,引导读者带着问题阅读后文。

5.金句型

发人深思、一针见血的句子,称之为"金句"。在文章开头放入金句,可以直击人心,最能抓住人的眼球。

四、销售文案的结尾思路

销售文案都有其营销目的，需要为销售服务，推广产品、提升销量。因此，需要对文案结尾进行优化，鼓励读者做出相应的动作。

不过需要注意的是，你必须对各平台的规则有所了解，部分新媒体平台是严禁诱导转发行为的。如微信公众平台，当出现"请好心人转发一下""转疯了""必转""转到你的朋友圈"等字眼后，一经发现，会短期封禁相关开放平台账号或应用的分享接口，对于情节恶劣的将永久封禁账号。

销售文案结尾，可以从以下四个角度设计。

1.场景

结尾融入场景，更容易打动人心。在结尾设计场景，最重要的就是截取合适的场景——最好是读者生活中的画面。育儿的文案，可以描述妈妈和孩子在一起的场景；办公软件的文案，可以描述职场小白加班的场景等。

2.金句

转发率高的文章，通常会在结尾埋下金句，画龙点睛。由于金句可以帮助读者悟出文章核心，并引起读者共鸣，因而结尾带有金句的文章，读者转发的可能性会更高。常用的金句分为名人名言、原创经验两种。

3.提问

在结尾进行提问，一方面提问力度比正面陈述大，可以带着读者思考；另一方面可以发起互动，提升读者参与感。

4.神转折

神转折结尾，即用无厘头的逻辑思维，把两个八竿子打不着的事联系起来，结尾的三言两语将前文中营造的氛围破坏得一干二净。由于神转折有一种强烈的反差感，读者读起来有趣，自然也利于文案的网络传播。

技能训练

1.选择一个你喜欢的产品，列出与该产品相关的问题并做出解答，试着从产品的卖点中找出产品的定位。

2.某电商有一款菲律宾风味芒果干产品。全年日晒超过1000小时的新鲜芒果，采用循环烘烤工艺技术，安全、新鲜、即食，香气四溢。请结合所学知识，为该产品撰写一篇推广文案。

拓展知识

写销售文案必备7大文案心法

在销售文案的世界里，人们买的不是你文案有多少字，也不是买你的文采。换一句话说，客户读你的文案时，心里已经感觉到要解决什么问题了。接下来要怎么去搜集素材？

学会以下这七招，可以帮助你节省大量时间。

1.你的产品能解决潜在客户的最大问题是什么？（一句话解答）

如果一句话回答不了，那就要思考产品的核心卖点了。卖点众多的产品无法去寻找更精准的潜在客户，你的文案就无法直戳客户的心灵。

你回答得越清楚，证明你越知道客户的核心需求。例如，你的品牌没有竞争对手的知名度大，那就可以塑造服务，塑造产品的优势。

2.你为你的产品付出了什么心血？

说故事是为了让客户感性，其实很多人因为感性而购买得多一些。乔布斯就是一个会讲故事的人，当然每一个牛人都会讲述自己创业史。为什么牛人都要出自传？因为个人奋斗故事能深入人心。

当然，并不是让你长篇大论地说故事，而是说你为了产品能解决潜在客户的问题付出了心血。只有感性还是远远不够了，销售文案是要把感性与理性结合起来。

3.列出产品5至8条好处

好处就是文案人经常所说的“子弹头”，句子应简短而有力，千万不要太长。

4.客户见证

客户见证是指截图、视频等。打马赛克的见证就不要放上来，因为太模糊会令客户产生怀疑。客户见证最好是产品解决了客户某个问题的相关内容，或者客户对产品使用的好评。

建议选择精彩的客户见证：使用产品后发生了什么样的改变。这样有两个好处：一是展示你可以帮助客户解决某个问题，这就是证据，人们都喜欢看证据，证据才有说服力。二是这样会让更多的客户看到一个又一个无限的可能性，有些人想解决这个问题，但是你没有展示出来，他就不相信你能帮助他解决。就像我们在电商平台买东西，一是看这款商品自己是不是喜欢，二是看商品价格自己能不能接受，三是看商品销量和评价。如果评价很好，客户会马上下单。所以，客户见证是为促成消费者下单的一种有效手段。

5.所有有关产品的介绍

以往的软文、产品介绍资料、视频或者销售过的资料，它们能使你更多地了解产品信息。你对产品了解得越多，写出来的东西就越有深度。

老板和员工最大的区别是什么？老板因为了解很多，坚信这个东西确实能够帮助人、解决某种问题，所以老板面对面交谈的时候就更有底气，从而可以获得更多的订单。而普通的员工因为不够了解或了解不够深入，不够坚信这个产品，就没有一颗坚定的心，说出来的话就不够有力度。写文案也是一样的，你对产品了解得越多，对产品就越有信心，你写出来的东西自然就会有深度。一个线上码字的销售员，一个是线下靠嘴的销售员，本质上都是一样的。

6.询问老客户

学会和现有的客户对话，了解他们在购买前会担心什么，了解他们当初购买的核心需求是什么。不要只是在自己的脑海中去想，从他们口中得到的才是正确的，一步一步地去解决他们的疑惑。一切标准的答案都在市场里，市场的结果不会骗人。

7.了解交付条件

很多人说自己的产品好、效果好，也能解决客户的问题，满足客户的需求，但是很多客户咨询后就没影了。客户为什么不购买呢？

客户之所以不跟你购买，就是因为在购买之前心中还有疑问。客户购买前的障碍，例如：你卖面膜或护肤品，如果你的产品售价为××元一盒，客户看到了你的广告，看到了产品能够帮助她去痘或美白的可能性等。这时，客户有这方面的需求，因为客户渴望改变自己的皮肤，那么为什么很多客户一直犹豫不决呢？一是担心你说的是不是真的；二是客户担心万一付钱给你，买到假货怎么办；三是万一购买后，产品效果没那么好怎么办。

虽然对方想和你购买，但你们之间没有建立信任。客户感觉要付钱给一个陌生人买产品，自己风险太高。假设你要给一个陌生人掏钱，你也会犹豫。

问问自己：是否有品牌做背书？是否可以借力品牌来打消不信任感？对于有需求的客户，是否可以提供样品或试用装？是否可以给到客户一个风险保证，如 7 天无理由退款、××天无效退款、××天零风险承诺？是否可以给先行动的小伙伴一点儿赠品？是否可以设置一部分优惠价，以促进成交？

任务三　品牌文案

案例引入

在 2012 年前，褚橙只是云南的一种普通特产冰糖脐橙。然而，在年逾八旬的昔日烟草大王褚时健通过种植这种橙子再次创业时，这种普通的橙子就被贴上了“励志橙”的标签，并引发了人们的购买热潮。这是因为褚时健是改革开放第一代的企业家，王石、冯仑、潘石屹、任志强等企业家都对他惺惺相惜，他的故事引发了这些企业家在微博等社交媒体平台上进行主动传播，“励志橙”的名字也因此被人们熟知。

这个励志故事就是褚橙的品牌故事，因为这个故事，橙子被赋予了更加丰富的价值。它的网上销售代理商——本来生活网，也靠着褚橙迅速打开了网站的知名度。2013 年，在褚橙销售季再次到来的时候，本来生活网又采取了一种个性、幽默、娱乐的方式进行营销，与韩寒以及“一个”App合作，经韩寒发布了一则微博：“我觉得，送礼的时候不需要那么精准的……”附图是一个大纸箱，上面仅摆着一个橙子，纸箱上印着一句话：“在复杂的世界里，一个就够了。”

必备知识

美国的拉维奇和斯坦纳曾研究“电视广告怎样起作用”，并提出了一种理想化的模式。该模式认为，消费者对于产品从认知到购买的过程由三部分组成：认知—情感—行动，简称L&S模式。

在认知阶段，此时企业广告的目的主要是告知信息和事实，一般此阶段的广告均比较直白地表现需要说明的广告信息。此时，消费者处于购买的“觉察”和“知道”的过程，只要知道广告信息即可。

在情感阶段，广告的主要目的是改变消费者的态度和增进感情，让消费者认可了企业所倡导的情感和价值观，并产生情感上的“联想”和“偏爱”。

在行动阶段，广告的主要目的是为了激发和指引购买欲望，此时的消费者处于整个购买阶段的最后阶段——“确信”以及“购买”。

从认知、情感到行动，这是一个理想的过程，实际上会存在很多人并没有把这三个过程走完就直接购买的情况。对于企业来说，有必要遵从这三个过程来做广告。用于“认知”及“情感”阶段的文案，我们称之为品牌传播文案。

一、品牌文案的特点

1.个性化

每个品牌都具有不同的格调，其品牌文案也因品牌所要表达的精神内涵而有所不同，它就像是一个个性鲜明的人，特色和风格各异。

品牌文案代表的就是一个品牌的灵魂与品质，也是由此来确定各自品牌的市场定位与目标人群，品牌之间个性的差异性会在消费者心理造成不同的品牌定位。

2.价值化

品牌文案的价值化是指品牌文案有明确丰富的思想内涵，能向受众传达合适的世界观、价值观与人生观，让受众乐于自主地分享与传播。这样不仅能增加品牌的曝光度与知名度，还能让受众觉得这是具有文化内涵与价值的品牌，对品牌有进一步的记忆与好感。

3.情感化

品牌文案可以通过对情感的表达与渲染突出品牌理念，引起受众情感上的共鸣，达到以情动人的效果，从而让受众接受该品牌与产品。如钻戒、婚纱之类的品牌常选择父母与儿女之间的感情故事、婚礼场景等广告，或是情感表达性较强的语言文字，让用户感同身受，激起他们的代入感与品牌认同感。

4.与时俱进

品牌文案表达的就是品牌文化，塑造品牌文化就是一种更深层次的营销方法，是以文化氛围的方式来提升自己的内涵进而吸引顾客的一种手段。随着社会经济与网络的不断发展，品牌文化之间的竞争将越来越明显，甚至发展为电商企业之间的主流竞争。

品牌文化并非一成不变，它可以根据企业的发展、社会经济的发展、消费者需求的变化等因素进行调整，以适应社会不断发展的步伐，满足消费者不断变化的需求，保证企业和社会之间不会出现裂痕和脱节(即使出现了，也会很快弥合)。

二、品牌文案的类型

1.品牌故事文案

品牌故事文案是一个成功的企业应该具备的部分，一个好的品牌故事与一个好的品牌名称、品牌广告语同样重要，甚至可以说是品牌的根基，品牌故事中传达的思想内涵就是一个品牌的文化理念与态度，它能直达用户内心，而且在一定程度上，品牌故事会起到给品牌定性、加深品牌在受众心中印象的作用。

2.日常品牌文案

日常生活中，品牌在各大移动平台发布的关于品牌推广与销售的文案，它包括所有与受众接触的直接销售或非直接销售产品的文案，只要有助于品牌的营销，都可将其划分到日常品牌文案中。一般情况下，可以将其分为产品上新文案、热点借势文案、节假日营销文案和其他常规文案等。

例文鉴赏

江小白 2020 文案：用 9 个场景故事，引出 9 句“想见你”

洞察到疫情期间久别老友不能相见，宅家太久开始复工的现状，江小白用一组海报讲述人们“渴望相聚”的心声，文案依旧走文艺情怀路线，还是我们熟悉的江小白。

复工前一天收拾好发型
看过镜子后放弃，还是戴帽子吧
复工前一晚准备好衣服
穿了一个假期睡衣的我
在羽绒服和大衣中陷入了纠结
上班果然不如在家躺

总是期待下一次更好
却又很难不在意会等多久
(见图 6-10)

图 6-10　江小白 2020 文案(一)

喊了三十天"想上班"后
终于在早上闹钟响起时后悔了
再等十分钟、二十分钟、三十分钟……
手机来电震动中
老妈:"戴口罩了吗? 酒精带了吗?"
我还是起床好了

你在乎了很多事
却总有人只对你更上心
(见图 6-11)

图 6-11　江小白 2020 文案(二)

第一天忘记电脑密码,没工作
第二天忘记带水杯,没水喝
第三天终于想起了上班打卡

生活需要为自己奋斗

也是为梦想打工

（见图 6-12）

图 6-12　江小白 2020 文案(三)

和同事相处保持一米距离

老板取消了开会面谈

忙碌后终于闲下来

忍不住给隔座的他发了语音

“聊聊天呗。”

对方显示正在输入并要求你转文字

省去最熟悉的套路

往往可以得到更走心的答案

（见图 6-13）

图 6-13　江小白 2020 文案(四)

过去地铁公交挤得容不下一个你
现在空得等不到一个你
和他擦肩，退半步的动作很认真
和她同行，隔再远感情也一样真
一个点头一次挥手
“你懂的”

有些人分开了很久
默契依旧在
（见图6-14）

图6-14　江小白2020文案(五)

刷到朋友圈时
他居然去吃了火锅
“过分，下次请带上我。”
她po出一张戴口罩的自拍
“这谁呀？眼妆挺好看。”

你懂我的欲言又止
更懂我的言外之意
（见图6-15）

图 6-15　江小白 2020 文案(六)

和集美见面
上一秒达成减肥战线
下一秒就是下午茶联盟
终于喝到心心念念的奶茶
她顺手递给我,问:"你洗手了吗?"

用了心的奶茶才真香
和你在一起也是
(见图 6-16)

图 6-16　江小白 2020 文案(七)

回归网恋聊天室
"在干嘛?"
"打游戏。"
30 分钟后
"在干嘛?"
"打游戏呀。"

“你的某宝购物车账号给我，不打扰你。”
“我有空，你说我听着。”

拉开距离为感情保鲜
平凡的点滴中也能找到浪漫
（见图 6-17）

图 6-17 江小白 2020 文案(八)

巷口那家餐饮店今天恢复营业了
第一次排了两个小时队吃到的火锅
毛肚入口的那刻
“天呐！”

线上有多热闹
我就有多想见你
（见图 6-18）

图 6-18 江小白 2020 文案(九)

写作模版

一、日常品牌文案写作

(一)借助节假日气氛写情感文案

每逢节假日,甚至是二十四节气,企业都会利用消费者的节假日心理,结合自身的品牌形象及产品,推出对应的节假日营销活动或文案,不仅可以传达品牌内涵,加强与消费者的情感联系,也能提高品牌的曝光度。

做节假日营销文案或活动,主要在于找到节假日元素及情感与目标人群的需求及情感,以及产品元素及相关卖点之间的契合点。

1.节假日元素及情感

如春节,相关的元素会有大红灯笼、传统的剪纸窗花、鞭炮、春联、红包、喧闹的音乐、温馨的年夜饭等,而相关情感则会包含回家团聚的快乐、备年货的烦琐细碎等。

2.目标人群需求及情感

不同的人群,需求点和情感会略有不同,如刚毕业不久的人第一次回家过年的期待,工作多年因为回家少而自责,甚至大龄青年春节回家可能还会面临被催婚的尴尬等。

3.产品元素及相关卖点

找出企业的产品与节假日的元素及情感与目标人群的需求及情感的契合点,并找出产品在这中间扮演的角色是怎样的,文案要激发起人怎样的情感共鸣。

一般像春节这样大的节日,企业会特别重视做情感的营销包装和推广。但其他的小型节日,企业也会运用文案来做一次品牌曝光。

大部分重视在新媒体上做营销的企业,每个节日都会推出一套文案。作为文案创作者,就需要考虑如何在诸多的节假日营销文案中标新立异,找到一个好的视角和创意。

怎样的节假日营销文案才是好文案？这跟如何做节假日营销文案是同一个道理,主要有三个原则:节假日相关、情感共鸣、品牌或产品的有机植入,能够配合相应的节假日互动会更好,让消费者和品牌之间有互动,进一步加强情感联系。

一是节假日相关。大部分节假日文案都能制造节假日氛围,仅仅只是“××节快乐”都能有节假日氛围,而画面运用相关元素即可。

二是情感共鸣。情感共鸣则需要找到一个能够打动人的点。可口可乐运用的情感点就是父亲总是那个站在你背后一直给你支持的人,这个大家都会有认同与共鸣。

三是品牌或产品的有机植入。品牌或产品的有机植入是节假日营销文案中重要的一环。很多品牌都是配个与节假日相关的图,直接放上自己品牌的商标,这也是一个方式,但会显得有点生硬,并且直接去掉商标,换成其他的商标也同样适用。

另外还有两种植入方式:产品包装的植入和产品或品牌名称的植入。

产品包装的植入如可口可乐的父亲节广告图,直接将具有标志性的可乐瓶做成图案主体;产品或品牌名称的植入则如脉动的父亲节营销文案,将脉动这个品牌词和功能均融入文案中。

(二)热点借势营销文案让品牌被讨论

热点借势文案的写作方法和节假日营销文案的写作方法和原则一致,写作方法为将热点事件的相关元素及情感与目标人群的需求及情感,和产品元素及相关卖点进行融合。

营销学中有个“比附效应”,指的是攀附名牌,使自己的品牌与名牌产生一定的内在联系,从而迅速进入消费者的心里。这个方法可以让企业在短时间内被更好地传播,节约传播成本,一般用于中小企业在竞争中采用跟进的策略。但在新媒体营销中,不论品牌的大小,都乐于借用社会热点的势能,从而让自己的品牌也能够被讨论和传播。

需要注意的是,不论是怎样的热点,都不能陷入恶俗。另外,不是所有的热点都要跟。欢快愉悦的热点大部分品牌都会追,但有争议的甚至是负面的热点,尽可能不追,以防损害品牌形象。不论品牌人格是哪种类型,也应该保持正确的三观,不要挑战消费者的下限。

写作原则同样可参考节假日营销文案,首先要求文案与热点相关,其次为情感共鸣及品牌或产品的植入。但热点常常转瞬即逝,因此在时效性上会有要求,并且往往没有太多时间准备,因此只要有热点相关和品牌或产品的植入这两个条件就算及格,在以上基础上还能做到情感共鸣则为一个优秀的文案。

(三)新产品发布倒计时文案的三种方式

1.直白说出卖点引期待

通过不同的文案不断阐述新品的卖点,引起消费者的期待,这样做更有利于重点突出新产品的优势。

2.设置悬疑引好奇

在新品发布文案中不直白地说明新产品的卖点,而是让消费者自己去猜测,引起人的好奇和期待。

3.与竞争对手对比优劣

通过与竞争对手对比优劣,彰显自己的卖点,引起目标人群的关注。

二、品牌故事的写作

(一)品牌故事的写作要素

1.背景

故事背景是指要向读者交代故事发生的有关情况,包括发生了什么事情、在什么时候发生的、有哪些主要人物、故事发生有什么原因,即故事的时间、地点、人物、事情的起因。

2.主题

人物、情节、环境、背景、抒情语句。

3.细节

细节描写就是抓住生活中的细微而又具体的典型情节加以生动细致的描绘,它能够使故事情节更加生动、形象和真实。细节一般是作者精心设置和安排的,是不可随意取代的部分,恰到好处的细节描写能够起到烘托环境气氛、刻画人物性格和揭示主题的作用。

4.结果

故事有起因当然就有结果，告诉读者故事的结果能够加深他们对故事的了解和体会，有利于故事在他们心中留下印象。

5.总结点评

对故事所讲述的内容和反映的主题，可以发表一定的看法和分析，以进一步揭示故事的意义和价值。这部分的内容尽量以故事内容来就事论事、有感而发，以引起读者的共鸣和思考。

（二）品牌故事的撰写流程

1.收集与整理资料

要想写出生动的商品品牌故事，就必须对品牌和商品本身进行深入的探究与分析，了解品牌和商品的定位是什么、有什么样的文化内涵、需要表达什么样的诉求、品牌和商品面对的消费群体有哪些、竞争对手是谁。

在具备这些深厚的知识储备后，才能写出超越竞争对手的品牌故事。因此，首先要做好信息的收集与资料的整理工作。收集与整理资料，包括行业信息、竞争对手信息、企业信息、生产与运作信息、消费者信息等。

2.提炼并确定主题

品牌主题是指目标品牌在品牌本体因素和环境因素的双重约束下，在品牌设计中对该品牌价值、内涵和预期形象做出的象征性约定，它来源于品牌历史、品牌资源、品牌个性、品牌价值观和品牌愿景等背景，包括基本主题和辅助主题，通常透过品牌名称、标志、概念和广告语等进行表达传递。

当收集到了足够的信息后，就可以从这些信息中提炼出品牌所要表达的思想，以品牌为核心，通过对品牌的创造、巩固、保护和扩展的故事化讲述，将与品牌相关的时代背景、文化内涵、社会变革或经营管理理念进行深度展示。

3.撰写初稿

品牌故事的撰写角度包括：技术的发明或原材料的发现故事、品牌创建者的某段人生经历、品牌发展过程中所发生的典型故事等。

品牌故事需要包括5个W和一个H，即人物、时间、地点、事件、原因和结果。必须了解品牌最想让消费者知道什么，这个故事要向消费者表达的内容是什么、如品牌创建者或领导者的某种精神和品质、产品先进商务生产技术等。一旦确定了故事的主题，就沿着这条主线进行讲述。

4.斟酌、修改稿件

写作品牌故事的过程中，可能因为语言组织、逻辑不通等情况造成故事阅读起来不流畅，因此需要仔细斟酌用词，选择适合品牌主题且能够表达品牌理念的词语或通过优美的句子来进行阐述。写作完成后，还要对稿件进行通读和校对，修改稿件中的错误，保证故事中没有错别字、语法不通等问题。

另外，品牌故事还会根据企业的发展而发生变化，此时就要根据企业发展过程的变化来进行写作，融合企业新的理念和产品特色。

5.定稿

完成品牌故事的写作和审查后,品牌故事的稿件就不再修改。接下来就是在适当的时机进行品牌故事的传播,直到目标消费群认同,在受众心目中留下深刻印象。

(三)品牌故事的写作技巧

1.选择复杂的语境

在进行品牌文化故事写作的过程中,尽量不要使用单一的语言环境,而是要对故事的发生、发展进行多种可能性的描述,提高故事的可读性和复杂性。

如Dior(迪奥)的品牌故事第一段话描写到:“1946年时装设计师Christian Dior先生在偶然的机会下巧遇商业大亨Marcel Boussac,两人一拍即合,于巴黎最优雅尊贵的蒙田大道Avenue Montaigne 30号正式创建第一家个人时装店,拥有85位员工并投入6000万法郎资金,全店装潢以Dior先生最爱的灰白两色与法国路易十六风格为主。”

2.引发独特的思考

不同的事情可以引发不同的思考,同一件事不同的受众阅读所引发的思考也不相同。从一定意义上说,故事能够带给人们怎样的思考也是决定其质量高低的一种因素。因此故事的写作还要从一定的角度出发,充分开拓自己的思路,不要局限于故事的发展和所代表的意义。比如路虎的品牌故事“不可能的旅程”,就是一个关于几乎不可能完成的探险之旅的故事。

3.揭示人物心理

主要有:内心独白、动作暗示、情景烘托、心理概述等。以故事主角心理活动的描述为主,是人物倾诉、透露心理活动的一个重要手段。情景烘托可以很好地反映故事的主题,使故事精彩纷呈,还能衬托产品。

4.增强可读性

一是故事要新颖,新颖的品牌故事能够让人眼前一亮,给人一种醒目的感觉。二是情感要丰富,故事是否丰满,人物形象是否立体是文章能否打动读者的关键。三是语言叙述要得体,尽量简单、通俗易懂,让读者能够快速明白所讲述的内容。

技能训练

1.围绕五四青年节这一热点节日,为江小白白酒创作品牌推广文案。

2.根据本项目所学的知识,利用网络或图书馆渠道收集关于永久自行车的相关历史及其发展过程,为其写作一篇历史型的品牌故事文案。

3.根据本项目所学的知识,为一款女性运动鞋写作一个品牌故事文案,要求以母子亲情、姐弟亲情、男女爱情、夫妻之情4种情感为主题。

4.现有一款男士商务保温杯,采用304不锈钢材质,容量为1000ml,保温时长12小时。下面请结合保温杯的基本信息,从感情诉求的角度撰写一篇品牌故事,尽量让消费者融入故事中,并对该品牌产生好感。

拓展知识

写文案要有品牌性格

品牌人格——为什么让文案狗精神分裂

举这样一个例子：

一个学员为高端蜂蜜“巢蜜”写文案的时候，曾经用过这样一个开头：10 倍普通蜂蜜价格，自然酿造 30 天。

然后问题来了：假设你是一个网站上的普通用户，路过页面看到此文案，你会觉得是谁在跟你说话？你可能也知道：是一个急于卖出自己产品的超市推销员。

文案其实就是“你说给用户的话”，那么在这个巢蜜的文案中，你想让用户觉得是谁在跟他们说话？“我想可能是一个真诚、纯朴的老农吧？”

所以，写文案的时候，需要不断问自己：我想让用户觉得，这是一个什么性格的人在跟他们说话？现在我要写的文案、要发的微博，是这个人应该说的吗？如果你是一个卖蜂蜜的老农形象，在写产品文案的时候，你就不应该进行恐惧营销，并且兜售这么多科学名词。一个淳朴老农难道会动不动吓唬人？

同样，如果你运营一个有着“专业”“极客”形象的“技术工程师微博”，你就不应该整天发段子逗笑并且说“么么哒”。一个技术极客竟然会说“么么哒”？

当用户看到你的文案，或者看到你的微信微博的时候，心中自然会暗含一个人在跟他们说话，每个品牌应该塑造的性格不一样，自然说的话也不一样。这就意味着：你并不是在表达自己最想表达的观点(那是艺术家的事情)，而是表达最需要被表达的观点。你并不是在展示自我，而是扮演最需要被扮演的人。

同样是评价新闻“父母不买名牌，某大学生拒绝上学”，“高贵成熟稳重男”奔驰可能会说：“一个人成熟的标志之一就是，明白每天发生在自己身上的 99％的事情对于别人而言根本毫无意义。”而“自信励志女”潘婷可能会说：“美丽，不是你的枷锁。”

但是，现在越来越多的品牌忘记了规划人格。所有的微博都是“么么哒”和“无节操”，人格都是——“90 后”逗逼亲切小编；所有的产品文案都是“最新××技术”“颠覆性科技”，人格都是——卖弄参数的技术专家。

如果我想买一部 40 万的商务车，我希望看到的文案，是一个高贵绅士在跟我对话，而不是“90 后”逗逼小编；如果我想买一个好看的杯子，我希望是一个“懂时尚的设计师”在跟我对话，而不是一个“卖弄参数的技术专家”。

所以，不论你自己的性格到底是“逗逼小编”还是“技术专家”，你在帮不同人写文案的时候，就要先人格分裂——扮演需要被扮演的性格，而不是直接把你的直觉语言表达出来。(虽然这很难受，让写文案的过程有种人格分裂的感觉。)

那么，有哪些品牌人格可以被你使用，去规划你的新媒体互动、产品文案等一切营销方式呢？J.Aaker 曾经借用人格问卷，运用主成分因素分析法，得到了消费者感知最明显的 5 个人格维度，这些维度解释了许多成功的大众流行品牌在消费者心目中的人格印象。

后续的众多学者在这个基础上，开发了18个品牌个性层面和对应的细分人格描述：

真诚 sincerity：务实的、诚实的、健康的、愉悦的；

刺激 excitement：大胆的、活泼的、有想象力的、现代感的；

能力 competence：可靠的、聪明的、成功的、负责任的；

精致 sophistication：高贵的、迷人的、精致的、平和的；

强韧 ruggedness：户外的，强壮的。

在规划品牌或者写文案前，你需要问自己：我规划的品牌到底属于什么人格？这种人格的人会说什么话？

品牌人格清单：

1.真诚

真诚：一个人公开表示感情和实际表示感情的一致性。

"真诚"的品牌个性层面：

(1)务实(Down-to-earth)：务实的、顾家的、传统的、小镇的、循规蹈矩的。比如：优衣库(著名品牌宗旨"通过全世界统一的服务、以合理可信的价格、大量持续提供任何时候、任何地方、任何人都可以穿着的服装")产品上，提供基本款产品，不追求潮流、耐穿、性价比高；广告上，体现普通人的日常生活(不追求刺激、不追求炫耀)；代言人，选择高圆圆等。

(2)诚实(Honest)：诚实的、直率的、真实的。比如海尔：真诚到永远；再如，肯德基举办的探秘之旅活动，让用户可以通过报名参观后厨。

(3)健康(Wholesome)：健康的、原生态的。比如：特仑苏牛奶(北纬四十度黄金奶源地，不是所有牛奶都叫特仑苏)；农夫山泉(大自然的搬运工、看电影前都会有的长白山优质水源建水厂的广告)；恒大冰泉(我们搬运的，不是地表水)。

(4)愉悦的(Cheerful)：感情的、友善的、温暖的、欢乐的。比如乐高积木：商标"LEGO"的使用是从1934年开始，其语来自丹麦语"LEg GOdt"，意为"play well"(玩得快乐)；佳能：广告中一般是温暖、幸福、有感动的普通人生活。

2.刺激

刺激：从相对弱的机体状态(平静、平和)到相对强烈(兴奋、激情)的机体状态的统称。

"刺激"的品牌个性层面：

(1)大胆的(Daring)：大胆、时尚、兴奋。比如陌陌"就这样活着吧"系列海报。

(2)活泼的(Spirited)：活力、酷、年轻。比如统一冰红茶：艾薇儿、吴亦凡代言，"年轻无极限，统一冰红茶"；百事：突出年轻活力感，有别于可口可乐的真诚、愉悦感。

(3)想象力的(Imaginative)：富有想象力的、独特的、与众不同的。比如苹果：当年的Think different；小米：为发烧而生。

(4)现代感的(Up to date)：追求最新的、独立的、当代的、新潮的。比如韩都衣舍：我们是维新派。

3.能力

能够胜任某项工作的人，有能力把事情做好的人。"能力"的品牌个性层面：

(1)聪明的(Intelligent)：智能的、富有技术的、团队协作的。比如：本田汽车(相比日系车的普遍特点，本田最注重技术，创始人本田宗一郎是技工出身，始终强调技术对本田的重要性;在发展过程中,专注于开发汽车技术)广告中,使用各种策略体现技术感,给人一种不明觉厉的感觉,像“技术男”。本田经典广告:一大堆零件逐渐组合成一个汽车的过程。本田经典广告:一个工程师双手组合出各种本田产品。

再如,英特尔:找《生活大爆炸》中的 Sheldon 扮演者代言。运动品牌 Under Armor (竞争对手耐克阿迪塑造“刺激感”的形象,而 UA 专注技术创新,塑造技术感,打败了阿迪达斯成为全美第二大品牌,与耐克分庭抗礼),广告与 NIKE 的个人奋斗精神(刺激感)不同,体现技术和团队协作。

(2)成功的(Successful):成功的、领导的、自信的。比如:奔驰、劳力士、金立手机等。当然,要问塑造成功型品牌人格哪家强,还得去山东找……

(3)责任感的(Responsible):负责任的、绿色的、充满爱心的。比如孟山都公司塑造的化学品公司广告“化学使生活更美好”,塑造公司有社会责任的形象。

(4)可靠的(Reliable):靠谱的、勤奋的、安全的。比如著名的 Avis 租车公司:发明“老二主义”,著名的标语:we try harder(我们更努力);DHL 快递:值得信赖的,靠谱,安全。

4.精致

修养高、审美能力高、贵族感强的人。“精致”的品牌人格层面:

(1)高贵的(Upper class):高贵、魅力、漂亮、上层阶级的。比如 Roseonly:整体形象都是高贵的感觉。大量的国产但是用外国名字的家居品牌、女装品牌甚至房地产,都在打这个人格。

(2)迷人的(Charming):迷人的、女性的、柔滑的。比如香奈儿:闻起来像女人的香水。

(3)精致的(Delicate):精美的、含蓄的、雅致的、细心的。常见于很多红酒品牌、手工艺品品牌、餐厅、精选类品牌等,比如美食精选 App:enjoy。

(4)平和的(Peacefulness):和平的、有礼貌的、天真的。比如无印良品

5.强韧

粗野、强壮、有力,不拘细节的人。“强壮”的品牌人格层面:

(1)户外的(Outdoorsy):户外的、男性的、爱野外的。比如:哈雷机车、香烟品牌万宝路等。

(2)强壮的(Tough)强壮的、有力的。比如南孚:一节更比六节强。

结语

写文案,别忘了品牌性格。我想让读者觉得,这是一个什么性格的人在跟对方对话?而你要做的,是扮演品牌性格的代表人跟读者说话,而不是说自己最想说的话。如果你代表奔驰发文案,那么你可能不是一个“90 后”逗逼小编,而是一个成熟稳重的男人。

说明

(1)品牌人格和个人人格有相似性,但也有不同。比如,一般来说,品牌人格最好更加极端和鲜明,而个人人格则经常更加模糊和平均。

(2)一个品牌可能拥有多重人格。比如既有强壮有力,又有技术感。但是要注意,不能互相冲突,也不能每天都变。

(3)品牌人格存在于消费者的心中,而不只是你的规划中。品牌人格是你的规划和消费

者实际感知的共同产物，并不是说你规划了一个人格，消费者就一定按照你说的去以为。不同消费者对你的实际感知不同。（也有可能有的消费者就觉得本田是平和的人格呢！）

营销和文案能做的，就是不断影响消费者的感知，不断强化一个优势人格。

（作者：Hazel_446a，来源：简书）

任务四　推广类电商文案

案例引入

路虎是非常有名的越野车品牌，其品牌文化倡导纯正、胆识、探险、超凡，经过70年的发展，现已成为汽车市场中不可撼动的SUV领导者。路虎在中国汽车市场中的成熟度和品牌认知度一直处于不断上升的趋势，这不仅取决于其市场定位的精准，贴合品牌的文案，还包括其在各种网络途径中的推广。以路虎70周年推广文案为例，路虎在微博中发布了宣扬其品牌文化的各种文案，并以“路虎70周年”“路虎70年”“70个传奇故事”等话题增加文案的热度。

文案内容紧贴品牌定位，向消费者一如既往地传递出路虎所宣扬的探索、胆识等精神。除此之外，为了更好地与消费者互动，路虎在一开始就以“路虎70周年，7重礼遇”为关键字创作了一系列文案，通过rap这种诙谐有趣的方式博取消费者一乐的同时，将主题植入消费者心中，并吸引他们点击文案中的超链接进入路虎官网。

在全方位的多种文案的宣传下，路虎借70周年的契机再次宣传了自己的品牌文化，进一步巩固了在消费者心中的品牌形象。

必备知识

推广类电商文案是为了对产品或服务进行宣传推广的一种文案，其目的在于通过外部链接引发更多消费者的关注和转发，从而达到较好的传播效果。常见的推广平台包括网站、论坛、电子邮件、微博、微信以及视频直播平台等。不同的平台有其独特的传播方式，在进行电商文案推广时，要根据不同平台的特征撰写相应的文案来进行电商品牌的推广。

一、微信文案

微信是较热门的网络营销和推广平台，也是社会化媒体营销的主要推广方法。企业可以通过提供用户需要的信息来推广产品，从而实现点对点的营销。微信文案一般通过微信公众号或微信朋友圈进行转发和分享。优秀的微信文案的传播性十分突出，很容易吸引大量读者阅读和传播，一般都具有一定的创意和个性，不管是形式、内容还是风格，都有其独特之处。

微信推广文案的主要表现形式有朋友圈的推广文案和公众号的推广文案。朋友圈是微信营销的重要途径，商家可以通过分享趣味性的内容、热点事件、个人感悟、咨询求助和专业知识等来进行宣传推广。

在朋友圈发布推广文案，内容不宜过长，最好控制在 6 行以内，100 个字左右为最佳，尽量在简短的内容中保证文字轻松有趣，也不要在一条状态中添加太多产品信息。另外，朋友圈的推广文案配图十分重要，一张生动形象的产品图片能让文案更有说服力。微信公众号可以更好地引导用户了解品牌、参与互动，同时扩大信息的曝光率，在降低营销成本的基础上，实现更优质的营销。公众号中的文案内容应尽量口语化，每句话不要太长，最好保持在 20 个字以内；段落不能太长，保持一段 5～7 行最佳，且长短要有变化，不能让消费者感到乏味，如图所示为海底捞火锅微信公众号的某篇推广文案。

二、微博文案

微博是目前非常流行的信息分享与交流平台，使用人数众多，并且更注重信息的时效性和随意性，能够随时随地发表自己的所见、所感、所闻和所想。微博中可以发布 140 字以内的短文或长微博，不管采用哪种形式，要想文案得到广泛的传播，文案创作者必须紧紧抓住读者的心理特征，或结合时事热点进行创作。

三、视频直播类平台的文案

视频网站的电商推广文案是指利用常见的视频网站平台对产品或品牌进行推广的一种文案。基于视频网站的推广文案要与视频网站的内容融合在一起，生硬地植入广告通常会受到用户的诟病，反响不好。由于视频网站的观看主体是视频内容，因此文案需要尽量精简，突出主题直播以直播平台为载体呈现现场事件的发生、发展和结果。

直播平台文案则表现在直播的预告、直插过程中主播的内容介绍，以及直播过程中的文字交流等处，文案人员可以在这些地方写作电商推广文案，推广产品并塑造品牌形象。

四、社群文案

社群营销是一种基于圈子和人脉的营销模式，通过将有共同兴趣爱好的人聚集起来，打造一个共同兴趣圈并促成最终消费。很多成员进入社群是希望获得有用的价值信息，因此社群文案的写作首先要明确目标消费者以及目标消费者的特征和需求。抓住社群成员的痛点，通常能获得更多关注。比如，某社群推广吊带裙的文案："今年超级流行的英式裙，不用怕露。吊带绳子的长度可以自由调节；背后有橡筋，弹力好，也不用担心弯腰走光。"。穿裙子走光是很多女性担忧的问题，解决了这个问题，自然能得到她们的青睐。

例文鉴赏

安踏冬奥营销

安踏作为中国奥委会官方合作伙伴、北京2022年冬奥会官方合作伙伴，从北京冬奥会开幕式到赛事期间，始终稳占这场品牌价值角逐场的领先位置。

微博端：话题造势反响强烈（见图6-19）

北京冬奥会作为顶级国际体育赛事，是运动品牌在营销赛场的必争之地，想要在此期间获得优势，势必要抢占先机与舆论核心阵地。在这方面，安踏可谓是游刃有余。

开幕式惊艳亮相，借热点开拓流量

开幕式上，春晚著名指挥陈燮阳执棒的交响乐团，在冬奥年会各个核心场馆演奏节目《冰雪闪亮中国年》，他们身穿的便是与谷爱凌同款的安踏专业滑雪服和超级大白羽绒服。如果说＃张艺谋太懂中国人的浪漫了＃，那安踏绝对是太懂用户了！红白组合不光是让人眼前一亮，也妥妥看到了安踏的“高科技时尚”，直击观众内心。

演出当天，相关话题＃开幕式羽绒服＃、＃83岁指挥家春晚演绎冰雪浪漫＃、＃交响乐团穿安踏献礼冬奥＃在微博引发网友热议，一度登榜热搜，仅24小时内，阅读量便超过2.8亿，讨论量高达16万。

图6-19 安踏冬奥营销（一）

除此之外，冬奥会期间，安踏在社交媒体的投放也很吸睛。打开全民热议冬奥赛事的微博，开屏便是“22 个奥运项目 中国国家队穿安踏”，随后当用户进入自己的内容主页后，又会在首屏发现页、信息流、热议话题等地方看到品牌的相关内容，相关信息覆盖用户浏览微博全路径，让用户在反复触达中，对品牌形成一个鲜明的印象，实现最大化曝光。

对于大多数用户来说，也许并不会完整地追完全部的赛事内容，但一定会打开微博热搜关注一下冬奥期间的热搜话题与网友讨论。安踏与微博的联动，让“爱运动，中国有安踏”的口号在 2020 东京奥运会的基础上更加响亮，品牌渗透力十分强势。

绑定热门赛事，用产品承接流量

运动员在冰雪赛道驰骋夺冠的同时，高科技比赛服同样是网友讨论焦点。强势曝光之下，安踏在本届冬奥会期间所展示出来的硬核产品实力，也让不少人看到国货之光。

2 月 5 日，#短道速滑摘中国队北京冬奥首金#让无数网友沸腾(见图 6-20)。冲过终点线的那一刹那，运动员将自己内心压抑的情感全部释放！红旗在冰场上飘扬，运动员身穿的安踏如意纹战服也格外吸睛。

很快，网友扒出：短道速滑队的比赛服突破传统局部防护，采用升级的 360°全身防切割技术，防切割强度是钢丝的 15 倍，更大提升安全性。相关话题#首金战袍比钢丝强韧 15 倍#、#首金战袍的中华图腾太霸气#在微博迅速引发热议。

ANTA

安踏

2-5 22:20 来自 微博 weibo.com 已编辑

世界领先的轻薄透气，防切割技术和减阻科技

由安踏自主设计，助力中国短道速滑队员如虎添翼

这就是中国短道速滑队夺取中国首金的秘密武器！

#冬奥15赛项12支中国队穿安踏#

#冰上鲨鱼皮#

#短道速滑摘中国队北京冬奥首金#

#爱运动中国有安踏#

#冬奥会#

191　　293　　2770

图 6-20　安踏冬奥营销(二)

2 月 7 日，在中国选手任子威获短道速滑男子 1000 米 A 组决赛冠军之后，品牌热度得到又一波高涨，#任子威穿了鲨鱼皮#直冲热搜前四，向更多人展现安踏的产品实力(见图 6-21)。

公开

安踏

2-7 21:40 来自 微博 weibo.com

不放弃，去拼搏

终有金色突破！

北京冬奥会短道速滑男子1000米比赛峰回路转

中国选手@任子威r 经过激烈的赛场争夺

和队友@李文龍PZ 包揽金银牌

以不懈进取的态度

成就中国速度！

#冬奥15赛项12支中国队穿安踏#

#爱运动中国有安踏#

#冬奥会# #任子威获金牌# #短道速滑#

1268　948　1.8万

图 6-21　安踏冬奥营销(三)

2月9日，#谷爱凌金牌#再度让微博舆论场沸腾，#谷爱凌金龙战袍#同时受到众多网友关注，为品牌曝光提供强有力加持(见图6-22)。有网友甚至直接@安踏官微，直呼："赶快出谷爱凌同款金龙外套！"

借助微博强大的热点场域能力，安踏与热门赛事选手的强绑定，被一次次的冬奥热点送上热搜，不仅让赛场上的高科技成功被更多人关注，也让体育精神与品牌内核实现更深层次的融合。伴随广大网友的讨论和热议中，品牌不断积累社交资产。

微信端：热点配产品故事　推动销量转化

相对于微博端，微信端的优势在于能以品牌精神更垂直和更全面地诠释安踏在赛场里面出现的专业的运动装备，从而助力品牌实现销量转化。在微信端，安踏与知名时尚杂志公众号"GQ实验室"合作，以轻松有趣的软文形式进行品牌广告植入，用优质内容赢取大众好感，产生了不俗的传播效果(见图6-23)。

安踏的服装不仅请到了叶锦添大师来设计元素，而且从剪裁到版型到面料，都是以安踏自主研发的超强保暖炽热科技为支撑，助力运动员在冬奥赛场勇猛发挥。因此，在微信端，以"赛时热点+产品故事"建构微信推文，通过讲述冠军科技背后的故事，将产品与冰雪赛事的强关联通过运动健儿的风采传递给大众(见图6-24、见图6-25)。

公开

安踏

2-18 11:16 来自 微博 weibo.com

#爱运动中国有安踏# 踏步向前，勇攀高峰！一“谷”作气，再创奇迹！@青蛙公主爱凌 为热爱奋勇向前步履不停！像谷爱凌一样，做个热爱运动的人吧！#在今冬热爱不拘一格# 现在打开京东APP，找到属于自己的专属运动装备#京东潮我来# 戳这里:网页链接

@京东

为热爱凌空出击，一“谷”作气，挑战自我，期待 @青蛙公主爱凌 再次闪耀！内心有动力，外在无压力，只为做最好的自己！#京东潮我来# 京东携手安踏、蒙牛、美的电磁灶为谷爱凌加油！冲鸭！#在今冬热爱不拘一格#

2-18 11:00　21　34　358

7　52　316

图 6-22　安踏冬奥营销(四)

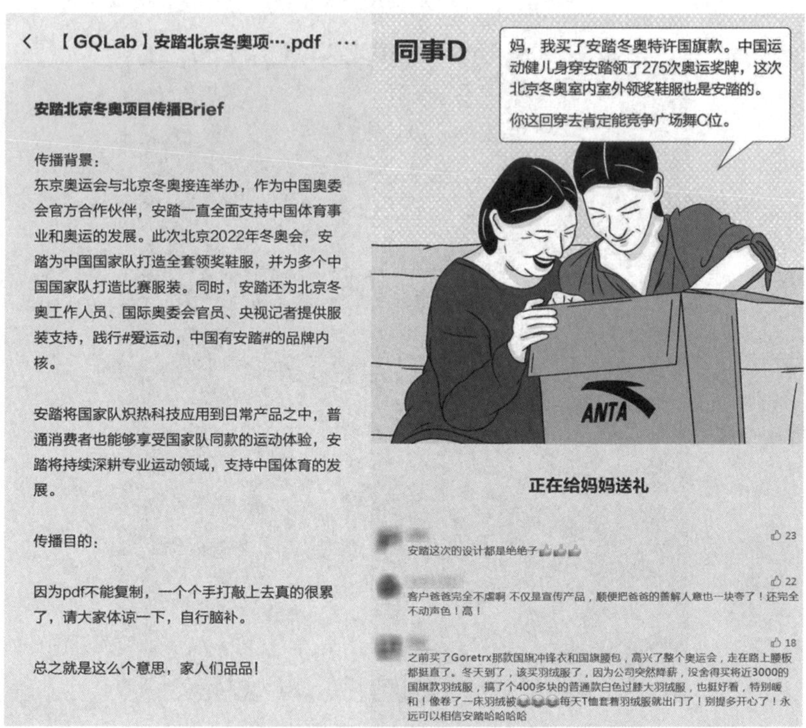

【GQLab】安踏北京冬奥项….pdf

安踏北京冬奥项目传播Brief

传播背景：

东京奥运会与北京冬奥接连举办，作为中国奥委会官方合作伙伴，安踏一直全面支持中国体育事业和奥运的发展。此次北京2022年冬奥会，安踏为中国国家队打造全套领奖鞋服，并为多个中国国家队打造比赛服装。同时，安踏还为北京冬奥工作人员、国际奥委会官员、央视记者提供服装支持，践行#爱运动，中国有安踏#的品牌内核。

安踏将国家队炽热科技应用到日常产品之中，普通消费者也能够享受国家队同款的运动体验，安踏将持续深耕专业运动领域，支持中国体育的发展。

传播目的：

因为pdf不能复制，一个个手打敲上去真的很累了，请大家体谅一下，自行脑补。

总之就是这么个意思，家人们品品！

正在给妈妈送礼

安踏这次的设计都是绝绝子　23

客户爸爸完全不虐啊 不仅是宣传产品，顺便把爸爸的善解人意也一块夸了！还完全不动声色！高！　22

之前买了Goretrx那款国旗冲锋衣和国旗腰包，高兴了整个奥运会，走在路上腰板都挺直了。冬天到了，该买羽绒服了，因为公司突然降薪，没舍得买将近3000的国旗款羽绒服，搞了个400多块的普通款白色过膝大羽绒服，也挺好看，特别暖和！像卷了一床羽绒被每天T恤套着羽绒服就出门了！别提多开心了！永远可以相信安踏哈哈哈哈　18

图 6-23　安踏冬奥营销(五)

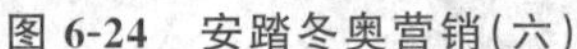
图 6-24　安踏冬奥营销(六)

图 6-25　安踏冬奥营销(七)

在安踏代言人谷爱凌夺冠后，品牌除了在微博平台发布获奖祝福，还在微信朋友圈投放信息流广告，及时发布谷爱凌 TVC，将品牌与冠军荣耀紧密捆绑，进一步强化品牌价值，在满足用户兴奋点的同时迅速抢占用户心智(见图 6-26)。

"奥运主赞助商"的身份，不仅仅让品牌获得了市场营销权，还让品牌获得了使用标志露出和广告投放之外的很多权益。

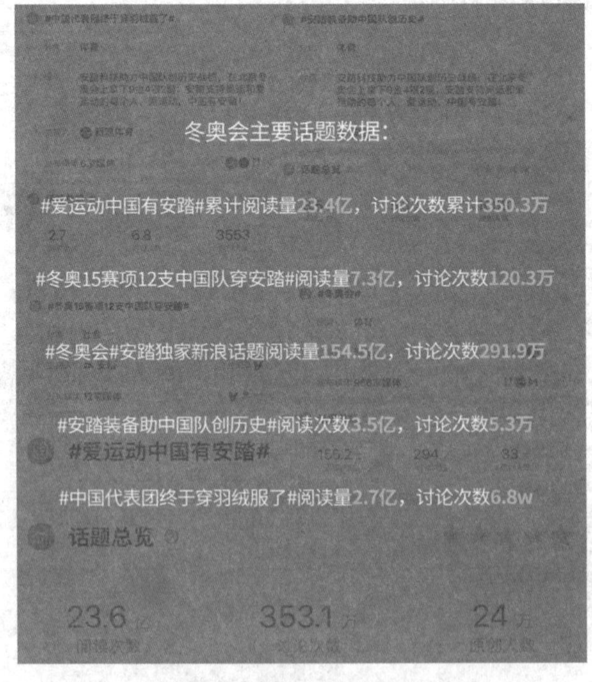

图 6-26　安踏冬奥营销(八)

北京冬奥会让安踏的关注度水涨船高，“名利双收”的中国品牌广受赞誉和好评。甚至有业内人士如此评价：“在这场体育盛会上，如果要选一个以品牌在公众之间的美誉度和曝光度微衡量指标的奖牌榜，第一名必定是安踏。”

写作模版

一、微信推广文案

（一）微信推广文案的常见写作方法

1.核心扩展法

核心扩展法即先将核心观点单独列出来，再从能够体现观点的方方面面来进行扩展讲述，使文案始终围绕一个中心来表述，以防出现偏题或杂乱无章的问题，加强文案对消费者的引导。

2.各个击破法

各个击破法是根据要营销推广的内容，将产品或服务的特点单独进行介绍。写作过程中要注意文字与图片的配合，充分对产品或服务的卖点进行介绍，通过详细的说明和亮眼的词汇来吸引消费者的注意。

3.倒三角写法

采用倒三角写法，可以先将文案的精华部分进行浓缩，并放在第一段的位置引起消费者的阅读兴趣，然后解释为什么要看这篇文案，最后强调产品的优势，加深消费者的印象。

4.故事引导法

故事引导法是通过讲述一个引人入胜的故事，让消费者充分融入故事情节中，跟着故事情节的发展阅读下去，在结尾时再提出需要营销推广的对象。采用这种写作方法一定要保证故事的可读性和情节的合理性，才能使故事有看点，方便推广对象的植入。

（二）微信文案的封面设计

微信文案的封面是用户第一眼看到的推送内容，包括封面缩略图和文案标题。微信号每次向用户推送内容时都是一次搭讪，如果你的推送封面不能引起用户的注意，则很容易被忽略。一般用户在3～8秒的时间内就可以决定是否点击你推送的内容，因此要好好把握封面的设计，设计出抓住用户眼球的封面，让用户主动点击文章。

1.封面缩略图设计

(1)直接式缩略图。直接通过图片说出本篇微信文案所要表达的内容，不拐弯抹角，不扭捏做作，直白地体现出你的诉求，让用户看到并点击你的文章。图片中可以放置文章的关键词或标题信息，利用缩略图比标题占地面积大的优势来获得用户的注意，但要注意图片与文字的设计方式，尽量将文字图片化处理，消除复杂的文字造成的理解障碍，提高用户的阅读体验，从而更容易抓住用户的视线。

(2)贴合主题式缩略图。如果你担心太过直白的缩略图会引起用户的反感，也可以采用内涵一点的表现方式，对图片进行贴合主题的设计，使其吸引用户的眼球。在进行图片的设计前需要先充分了解文案的内容，从根本上去剖析主题，明确图片设计的方向，知道用户能够被哪种设计风格所吸引，这样才能达到吸引用户眼球的目的。

2.添加摘要

微信文案分为单图文文案，如左图所示，与多图文文案。它们的区别是，单图文文案一次只能发布一篇文案，但可以添加摘要；而多图文可以一次性发布最多 8 篇文案，不能添加摘要。

3.常见的标题类型

(1)直言式标题。直言式标题的特点就是直观、明了和实事求是，通过简短直观的语言简明地表达出文案的主题，让用户在看到标题的第一眼就明白整篇文章所讲述的主题。

(2)数字式标题。数字给人一种理性思考的感觉，它天生就有数字论证的情感。使用数字标题可以增加事情的可信度，能激起读者强烈的阅读欲望。如“20 条养生建议，看到第 5 条毫不犹豫地转了”“3 天时间，赚足 5000 元”“5 分钟祛除黑头”“1 秒转账成功”等。

(3)提问式标题。提问式标题是通过提出问题来引起消费者的共鸣，启发消费者进行思考或探究问题的答案。如“冬季穿衣怎么显瘦”“怎么减少雾霾的吸入”“你有以下这些装潢问题吗”等。提问式标题的要点是要以消费者的角度切入问题，考虑消费者为什么会产生这种问题的原因，以及为消费者提供解决的办法。

(4)新闻式标题。新闻主要以报告事实为主，是对新近发生的有意义的事实的一种表述，比较正式且具有权威性。将新闻式标题应用到微信文案中，可直接告诉消费者最近的某些事实变化、新产品发布或企业新措施等，这样的文章可以吸引对实事比较感兴趣的用户。

(5)话题式标题。话题式标题需要紧跟时尚热点，且必须具备时效性。应该在顺应用户阅读需求的前提下，传递出品牌的文化与风格，并引导用户的思维习惯，让他们顺着你的写作方式来进行思考，接受你所传输的观点。

(6)恐吓式标题。恐吓式标题是通过恐吓的手法来吸引读者的关注，特别是对于具有相同症状或心里有某种担忧的用户来说，这种恐吓手法可以引起他们的共鸣。采用恐吓式写法写作标题可以有一定夸张，但不能扭曲事实，要在陈述某一事实的基础上，引导用户意识到他从前的认识是错误的，或产生一种危机感。

(7)对比式标题。世界上并没有独立存在的单一事物，任何事物都是在相互联系中由多种因素构成的。对比式标题就是通过对当前事物的某个特性，通过与之相反的或性质截然不同的事物进行对比，给用户提供当前事物与对立事物的认知，通过强烈的对比和感染引起用户的注意。

(8)猎奇式标题。猎奇是指急切地或贪得无厌地搜求新奇和异样的东西，也指寻找、探索新奇事物来满足人们的好奇心理。猎奇式标题就是利用人们的好奇心理和追根究底的心理，引起他们点击文章的兴趣。

(三)微信文案的正文写法

微信文案，内容为王。优秀的文章需要好的标题，翔实且富有内涵的内容才会让读者真正记住文章所表达的诉求。在现在碎片信息化的时代，人们不会花费太多的精力来思考文章的层次与结构，因此，从读者的角度去思考，怎么写出让他们读起来更轻松、看起来更舒服的文章，才是抓住他们心理的重点。下面对微信正文的布局、正文开头与正文结尾的写作方法进行介绍。

1.微信正文的布局

(1)正文和标题的搭配。当微信文案需要表达的内容较多时，经常会采用小标题的形式来概括内容的重点，以明确文章各部分的内容，并让读者对本文所表达的主要观点一目了然。这些小标题要比正文更加醒目，才能让读者一眼注意到它们。

(2)段落的设置。进行微信文案的正文设置时，要注意段落与段落之间的间距，行与段落之间的距离不能一致，应该要有明显的区别，标题与段落之间也要保证有明显的差异，能够让用户明显地区分出段落与段落、标题与段落，让读者阅读起来更加容易。

(3)图片和段落的排版。文字和图片是微信文案中最常出现的两种元素，文字可以组成段落，图片可以存在于段落之间，起到承上启下或补充说明的作用。一般来说，图片与段落之间的关系有三种：位于段落的上方、位于段落的下方、位于段落与段落之间。

2.正文开头的写法

(1)开门见山。开门见山式写法就是直接说明某产品或服务的好处，介绍如何解决某种问题等。这种写作手法主要围绕产品本身的功能或特性来展开，同时结合消费者的情况，以引起消费者的共鸣。

(2)引用名言。名言警句本身是文章内容的演绎、归纳、解释和论证的结果，具有言简意赅、画龙点睛的作用，也能使读者更深刻地懂得人生哲理。

(3)比喻修辞。正文中常用的修辞手法有比喻、比拟、借代、夸张、对偶、排比、设问和反问等，通过这些修辞手法来写文章开头，可以让文章更有趣味性和可读性。比如“她有着时尚靓丽的外表，迷人的躯体，以及光滑而富有弹性的肌肤。不仅如此，她还温柔体贴，善解人意。她每天早晚都会给你深深的一吻，令你深深沉迷。她是谁呢?”这篇文案的开头生动形象地将产品拟人化，让读者很快联想到与“她”有关的香艳故事，使读者有想要读下去的想法。其实，这只是一篇牙刷的文案。

3.正文结尾的写法

(1)阐述。阐述就是徐徐道来，就像平常说话一样慢慢地将话题由浅入深引导，或者将正文内容按条款依次罗列。阐述并不单指叙述一种方式，可以是反问，也可以是疑问，抛出问题引导思考，然后再解决问题。

(2)反转。反转的方式比阐述的方式更有趣，文案正文内容和标题表达的意思完全相反，这样给读者的冲击力比较大。比如大家都喜欢正能量的心灵鸡汤，但是网络上开始用“毒鸡汤”来反驳鸡汤时，大家对“毒鸡汤”的共鸣非常大。举几个反转的典型案例：你以为有钱人真的快乐吗？有钱人的快乐你想象不到！先定一个小目标，赚他一个亿。生活不止眼前的苟且，还有远方的苟且。平庸的外表让你万事开头难，然后中间难，然后结尾难。

4.正文结尾的写法

(1)自然收尾。自然收尾是指根据文章的描述，自然而然地结束。它不会再描述其他丰富的对象或以深刻的哲理性语言结束，而是自然而然地完结。

(2)首尾呼应。首尾呼应的结尾写作方法，主要是针对品牌、服务或思想做出的诉求。这种收尾技巧能使文章的结构更加完整，使文章从头到尾很有条理性，浑然一体，能引起读者心灵上的美感。首尾呼应的结尾根据开头来写。文章的开头提出了观点，中间进行分析，而结尾则自然而然地回到开头的话题，产生一种首尾圆合、浑然一体的感觉。

(3)点题式。点题式也叫画龙点睛式，是指在文章结尾时，用一句或两句简短明了的话来明确文章的观点，起到画龙点睛的作用。这种方式的结尾，需要前文的铺垫，要让读者慢慢被文章所吸引，读到最后，恍然大悟，原来文章是表达这个意思。这种点题式的技巧能够很好地提升整篇文案的质量，从而给读者留下深刻的印象，也能唤起读者的深思回味。

(4)请求号召式。通过前文的讲解，在文章结尾处向人们提出某些请求或发起某种号召，以求引起人们的共鸣，加深人们对此事的印象并将其记在心里。这是一种隐形的、可以引起人们自发地支持文章所发起的号召的力量，多用于公益类的软文。

(5)抒情议论式。用抒情议论的方式结束文章，能够表达作者心中的情绪，激起读者情感的波澜，引起读者的共鸣，有着强烈的艺术感染力。这种结尾方式多用于写人、记事或描述类的文章。

(四)微信推广文案的写作技巧

1.内容的创作与取舍

微信营销文案可以从整体上分为3个部分的内容：交代事情的背景以及创作文章的原因；用小标题把递进或前后关系罗列出来；结尾。在写作时，可以考虑采用“总—分—总”的结构布局，采用“总—分—总”式的布局往往是在开篇就点题，然后在主体部分将中心论点分成横向展开的分论点，最后在结论部分加以归纳、总结和必要的引申。

利用“总—分—总”式的文案结构布局，有以下技巧和注意事项。一是明确“3W”原则：Who(给谁看)、Why(为什么要做)、What(写些什么内容)。二是详明确目标消费者：创作的时候先明确目标消费者，然后对他们关心的内容进行拆分细化。三是由具体问题展开：横向类比，纵向深挖。四是缩小消费者的范围：针对某一部分消费者群体的刚性需求，在这一方面做专题。五是结合热点：与时下热点的概念进行有机结合。

2.微信朋友圈的文案创作

要写作微信朋友圈文案，需要做的第一件事就是加入微信朋友圈。朋友圈推广是微信营销的一种重要方式。不少品牌也善于利用微信朋友圈来进行品牌的推广宣传，不仅能扩大受众范围，还能加强粉丝黏性。微信朋友圈写作要点：

(1)生活分享。在朋友圈文案中分享自己生活中的幸福时光和趣事，不用一味地植入产品，有时会有一些人不厌其烦地发些硬推文案，如果你只是单纯地进行生活分享，反而会给他们一种眼前一亮的感觉。有时候也可以在其中融入产品，但不要太过生硬，最好有一种自然而然的感觉，让这些消费者在真实生活中了解和感受产品，给予他们更多购买产品的信心。

(2)情感分享。每个人的成长过程中都会有一些感悟，用文字把这些自己亲身经历的感悟描述出来，分享到朋友圈中。对于朋友来说，恰好有比较类似的经历，有一种似曾相识的感觉，会唤起他们的共鸣，即使没有过这些经历的朋友看到，也可能成为治愈情感的心灵鸡汤。

(3)热点分享。热点包括当下热门的话题、新闻、节假日等，这些流行的东西都能满足人们的好奇心，赢得他们的关注。如果文案人员花一点心思去收集并整理好分享到朋友圈中，就容易引起受众的新鲜感，同时他们也更容易关注到你的产品和品牌。

(4)产品信息分享。对于电商来说，最重要的还是推销产品，所以可以适当地在朋友圈中晒一晒自己的产品上新信息、产品详情信息、促销活动、发货情况。但是不能太频繁，一天一到两次或两天一次为最佳，这样的分享也会刺激一些潜在消费者产生购买的冲动。

(5)专业知识分享。作为一个在朋友圈进行产品营销的电商文案人员，需要有非常专业的产品知识，因为没有人愿意买那个连产品都介绍不清楚的人的产品。其次，专业知识的分享如使用方法、使用技巧或产品功用等，也许能帮助消费者解决一些实际的问题，即使解决不了，也会在他们的心目中感受到产品的专业，为以后的销售打下坚实的基础。

(6)消费评价分享。当消费者使用之后，电商通常需要消费者分享一下使用感受，或者要一些反馈图，这也是常用的一种营销方式。有时候，为了让消费者在朋友圈中分享使用感受，可能赠予他们一些赠品，可以随消费者下次购买的时候一起邮寄过去，一举两得。

(7)与朋友互动。互动也是朋友圈里增加粉丝的一种方式，通常可以直接在朋友圈中发表一些互动性比较强的话题，让朋友们都参与讨论。创造的话题最好比较新奇，要抓住热点、制造热点，有一定的宣传力度与实用价值，也可适当以利相诱。这种互动可以是通过要求朋友们在下面留言，提供一些建议或评价，再从中抽取幸运朋友送礼的方式；也可以是发表一些趣味话题，如猜谜、竞拍等。

3.微信公众号的文案创作

微信公众号的推送文章，在通过标题引起消费者的关注后，还需要用优质的文案内容打动消费者。

(1)添加图片和视频。对于产品推广文案来说，最好能制作一些精美的图片，如产品的细节图或场景图，为消费者提供产品具体的形象，或者可以为主打产品制作精美的宣传视频。

(2)内容规范设计。公众号的主界面一般是 3 个一级菜单，每个一级菜单下面可以设 5 个二级菜单。文案内容应该一一归类。

(3)有独特的个性风格。无论是文案，还是图片、字体颜色，都需要用心创作并形成独特的个性风格。

(4)有定期的优惠活动。公众号的粉丝越多，销量转化的概率就越高。消费者对公众号必然有一定的利益诉求，如果公众号中经常开展一些优惠活动，就会引起粉丝的购物兴趣，并使其经常关注公众号信息。

(5)有价值的营销内容。公众号应该传播有价值、有意义的内容。只有为用户提供了有价值的营销信息，才能让用户产生阅读的兴趣，才能持续提升粉丝的忠诚度，让用户参与营销活动。

(五)微信文案的推广技巧

1.朋友圈文案的推广技巧

(1)文案发布的时机

最佳发布时间通常是早上 8:00—9:30、中午 11:30—13:00、下午 17:00—18:30、晚上 20:00—24:00 这 4 个时间段，是大多数人群上下班途中或休息空闲时间，他们会在这些时间段浏览微信朋友圈消磨时间、分享信息。

移动购物的消费者购买行为主要发生在周一至周五的中午12:00—14:00、晚上20:00—22:00,以及周日晚上20:00—24:00,因此,可在这些时段发布带有店铺链接的广告。

(2)好友互动

微信营销效果的好与坏,很大程度取决于与微信好友的关系。建立关系需要经营,而最重要的经营方式就是互动,互动会让好友关系不断加强。微信好友互动主要包括日常互动、朋友圈互动和微信群互动。

2.公众号文案的推广技巧

(1)营造个人风格

这是一个较为缺失个人风格的时代,网络媒体充斥着大量的复制粘贴。因此,将个人风格呈现给用户,个人的想法、状态等,或许能成为运营公众号的一大特色。

公众号的文章除了机械化的语言文字,更应该适当插入嘘寒问暖的关怀。另外,即使转载文章,也应该加入自己的看法和见解,并欢迎大家一起讨论,而不是单纯地转载一篇文章或人云亦云。

(2)内容精准发布

高成交率来源于更精准的定位,内容精准发布是为了实现明确的定位。精准发布,就需要做到对症下药,将文案推广给合适的人。对症下药主要表现在两方面:一是根据用户的风格类型对症下药,二是根据用户的关系对症下药。此外,为了保证推广效果,还可以分析目标用户在朋友圈的活跃时间,在其查看朋友圈的高峰期进行推广。

(3)互动提升用户参与感

吸引用户只是第一步,如果想要持续扩大影响力,还要用好的内容和互动把用户真正留住,将粉丝当作朋友来对待。对于公众号,而言比较有效的互动方式有以下3种:

关键词回复:在推送文章中提醒用户输入关键词进行回复,引导用户通过回复关键词主动了解内容,增加公众号的使用率,同时还可以在自动回复中加入一些惊喜,提高用户黏性。

问题搜集与反馈:在公众号中可以对一些用户感兴趣的问题进行搜集,增加用户的参与度,或者对用户反馈的问题进行解答,对产品的使用情况进行反馈,让用户与用户、用户与公众号之间产生互动。

评论:很多用户在阅读推送内容时,还会阅读评论区的内容。因此,公众号可以在评论区进行互动,或者在评论区自评,鼓励用户进行转发分享。

(六)微信推广文案的排版

(1)推荐比例——行间距为行高的50%。段首不必缩进,大段文字的段落间应空一行。文案边缘对齐,及时调整段落宽度、间距。

(2)文案字体控制在2~3种,颜色最好不超过3种,以淡色调为主,使用同色系颜色。将字体、形状等需要强调的内容放大,适当地搭配相应色彩。

(3)最好不要为文案添加视觉特效(特殊的产品除外)。

(4)配图清晰,色彩与文章整体搭配。文案版面不花哨;排版主次分明,结构层次清晰。

二、微博推广文案

与微信推广营销针对微信好友和关注用户发送信息相比，微博更具广布性，因为每个用户都能查看微博内容。微博注重价值的传递、内容的互动、系统的布局和准确的定位，是基于粉丝基础进行的推广营销。因为微博具有信息传播迅速、广泛的特点，所以通过粉丝分享、转载能够快速形成裂变式的传播，使品牌影响力遍及各个用户层次和群体，被更多人关注和了解。

（一）微博文案的内容

微博文案的内容包括简短合适的文字内容和微博必备的三要素：@符号、#符号和链接。

@符号："@"符号本来用于邮件，后来用于微博中，其主要作用是指定某一用户，用法为"@用户"，比如编写微博时在微博最后加上"@之译文化"，用户"之译文化"就会收到@的提示，可以通过提示查看这条微博。也就是说"@用户"后，至少可以保证这一微博或被用户阅读到，如果微博内容好，他也会转发到自己的主页和粉丝分享这条微博。所以使用@符号可以提高微博的阅读量和转发量，增强互动。

#符号："#"符号是话题符号，用法是"#话题#"，即在话题的前后各加一个#符号。微博上有很多热门话题，进入话题中心后，所有添加了"#话题#"的微博都会显示在话题界面中，关注此话题的人可以看到。所以为了使得微博更容易被搜索到、阅读到，可以在微博中间添加一个或多个话题，提高关注度。

链接：链接的用法更简单，直接将链接网址添加到文案中即可。无论是照片视频，或者是想要分享的其他网页文章，都可以利用链接的方法分享给粉丝。有相关统计表明，带链接微博比不带的转发率要高出3倍左右。

（二）微博推广文案的常见写作方法

1.新闻故事

通过将需要营销的产品包装成吸引人眼球的新闻故事，采用对话、描写和场景设置等方式，在展现事件情节和细节的同时，凸显事件中隐含的目标来推广产品。

2.热门话题

热门话题营销是一种借势营销，在选择话题时，还应注意热门话题的时效性，不能选择时间久远的话题。其次，还要注意文案的措辞，不能使用生硬、低俗的话语进行牵强附会的关联，一定要保证与话题之间的自然关联与协调，不能引起用户的反感。

3.疑难解答

除了新闻故事、热门话题外，选取与用户工作、生活息息相关的话题或普遍面临的问题、难题，也可以引起用户的关注。文案创作者若能针对这些问题给予良好的解决方案，就可以得到用户的认可。如图所示为一则微博文案，它通过直截了当的方式，分享了一个将PDF转化为Word的网站，因其内容的实用性，既为网站进行了宣传，也增加了用户对其的好感。

4.趣味内容

当娱乐成为社会生活的重要元素之一，营销也越来越倾向于娱乐化、趣味化，微博也不例外，娱乐性和趣味性的话题更容易得到广泛和快速的传播，将推广营销信息巧妙地融合在趣味的情节中，可以成为吸引用户的有效方式。除了趣味性的文本内容，还可以为微博搭配有趣、好看的图片来吸引用户。与文字相比，图片的表现能力更强，可以带给粉丝良好的视觉体验。

(三)微博文案的写作要求

1.标题鲜明

一般的微博很少有标题，但新闻类的微博可能会用"【】"符号将标题框选起来，增强视觉效果。

2.内容丰富

在微博上发布文案，可以幽默风趣，可以设置悬念，也可以加入互动内容，这些类型的文案都能引起读者的兴趣。如果为品牌做营销推广，也能很快拉近读者与品牌的关系。

文案也可以按自己的风格来编写，把阅读者中的比较贴切风格的受众细分出来，重点维护。

3.多元素搭配

多媒体技术的运用为微博文案增加了不少吸引力，在微博文案写作上，应充分利用多媒体技术，加入链接、图片和视频等，使文字与其有效地配合，增加信息传播的趣味性和表现力。

(四)微博文案的写作

1.微博标题的写法

微博文案标题的写法可以参照前面其他文案的标题来写，以"【】"符号或"＃＃"符号括起来，以突出标题。

2.微博正文的写法

(1)引入故事。有趣的故事和新近发生的事件总能引发受众的好奇心理，特别是社会事件、新闻等真实、新鲜又具有话题性的内容非常具有可读性，能够快速吸引受众的注意力。

(2)带入萌宠。在微博中，很多话题都是自带传播属性的，比如萌宠。萌宠在微博中自带传播属性，不管是可爱的狗狗、猫猫、小兔子，还是可爱的多肉植物、玩偶等，都能很快受到大家的喜爱，从而获得大家的关注、评论、点赞或转发。

(3)加入互动。在微博中互动很重要，不管是什么样的微博，如果在文案中提示了互动的一些关键字词，很快就可以引起大家的兴趣，纷纷参与到话题的讨论中。互动的形式有很多，一种是直接在微博评论中评论、转发互动，一种是加入热门话题。

抽奖活动在微博中非常常见，很多品牌的账号也会定期发布抽奖的微博，有的抽奖要求可能是关注＋转发，有的可能是关注＋评论，有的甚至会随意从评论中挑选几个走心的发奖。正是因为读者对自身利益的这种需求，且中奖条件比较简单，所以很容易参与进来。

(4)热点借势。一是网络热点。微博上有用户每年都会自发统计今年的网络热点、网络流行语等，且目前爆红的网络流行语几乎都来自微博，比如蓝瘦香菇、厉害了 Word 哥、算我输、反正我信了、小拳拳捶你胸口等，比如热门话题"穿秋裤""保温杯""枸杞""油腻中年男""90 后步入中年"等，这些热点和话题都可以作为品牌营销的切入点。二是热门话题。热门话题往往是一段时间内被大多数人关注的焦点，凭借话题的高关注度来进行产品或服务的宣传，可以快速获得人们的关注。在选择话题时，应注意热门话题的时效性，且不能选择时间久远的话题。其次，还要注意文案的措辞，不能使用生硬、低俗的话语来牵强附会地关联，一定要保证与话题之间的自然与协调，不能引起读者的反感。

(5)逆向思维。逆向思维也叫求异思维，是对司空见惯的已成定论的事物或观点反向思考的一种思维方式。在进行文案写作时，如果能够“反其道而思之”，延伸自己的逆向思维，从问题的相反面来进行深入的探索，树立新思想和形象，那么就可以更快地吸引用户的眼球，并获得他们的青睐。因此，从反方向突破常规，是一种非常容易吸引消费者注意力的方式。

(6)制造话题。用网络流行语来说，微博上的“吃瓜群众”众多。何为吃瓜群众？也就是那些喜欢看热闹并且默默看热闹围观事件的人。很多微博都会利用大家喜欢吃瓜看戏的心情，刻意制造矛盾来引起大家的兴趣，随时关注事件发展，从中获取流量和关注。

(五)微博文案的推广技巧

1.利用话题

利用话题不仅是利用微博的话题功能，同时也指利用有热度、有讨论度、容易激起粉丝表达欲望的信息，比如“你认为哪些 Office 技能特别实用＃Office 加油站＃”。在设置话题促进粉丝互动时，通常需要遵循几个基本原则：一是话题必须有话题感，最好与用户的生活息息相关，能引起用户的兴趣。二是话题最好比较简单，便于用户快速回答。三是话题不要与已有话题产生重复。

2.定期更新微博内容

对于推广营销而言，微博的热度与关注度来自微博的可持续话题。企业不断制造新的话题，发布与企业相关信息，才可以持续吸引目标群体的关注。由于微博传播速度快、信息量丰富的特性，即使刚发布的信息也可能很快被后面的信息覆盖，因此要想持续获得关注，应该定期更新微博内容，稳定输出有价值的、有趣的内容，才能保证微博的可持续发展，带来稳定的流量。

3.展示个性魅力

随着微博的应用普及，千篇一律的推广营销文案不再被用户待见，并且容易使用户产生审美疲劳，只有那些具有个性魅力的微博账号才能脱颖而出。因此，微博营销者在微博营销中是至关重要的一个角色，因为他是企业的网络形象代言人，他的个性魅力代表了企业的个性魅力。个性魅力有很多种，如乐观、幽默、宽容，或者坦率、执着、创造、智慧、善解人意等。事实上，一个营销者不可能兼具这么多的魅力特质。企业应该选择与企业形象相符的微博营销者，如企业品牌形象是创造力强，那么微博营销者最好具有创新思维。

4.微博粉丝互动

与粉丝保持良好的互动沟通，可以加深微博主与粉丝的联系，培养粉丝的忠诚度，扩大微博的影响力。在微博上与粉丝保持互动的方式主要有 4 种，分别是评论、转发、私信和提醒。

5.微博活动增粉

通过活动增粉是一种常见的方式，特别是一些新鲜、有趣、有奖励的活动，更容易吸引用户的关注和广泛传播，微博主可以通过关注转发抽奖、关注参与话题讨论等形式，引导粉丝转发微博，吸引非粉丝用户的关注，如图所示即为微博上常见的关注+转发抽奖活动。

三、视频直播类电商推广文案

(一)视频网站的电商推广文案写作

以“边看边买”为例，消费者在视频网络观看电视剧、电影或动漫时，点击视频中出现的产品贴片广告，即可进行购买，其产品涵盖服饰、母婴、电器等领域。

视频网站的电商推广文案最大的写作特点就在于要与视频内容融合在一起，尽量精简文字，突出主题。由于观众在视频网站停留的主要目的是观看视频，因此商家在植入电商广告时，就需要与视频平台相配合，不能引起观众的反感。

(二)直播平台的电商推广文案写作

目前，直播似乎已经成为电商、社交、视频等各类线上平台的吸睛利器。正因为如此，直播与不同行业结合而形成的“直播+”经济也在逐渐升温。

直播平台的电商推广从广义上来理解，可以看作是以直播平台为载体进行营销活动，达到提升品牌形象或增加销量的一种网络营销方式。直播的预告文案、直播封面信息，以及直播过程中主播的内容介绍脚本和直播过程中的文字输入交流，都可以作为直播平台的电商推广文案的写作内容。

因直播的实时互动性、场景化以及对观众注意力的凝聚和品牌推广的作用，直播营销早已成为各企业和品牌商关注的焦点。

技能训练

1.撰写一篇摄影店活动推广文案，用于店铺的5周年庆典。通过训练，掌握微信文案的配图和版式设计，选择合适的文案撰写角度，以及微信文案的一般写作方法。具体要求如下：

活动时间为9月12日—9月20日。

参与活动的用户必须关注店铺微信公众号“艾米摄影”。

奖品包括价值1999儿童摄影套餐、价值2999情侣摄影套餐和价值5999家庭摄影套餐。

领奖人必须持有效信息到门店领奖并进行预约。

2.六一儿童节将至，某母婴用品店铺对到店购买儿童安全座椅的用户进行促销优惠活动。根据以下要求，撰写一篇微信朋友圈推广文案。

只有购买了指定儿童安全座椅的用户能参加活动。

优惠方式：买一件送玩具公仔；买两件9折并参加抽奖活动；3件以上（含3件）满1000元省300元，并参加抽奖活动。

抽奖奖品：一等奖 iPhone 13 一部（3名）；二等奖 iPad 9 一台（5名）；三等奖现金500元（8名）；特别奖精美小礼品一份（20名）。

3.结合当前热点事件，为美团外卖平台写作一篇微信公众号推广文案。要求语言幽默、亲切，能够体现消费者对外卖干净、便宜和快捷等方面的需求。

4.撰写微博产品推广文案，产品种类不限，但要求采用不同的写作方法，并与粉丝进行互动。

拓展知识

微博文案与微信文案的区别

微博文案和微信文案在创作上几乎没有什么区别，都是通过研究阅读者的心态、喜好，创造出能引起共鸣的、吸引注意的、易于接受的文案内容，从而激发他们对话题的关注、转发和评论。

下面通过表 6-1 来展示微博文案和微信文案之间在某些特性上的区别。

表 6-1　微信文案和微博文案的区别

区别	微博文案	微信文案	总结
形式	微博、长微博	朋友圈、公众号	都能发表短小和长篇类的文案
创作	为信息流快速运转在一个弱关系链条中而准备的	为有差异化价值的信息在强关系链条中流转来准备的	
字数	微博：最多 140 个字 长微博：没有字数限制	朋友圈：不得超过 700 个字 公众号：没有字数的限制	微博文案要更为简短精练、突出重点，如果文字无法表述完整，可以通过图片来弥补
曝光	微博：图文能更直观、完整地呈现在读者眼前 长微博：通过配图和引言呈现，具体内容进入文章了解	朋友圈：完全或折叠呈现 公众号：只能通过标题＋封面呈现，具体内容要进入文章才能了解	阅读性相比，微博和微信朋友圈类似，但微信公众号需要更标题党一点才能抓住读者眼球
形式	开放式的，不论是否关注，都可以在平台上搜索、查看历史消息，阅读不会受到限制	封闭式的，有一定的私密性，只有互为微信好友才能查看朋友圈，公众号也只能关注之后才能接受推送的消息	微信更注重个人阅读以及朋友圈转发
传播	传播速度快，是新闻、事件和热点为导向的快速信息流产品	传播速度较慢	因为微博的开放性，使消息传播的速度远比微信要快

项目七　财经个人职业管理文书

案例引入

小练的求职经历

上海财经大学研究生小练投递求职信和简历1个月后收到一个来自华诺公司的面试电话,电话里问了两个问题:“为什么应聘这个职位? 你对自己有没有长远打算?”小练的回答是:“5年以后成为行业领域的专家,10年后要做信息官(CIO)。”到了正式面试时,小练和其他六七名应聘者来到华诺大楼,每个人都志在必得。第一轮面试很简单,大家一起做游戏,很多人放不开,小练却玩得很开心,并组织大伙一起玩,之后是笔试和智力测验题,随后又被分开,一个个到人事部面试,被问些很专业的问题。面试结束后,小练出于礼貌,再次表达了对这份工作的向往。两个月后,小练接到公司经理的电话,经理和小练谈了两个多小时,话题很随意,例如有什么爱好、如何在没人帮助的情况下完成工作。小练回答得很轻松,列举自己在学校读研时很多课程都是自学为主,高级程序员和一些职业资格证书也都是自学获得,并且表示自己有很强的沟通能力,知道如何利用资源充实自己、帮助他人。不久小练又经过芬兰方面的主管面试,这次的面谈只问了一些生活化的问题,就这样小练走进了华诺公司,成了公司的信息咨询顾问。

小练应聘成功说明:第一,求职者如果对自己有一个比较准确的定位和对职业有长远的目标和规划,那就会获得较大的成功;第二,要让一个从未谋面的公司看中你,前提是撰写一份得体、规范、能打动招聘方的求职信。

任务一　认识财经个人职业管理文书

信息时代,高速发展的数字经济和瞬息万变、竞争尤为激烈的市场使越来越多的企业面临着或发生着迅速的变化:或创业歇业,或重组兼并,或招聘裁员,或发展整顿等。与这种变化相应的另一面是:现今的社会及各个企业,在用人观念和用人制度上也出现了很大变化,如更加注重人的价值、尊重个人的意愿、知人善用、为人才施展才华提供良好的发展环境等。在这一变化的推动下，整个社会的进步与每个企业的发展联系也就更加紧密；而每一个企业的发展变化也与企业中每一个人的事业成败、生命历程更加紧密相连。这一系列的变化自然会使每个行业、企业中的员工在工作职责上、身份角色上面临着改变。于是，越来越多的员工，无论是高级管理人员还是普通员工，经常会遇到一些与个人切身利益或与工作职责紧密关联的应用文写作。由于这类文书的写作涉及的领域多是经济活动的范围，写作的主体既有高级员工也有普通员工，写作的角度多从个人的视角出发，以个人的名义带有较明显的个人主观性，写作的最终目的是为达到个人与企业之间的某种沟通，所以从一定程度上体现了个人与企业之间一种互为发展的紧密关系。同时，这类文书与多以单位或法人的名义、从整体出发的事务文书的视角有所不同，并与私人文书中私人与私人之间的沟通也有所不同。为此，我们把这类写作称为财经个人职业管理文书。

财经个人职业管理文书常用的种类主要有职业生涯规划书、简历、求职信、劳动合同等，这类文书的突出特点就是实用性、针对性强，同时有着严格的格式要求和诸多注意事项，因此，学习这类文书的写作，对于大学生成功求职有一定的现实意义。

任务二　职业生涯规划书

案例引入

你刚读完大一，所学的是财务管理专业，你对未来的职业取向逐渐有了一些想法。为规范自己的行为，请你起草一份职业规划书，写作时请注意对规划书进行设计安排。

必备知识

一、职业生涯规划书的概念

职业生涯规划书是出于不同职业生涯发展阶段的人员或正处在学习阶段的学生，根据其目前所处阶段、职业生涯发展现状、专业学习情况，通过对自身的主观因素和客观环境的分析，确立自己职业生涯发展的下一步目标，选择实现这一目标的职业以及制订相应的计划，并采取必要的行动及制订的行动方案的书面表达形式。学生职业生涯规划是学生就读于大学时根据对主观因素和客观环境的分析，确立自己的职业生涯发展目标，选择实现这一目标的职业以及制订相应的计划，采取必要的行动实施职业生涯目标的过程，也就是大学生对自己的职业生涯发展目标的选择、实施计划及行动方案的书面表达。

二、职业生涯规划书的特点

(一)目标明确

职业生涯规划首先必须要有明确的目标,制订者要根据自己目前所处的环境、工作阶段、职业发展现状、自身素质、所学专业、工作经历、经验积累、外部条件,规划在一定时期自己将要达到的目标、获取的职业地位或职业成绩。

(二)期限可长可短

一般的职业者可以按照自身的条件和客观环境的特点,制订不同期限的职业生涯规划,大学生的职业生涯发展规划时限基本上是根据大学学习的年限制定的。

(三)实施策略灵活

职业生涯规划的实施策略主要是根据职业发展目标,制订一些职业范围内的学习培训、专业技能提高、职场人际关系沟通、企业文化融合等方面的行动计划。或根据未来就业取向,完成与未来可能从事职业相关的学习任务,但可根据实际情况变化不断调整。

三、大学生职业生涯规划与一般职业生涯规划的区别

大学生正处于职业的学习、准备和起步阶段,因此,与已工作过一段时间的职业者的职业生涯规划相比,大学生的职业生涯规划有其一定的特点,在总体原则和操作步骤大体一致的情况下,两者的规划内容和侧重点不尽相同。

(一)设定目标不同

一般的职业生涯规划的总体目标是为了获取一定的职业地位或取得一定的职业成绩。比如,规划自己 32 岁前要进入某企业的高级管理层,或为自己定下两年内销售业务量成为公司之冠的业绩目标等。一般职业生涯规划的阶段目标划分也并不明晰,视个人的总体目标和现实差距而定。而大学生的职业生涯规划,其最根本也最现实的目标是初次就业成功,能拥有一个与自己的兴趣、爱好、能力等匹配的职业岗位,比如,规划自己毕业进入某事业单位的宣传部门。大学生职业生涯规划的阶段目标可以十分明朗,比如,一年级应该达到什么要求,二年级应该完成什么计划,大三、大四要实现什么目标,等等。

(二)规划年限不同

一般的职业者可以按照自身的条件和客观环境的特点,制订期限可长可短的职业生规划。大学生活是一个完整和固定的阶段,其时间维度上有一个标准的划分方法,即大学的学制为大学生活的起止时限,其规划年限一般是与学生的毕业年限相同的。比如,一般院校的本科学制为四年,如果一个新生从入学之初开始进行职业生涯规划,则其规划的起止年限为四年,如果是从一年级下学期开始进行职业生涯规划,则其规划的起止年限为三年半,所以,大学生的职业生涯规划期限基本上都是中期规划。

(三)实施策略不同

一般的职业生涯规划,其实施策略主要是根据职业发展目标,制订一些职业范围内的学习培训、专业技能提高、职场人际关系沟通、企业文化融合等方面的行动计划。大学生处于职业的准备阶段,其职业生涯规划的实施策略主要是了解和探索职业,完成与未来可

能从事职业相关的学习、培训任务，以具备未来职业生活的基本能力和素质。行动计划与大学生本身的学习任务和校园活动联系密切。

四、职业生涯规划书的类型

职业生涯规划书按照不同的分类标准。可分为以下一些类型：

(1)按照撰写者身份的不同，可分为在职人员职业生涯规划书、大学生职业生涯规划书。

(2)按照写作的外在表现形式划分，有表格式、条列式、复合式等。

表格式规划书为不完整的职业生涯规划书，常常仅写有最简单的目标、分段实现时间、职业机会评估和发展策略等几个项目，有的只相当于一份完整的职业生涯规划书的计划实施方案表，适合作为日常警示使用。

条列式规划书具有职业生涯规划的主要内容，但多只是作简单的表述，没有详细的材料分析和评估，文字精练，但逻辑性和说理性不强。

复合式就是表格式与条列式的综合，也称论文式。

一份优秀的论文格式的职业生涯规划书能够对一个人的职业生涯规划做出全面、详细的分析和阐述，是最完整的职业生涯规划书。

(3)按规划时间的长短划分，可分为短期规划书、中期规划书、长期规划书和人生规划书四种，规划制订者可根据自己的实际情况，特别是现阶段的处境来具体选择。

五、职业规划书的写作格式

职业规划书的常规格式职业规划书一般由以下几部分组成：

(一)封面与扉页

职业生涯规划书必须有封面、扉页。封面上写上名称：大学生职业生涯规划书；日期：署上年月日，还可以在封面上插入图片和警示格言。扉页填写个人资料：包括真实姓名、笔名、性别、年龄、籍贯、身份证号码、所在大学、学院、班级、专业、年级、学号、联系电话、联系地址、邮编、邮箱等相关信息。

(二)目录

列出正文部分的前两级标题。

(三)总论

是整个职业规划书的前言或引言部分。

(四)正文

第一部分　认识自我

结合相关的人才测评报告对自己进行全方位、多角度的分析。自我分析就是指在依据心理学的测评系统对自己的心理素质、人格特征等进行测评的基础上，结合自己的兴趣、爱好及以往的经历等加以综合评价，给自己“画像”。自我分析包括以下几方面的内容：

1.主观分析

主要包括个人兴趣爱好、性格特点、各方面能力和潜质及特殊才能、个人价值观念和信仰等。

2.客观分析

主要依据现存的心理测评系统和软件，对自己各方面（智力、职业兴趣、人格特质、职业倾向和能力、职业价值观）进行测评，形成分析报告，还包括其他人对自己的评价内容。

3.以往的经历和目前处境分析

包括以往的学习与工作经历，尤其是取得引以为荣的成绩以及自己认识到的对自己影响特别重大的事件；目前的处境包括处在人生的哪个阶段、正在做什么等，以及对与自己职业生涯发展有密切关系的一些情况，比如家庭情况、对自己帮助的人和事等环境因素分析。

4.自我分析小结

根据自我分析的结果进行总结，这部分可先介绍个人基本情况、职业兴趣，职业兴趣前三项是××型（×分）、××型（×分）和××型（×分），具体情况是……我的职业能力及适应性——能够干什么；我的人才素质测评报告结果显示，××能力得分较高（×分），××能力得较低（×分）。

我的具体情况是……我的个人特质——适合干什么；我的人才素质测评报告结果显示……我的具体情况是……我的职业价值观——最看重什么；我的人才素质测评报告结果显示前三项是××取向（×分）、××取向（×分）和××取向（×分）。我的具体情况……我能胜任工作的能力优劣势是什么，最后进行自我分析小结。

第二部分　职业生涯条件分析

参考人才素质测评报告的建议，对影响你职业选择的相关外部环境进行较为系统的分析。在进行职业规划时，必须全面、客观、正确地分析和了解自己所处的环境和将要面临的环境，即在“知己”的基础上还要“知彼”，这样才能百战百胜。外部环境包括家庭环境分析（如经济状况、家人期望、家族文化等以及对本人的影响）、学校环境分析（如学校特色、专业学习、实践经验等）、社会环境分析（社会经济环境、文化环境、人们的价值观念、就业环境和社会政治制度）、职业环境分析（如职业的特点和要求、现有从业人员的情况、所在行业的发展情况及其对从业人员的要求、未来有哪些行业可能会对你的目标职业有需求）。最后对职业生涯条件分析做小结。

第三部分　职业目标定位及其分解组合

综合第一部分（自我分析）及第二部分（职业生涯条件分析）的主要内容，得出本人职业定位的SWOT分析：

1.职业目标的确定

职业目标的确定是指在自我剖析及对外部环境进行分析的基础上，确立自己明确的职业定位。例如，结论：职业目标——将来从事（××行业的）××职业；职业发展策略——进入××类型的组织（到××地区发展）；职业发展路径——走专家路线（管理路线等）。

2.职业目标的分解与组合

把职业目标分成三个规划期，即近期规划、中期规划和远期规划，并对各个规划期及其要实现的目标进行分解。

第四部分　具体执行计划(行动计划及目标实现策略)

目标实现策略就是行动计划,即通过各种积极的具体措施与行动去争取职业生涯目标的实现。也就是说,在职业生涯规划书中,对如何实现自己的职业生涯发展目标制订一个比较详细而又切实可行的行动计划和策略方案。

1.先制订填写行动计划表

2.制订详细具体实施计划

要分清职业生涯规划的各个阶段的目标并以发展目标为准绳,确定行动策略,平衡各个目标,使其协调发展。例如,短期目标的具体实施计划、长期目标的具体实施计划、人生总目标的具体实施计划。

第五部分　评估调整

职业生涯规划是一个动态的过程,必须根据实施结果的情况以及变化情况进行及时的评估与修正,自觉地总结经验和教训,修正对自我的认知和对最终职业生涯目标的界定。

1.评估内容包括以下几个方面

(1)自我认知的评估、职业目标评估、职业路径评估、实施策略评估。如是否需要重新选择职业。

(2)职业路径评估。如是否需要调整发展方向。

(3)实施策略评估。如是否需要改变行动策略。

(4)其他因素评估。如身体、家庭、经济状况以及机遇、意外情况的及时评估。

2.评估时间

一般情况下,可定期(半年或一年)评估规划;当出现特殊情况时,应随时评估并进行相应的调整。评估出现的或可能出现的危险因素,调整修正及制定备选方案。

(五)结束语

(六)附:参考书目

例文鉴赏

【例文一】

大学职业生涯规划:为理想,甘做不系之舟!

一、职业规划对自我的意义

从专业角度来看,职业生涯规划是指个人与组织相合,在对一个人职业生涯的主客观条件进行测定、分析、总结的基础上,对自己的兴趣、爱好、能力、特点进行综合分析与权衡,结合时代特点,根据自己的职业倾向,确定其最佳的职业奋斗目标,并为实现这一目标做出行之有效的安排。生涯设计的目的绝不仅是帮助个人按照自己的资历条件找到一份合适的工作,实现个人目标,更重要的是帮助个人真正了解自己,为自己定下事业大计,筹划未来,拟定一生的发展方向,根据主客观条件设计出合理且可行的职业生涯发展方向。

于我自身而言，职业生涯规划就是有计划地规划自己的未来，一步一个脚印地去实现自己的职业理想。学习了职业生涯规划，让我更加清晰地认清了自己的发展方向，让我更加明白这条路该如何走。

二、自我分析

记得高中时老师就告诉我们要认识自己，“认识自己”，仅仅四个字，实践起来是何等的艰难！古往今来那么多仁人志士为了能认识自己，不断实践，不断创新，可又有几个能在生命即将终了之时，拍拍胸膛，告诉自己，我终于认清了自己！

但经过一年的思考，终归是比一年前要对自己有更深一些的了解。

首先，我的性格属于双层的，有时候活泼开朗，有时候又很安静内敛，但是这两种性格的转换总是不适时宜地出现，由此我觉得应该加强自我对自身性格的控制，是这两种性格出现的恰到好处，这就需要从小事做起，例如在竞选和社交的方面就要当仁不让，要活泼些；在读书、听课的时候就应该控制自己要安静下来。我觉得自身有一些成功需要的必备品质，如强烈的竞争意识、不达目的不罢休的坚持、不到黄河心不死的决心等，这些都是需要在今后的道路上保持和增强的。

其次，我的兴趣很广泛。我非常喜欢读书，但迫于学习压力，涉猎面很狭窄，基本上只看教材，所以今后我需要多看一些经济、管理、文学、保险方面的书籍，以扩充自己的知识面；会很多种球类运动，虽然不是专业水平，但是作为娱乐还是很受用的，因此可以通过这些运动多认识一些朋友，以扩大自己的交友范围；小时候学过很多种乐器，还有书法、绘画……

最后，我想对我三年后想拥有的能力做一个期望，因为我认为我现在的水平并不能够达到我未来想从事的职业的标准，但是通过三年的努力，我一定能实现目标。三年后，我应该精通经济类方面的专业英语，有一口流利的英语口语，掌握专业的数学、经济、保险精算、计算机等方面的技能，有一定的社交能力和管理能力。

三、专业就业方向及前景分析

统计学是一门应用方法论的科学，它既包括用于各个领域的一般统计方法，如参数估计、假设检验、相关回归等，也包括用于一些专业领域的特殊统计分析方法，如指数分析方法等。本课程不是着重于统计方法数学原理的推导，而是侧重于阐明统计方法背后隐含的统计思想以及这些方法在各实际领域中的具体应用。本专业主要包指一般统计和经济统计两类专业方向，培养具有良好的数学或数学与经济学素养，掌握统计学的基本理论和方法，能熟练地运用计算机分析数据，能在企业、事业单位和经济、管理部门从事统计调查、统计信息管理、数量分析等开发、应用和管理工作，或在科研、教育部门从事研究和教学工作的高级专门人才。

统计专业毕业生有三大流向：市场调查公司、咨询公司，各公司的市场研究部门，工业企业的质量检测部门等企事业单位；银行、保险公司、证券公司等金融部门；政府部门（统计局等）。除此之外，还有许多应用到统计的领域也是统计专业毕业生的去向，比如公司的人源部门会需要统计学专业人才来做一些员工调查；医学统计有着良好的发展前景，目前在国外应用较多，在国内这个领域的发展比较缓慢，但可以预见在未来将是统计专业的就业方向之一。

从2015—2019年统计专业本科毕业生流向来看，到国有企业、三资企业、其他企业就业的毕业生占总数的40%以上。广东、上海、湖北、北京、福建、江苏是接收统计专业本科毕业生最多的几个省份。

四、职业分析

(一)个人的职业选项：可以选择出三个职业目标

1.精算师

从事该职业的优势是专业基本对口和自身的兴趣所在；劣势是统计专业只学了精算师要求的三分之一，还有经济、保险方面的知识都没有学习；机遇是我国未来五年急需5000名精算人才(统计专业就业的一个方向)，目前我国具有国外准精算师水平的精算从业人员只有上百人；风险是拿到精算师证不仅仅是需要的时间很长，实践过程很难，而且很难找到相关的实习岗位，很难获得实践经验。

2.公务员

优势是我的学习成绩在班上名列前茅，学习能力很强，关键是有决心和毅力；劣势是女生比较难找公务员的工作，而且现在没有面试的经验，口头和文字表达能力不是很好，政治大事不是很了解；机遇是国家向社会公开招收公务员，就是给普通人提供一些公平竞争的机会，而作为大学毕业生，在理论道德修养以及知识水平上都有一定的优势。另外，我学习的这个专业有助于我以后到少数民族地区去从事公务员工作。风险是目前社会上出现了“公务员热”，许多人都去报考公务员，尤其是许多的大学毕业生将报考公务员作为毕业后就业的出路，因而，这一岗位的竞争是相当激烈的，加上公务员考试的难度也比较大，要求有较长的一段准备时间。

3.教师

优势是学习成绩较好，我们学校有留校当行政、辅导员的机会；劣势是没有教师资格证，口头表述能力不是很强；机遇是现在学校留校当行政、辅导员的机遇很多；风险是机遇多，竞争也激烈，况且三年后的情况谁都无法预料。

(二)第一职业目标选项的工作内容和胜任条件

精算师是一种处理金融风险的商业性职业。精算师采用数学、经济、财政和统计工具主要处理一些与保险、再保险公司相关的不确定的未知事件。另外，还与雇员保险金(医疗保险和退休金计划)、社会福利工程(社会保障和社会护理)有关。胜任的条件是专业对口和兴趣所在，因为现在还没拿到一些证书，也没做过培训，所以暂时没有很多可以胜任的条件。

(三)与职业选择目标的差距

想成为精算师首先必须拥有精算师证。中国精算师资格考试分为两个层次：第一层次为准精算师资格考试，第二层次为精算师资格考试。准精算师考试目的在于考查考生对保险精算的基本原理和技能的掌握，并涉及基本保险精算实务。精算师考试课程的3门必考课程内容主要涉及保险公司运营管理、公司财务、投资、公司偿付能力管理以及中国保险业法规、税收、财务制度等，2门选考课程则为保险业务的不同方向，在通过全部课程的考试后，还需有专业训练要求，要请一名资深的中国持算师指导，在专业领域工作两年，并有一篇专业报告，经答合格后，方取得精算考试合格证书。而精算师考试所涉及的必考课程不属于我大学的专业课，并且我们学校并没有专业的精算课程，再加上我学的统计并不是经济学方向，在学校也不可能经过专业培训，这些都是我与我职业目标的差距。

五、实际职业目标的具体行动计划（未来三学年）

大一暑假：每天坚持听英语听力，练习英语口语；增加计算机常识方面的知识，熟练编程；看一些经济、管理、文学方面的书籍；多看新闻，了解国家大事；有机会做一些兼职，了解社会。

大二：在学好专业的基础上，做大一暑假做的事，多和老师交流，考英语四、六级证书。大二暑假：和大一暑假同样安排外，准备托福或雅思，争取在大三拿到一个理想的成绩。

大三：考取托福或雅思，获得留学机会。去周边名校听老师的讲课，拓宽知识面，为考研做准备。大三暑假：去一些公司找和专业相关的实习机会，多多积累经验。利用空余时间积累专业知识。

大四：基本方向已经确定，因为现在还不能预料，所以只能说根据当时具体情况做一些适当的计划。

六、结语

整篇规划写下来，道路也越来越清晰，但也有不足，有些规划写得不是很清楚，因为毕竟未来不可预料，我也无法确定今后走的是哪一条道路，这就需要我在今后的日子里根据具体情况慢慢调整，作出不同的计划。上次上网看到一话：为了你，千万次我也愿意。人们用它来形容对感情的忠贞不渝，如今我想将这向话对我的理想说：为了你，千万次我也愿意，无论失败还是成功，我都不离不弃。初中的时候就很喜欢一句话：为了目标，我不曾停留，纵使岸旁有玫瑰，有绿荫，有宁静的港湾，我是不系之舟。是的，为了理想，就要不被世俗诱惑烦心，才能看到最高处别人不可看到的风景。现仅以一副对联自励，也激励所有有理想的人：有志者，事竟成，百二秦关终属楚；苦心人，天不负，三千越甲可吞吴！希望三年后，抑或是更早，或是更迟一些，都没有关系，我们都可实现理想，就算没有，也至少可以告诉自己，求过，不后悔，至少没有浪费我的大好年华，至少没有无为，至少人生过得充实而有意义！

摘自第一范文网

简评：这篇规划目标明确，条理清楚，计划也较具体。从各个方面对自己进行了分析，根据自身的实际情况，合理客观地对自己未来的职业作出了选择，并对目标进行了分解。对每一步都有自己明确的认识和计划，有一定的可行性和可操作性。

写作模板

框图模式	文字模板
标题 ↓ 前言 ↓ 自我分析 ↓ 职业分析 ↓ 职业定位 ↓ 职业目标规划分析 ↓ 评估与调适 ↓ 总结	**大学生职业生涯规划书** 一、前言 现在社会是××××××××××××××,××××××××××××××。××××××××××××××,××××××××××××××。(前言是对职业生涯规划概念和作用的理解及认知阐述。) 二、自我分析 1.职业兴趣:××××××××××××××,××××××××××××××。 2.职业能力:××××××××××××××,××××××××××××××。 3.个人特质:××××××××××××××,××××××××××××××。 4.职业价值观:××××××××××××××,××××××××××××××。 5.胜任能力: (1)能力优势:××××××××××××××,××××××××××××××。 (2)能力劣势:××××××××××××××,××××××××××××××。 自我分析小结:××××××××××××××,×××××××××××××。 三、职业分析 1.家庭环境分析:××××××××××××××,××××××××××××。 2.学校环境分析:××××××××××××××,××××××××××××。 3.社会环境分析:××××××××××××××,××××××××××××。 (分析包含家庭环境分析、学校环境分析、社会环境及就业前景分析。以家庭环境分析为例,学生要分析家庭环境的经济条件、人际关系、资源环境、家庭观念等多方面因素。) 四、职业定位 综合前面××××××××××××××,××××××××××职业分析 SWOT 分析如下: 内部因素:优势因素(S)××××××××××××××,××××××××××。弱势因素(W)××××××××××××××,××××××××××。 机会因素(O)××××××××××××××,××××××××××。威胁因素(T)××××××××××××××,××××××××××。 五、计划实施方案 (一)大学期间:××××年—××××年 1.××××××××××××××,××××××××××。 2.××××××××××××××,××××××××××。 3.××××××××××××××,××××××××××。 (二)大学毕业的五年:××××年—××××年 1.××××××××××××××,××××××××××。 2.××××××××××××××,××××××××××。 3.××××××××××××××,××××××××××。 (三)长期计划:××××年—××××年 1.××××××××××××××,××××××××××。 2.××××××××××××××,××××××××××。 3.××××××××××××××,××××××××××。 (职业目标分为三个规划期,即近期规划(在校期间)、中期规划(毕业后 5 年计划)和远期规划(毕业 5 年后计划),并对各个规划期及其要实现的目标进行分解。) 六、评估调整 ××××××××××××××,××××××××××。××××××××××××××,××××××××××。 (评估与调适是判断职业目标规划合理性的唯一依据。学生若在实践中发现规划目标偏离实际,则根据实际进行实时调整。) 七、结束语 ××××××××××××××,××××××××××。××××××××××××××,××××××××××。××××××××××××××,××××××××××。××××××××××××××,××××××××××。

写作提示

(一)资料翔实,步骤齐全

收集资料有多种途径,可以通过访谈、从报刊图书中摘抄、上网下载等方式获取资料,要尽可能注明资料的出处,并多运用图表数据来说明问题,以提高资料来源的可信度和说服力。

(二)论证有据,分析到位

要了解有关的测评理论及知识,认真审视、思考自己的测评报告并对照自我认识与测评结果的异同,分析与测评结果形成差距的原因,从而确定自我评估结果,做到有理有据、层层深入。

(三)结构紧,逻辑严密,重点突出

撰写时应密切注意整篇文章的结构和重心所在,职业生涯规划书一般包含对职业规划的认识、对自我的剖析、对所学专业的认识、对职业方向的探索及确定的目标并制订计划这五个方面的内容。在对这些内容进行分析阐述时,必须紧紧围绕职业目标这条主线来展开,从而体现文章论述的逻辑性和连贯性。要将重点放在自我评估、环境评估、目标实施上,体现出它的科学性和可行性。

(四)目标明确、合理适中

撰写职业生涯规划书应围绕论述的中心展开,职业生涯目标不能过于理想化,应"择己所爱""择己所长""择世所需""择己所利"。职业生涯规划书撰写是否成功,在很大程度上取决于有无正确适当、切实可行的目标。

(五)分解合理,组合科学,措施具体

目标分解、实现路径选择要有理论依据,而且与备用路径之间要有内在的联系性。目标组合要注意时间上的并进、连续,功能上的因果、互补作用,全方位的组合要涵盖职业生涯、家庭生活、个人事务等方面。

(六)语言朴实自然,言简意赅

职业生涯规划书的语言不需要太花哨华丽,应与表达内容相符,追求一种朴实自然、简洁明晰的风格。注意用词精练准确、行文流畅、条理清楚,这是最基本的写作要求。

(七)格式规范,图文并茂

写作职业生涯规划书要符合写作规范,各种要素都要俱全,在文字叙述的同时可用表格配合说明,使规划书条理清楚。

技能训练

下文个人职业生涯规划能够对自己的主观因素和客观环境进行理性分析,合理客观地规划职业发展目标及具体措施,不足之处是未针对自己的情况作职业分析,请作补充。

个人职业生涯规划

本人今年大学毕业了，思考了一下自己的前途，决定写下来，五年后让自己看看能够做到多少。希望各位会计人也跟我一样，好好地规划自己的会计人生。

一、职业生涯规划之自我分析

（一）我的性格和兴趣

我的性格有些内向，但有时开朗活泼。很积极向上，是乐观主义者，遇事都会从其好的一面观察，每天都会用微笑与别人打招呼。对事情大多抱有乐观态度。对挫折的承受力很强，对于成败看得很重，但大多数时候只是自己心里暗暗较劲。任何事情，只要我决定去做，就一定会尽自己最大的努力。业余时间喜欢听轻音乐。有时会与同学聊天，谈论一些稍有哲理性的问题，交流一下对问题的看法，或者探讨一些待人接物的方法；有时会独自一人躲在安静的环境中思考问题，反思自己，哪些做得对哪些做错了，以及如何完善自己的人格和关注心理健康。懂得开导自己，并以己推人。己所不欲勿施于人，待人真诚，体贴别人，喜欢帮助别人。

因为已打定主意考注册会计师，所以学习非常用功，学习态度也很端正。不太活跃，不主动参加积极性高的活动，不太喜欢喧闹的场面；语言表达能力一般，不善人际交往，在这方面对自己很缺乏自信；喜欢随遇而安，不喜欢领导别人，强制别人。

（二）我的能力

1.我现在拥有的能力

英语，计算机基础技能，会计专业基础知识及相应的实验技能。

2.我的价值观

我没有什么特殊的宗教信仰，是无神论者，坚信马克思唯物主义、马克思主义哲学价值观。但我坚信善有善报、恶有恶报，不管别人如何，只是做自己觉得好的事情，喜欢帮助别人，乐在其中。

3.同学、老师对我的评价

学习刻苦、优秀，本性天真、单纯，缺乏社会实践经验，脾气好，细心、做事细致，但考虑事情不周到，对事情的认识较肤浅，不能看到事情的深层。

根据自身的情况，我觉得适合自己的岗位的有注册会计师行业和会计行业。

二、注册会计师行业前景分析

你知道谁可以合法地侦查经理的钱袋吗？答案就是注册会计师了。一般人看来，会整天和钱打交道，是一份稳定且收入不俗的职业。不过随着中国经济与世界的接轨，国际会计准则将给国内会计师的知识结构和能力水平带来极大冲击，一般的会计人员已经不能满足企业的需要，有一项名为“中国未来十年紧缺人才资源”的调查中，会计师位居榜首，尤其是通晓专业技术知识和国际会计人才更为抢手。毫无疑问，会计师行业将成为未来人气较高的“金领一族”。

会计行业前景分析：会计作为一种商业语言，在经贸交往中起着不可替代的作用，在我国具有良好的就业前景。适应中国外向型经济迅速发展的形势，本专业力旨在为国家培养一批既懂中国会计，又懂国际会计惯例的会计人才，为企事业单位、政府机关、会计师事务所培养具有良好思想素质和职业水平、基础扎实和具有较强业务能力、有较强外语水平和具有创造品质的会会计与财务管理的专门人才。在企事业单位工作的会计人员,经过几年的努力,可能会走上领导岗位,甚至于走上非常高的岗位,在跨国公司里边,有相当多的管理人员是有非常强的会计背景的,也有一些在金融机构、保险机构从业的经验。

三、五年的职业发展目标

(一)能力目标

毕业后半年内学会做一套会计账;毕业后两年后参加中级会计职称考试,力争在两年内通过考试。

(二)经济目标

工作的第一年要求月薪3500元左右;第一年开始提高自己的标准,力争月薪××元;拿到了中级会计师职称以后,力争薪5500~8000元。

(三)职务目标

第一年工作主要到小企业工作,从基层做起;要求在五年内成为一间中小企业的会计主管或者会计负责人(前提是必须拿下中级会计职称)。

四、应对策略

(一)毕业第一年

(1)养成早睡早起的习惯,争取时间来学习和工作。

(2)这个时期主要目标是锻炼自己,提高自己的实务水平,努力赚取经验。在这段时期里,尽量去些中小企业找一份合适的工作就安定下来积极去做,主动去了解公司的整个业务流程,主要了解整套会计实务的操作原理。工资要求并不多,能保证吃住就行。这段时期我认为不适宜频繁跳槽,因为会计这一行经验是最重要的。

(3)这段时期,还要不停地学习会计相关的理论知识,例如金蝶、用友、税务会计方面等与会计相关知识都要学习,为以后做会计主管打好基础。

(二)毕业第二年

(1)这个时期一般都有了工作经验,对于会计来说是比较有利的条件,所以这段时间我会提高自己的工资要求。一是要求原单位加工资,二就是跳槽。但不能频繁跳槽,这对于想做会计主管是不利的。选好一间公司就安定下来,专心工作。

(2)这段时间要努力准备考中级会计职称考试。这项考试要考三门,所以得要提前一年时间来准备,以保证能够一次性通过三门。在毕业第一年的时候,努力养成早起的习惯,这样可以争取时间学习备考。

(三)毕业第三、第四年

这段时间要正式参加中级会计职称考试,力争一次性通过考试。尽量减少不必要的娱乐生活,集中一切物力、财力、精力来考试。

(四)毕业第五年

这个时候中级会计刊师已经拿到,在这一年已经具备挑战会计主管的能力和会计工作经验,努力争取早日当上会计主管这一职务。

通过以上分析,我发现自己未来五年的路是会很累的,但我不怕。俗话说得好,没有方向的船永远上不了岸边。我有我的职业生涯方向,一分付出总会有一分收获,我相信我的未来不是梦!

拓展学习

1.职业生涯规划书应包括哪些内容?
2.如何分解总体目标?
3.为什么要对职业生涯规划进行评调整?
4.你认为制定职业生涯规划书最关键的因素是什么?
5.怎样才能对自我进行正确认知?

任务三 求职信

案例引入

唐代诗人白居易 16 岁时,带着自己的诗稿来到京城长安拜见老诗人顾况,以便赢得显露头角和社会承认的机会。岂料顾况开始根本看不起他,对着书稿上署名"居易"二字嘲讽地说:"长安这地方米贵,在这里'居'可是很不'易'呀!"但是,当他翻开诗稿读到"离离原上草,一岁一枯荣,野火烧不尽,春风吹又生"这样的诗句时,惊奇不已,马上改变口气说:"能写出这样的诗句,'居'下去是不难的,刚才我跟你说的话是开玩笑的,不必见怪。"白居易用他创作的优秀诗篇获得了宝贵机会,最终成就了一番事业。

介绍自己的学识、业绩、能力及特长等的文章,我们叫作求职信。求职信是我们在求职时必须要写好的一种文体,一般还需在求职信的后面附上个人简历。

必备知识

一、求职信的概念

求职信,是求职者向用人单位或相关的领导介绍自己的基本条件、专业技术水平和能力特长,表达自己的求职愿望的一种专业文书。它集介绍、自我推销和下一步行动建议于身,总结归纳了履历表,并重点突出了求职者的背景材料中与未来用人单位最有关系的内容。

求职信是毕业生向用人单位自我推荐的书面材料,也称自荐信,它是所有求职材料中最为关键的支柱性文件，求职信能否吸引招聘者的眼球，直接关系到毕业生是否能获得面试的机会，关系到择业的成功与否。

二、求职信的特点

(一)针对性

所谓针对性，就是求职者要针对本人的专业、兴趣特长等实际情况，同时还应针对招聘单位的用人需求，说明自己求职的理由，特别是要阐明用人单位之所需，正是本人之所有，还要有能证明自己专业特长、实际能力的佐证材料。这种具有很强的针对性的求职信，是求职者成功的重要保证。

(二)自荐性

求职者需要凭借求职信将本人介绍、推荐给用人单位并达到被其录用的目的，这就是求职信的自荐性。在此之前，双方互不了解，因此，求职者要通过求职信让用人单位了解自己、信任自己，达到聘用自己的求职目的。求职者必须在求职信里全面而又有重点地介绍自己，信心十足、恰如其分地向用人单位推荐自己的“德”“识”“才”“能”，并使用人单位了解自己的求职之“诚”，说服用人单位录用自己。

(三)真实性

求职信的真实性主要表现在求职者向用人单位介绍自己的基本条件和相关能力时，特别在突出介绍自己能独当一面，帮助用人单位解决急需解决的困难情况有关时，一定要真实诚恳、实事求是、准确客观地表述，不能有丝毫的虚假和夸大成分。

(四)简要性

求职者利用求职信在介绍和举荐自己时，要力求简明扼要，简洁生动。篇幅不宜太长，以1～3页、2000字以内为宜，过长的求职信会令招聘人员厌烦，同时也说明求职者的组织材料能力和概括能力不强，文字功夫和写作能力欠缺。当然也不宜太短，太短则内容会单薄不全面，会给用人单位留下不严肃、不认真和缺乏诚意的印象，也难以达到求职者推荐自己的目的。

(五)情感性

求职信又叫求职书，是书信文体的一种，是求职者投送用人单位的书信。既然是书信，运用词语必然带有一定的沟通联络感情的色彩，并表现出“求”的诚和热情，同时想得到“求”的成功，还应在求职信中表现出自己旺盛的青春活力和高度自信。因此，求职书是带有一定的情感色彩的。

三、求职信的结构写法

求职信的内容与写法求职信包括标题、称呼、正文、结尾和落款五个部分。

(一)标题

标题一般为“求职信”，应写在第一行的中间。

(二)称呼

求职信的称呼可以是单位，如“贸易公司”“××学校”“×公司人事处”；也可以直呼具体负责人的职务，如“尊敬的××公司人力资源部部长”；还可以是单位具体负责人，一般是姓氏加职务，如“王经理”“赵部长”。写称呼时要使用单位的全称或规范简称，以示庄重、严肃。

问候语放置于称呼的下一行，如：“您好！”“近好！”问候语表示对收信人的尊敬和礼貌。

（三）正文

正文是求职书写作的重点和核心，正文部分要用准确、简要的文字将自荐人的基本情况及自荐的依据和理由充分、具体地表述出来，以便使用人单位信服，进而做出考核录用的决定。正方部分主要包括以下内容。

1.求职的缘由

首先交代求职的缘起，即说明自己是通过何种途径、何种方式获得该用人单位的招聘信息的，自己为什么向该单位求职，最好能明确指出求职岗位。例如：“从《××报》上，获悉贵单位成立网络开发部，急需学历相当、有工作经验的网络开发人员，特来信应聘。”这样既能增强求职的针对性和目的性，又能体现出求职人对用人单位的尊重。

2.求职人的基本情况

正文部分还要交代清楚求职人的一些基本信息，如姓名、性别、年龄、籍贯、政治面貌、文化程度、职业等，给用人单位一个初步的、完整的印象。注意不能采用填表式的罗列方式，而应将这些要素有机地融于一段完整的文字中，以免给人以生硬、断层之感。

3.求职人的优势和特长

这部分要针对用人单位的招聘信息或者所了解到的用人单位的通常要求，详尽、具体地叙写个人的专业特长、业务技能、取得的突出成绩等。在写作中，要注意对自身所具有的才能和专长的展示，要揭示出才能、专长与所取得的成绩之间的因果关系，使它们水乳交融地结合起来。除了介绍职业技能以外，也可简要介绍个人的性格特点、爱好，与同等条件的应聘者比较，入选的机会可能大得多。

4.求职人的愿望和决心

这部分要用简明有力的语言，说明对该工作的喜爱和迫切心情，再写明被录用以后的计划与打算，以及可能给用人单位带来的效益。求职信的常用结束语有“热切盼望贵单位予以肯定答复”“期待贵集团的录用通知”“希望给予面试机会”“如蒙赐复，不胜感激”等。

（四）结尾

出于礼节，求职信的最后往往要写上一两句祝颂的话或敬语，如“祝您鹏程万里，事业发达”，也可写“此致”“敬礼”。

（五）落款

在结尾下方右侧，写上求职人的姓名，还要注明通信地址、电子邮箱或电话号码。在署名下面，写上成文的日期。

（六）附件

求职信一般要求和相关佐证材料一同寄出，如学历学位证、职称证、获奖证书、身份证等的复印件，并在正文左下方注明。

例文鉴赏

求职信

尊敬的公司领导：

展笺愉快！

我从学校招生就业网获悉，贵公司正在招聘销售代表，我认为自己的条件已符合贵公司的岗位要求，为此不揣冒昧，递上我的求职信。

我叫曹××，男，1997 年 5 月出生于辽宁沈阳，汉族，中共党员，身高 175cm。现就读于新华大学市场营销专业，将于今年 6 月本科毕业。已经顺利通过大学英语六级考试，具备基本的翻译能力和简单的口语沟通能力。获得全国计算机等级考试三级证书。能熟练应用各种办公软件，熟悉 Windows10 操作系统和 Office2016、网络基本操作。

在宝贵的大学四年中，我系统地学习了管理学、经济学、统计学、财务管理、市场营销、经济法、消费者行为学、国际市场营销、市场调查、企业销售策划、市场调查与预测等专业理论知识，积极参加实习和实践。在课余时间自学了统计学和心理学的知识，努力向复合型人方向发展。大学期间，我学习刻苦认真，取得了优异成绩，连续三次获综合奖学金。我在认真学习理论课程的同时，还协助老师完成著作《×××》、教材《×××》、省社科基金课题“×××××”的资料收集以及文字校对工作，在此过程中学习了撰写学术论文开展科研项目的方法，开了学术视野，提高了专业水平和专业能力。

在进行专业学习的同时，我也非常注重专业实践。其中两次实践经历对我帮助很大。第一次是大学三年级时，我作为项目负责人和我的小伙伴一起申报了大学生创新创业训练(以下简称“大创”)计划项目“×××××”，获批为辽宁省级项目。在中期检查时，由于成果踏实、丰富，该项目最终入选为国家级项目。这次“大创”训练给我提供了一个将专业理论转化为专业能力的机会，丰富了我的实战经验，使我进一步体会到团队协作精神的重要性。第二次是在顶岗实习的过程中，我在华信公司担任实习销售员，主要负责该公司化妆品的校园宣传、推广和销售工作。在此期间，我踏踏实实地跟在师傅身边学习，每天提前到岗半小时，认真做好当天的准备工作。下班后晚走半小时，主动向师请教工作中遇到的难题。经过努力，我成为所有实习生中的业绩冠军，甚至超过了几个在职销售员。我认真的工作态度和积极上进的工作作风，给实习单位领导和同事留下了深刻印象，在实习期结束后，实习单位领导特意为我写了求职推荐信。

以严谨踏实的态度对待专业学习是我的优点，但我并不是“两耳不闻窗外事”的书虫。大学四年，我积极参加学校和社会的各种实践活动，曾担任校文学社的秘书和摄影协会的组织部部长，参与策划了大型晚会“把自信留给自己”和“奔腾岁月”，并参与组织了摄影协会的野外实习活动，得到院系领导的好评和广大同学的积极响应。

学生工作使我有了较强的组织协调能力和团队合作精神，实习工作培养了我吃苦耐劳、积极进取的工作作风，而知识的积累让我满怀希望和信心。正所谓学以致用，大学四年所学就是为了能在实际的工作中得到运用和发挥。我对贵公司仰慕已久，希望凭借我扎实的专业知识技能和相关实习经验、积极的进取精神和踏实的工作作风，成为公司销售团队的一员，为公司的蓬勃发展贡献力量。如蒙慨允一个面试机会，我将非常感谢。

此致

敬礼！

附件：1.个人简历

2.学习成绩单

3.大学英语六级证书复印件

4.全国计算机等级考试三级证书复印件

5.各项获奖证书复印件(5 份)

6.实习证明(2 份)

7.推荐信

曹××

××××年 5 月 15 日

通信地址：市×区××路 21 号新华大学管理学院××级市场营销专业 1 班

手机：139-1234-××

电子邮箱：1234560126.com

简评：这篇求职信先开门见山指出何渠道得到招聘信息以及求职意向，接着有针对性地介绍自己个人信息、所学专业、技能、工作实践经验、工作能力，投其所好地将自己最大的优点呈现了出来，结尾诚恳地提出了求职愿望，表达热情、有礼，态度谦虚，容易为人接受。

写作模板

框图模式	文字模板
标题 ↓ 称谓 ↓ 求职缘由 ↓ 学历、专长、业绩 ↓ 职业素质、兴趣、性格 ↓ 求职意愿 ↓	**求职信** 尊敬的××(或职位)： 我从××××××获悉，贵公司正在招聘××××××，我应聘××××××，××××××。(前言：写求职、应聘缘由、求职意向)。 我是××××××学校××××专业学生，××××××。在大学学习期间，我努力学习各门课程，并取得了良好的成绩(见附件)。我还自学了×××、×××等，曾获××××××等奖项，具有×××××技能(个人信息、学历、学习情况、成绩、特长与重点介绍与招聘岗位对口或者相关的专业背景和)。 学校实践××××××××××。社会实践方面，××年×月曾在××××××××××；××年×月×××××××××××；×××；××××××××××兴趣，××××××××××精神，××××××××××团队合作精神(个人的志向、职业素质兴趣、特长性格)。 本人期盼××××××××××，从事×××××××××。我会用×××××××××××××来回报贵公司×××××(胜任工作的决心)。

续表

框图模式	文字模板
结束语(敬语) ↓ 附件 ↓ 联系方式	期望××××××××××。随信附上简历、获奖证书×××等(诚恳的态度、附件名称)。 此致 敬礼!(敬语) 附件:×××××××××××××× ××敬上 ××××年×月×日 联系地址:×××××××× 电话:××××××××

写作提示

(一)充分挖掘,客观评价

求职文书是以自己介绍、自己评价的方式来向用人单位推荐自己,因此对求职人基本情况的叙写,必须从充分体现个人特点,深入挖掘自身专长,应站在用人单位的角度来考虑自己能够胜任工作的职场能力、性格特点,能为用人单位创造什么价值,并清晰、明确、有条理地表达出来。

同时,不能一味地为了获得工作而夸大其词,应从实际出发,实事求是。另外,有关求职者才能、专长和成绩等的表述,务必适度得体,不能夸大,也不能缩小。要避免含糊其词,更不允许凭空编造。

(二)突出重点,针对性强

要重点叙写能够反映求职人工作能力、工作水平,以及符合用人单位要求的材料。切忌平均用墨,主次不分。针对性强主要包括以下两方面:

1.针对不同岗位、不同单位性质撰写不同简历

很多应届毕业生在求职时目的不清、目标不明,凭借一份简历盲目投递,大大降低了成功率。可以撰写多份不同职业方向的简历,有针对性地投递。例如,可以在应聘编辑岗位的简历中突出文字能力,在应聘语文教师的岗位中突出从业经历,在应聘活动执行岗位的简历中突出沟通能力和团队协作能力。

2.针对岗位性质,凸显个人特点

投递给国企的简历一定要写得中规中矩、大气庄重,投递给创意产业企业的简历就可以轻松愉快、特色鲜明。

(三)避免空洞,多用实例

用人单位面对如雪片一样的求职材料时,会不可避免地产生审美疲劳,要在众多简历中脱颖而出,就要避免千篇一律、千人一面的空洞评价,将自己的能力和专长与具体的事实、事迹结合,用事实和数据说话,使之更具有说服力。例如,“学习成绩突出”不如“五次

获得奖学金”,“领导力强,具有团队凝聚力”不如“任职期间带领团队获得了优秀团队称号”,“富有创新精神”不如“参加创新创业大赛获三等奖”,“吃苦耐劳持之以恒”不如“三年坚持晨跑从未间断”。

(四)态度诚恳、谦虚谨慎

求职是希望用人单位能聘用自己,所以要用热切和中肯的态度,引起用人单位对求职者的好感,进而博得对方的信任和认可。

技能训练

病文修改。本例是一封院校学生求职信,求职者就读的学校、院系、专业是明确的,应聘的具体岗位虽不明确,但信的第二段大体能显示其意愿。他说:“我在学校辅修经济管理专业,在这方面有自己的一些不成熟的思路,盼望能有一个付诸实践的机会。”据此可见,他应聘的大概是经济管理的职位。也就是说,这位同学应聘的职位不是他的主修专业而是辅修专业。按照传统的观念,招聘与应聘首先要专业对口,而这位同学的情况属于勉强对口,他被招聘单位看中的可能性很小。但是,现在随着人们思想解放、观念趋新,有些招聘者并不在意专业对口,而更看重求职者的职业兴趣和实际能力,因而又不能排除这位同学应聘成功的可能性。这封求职信的作者能否得到用人单位的青睐?为什么?在这种招应聘专业不完全匹配的情况下,应聘者应如何写好这封求职信?

【例文】

经理先生:

我是××大学公共关系专业的本科生,现已学完全部课程,学习成绩优秀,各门功课平均成绩在80分以上(成绩表复印件附后),曾担任系学生会纪检委员,工作认真负责,曾被校学生会评为优秀学生会干部(荣誉证书复印件附后)。我有广泛的爱好,在书法、足球方面尤有特长,是系足球队主队员。身体健康,能够从事重体力劳动。我善于处理人际关系,在大学四年,从未与同学和师长闹过别扭。

我应聘贵公司的职务,主要目的是想干一番事业,并不计较福利待遇和个人得失。我研究过贵公司的背景材料,发现贵公司有一套独特的经营管理之道,在实行过程中,虽然难免有不完善之处,但只要不断总结经验教训,就能逐渐形成公司的经营管理特色。我在学校辅修经济管理专业,在这方面有自己的一些不成熟的思路,望能有一个付诸实践的机会,这也是我向公司积极应聘的原因之一。如能如愿以偿,我将努力勤奋工作,在本职岗位上创造出骄人的业绩。我坚信您是不会失望的。恳请您在×月×日前给我答复。

此致

敬礼

××大学社会系×××

20××年4月18日

拓展学习

1.给自己认为适合自己事业发展的某公司的人事部写一封求职信。

要求：格式规范，内容齐备，语言得体。

2.本例是一封再就业求职信。从信的内容看，求职者当前似乎没有工作，处于待业状态，但求职者经历丰富，求职意向也不苛求。读后请说说：他的应聘成功率如何？根据他的特点，应如何表述才能被人重视？这个案例让你来写，你会怎么写？

梁总：

虽然您很忙，但是希望您能看完我的信。

我是一个经历坎坷、尝尽酸甜苦辣的人。因为敢于创新，而品味过成功的丰硕果实；因为敢于冒险，也体验过触礁的震荡与凄凉。这一切都锤炼了我作为企业管理人员所必备的成熟与胆识。

我的过去，正是为了明日的发展而准备、而蕴积；我的未来，正准备为贵公司而奋斗、而拼搏、而奉献！

现在正是贵公司招兵选将待机而发的重要关头。我不想在凉爽的空调房里坐享其成，也不想仅仅是锦上添花，我想雨中送伞，我想雪中送炭。我想亲身去闯、去干！

××××年到××××年间，我经受过8年驾驶汽车、摩托车的锻炼；学过3年法律；经历过5年办案的挑战与考验……

做文秘，我有作品见报；做驾驶，已有20万行程；做经管，我已摈弃了不切实际的梦想而变得自信和有主见。

良禽择木而栖，士为知己者"容"。当公司需要宣传、誊写文书时，也许我可以提笔"滥竽充数"；当您为了提高办事效率而自己驾车的时候，也许我可以替换疲惫的您偕同前往；当公司为法律事务而起纠纷，因为业务增多而难于应付的时候，我可以用所学法律知识摇旗呐喊，竭力为公司解一分忧愁，增一寸利润，挽一点损失……

我不能再说了，说多了我怕像王婆卖瓜，有自卖自夸之嫌。"实践出真知，斗争长才干。"我只需要实践，去闯、去干。因为才干在实践中养成，也终究要在实践中体现！

××经理，一个合作机会，对我来说是一次机遇，也是一次挑战，更是一个良好的开端。我期待着好消息的早日传来。

此致

敬礼

陈××

××××年×月×日

附：简历、资料（略）

任务四　简历

案例引入

刘明扬，××学院大学生记者团团长，由于在写作上的优势，在公务员考试中顺利通过了笔试以及国家税务总局的复试和面试，被分到其直属事业单位中国税务出版社工作。一年后，正值农村税费改革进入新阶段，农业税司的人手逐渐紧张起来，而刘明杨的简历和出色的文笔给领导留下了深刻的印象，他快速准确的写作能力、有条不紊的组织能力被看中，工作不仅不受影响，还被领导重用。

绝大多数的单位都要求申请者提供简历，并作为审查、批准、聘任的重要依据之一，求职工作中，一份完备的简历尤为重要。

必备知识

一、简历的概念

简历就是一个人简明扼要的履历，一般采用一览表的形式，所以也叫简历表或履历表，它是求职者和在职员工在求职或转换工作单位的过程中，向用人单位证明自己具备某项工作资历与条件的一种专用文书。具体来说，简历是招聘单位初选人才的依据材料，一份完备的简历会给招聘者留下深刻的印象，使求职者易于获得复试或面试的机会，促使求职者应聘成功。所以，对于求职者来说，个人简历必不可少，必须认真书写、制作。

二、简历的特点

(一)真实性

简历必须客观真实地叙述个人学习经历、实践或工作经历等情况，任何编造都可能给求职或应聘造成难以预料的后果。

(二)自评性

简历需对个人的专业特长等作出自评，突出个人特点，毛遂自荐，让他人了解自己，达到求职或应聘的目的。

(三)简要性

顾名思义，简历就是简要、简洁地介绍个人的学习经历等相关的情况。

三、简历的分类

个人简历按照不同的标准,可分出不同种类。

(一)个人简历从内容上一般分为两类

1.一般性的个人简历

它要求全面地介绍自己的履历、特长、优势、爱好、兴趣等,可以投放给任何一家用人单位。这种简历能否在求职中奏效,全凭用人单位对求职者的资历背景感兴趣与否而决定。

2.针对性的个人简历

它是求职者在通过各种渠道得知某用人单位的需求和认真分析了自己的条件后,专门向某用人单位投送的简历。这种简历要在个人一般性简历的基础上,把自身所具备的、用人单位所需的条件,尽可能地作重点说明。特别要详细说明自己以往在与用人单位招聘的相同或相近的工作岗位上所表现出来的专业技能、特长与突出成绩,以及独立开发或参与开发的新项目、新产品及在本行业中的地位、自己所起的作用,等等。如果是一个刚刚走出校门的大学毕业生,因为没有工作经历、工作成绩和科技成果可言,那么,就要重点介绍自己与用人单位所需要的专业、本人在专业学习中的成果、自己对用人单位急需专业方面的国内外前沿科技现状的考察、分析,以及自己的设想、主攻方向等。这样有针对性的简历会引起某用人单位的重视,助你求职成功。

(二)个人简历从形式上一般分为三类

1.时序型的简历格式

按时间倒序描述你的工作经历,从最近的职位开始,然后回溯,着重强调责任和突出的成就,这种格式比较适合有较丰富的工作经历、工作经验、工作成果的求职者。

2.功能型的简历格式

在简历的开始部分就强调自己特殊的成就和非凡的资质,但是并不将它们与特定的雇主联系在一起。当你正在改变职业,或者有就业记录空白,或者不宜使用时序型格式时,就可使用这种格式。

3.综合型简历格式

它同时借鉴和综合了功能型格式和时序型格式的优点,在简历的开始部分介绍求职者的价值、资信和资质(功能部分),随后的工作经历部分提供支持性的内容(时序部分)。

四、简历的结构写法

(一)标题

简历的标题一般有“个人简历”“简历”“求职简历”和“×××(姓名)简历”等写法。

(二)正文

简历正文的基本内容和结构写法如下。

1.基本信息

基本信息包括姓名、年龄或出生年月、性别、出生地、民族、政治面貌、身高、专业、学历、毕业院校和毕业时间等

2.教育履历

教育履历包括个人从高中阶段至所获最高学历阶段之间的就读学校及专业，需注意前后年月排列的逻辑顺序。

3.主要学习课程

主要的学习课程及其成绩。

4.实践、社会工作经历

突出大学阶段所担任的社会工作，在各种实习中担当的工作，如果担任了职务也应具体写上。

5.获奖、获取职业技能证书情况

各种获奖项目、等级或名次，以及相关的职业技能证书可作为附件。

6.能力、特长及个性评价

内容的介绍要恰如其分，尽可能使你的专长、兴趣、性格与你所谋求的职业特点、要求相吻合。

事实上，“教育履历”“实践、社会工作经历”已隐含了个人的能力、性格等，因而必须前后相互照应

7.求职意向

简短清晰，表明本人对哪些岗位、行业感兴趣及相关的适当要求。

8.联系方式与备注

即写明电话号码、E-mail、QQ、详细通信地址、邮政编码等。简历通常有一个封面，封面的联系方式必须和内文的一致。

例文鉴赏

【例文一】

简　历

姓名：×××　　　　民族：××　　　　专业：×××××

籍贯：××　　　　健康状况：××

◆知识结构

主修课：×××××××××××

专业课程：××××××××××

选修课程：××××××××××

实习：××××××××××

◆专业技能：接受过全方位的大学基础教育，受到良好的专业训练和能力的培养，在地震、电法等各个领域，有扎实的理论基础和实践经验，有较强的野外实践和研究分析能力。

◆外语水平：××年通过国家大学英语四级考试。××年通过国家大学英语六级考

试。有较强的英语阅读、写作能力。

◆计算机水平：熟悉 Windows10 操作系统和 Office2016、网络基本操作，掌握 C 语言、Python 程序设计。

◆主要社会工作：中学时，担任班长、校学生会主席、校足球队队长；大学时，担任班长、系学生会主席、校足球队队长、校国旗班班长。

◆兴趣与特长：

★喜爱文体活动，热发自然科学。

★小学至中学期间曾进行过专业单簧管训练，校乐团成员，多次参加重大演出。

★中学期间，曾是校生物课外活动小组和地理课外活动小组骨干，多次参加野外实践和室内实践活动。

★喜爱足球运动，曾担任中学校队、大学系队、校队队长，并多次率队参加比赛。曾获吉林市足球联赛（中学组）“最佳射手”称号，并参加过 2015 年××××大学生足球联赛。

◆个人荣誉：

中学：×××优秀学生，×××优秀团员，三好学生，优秀干部。×××英语竞赛三等奖。

大学：校优秀学生部。××年度一等奖学金。××年度二等奖学金。

◆主要优点：

★有较强的组织能力、活动策划能力和公关能力，如在大学期间曾多次领导组织大型体赛事、文艺演出，并取得良好效果。

★有较强的语言表达能力，如小学至今，曾多次作为班、系、校等单位代表，在大型活动中发言。

★有较强的团队精神，如在同学中，有良好的人际关系；在同学中有较高的威信；在比赛活动中善于协同作战。

◆自我评价：活泼开朗，乐观向上，兴趣广泛，适应力强，勤奋好学，脚踏实地，认真负责，坚韧不拔，吃苦耐劳，勇于迎接新挑战。

◆求职意向：胜任××及相关领域的生产、科研工作，也可以从事易、营销、管理及活动策划、宣传等方面工作。

摘自《第一范文网》

简评：这是一份在校应届毕业生写的简历，写作思路清晰明确，突出了自己的专业学习情况、所取得的荣誉、兴趣与特长，并用在大学期间曾多次领导组织大型体育赛事、文艺演出且取得良好效果的经历，来证明自己具备一定的协调、沟通以及组织领导能力。全文梳理、归类清楚，语言也较简洁。对于一些没有或欠缺实习或兼职经历的大学毕业生来说，可以用参加学生会工作和社团活动的经历来弥补。

写作模板

框图模式	文字模板
基本信息 ↓ 联系方式 ↓ 教育简历 ↓ 学习课程 ↓ 实践经历 ↓ 任职情况 ↓ 获奖情况 ↓ 能力、特长 ↓ 自我评价 ↓ 求职意向	基本资料

姓名		性别		出生年月	
民族		户籍		目前所在地	
政治面貌		学历		所学专业	
毕业院校					
联系方式					
教育简历					
课程学校					
实践经历					
技能证书					
在校期间 任职情况					
获奖情况					
个人能力 （及特长）					
自我评价					
求职意向					

写作提示

(一)内容要真实,表述要全面

个人简历最重要的要求就是内容要真实,能如实地表达自我经历,不能弄虚作假、伪造学历和经历,不要夸大自己的能力和业绩。真实的简历就是自己的诚信记录:诚信作为一种美德越来越被重视,任何一个重视人才的单位都视应聘者的诚信为最基本的要求。简历虽重在简,但要使招聘单位在最短的时间内了解自己的基本情况,对自己有个比较清晰的印象,就要在简历的写作中注意内容的全面和完整。简历要求全面,但绝非面面俱到、主次不分。恰恰相反,而是应根据单位和职位的要求,根据自身的强项,巧妙地突出自己具备符合招聘单位需要的个人优势、实践经历、经验与成果,这些乃是简历的点睛之笔。

(二)重点要突出,评价要客观,要有针对性

由于不同的单位、不同的职位对应聘者有着不同的要求,所以写作简历时要进行认真分析,有针对性地进行设计和准备。在制作简历时,还应该考虑诸如企业文化、企业背景等信息,这样才能有的放矢,把你的亮点有目的地展示给公司。还可以表现出自己适合企业某方面需求的特点,使之与企业的用人理念相契合,从而引起共鸣,最终顺利赢得这份工作。写作时还要分清主次详略,突出重点,只有条理清晰、重点突出的简历,才能使用人单位在较短的时间内找到他们感兴趣的内容,从而对你的资历作出正面的评价。同时还需要写出具体事实,不能仅仅罗列经历、能力或成就,还要注意对自我的评价要客观,即自我评价时要实事求是、客观公正,既不要虚夸自己的优势、能力、特长、业绩和成果等,也不要过度谦卑、妄自菲薄。自我评价应当是实事求是、恰如其分、不卑不亢,有时,适当地说出自己某些方面的不足,反而更能赢得好感。

(三)语言要简洁,篇幅要简短,格式要符合规范

招聘人员面对大量的求职书、简历,工作异常繁忙,加之大多数简历格式内容大同小异,所以对每份简历都会进行粗略的一次性阅读并筛选。如果简历过长,招聘者就会缺乏耐心去完整细致地阅读,所以写作简历不宜太长,而应当言简意赅,表达流畅,可多用些动词,既要全面又要突出重点。简历的简明,决定了其语言文字的准确规范、文风的庄重朴实,忌用描绘、抒情、议论等词句和引经据典。

简历的制作应完全符合写作规范。此外,还要考虑招聘单位企业性质的区别(外资、中外合资等),可分别采用中外文形式写作,同时,还要把自己求职的具体目标、岗位及自身条件、专业技能优势写清楚,虽然在求职书中曾经有过表述,但仍有必要在此重新写明。还有一点不应忽略,就是要把自己所有证件、获奖证书的复印件和照片一并附上,要把自己的联系方式(电话、E-mai)写准确。

(四)版面设计要美观大方,精益求精

简历要与众不同、充满激情,乏味的简历只能换来乏味的工作,所以,应以新颖别致、令人耳目一新的方式包装简历。一份令人满意的简历,除了内容写得好之外,其版面设计也很重要,简历的版面如同一个人的脸面,是给人的"第一印象",优秀的版面设计,不但会给招聘者眼前一亮的感觉，还可以体现出求职者的文化素养和美学品位等基本素质。优秀的版面设计应当做到颜色适宜醒目，款式美观大方；字体大小适中，字行疏密得当；目录、正文主页标志明显，段落条理清晰，读之令人赏心悦目。

(五)视频简历

视频简历，是把求职者的形象与职业能力表述通过数码设备录制下来，经过对录制后的影像编辑及播放格式转换，在通过播放器播放的一种可以观看求职者影音形象的简历形式。视频简历凭借客观的影音效果以及丰富信息量，快速拉近了求职者和用人单位的距离，使用人单位在较短的时间内全面了解求职者。

技能训练

1.试为自己的求职撰写一份简历。

2.这份大学生表格式求职简历介绍了求职者的联系方式、教育简历、在校期间的学习、获奖以及自我鉴定等个人基本情况，不尚空谈而注重以事实说话。结构清晰，信息具体。但是这份简历还有不足之处，请找出。

姓名	张三	性别	男	出生年月	1998-9
民族	汉族	户籍	广东广州	目前所在地	广东广州
政治面貌	中共党员	学历	大学本科	所学专业	法律事务
毕业院校	××××学校×××××××学院×××××专业				

联系方式	电话	×××××××××××× ×××××××××
	通讯地址	×××××××××××× ×××××××××

教育简历	2012 年 9 月—2015 年 7 月　就读于××××市×××中学
	2015 年 9 月—2019 年 7 月　就读于××××学校×××××××学院×××××专业

个人能力	能力证明	全国计算机二级、英语四级、办公自动化高级等证书，通晓粤语、潮汕方言
	其他特长	1.有较强的组织沟通与协调能力 2.具备较强的责任心和集体主义感能力
	求职意向	行政助理、人事文员等

教育简历	2016 年 9 月—2018 年 7 月　任 06 法律 3 班团支部书记 2017 年 9 月—2018 年 7 月　任××系学生会副主席、普法协会副会长 2017 年 9 月—2018 年 7 月　任××系学生党支部支委会委员 2017 年 7 月—2018 年 8 月　××市博大电子有限公司实习，从事办公室实务工作 2018 年 3 月—2018 年 6 月　在××市区司法局顶岗实习，从事司法行政工作实务

获奖情况	2017 年 5 月　××区广益街道 2012 年度“优秀青年志愿者” 2017 年 7 月　××市 2008—2009 学年度“优秀学生干部” 2018 年 5 月　被评为“优秀社团会员”“优秀法制助理班主任” 2018 年 11 月　校奖学金“精神文明奖”、校“十佳团支书”称号 2018 年 5 月　校诗歌征文比赛二等奖、校“团支部风采大赛”团体第二名 2018 年 7 月　校“优秀共产党员”荣誉称号

自我鉴定	本人性格开朗、稳重、有活力，待人热情、真诚。对工作认真负责，积极主动，能吃苦耐劳，有较强的组织能力、实际动手能力和团队协作精神，能迅速地适应各种环境，并融入其中。曾多次组织策划学院学生会、社团的各类活动，具备相应的组织领导能力；积极参加社会实践活动，先后于博大电子有限公司、金海岸中学、金海区司法局等单位进行实习，锻炼自己不怕苦、不怕累的作风精神；注重自身道德的修养，热心公益事业，多次参加无偿献血、义务劳动及捐款活动，主动向党组织靠拢，在大学生涯终于成为一名共产党员，并获得学校“优秀共产党员”的光荣称号。 学校的一切只能代表以往的行为与成绩，一纸虔诚的写照，能否打动您那颗炽热的心？座右铭：常怀感激之心，一生快乐无穷……

拓展学习

一、填空题

简历具有__________、__________和__________ 3 个特点。

二、判断题

1.简历必须客观全面地介绍自己的学习经历等情况。（　　）

2.简历如果对自己的情况能够客观如实地介绍，则不必再在文字中作自我评价。（　　）

三、写作训练题

试为自己的求职撰写一份简历。

任务五　劳动合同

案例引入

在大学生就业难的现实情况下，找份工作不容易，找份好工作更不容易，于是一些人就会草草“就范”，但结果是让那些签劳动合同时忽略的细节扰乱了进入职场后的心情。

有些学生在进单位后实际拿到的工资与劳动合同上写好的工资数额相比大大缩水，理由是公司依法代扣了有关费用。有的学生大呼上当，一气之下想跳槽，但又由于就业协议书或劳动合同上的违约金压力而犹豫不决。

你知道签就业协议书、劳动合同时，都应注意些什么吗？

必备知识

一、劳动合同的概念

劳动合同，也称劳动协议、劳动契约，它是指劳动者同企业、事业、机关单位等用人身位为确立劳动关系，明确双方责任、权利和义务而签订的协议。根据协议，劳动者加入某用人单位，承担某一工作或任务，遵守单位内部的劳动规则和其他规章制度。企业、事业机关、团体等用人单位有义务按照劳动者的劳动数量和质量支付劳动报酬，并根据劳动律、法规和双方的协议，提供各种劳动条件，保证劳动者享受本单位成员的各种权利和福待遇。

劳动合同具有法律约束力，保护合同当事人的合法权益。

二、劳动合同的特点

(一)身份的限定性

身份的限定性即签署劳动合同者必须是用人单位(甲方)的法定代表人(或者委托代理人)与职工(求职者)。

(二)规定的规范性

劳动合同中的条款内容必须符合《中华人民共和国劳动法》和有关规定，合同中的未尽事宜，可按照平等自愿、协商一致的原则签订补充协议，作为本合同的附件，以规定规范双方的义务和权利。

(三)约束性

劳动合同签署后，劳动合同中的各项条款对于用人单位的法定代表人(或者委托代理人)与职工(求职者)就产生了法律约束力。

三、劳动合同的类型

劳动合同的类型按照不同的标准有不同的划分。

(一)按照企业性质分

可分为全民所有制职工劳动合同、城镇集体所有制职工劳动合同、乡村集体所有制职工劳动合同、私营企业职工劳动合同、中外合资经营企业劳动

(二)按写作形式分

可分为条款式劳动合同、表格式劳动合同和条款表格结合式劳动合同。

(三)按写作格式分

可分为以下两种类型：

1.固定格式合同

固定格式合同即国家有关劳动部门把劳动合同中必不可少的相关内容分项设计、印制成种固定格式的劳动合同。签署劳动合同者只需把达成的协议逐项填写到表格或文字空当处即可。

2.非固定格式合同

非固定格式合同即签署劳动合同者根据《中华人民共和国劳动法》和有关规定,将各方协商一致的条款逐条记载下来的合同。

四、劳动合同的结构写法

(一)标题

标题一般由劳动合同的性质或内容加文种两部分组成,如《实习大学生劳动合同》《××公司职工劳动合同》,也有的只写《劳动合同》。

(二)合同当事人

合同当事人即订立劳动合同的当事人,要准确地写出用人单位的全称、全名。通常用人单位或法定代表人(或者委托代理人)为甲方,职工或求职者为乙方。

(三)引言

引言即劳动合同的开头,主要写明甲乙双方根据《中华人民共和国劳动法》和政府的有关规定,按照平等自愿、协商一致的原则订立本合同。

(四)主体

劳动合同的主体包括如下11个方面的内容。

1.合同期限:合同期限可分为固定期限、非固定期限和试用期限等类型。

2.工作内容:写乙方的工作岗位、工作任务或工作职责。

3.工作时间:写甲乙双方商定的工作时间。

4.工资待遇:写工资的执行形式和标准,其中需标明试用期与试用期满的工资标准。

5.劳动保护和劳动条件:写甲方提供的工作场所,以及按有关规定保障、保护乙方的健康及相关权益的措施。

6.社会保险和福利待遇:写在合同期内,甲方应依法为乙方办理及提供的相关的社会保险和福利待遇。

7.劳动纪律:写甲乙双方对有关规章制度的制定、遵守、履行、考核和奖惩等方面的约定。

8.合同的变更、解除和终止:写甲、乙双方约定的合同的变更、解除和终止的具体条件。

9.违约情形及责任:写甲乙双方约定的具体的违约情形及违约责任。

10.调解及仲裁:写甲乙双方在履行本合同时假如发生争议,将以协商解决、申请调解、申请仲裁、向人民法院提起诉讼等类型中的何种方式,以及在时间和程序方面的约定。

11.尾部:

(1)必要的说明。如本劳动合同的未尽事宜,将按国家和地方的有关政策规定办理;在合同期内,如劳动合同条款与国家、省有关劳动管理新规定相抵触的,按新规定执行;劳动合同的份数、保管及有效期;劳动合同所附的表格、图纸、实物等附件。

(2)落款。写甲乙双方单位全称和代表姓名,并签名盖章。还应写上劳动合同当事人的有效地址、邮政编码、电子邮箱、电话以及开户银行、账号等。

例文鉴赏

××省职工劳动合同

使用说明

一、双方在签订本合同前,应认真阅读本合同书。本合同一经签订,即具有法律效力,双方必须严格履行。

二、本合同必须由用人单位(甲方)的法定代表人(或者委托代理人)和职工(乙方)亲自签章,并加盖用人单位公章(或者劳动合同专用章)方为有效。

三、本合同中的空栏,由双方协商确定后填写,并不得违反法律、法规和相关的规定;不需填写的空栏,画上"/"。

四、工时制度分为标准工时、不定时、综合计算工时3种。实行不定时、综合计算时工作制的,应经劳动保障部门批准。

五、本合同的未尽事宜,可另行签订补充协议,作为本合同的附件,与本合同一并履行。

六、本合同必须认真填写,字迹清楚、文字简练、准确,并不得擅自涂改。

七、本合同(含附件)签订后,甲乙双方各保管一份备查。

甲方(用人单位):　　　　　　乙方(职工):

名称:　　　　　　　　　　　姓名:

法定代表人:　　　　　　　　身份证号码:

地址:　　　　　　　　　　　现住址:

经济类型:

联系电话:　　　　　　　　　联系电话:

根据《中华人民共和国劳动法》和国家及省的有关规定,甲乙双方照平等自愿、协商一致的原则订立本合同。

一、合同期限

(一)合同期限双方同意以下第　种方式确定本合同期限:

1.有固定期限:从　　年　　月　　日起至

　　　　　　　　　年　　月　　日止。

2.无固定期限:从　　年　　月　　日起至本合同约定的终止条件出现时止(不得将法定解除条件约定为终止条件)。

3.以完成一定的工作为期限:从　　年　　月　　日起至　　　　　工作任务完成时止。

(二)试用期限

双方同意接以下第　种方式确定试用期期限(试用期包括在合同期内)

1.无试用期

2.试用期从　　　年　　月　　日起至

年　　月　　日止

(试用期最长不超过六个月。其中合同期限在六个月以下的,试用期不得超过十五日合同期限在六个月以上一年以下的。试用期不得超过三十日:合同期限在一年以上两年以下的,试用期不得超过六十日。)

二、工作内容

(一)乙方的工作岗位(工作地点、部门、工种或职务)为

(二)乙方的工作任务或职责是

(三)甲方因生产经营需要调整乙方的工作岗位,按变更本合同办理,双方签章确认的协议或通知书作为本合同的附件。

(四)如甲方派乙方到外单位工作,应签订补充协议。

三、工作时间

(一)甲乙双方同意按以下第　　种方式确定乙方的工作时间:

1.标准工时制,即每日工作　　小时,每周工作　　天,每周至少休息一天。

2.不定时工作制,即经劳动保障部门审批,乙方所在岗位实行不定时工作制。

3.综合计算工时工作制,即经劳动保障部门审批,乙方所在岗位实行以　　为周期,总工时　　小时的综合计算工时工作制。

(二)甲方因生产(工作)需要,经与工会和乙方协商后可以延长工作时间。除《中华人民共和国劳动法》第四十二条规定的情形外,一般每日不得超过一小时,因特殊原因最长每日不得超过三小时,每月不得超过三十六小时。

四、工资待遇

(一)乙方正常工作时间的工资按下列第(　　)种形式执行,不得低于当地最低工资标准。

1.乙方试用期工资　　元/月;试用期满工资　　元/月(　　元/日)

2.其他形式。

(二)工资必须以法定货币支付,不得以实物及有价证券替代货币支付。

(三)甲方根据企业的经营状况和法制定的工资分配办法调整乙方工资,乙方在六十日内未提出异议的视为同意。

(四)甲方每月　　日发放工资。如遇节假日或休息日,则提前到最近的工作日支付。

(五)甲方依法安排乙方延长工作时间的,应按《中华人民共和国劳动法》第四十四条的规定支付延长工作时间的工资报酬。

五、劳动保护和劳动条件

(一)甲方国家和省有关劳动保护规定提供符合国家劳动卫生标准的劳动作业场所,切实保护乙方在生产工作中的安全和健康。如乙方在工作过程中可能产生业病危害,甲方应《中华人民共和国职业病防治法》的规定保护乙方的健康及其相关的权益。

（二）甲方根据乙方从事的工作岗位，按国家有关定，发给乙方必要的劳动保护用品，并按劳动保护规定每（年/季/月）免费安排乙方进行体检。

（三）乙方有权拒绝甲方的违章指挥、强令冒险作业，对甲方及其管理人员漠视乙方安全和健康的行为，有权要求改正并向有关部门检举、控告。

六、社会保险和福利待遇

（一）合同期内，甲方应依法为乙方办理参加养老、医疗、失业、工伤、生育等社会保险的手续，社会保险费按规定的比例，由甲乙双方负责。

（二）乙方患病或非因工负伤，甲方应按国家和地方的规定给予医期和医疗待遇，医保险及其他相关的规定报销医疗费用，并在规定的医疗期内支付病假工资或疾病救济费。

（三）乙方患职业病、因工负伤或者因工死亡的，甲方应按《工伤保险条例》的规定办理。

（四）甲方按规定给予乙方享受节日假、年假、婚假、丧假、探亲假、产假、看护假等带薪假期，并按本合同约定的工资标准支付工资。

七、劳动纪律

（一）甲方根据国家和省的有关法律、法规通过民主程序制定的各项规章制度，应向乙方公示；乙方应自觉遵守国家和省规定的有关劳动纪律、法规和企业依法制定的各项规章制度，严格遵守安全操作规程，服从管理，按时完成工作任务。

（二）甲方有权对乙方履行制度的情况进行检查、督促、考核和奖惩。

（三）如乙方掌握甲方的商业秘密，乙方有义务为甲方保守商业秘密，并作如下约定：略。

八、本合同的变更

（一）任何一方要求变更本合同的有关内容，都应以书面形式通知对方。

（二）甲乙双方经协商一致，可以变更本合同，并办理变更本合同的手续。

九、本合同的解除

（一）经甲乙双方协商一致，本合同可以解除。由甲方解除本合同的，应按规定支付经济补偿金。

（二）属下列情形之一的，甲方可以单方解除本合同：

1.试用期内证明乙方不符合录用条件的。

2.乙方严重违反劳动纪律或甲方规章制度的。

3.严重失职、营私舞弊，对甲方利益造成重大损害的。

4.乙方被依法追究刑事责任的。

5.甲方歇业、停业、濒临破产处于法定整顿期间或者生产经营状发生严重困难的。

6.乙方患病非因工负伤医疗期满后不能从事本合同约定的工作，也不能从事由甲方另行安排的工作的。

7.乙方不能胜任工作，经过培训或者调整工作岗位，仍不能胜任工作的。

8.本合同订立时所依据的客观情发生重大变化，致使本合同无法履行，经当事人协商不能就变更本合同达成协议的。

9.本合同约定的解除条件出现的。

甲方按照第5、6、7、8、9项规定解除本合同的，需提前三十日书面通知乙方，并按规定向乙方支付经济补偿金，其中接第6项解除本合同并符合有关规定的还需支付乙方医疗补助费。

（三）乙方解除本合同，应当提前三十日以书面形式通知甲方。但属下列情形之一的，乙方可以随时解除本合同：

1.在试用期内的。

2.甲方以暴力、威胁或者非法限制人身自由的手段强迫劳动的。

3.甲方不按本合同规定支付劳动报酬，克扣或无故拖欠工资的。

4.经国家有关部门确认，甲方劳动安全卫生条件恶劣，严重危害乙方身体康的。

（四）有下列情形之一的，甲方不得解除本合同：

1.乙方患病或非因工负伤，在规定的医疗期内的。

2.乙方患有职业病或因负伤，并经劳动能力鉴定委员会确认，丧失或部分丧失劳动能力的。

3.女职工在孕期、产期、哺乳期内的。

4.法律、法规规定的其他情形。

（五）解除本合同后，甲乙双方在七日内办理解除劳动合同有关的手续。

十、本合同的终止

本合同期满或甲乙双方约定的本合同终止条件出现，本合同即行终止。

本合同期满前一个月，甲方应向乙方提出终止或续订劳动合同的书面意向，并及时办理有关的手续。

十一、违约情形及责任

（一）甲方的违约情形及违约责任。

（二）乙方的违约情形及违约责任。

十二、调解及仲裁

双方行本合同如发生争议，可先协商解决。不愿协商或协商不成的，可以向本单位劳动争议调解委员会申请调解。调解无效，可在争论发生之起六十日内向当地劳动争议仲裁委员会申请仲裁，也可以直接向劳动争议仲裁委员会申请仲裁。对仲裁决不服的，可在十一日内向人民法院提起诉讼。

十三、其他

（一）本合同未尽事宜，接国家和地方有关政策规定办理。在合同期内，如本合同条款与国家、省有关劳动管理新规定相抵触的，按新规定执行。

（二）下列文件规定为本合同附件，与本合同具有同等的效力：

1.××××××××××。

2.××××××××××。

（三）双方约定（内容不得违反法律及相关的规定，可另加双方签名或盖章的附页）：略。

甲方：（盖章）　　　　　　　　乙方：（签名或盖章）

法定代表人

（或委托代理人）

年　　月　　日　　　　　　　　　　年　　月　　日

鉴证机构（盖章）

鉴证人

鉴证日期　　　年　　月　　日

（资料来源：劳动保障部劳动工资司）

简评：这是×省职工劳动合同的固定格式，按劳动合同涉及的内容分项设计，供用人单位（甲方）和职工（乙方）根据达成协议的内容直接填写。

这份固定格式的劳动合同，引言部分表明了订立本合同的原则，依据明确。主体内容包括了劳动合同不可或缺的合同期限、工作内容、工作时间、工资待遇、劳保和劳动条件、社会保险和福利待遇、劳动纪律、合同的变更解除和终止、违约情形及责任、调解及仲裁等条款。尾部对合同的未尽事宜该如何处理，以及对合同附件等也作了相应的必要说明。

本劳动合同符合国家的法律法规，能兼顾双方的职责和权利。内容合理周密，条款明确具体，格式规范完整。学习这篇劳动合同，对大学生即将到来的求职就业，其意义不言而喻。

写作模板

框图模式	文字模板
标题 ↓ 合同当事人 ↓ 引言 ↓ 合同期限 ↓ 工作地点、职责、内容和时间 ↓ 工资、劳保、福利 ↓ 劳动纪律 ↓ 合同履行、变更、解除、终止 ↓	**劳动合同** 甲方____________________ 乙方____________________ 根据《中华人民共和国劳动合同法》和××××××有关规定，××××××××公司（甲方）和×××（乙方）双方按照××××××订立本合同。（依据、目的） 一、合同期限 本合同为无固定期限劳动合同，××××年×月×日起，其中试用期从××××年×月×日起至××××年×月×日止。 二、工作地点和工作内容 ××××××（乙方的工作地点、职责、工作内容、工作部门和或业务）。 三、工作时间 ×××××××（工作时间及假期）。 四，劳动报酬 ××××（月工资标准、发放日期、加班付酬标准、岗位变更薪资调整）。 五、劳动保护、劳动条件、劳动纪律 ××××××××××××××，××××××××××××××。 六、社会保险和福利待遇 ×××××××××××××，××××××××××××××××。 七、本合同的履行、变更 ××××××××××××××××××××××××××，××××××××××××××。

续表

框图模式	文字模板
违约责任 ↓ 解除争议方式 ↓ 其他 ↓ 尾部	八、本合同的解除、终止 ××××××××××××××,××××××××××××××××。 九、违约责任 1.××××××××××××××,××××××××××××××××。 2.××××××××××××××,××××××××××××××××。 十、调解及仲裁 ×××××××××××(解除争议方式)。 十一、其他 ×××××××××××××××××(未尽事宜)。 甲方:________________(盖章)　　乙方:______________(盖章) 法定代表人:__________(签名)　　乙方代表:__________(签名) 联系方式:__________________　　联系方式:________________ ______年____月____日　　______年____月____日

写作提示

1.乙方与用人单位(甲方)签订劳动合同前,必须充分了解对方的资信、相关规章制度、发展前景和履行合同的能力。同时,也要注重用人单位是否能够为自己(乙方)提供较好的发展平台。

2.劳动合同内容必须合法、合理,而且对于关系到自己(乙方)的报酬、福利和劳保等关键条款不能遗漏。

3.条款内容表述清晰,简明周密,具体准确。必须使用规范的用语,不使用"基本上可能""大概"一类的模糊词语。薪酬等数字必须用汉字大写。

技能训练

以下为市实习学生劳动协议书的格式,试指出其漏写的条款内容。

××市实习学生劳动协议书

第一条　协议期限

本协议自__________年____月____日起至___________年____月____日止。

第二条　实习报酬或实习补助

甲方应与乙方学校协商确定乙方实习期间的报酬或实习补贴。具体支付办法和标准约定如下:____。

第三条　工作时间及休息休假

(一)甲方实行每日工作不超过八小时,平均每周不超过四十小时的工作时间。

(二)甲方保证乙方按国家和本市有关规定享受各种休息、休假。

(三)甲乙双方的具体约定:____。

第四条 保险福利待遇

(一)乙方在实习过程中发生人身伤害,由甲方负责。

(二)其他保险福利待遇约定如下:____。

第五条 劳动纪律

(一)甲方有权按照国家及本市的有关规定及企业的规章制度对乙方实行管理。

(二)乙方应遵守甲方法制定的各项规章制度和劳动纪律,保守甲方的商业秘密。

第六条 本协议的解除、变更、终止

(一)经甲乙双方协商同意,本协议可以变更或解除。

(二)双方就本协议的解除条件约定如下:____。

(三)本协议到期即终止,不得续订。

第七条 违反本协议的任及其双方约定的其他事项:____。

第八条 甲乙双方履行本协议发生争议,先经企业调解委员会或实习学生所在学校进行调解,调解未成按《中华人民共和国民事诉讼法》程序办理。

甲方(盖章): 乙方(签字):

法定代表人或委托代理人(签字或盖章)

年 月 日 年 月 日

拓展学习

一、判断题

1.劳动合同中的用人单位或法定代表人(或者委托代理人)通常为甲方,职工或求者为乙方。( )

2.劳动合同中的当事人名称或者姓名可用简称或习惯称谓。( )

3.劳动合同的开头,也可以不写明“甲乙双方根据《中华人民共和国劳动法》和政府的有关规定,按照平等自愿、协商一致的原则订立本合同”一类的引言。( )

二、简答题

劳动合同中为什么要写明在履行合同过程中假如发生争议的解决方式?

三、写作训练题

试依照劳动合同的结构写法和写作模板,评析有关用人单位提供的《劳动合同》,如果该用人单位提供的《劳动合同》条款内容存在问题,请写出自己的修改稿。

项目八　财经学术文书

任务一　财经论文

案例引入

菜贩市民皆大欢喜

东昌路疏导点面积达到近300平方米，能容纳近三四十个摊位，各种荤菜、素菜基本齐全。正在东昌路临时疏导点买菜的沈阿姨表示，过去由于陆家嘴金融城菜场少、价格贵，想买点价廉物美的菜，就得赶远路跑三站路。"现在10元钱就能买条活鲫鱼，下锅时还是活的！"

菜卖得便宜了，菜贩也不觉得吃亏。菜贩王先生是周浦人，菜是自家种的。他告诉记者，在这里卖菜，除去运费和30块钱摊位费，自己一天能获毛利300多元。余下来的，就全让利给老百姓了。

上面是一则买卖菜的小消息，由此却引申出两个经济学的课题：一是城乡"剪刀差"的问题。"价贱伤农"不利于城乡共同富裕；"价贵伤民"，城市贫困居民承受不起。二是菜场与菜贩的问题。固定菜场品种多、较规范，但价格贵；流动菜贩深入家门口，价格相对较便宜，但有碍市容市貌和环境卫生。如何解决这种矛盾？如果以此为材料，写一篇经济论文，该怎么写呢？

必备知识

一、论文与财经论文

什么是论文？论文是学术论文、科学论文或研究论文的简称，它是科学研究成果的书面表达方式。论文包括两大类：一是科研工作中的研究报告，科学论文、学术专著；二是高校的学年论文、毕业论文、学位论文。前者着重阐述作者的新发现、新见解，不重复一般的知识成果；后者可以在已有的成果的基础上提出自己的新见解。论文旨在探求科学规律、发展科学理论、指导工作实践。

财经论文属于论文的一种，经济论文是在对经济领域中的问题进行探讨和研究之后，表述研究成果的文章。经济论文要求学术首创性强、格式规范，用于记录、总结、描述和公布最新的学术研究成果，在学术刊物、学术专著、论文集或在学术会议上发表，可以进行学术交流。

财经论文属于论文的一种，财经论文是对财经方面的问题所做的系统的、全面的论述和分析的文章。它不仅包括了理论经济学、部门经济学和应用经济学及其各个向下延伸的分支，同时也涵盖了管理学及其纵向或横向延伸的内容。它既可以用来探讨经济领域的专门问题，进行经济科学研究；也可以用来表达经济科学研究成果，阐述学术观点，进行学术交流。

广义的财经论文包括一般的财经学术论文，各种形式的财经调查报告和财经评论，本节主要讲述的是一般的财经学术论文。

二、财经论文的特点

（一）科学性

财经论文的内容必须正确反映社会经济的客观规律，必须具有可靠性、准确性，绝不允许凭主观臆断或个人好恶随意地取舍素材或给出结论。它要求作者严格遵循科学的态度，运用科学的方法，正确表述经济活动的一般规律和特殊规律，能够指导经济工作实践，可以产生实际的经济效益。

（二）创见性

财经论文专门阐述经济领域的新问题。作者通过创造性的思考研究，提出新观点，探讨新方法。论文内容可以“创立新说”“否定旧说”“旧说新证”“发展新说”。没有新的观点、见解和结论，就不称其为科技论文。

（三）专业性

财经论文是对经济学领域的研究成果作出的结论性总结，是对社会经济现象深入分析的结果，具有明显的专业性，同时也要使用与内容和问题相对应的专业术语。

（四）实践性

财经论文要以现实为基础，从内容到形式要强调对社会经济实践活动指导的有效性和可行性，服从社会经济生活发展的要求，解决社会经济发展中的实际问题。

三、财经论文的选题

财经论文的选题就是为自己的研究树立一个明确的目标和主攻方向，也可以说是一个发现问题、提出问题，从而确立课题的过程。

财经论文的选题是论文写作中一个非常重要的环节，对于初写论文的人来说，要选择什么样的研究对象、研究目标，是感觉很茫然的。同时，题目选得好不好、有没有价值、是否适合自己的能力，都关系到论文的成功与否。因此，有学者指出：选好题目，是论文成功的一半。

大体说来,财经论文所选取的课题按照其研究对象是否具有创新性,分为两种类型。

(一)前沿性财经课题

前沿性财经课题是针对当今世界最新出现的一些财经现象和问题所做的研究课题。如网络经济、休闲产业等。

(二)发展性财经课题

发展性财经课题是指那些前人已经做过研究的,对前人的研究进行补充、发展和完善的课题。如关于人力资源管理的课题等。

财经论文选题的基本方法有:

(1)从学习中产生的疑问入手。当我们在学习中感到有些财经规律表述不完备、不准确,甚至与现实相矛盾,深入研究下去,也许就能找到论文的选题。

(2)从现实需要入手。在经济生活中出现了某种新现象、新情况,但是从相关的专业书上又找不到合适的词语或规律来对这些新现象进行解读,这时候深入探讨,也可能找到论文的选题。

(3)用新理论、新方法来研究传统命题。当今世界,一些新兴的理论、方法不断涌现,如果运用新的理论和方法从新的角度来研究传统命题,往往会产生新的意义。

(4)将基础理论通俗化。还有很多经济理论只停留在学术领域,如何将理论性的财经规律大众化,对现实经济做出理论解读,这是大有文章可做的。

四、财经论文的资料搜集、整理

写论文,必须充分地占有资料。做研究工作,不能只重复前人的结论,而是要努力发现新的问题、解决新的问题。问题的发现和解决线索也总是存在于材料之中。只有占有了相当数量的材料,然后才可能知道在研究题目的范围内有哪些问题是前人还没有解决的,才可能发现甚至前人不曾提出过的问题。我们又围绕这些问题占有了更多数量的材料,然后才可能看清问题的关键在哪里,才可能找到问题的正确答案。因此,当我们确定一个选题之后,就必须大量地搜集、整理资料。

(一)所需信息、资料类型

论文写作大致需要四个方面的资料:

(1)理论准备和知识准备。写作论文必须有一定的专业理论和专业知识,而且要随时吸收新理论和新知识。

(2)别人已有的论述。搜集这方面的资料,既可少走弯路,又可开阔视野。

(3)对立的或可资映照、比较的材料。"知己知彼,百战不殆",了解这些可以更清楚所要研究的对象本身的特点及其作用、意义。

(4)背景和相关因素的信息、资料。

(二)资料的梳理与鉴别

梳理资料,就是把搜集来的资料按照选题的要求和资料的性质进行初选和粗选。鉴别材料,就是对材料进行质量上的评价和核实。

(三)资料的引用

在写作中,经常要引用一些资料。常用的引用资料方法有:

(1)概括引用。即不完全用原材料中的文字,而是用论文作者自己的语言将原文主要意思转述出来。

(2)完整引用。就是照录原文,前后要加引号。也可单独成段,用不同字体排印,每行向右缩进两格,以示突出。

(3)分析引用。即根据论文作者的论述需要,将原文内容拆散、打碎或重新组合,和自己的阐述分析文字糅合在一起或边引用边做分析。

五、财经论文的结构

(一)标题

财经论文的标题是论文选题或论点的简明概括。揭示选题的标题,如《混合经济初探》《试论当代世界市场的基本特征》;揭示论点的标题,如《应当重视非国有经济的发展》《入关有利于发展我国外向型经济》;也有的论文采用双标题,一般正标题点明主旨,副标题交代论题,如《交通先行,一通百通——论公路建设与经济发展的关系》。无论采用哪种标题,都要准确简练,具有吸引力。财经论文的标题是研究目录、索引等二次文献的重要著录内容,是供读者检索论文的主要标识,因此论文标题必须提供必要的信息量,能概括全文的中心内容。在实际写作中,有的论文标题过长,很难使人一目了然;有的标题比较空洞,难以突出最重要的信息,这些都是应当避免的。

(二)署名

作者署名的位置在财经论文的标题之下。如果是合作研究撰写的论文,可按所承担任务和贡献的大小,先后署名。署名表明作者身份,也表示文责自负,即对论文的全部内容负责,一般要求用真实姓名。

(三)摘要

摘要位于财经论文的正文之前,是论文的梗概,是对论文内容不加诠释和评论的概括性陈述。摘要是财经论文的窗口,具有节省读者的时间,引导读者迅速了解全文内容的作用,同时又可以满足二次文献工作的需要,使文献索引杂志不做修改或稍做修改就可转载,避免由他人摘要所产生的误解和缺漏。摘要是财经论文全文内容的高度浓缩,一定要经过反复推敲,简洁概括地表达出论文的要点,包括论点和主要论据、研究的目的和方法、对象和范围、成果的价值和意义等。写作时要忠实于原文、突出重点、文字精练,语言连贯,篇幅一般在150～300字。

(四)关键词

关键词是指用来概括表达论文内容信息的词语或短语。每篇论文的关键词规定是3～6个,并按其重要程度依次排列,各关键词之间用分号隔开,写在“摘要”之下,供学术科研信息检索使用。

(五)绪论

绪论也称前言、导论。其主要内容包括研究本选题的缘起、目的、要求,研究所涉及的界限、规模或范围,研究的背景和现实情况,指导思想、原则或有关的政策,对以往研究情况及相关论著的回顾,研究中所采用的方法,运用资料的来源及可靠性说明,有关术语概念的界定,等等。这些内容在实际写作中无须面面俱到,而是要有所侧重、有所选择,有的只须点到为止。绪论部分在内容上要注重客观、准确，对涉及选题的学术价值和研究结论的意义等问题要做到既不拔高夸大，也不过分谦虚，在表达上要做到简洁明快、开门见山，不要说题外话，更不必堆砌客套话。

(六)本论

本论是财经论文描述研究成果、具体展开论证的核心部分，是作者学术水平和创造才能的集中体现，直接决定着论文质量的优劣高低。

本论部分根据写作意图，或正面立论，或破除谬误，或争鸣探讨，或解决疑难。不管哪种情况，都需提炼出明确的中心论点，并以中心论点为轴心贯穿全文。对中心论点的阐释与论证应当严密，做到层层深入，节节展开，使事物内部的联系及本质呈现出来，从而使文章具有无懈可击的逻辑力量。为了使材料与观点相统一，还需要对掌握的材料进行去芜存菁、去伪存真的筛选和取舍，使之准确可靠，能够支撑、证明论点。论述要条理清楚，由表及里地开掘，自浅而深地推进，体现思维的论辩性、顺序性和有机性。

本论部分最困难的往往是分析问题。分析是使充足的材料转化为独自性的结论的思维中介，需要对材料进行周密而透彻的分解、组合，使之上升为新概念、新理论。财经论文的分析要坚持定性分析与定量分析相结合，以求得最佳的数量界限。随着研究对象的日益复杂化，对事物仅做定性分析是不够的，还必须运用数学、统计学、运筹学、计量经济学等做定量分析，使研究成果更加科学化。

(七)结论

结论是财经论文的结束语。它起着归纳总结全文，完整揭示研究成果的作用。它可以是中心论点的重申，或主要结论的概括，也可以是对本选题研究前景的展望，或是在研究成果基础上进行的预测。此外，研究中遗留的问题，或尚待进一步探索的问题，也可以在这一部分提出来。从表达上看，结论部分必须逻辑严密，措辞考究，观点明确，文字简洁，要避免含糊其词，模棱两可。

(八)参考文献

财经论文中凡是引用了有关资料、文章，必须在后边注明参考文献的出处。这样做既是表示对前人研究成果的尊重，也是方便读者查阅原文出处，以便全面深入地了解有关内容。参考文献的著录项目一般包括著者、文献篇名、发表期刊名称及期号、卷页，或出版社及版次、年月、页码等。

例文鉴赏

“互联网+”背景下传统零售业营销变革研究

——以永辉超级物种为例

摘　要：当前新兴信息技术行业正处于日益成熟的发展阶段中，“互联网+”已成为经济发展的一种新的商业模式。一方面，它可以增强国家创新实力。另一方面，在“互联网+”的催化下，传统的零售业面临着新的挑战。文章以永辉旗下品牌超级物种为研究对象，首先阐述传统零售业的现状和发展趋势，进而分析变革出现的内外部动因，并对超级物种在“互联网＋”背景下的营销创新进行探讨，对永辉超市转型提升策略进行分析，对未来的发展提出了建议，以期为其他传统零售业提供参考。

关键词：互联网＋；营销创新；传统零售业；超级物种

中国经济的高速发展，使得零售业在中国的发展空间更加广阔。无论是国际零售巨头还是中国本土零售商，都充分享受到这个发展的福利，可以说中国已经迎来了全球零售的新纪元。如今，永辉超市从当地生活超市演化为在全国连锁型进行高端产品消费的超级物种新业态，做到超市和餐饮完美融合，让消费者能够更好地品味生活。在“互联网＋”大背景下，零售企业面临的商业环境是复杂多变的，通过对永辉超级物种的变革进行分析，为进一步开展新时代下的营销提供借鉴思路。

1　“互联网＋”背景下传统零售业营销变革研究的基本理论

1.1“互联网＋”概述

“互联网＋”是通过互联网在新的经济形势下产生的成果，进而不断带动社会经济发展的平台。

1.2 传统零售业的内涵界定

传统零售业以现实生活中的门店为主要场所，通过买卖的方式将生产的产品向消费者销售的方式。

1.3 营销模式变革相关概念

企业想要不断进步，一直守着原有的理念在不断变化的时代背景是行不通的，因此，对营销模式进行变革尤为重要。在当前的时代背景下，从企业自身实际出发进行创新变革，通过一系列的变革策略调整，为企业打造与时俱进的发展方向。

2　国内传统零售业发展历程与现状

2.1 国内传统零售业的发展历程

我国传统零售业处于初期阶段时，由于当时实行的是计划经济，商品的规模很小、种类也不丰富，零售的商品只能满足大众日常生活的基本需要；改革开放后，经济有了很大的进步，大众的消费能力也有所提升，此时的零售业的经营规模和消费环境都有了显著的改变。20 世纪开始，国内多种新型的零售企业相继出现，在互联网和物流运输的推动下，网络零售也逐渐发展起来。20 世纪 90 年代后期，国内零售业处于蓬勃发展阶段，B2C 和 B2B 等电子商务模式随着零售网络的发展而出现，后来出现了 O2O 新模式。[1]

2.2 国内传统零售业的现状

零售业可以称为一个国家发展历程中历史最为悠久、地位最重要的行业之一。零售业的每次改革都使得人们的生活品质得到了显著的提高，甚至能够引发一种新兴的生活行为方式。2016 年开始，互联网实体零售额的月度增速显著高于社会消费品的增速，互联网开始渗入大众日常生活，并改变着他们的消费模式，实体店的吸引力也开始逐渐下降，近 3 年来，超市关门的消息并不稀奇，甚至达到了大面积关闭。

传统零售业具有可触碰的优势，具体来说，消费者到店消费，可以通过触觉和视觉等感官对商品进行评判，这点是网上购物所做不到的；另一方面，虽然网上购物很方便，随时随地就可以下单，但是受到时空的限制，在货物配送的途中，需要耗费一定的时间。因此，传统零售业想要发挥自己的优势，牢牢抓住消费者的兴趣，应该想办法研究如何通过互联网大背景下建立起与消费者更紧密的联系。

2.3 永辉集团概况

2001 年成立的永辉超市虽然成立时间短，但其凭借着现代农业和生鲜的优势，并以现代物流为支撑，从福建本土的超市迅速发展壮大。截至 2016 年年底，其全国门店总数已经达 487 家，2017 年永辉超市的市值一度翻涨至 700 亿左右，已发展成为上市龙头企业。在信息技术高速发展大环境下，永辉已经提前探索如何对企业进行有效的改革升级，更好地满足消费者的需求。

3　传统零售业变革的动因

3.1 变革的内在动因

3.1.1 传统零售行业利润下滑

零售企业的发展呈现着规模化、连锁化，连锁超市模式刚刚进入中国市场时，被视为更先进的零售商业模式。[2] 因此许多企业争相效仿，也获得了一定的收益并尝到甜头。但是大部分传统零售企业没有对市场进行深刻的分析，未能重视消费者的消费观念和行业的变化，导致一部分企业不能及时觉察竞争者的出现，或是因为缺乏有效信息和应对手段而错失最佳觉察的时期。

3.1.2 传统零售业态问题突出

大卖场、超市业态承受着面临对商品进行开发和管理能力弱、议价水平低下、单一的促销方式等问题，特别是在以消费者意愿为导向的市场环境中，不能直接触及消费者，不能了解消费者的真正需求，将会导致超市的生存希望渺茫。

综上所述，传统零售行业超市的销售业绩、顾客流动量呈下降趋势，也是意料之中。随着时代的发展，马云在演讲中提出的“新零售”的出现，让企业认识到变革迫在眉睫。充分认识与分析消费者的消费心理的变化趋势，让营销方式多元化，做到精准营销，才能在众多新技术新产品的大环境中，开辟出属于自己的营销变革新道路。

3.2 变革的外在动因

随着生活水平的提高，消费者对温饱、商品设计、使用质量、服务、环境等方面的内在理念已经成为商品的消费主要原因，品牌认同度和忠诚度在一定程度上由此形成，进而价格敏感度下降。此外，新技术与传统零售业巧妙融合，无论消费者身处何地，只需要拿出手机便可进行消费，传统零售业门店若未进行改革升级，便会在技术水平、收集消费者信息等方面受到很大程度的限制。永辉超市旗下的超级物种值得其他传统零售业学习，它鼓励消费者进行线上付款，一方面使消费者的购物体验变得方便，另一方面可以获取顾客的消费信息，对客户需求进行精准化细分，根据顾客购买偏好向其推荐商品。“互联网＋”背景下，超级物种充分体现了传统零售业变革的必要性，除了移动支付的广泛使用，还有消费者使用“永辉生活”App，便可实现足不出户享受到超级物种或者永辉的蔬果生鲜。以上充分体现了对传统零售业的变革，如技术与传统零售业相结合，很有可能成为传统零售业扭转颓势的强大武器。

4　永辉旗下品牌超级物种营销组合分析

4.1 产品策略

永辉超市在差异化竞争中的最核心的优势便是生鲜。永辉超级物种凭借永辉超市优质的全球供应链优势，以此来保证了产品的优质，不同工坊充分发挥自身优势，专攻某一品类。对于现在的年轻一代消费者来说，外出用餐是一件值得认真考量的事，不仅是满足于菜品味道，还要有优雅、有品位的用餐环境，能够拍出高颜值的照片，而这些超级物种都能满足。商家所提供的产品直击消费者的需求，不仅增加了顾客滞留门店的时间，而且提高了门店的盈利。

4.2 价格策略

与其他场所贩卖的同等品质的生鲜商品相比，超级物种价格方面占据很大的优势，源于永辉在终端价格上的相对优势。另外，在经营过程中使用微信、银行卡等线上支付方式，或者通过“永辉生活”App进行支付，这些支付方式可以说是为了打通线上线下的核心环节，更重要的是能够获得顾客的消费偏好。虽然下载App再进行付款相较而言有点麻烦，但通过新用户扫码注册或者老用户消费赠送抵用券的方式，在一定程度上能够吸引顾客在App上进行支付操作。传统的门店中缺乏识别每位顾客的消费偏好，从而导致传统门店在进行营销和推广时针对性弱，而超级物种可以通过支付环节来获得大数据，直观地反映出商家所需要顾客信息，用数据来分析现有顾客的偏好和挖掘有待进一步培育的客户细分群体。

4.3 渠道策略

永辉超市的强大供应链给超级物种注射了“强心针”，建立了属于自己的配送中心，通过线上网络信息平台，永辉不断加强物流运输的构建，令物流运输方面的优势发挥出最大效用。

4.4 促销策略

超级物种主要通过公众号和微博进行网络宣传，不仅传承了永辉超市物美价廉的生鲜优势，通过人文方面进行门店的宣传也是下足了心思。每周会推出一个亲子活动，感兴趣的消费者可以通过门店的宣传海报或者粉丝群进行了解与报名。超级物种通过打造免费的亲子中心，将只是贩卖商品的场所发展成为充满感情的消费场所，一定程度上增加了收益和提高了顾客忠诚度。但从中也看出了永辉超级物种在宣传策略的不足，只是单纯地在门店内部进行海报宣传，线上的宣传力度也仅主要依靠于微信公众号等网络渠道。

5　基于“互联网＋”背景下永辉转型的形象提升策略

5.1 以农超对接的供应链优势树立生鲜品牌策略

永辉最大的优势便是供应链，因此给予了超级物种很大的助力。永辉超市拥有农超对接网络信息平台，能够及时有效地向负责种植的农户发送信息，有利于基地合理规划种植片区，建立蔬菜生产的检测平台，及时提供疫情病害的预报，以便于统筹生产计划。永辉超级物种目前主要以微信和“永辉生活”App为基础，消费者到门店消费通过App扫码支付和微信等方式支付，如果消费者需要在网上购买食材，也可从网上App进行下单。在互联网的基础上，永辉超级物种现有采用线下扫描二维码付款或线上通过线上App、微信小程序了解商品进行付款的，都存在一个共同的问题：商品的信息不够透明化，只能了解到产地、价格、保质期，不能得到商品运输过程中的物流日期的信息。如果能够提供产品更具体的物流信息，让消费者更加全面地掌握想要购买商品的信息，这会加强顾客的购买意愿。

5.2 在互联网基础上的“餐饮＋零售”的转型升级策略

超级物种为消费者提供可直接在餐饮区对所购买的食材进行加工处理，能够现场品尝到所选的生鲜，这大大提升了线下消费的体验感。不仅如此，在店消费的顾客，可以亲眼看到超级物种的店员对食材的处理和整个烹饪过程，超级物种还在柜台上表明了每种食材烹饪时的注意事项，让顾客能够最大程度上享受到食物的美味。

然而，由于超级物种所供应休闲食品以进口商品居多，产品种类不够丰富，并且产品价格过高，没有符合大众所需的日常商品，会导致顾客到店进行餐饮消费之后，缺少购买商品进行二次消费的欲望。在保证产品质量的同时，如果能够引进新的产品，比如说提供符合当地饮食习惯的小吃，以便满足更多消费者的需求，将会为超级物种带来更大的收益。

6　结语

作为零售企业中的领军者，永辉超市通过超级物种新模式，给其他企业带来了很好的启示。本文通过对永辉超级物种进行4P策略分析，发现其产品具有物美价廉、餐饮与超市购物巧妙结合的优势，但宣传力度不够、产品不够多元化是

目前超级物种的劣势。在新经济背景下，超级物种应该及时调整发展战略，将出色的产品优势和新零售的特色展示给大众，为今后的发展搭建一个更高的平台。

资料来源：

[1]易芳，秦贝贝.我国零售业技术创新探讨[J].商业经济研究，2016(16)：125-126.

[2]朱芳，牟华杰.传统连锁超市行业互联网转型相关问题研究[J].商场现代化，2015(28)：63-64.

简评：这是一篇财经论文，条理清晰、逻辑严密，有一定的创新性。标题上，这篇论文运用正副标题，其中副标题“以永辉超级物种为例”，相应的体现在第四个部分“永辉旗下品牌超级物种营销组合分析”，这部分的内容就使得对选题当中提及的传统零售业营销风格的阐述变得更加具体，这种研究方法叫作案例研究。论文框架上，全文分五点：一是“互联网＋”背景下，传统零售业营销变革研究的基本理论；二发展历程与现状；三传统零售业变革的动因；四永辉旗下品牌超级物种营销组合分析；五永辉转型的形象提升策略，其中的变革动因部分，可当作“存在问题”的一种替代的表达方式，因此，这篇论文也是按照三段论的逻辑来展开的。现状、问题、对策三段论的写作方式是经济管理类论文在写作过程中最常见的也是最基本的框架。

写作模版

<table>
<tr><th>框图模式</th><th>文字模板</th></tr>
<tr><td>标题
↓
作者及单位
↓
摘要
↓
关键词
↓
绪论
↓
本论
↓
结论
↓
参考文献</td><td>××市农村电商扶贫的困境与破解路径
洪××
（福建××大学，福建 福州 350002）
摘要：×××××××××××××，××××××××××××××。××××××××××××××。（提示论文基本观点、研究的目的和方法，对象和范围，价值和意义等。）
关键词：农村电商；电商扶贫；农产品网销；产业基础（概括论文内容的词语或短语）
×××××××××××××，××××××××××××××。××××××××××××××，××××××××××××××。×××××××××××××，××××××××××××××。（研究本选题的缘起、目的、要求，研究所涉及的界限、规模或范围，研究的背景和现实情况，指导思想、原则或有关的政策。）
一、××××××××××××（第一层次论点）
1.××××××××××（第一层次分论点）
2.××××××××××（第一层次分论点）
二、×××××××××××××××（第二层次论点）
1.××××××（第二层次分论点）
2.××××××（第二层次分论点）
三、××××××××××××（第三层次论点）
……
……
综上所述，××××××××××××××，××××××××××××××。××××××××××××××。××××××××××××××，××××××××××××××。（结论：归纳总结全文，完整揭示研究成果的作用。）
参考文献
1.××××××××××××
2.××××××××××××
3.××××××××××××</td></tr>
</table>

写作提示

（一）选题要适当

一般选题不宜过大，涉及的知识面不宜过广，应选择自己能力和精力能达到的课题。经济论文写作反映作者的学术思维品格，只有谦虚、专注、实在、新颖、坚韧的研究功底和学养，才能保证经济论文的质量和学术水平。

(二)结构要严谨

经济论文要用丰富的资料、复杂的层次、严密的推理展开论述,从各个方面阐述理由、论证观点。因此,经济论文要有严谨的结构、严密的论证,体现出较强的逻辑性。

(三)语言要准确、简明和周密

经济论文要用确切的词语揭示某一经济现象或事物的本质,如实表达自己的观点;要用简明扼要的语句表达经济领域专业认识;要用稳妥周密的语句阐述自己的观点和态度。

技能训练

下面是一则上网购物方面的信息,记者从防范角度提出了宝贵意见,但依然防不胜防。请从经济和行政的管理,角度说说如何从根本上加以规范。

上网多留心莫成"钩上鱼"

本报讯(记者马亚宁)360 安全中心日前发布最新监测报告:去年国内新增游戏盗号、网银盗号和支付劫持类木马 2.18 亿个,新增欺诈网站 62.95 万家,共偷走网民 51.9 亿元。其中,五大网络"陷阱"最易让网民丢钱,新春上网购物需仔细提防。

一、超低价格引诱消费者

虚假购物网站是 20××年增长最快的一类欺诈网站,主要包括冒牌的知名购物网站和以超低价格引诱消费的山寨购物网站。网民付钱后,却不发货,甚至直接盗取受害者的支付宝账户。

二、轻信"会员内幕消息"

彩票、股票诈骗是当下最流行的网络骗局,一般通过网络广告、不良网址导航以及论坛发帖等方式推广,往往假借"权威机构"名义行骗,诱惑彩民和股民缴纳会员费购买所谓的"内幕消息",单笔诈骗金额从 200 元到 1000 元不等。

三、玩游戏遭遇盗号木马

盗号木马的主要传播渠道有三种:游戏外挂插件捆绑木马、私服发布网站挂马和玩家间传输文件。其主要危害 DNF、魔兽世界等热门网游的人民币玩家,一般是由黑客工具批量加工、快速更新,不法分子盗号成功后把游戏币等虚拟财产转移到第三方交易平台上销赃。

四、黑客假扮"店小二"

在淘宝、拍拍等知名购物网站上,黑客首先注册或盗用一家网店,再以商品"清晰大图""配置单""优惠码生成器""秒杀器"等名义把"购物"木马发给顾客,劫持受害者的支付资金。

五、QQ 视频被"移花接木"

黑客会伪装成 QQ 好友,网上借钱。同时,部分黑客盗号时,还远程控制摄像头视频,让被盗号码的 QQ 好友难辨真伪,受骗者不计其数。

拓展学习

自行在期刊网下载1篇与专业有关的论文，进行点评练习。

要求：

1.文献出处为核心期刊文献(PKU 北大核心，CSSCI 南大核心)。

2.文献为近3年的新文献(2018年、2019年、2020年、2021年)。

3.点评内容应包括但不限于以下内容：你认为该文献值得参考之处在哪里？该文献对你完成论文研究有何帮助？

任务二 毕业论文

案例引入

撰写毕业论文是检验学生在校学习成果的重要措施，也是提高教学质量的重要环节。大学生在毕业前都必须完成毕业论文的撰写任务。申请学位必须提交相应的学位论文，经答辩通过后，方可取得学位。可以这么说，毕业论文是结束大学学习生活走向社会的一个中介和桥梁。那么，你知道如何撰写毕业论文吗？

必备知识

一、毕业论文的概念和作用

毕业论文是高等院校毕业生毕业之际在教师的指导下，运用所掌握的专业基础知识、理论和基本技能，阐述对本学科领域的某一问题的见解或表述研究成果的文章。

毕业论文需要在学业完成前写作并提交，是高等学校对学生整个学习过程的一个综合性考查。毕业论文通常是一篇较长的有文献资料佐证的学术论文，是高等学校毕业生提交的有一定学术价值和学术水平的文章。毕业论文是大学生从理论基础知识学习到从事科学技术研究与创新活动的最初尝试，泛指专科毕业论文、本科毕业论文(学士学位毕业论文)、硕士研究生毕业论文(硕士学位论文)、博士研究生毕业论文(博士学位论文)等。毕业论文作用如下：

(一)对所学知识的综合考查

学生从小学到大学,学习了许多基础理论和基础知识,毕业论文是对其十多年所学知识的整合运用和综合考察。

(二)对理论联系实际能力的检验

学生在撰写毕业论文之前,一般要参加一段时间的社会实践,获得一定的实际经验,这样撰写的文章才更丰满,显得"有骨有肉"。这个由"理论(书本知识)—实践—理论(论文)"的过程,是对学生理论联系实际能力的切实检验。

(三)培养独立思考和获取新知的能力

毕业论文应当在独立思考的基础上完成。通过学习与思考,常可"悟道",即明白新的东西,有所发现,有所创新。这种获取新知的能力弥足珍贵。

(四)培养团结协作精神和严谨的工作作风

"闭门造车"写不出好文章。必须深入实际当中,大家相互帮助,集思广益,才能出好文章,这是"团队精神"的体现。论文的写作是艰苦的、严谨的,从确定题目、搜集资料,到成文、改稿,均应一丝不苟,严肃认真,因而对学生是一次很好的锻炼和培养。

(五)是合格毕业生的重要标志

好文章是好答辩的基础。论文和答辩成绩合格,是毕业成绩的一个十分重要的方面。

二、毕业论文的选题

(一)选题原则

要做到正确而恰当地选题,必须明确选题的原则。明确了选题的原则,就比较容易选择一个既有一定学术价值,又符合自己志趣、适合个人研究能力、较有成功把握的题目。一般来说,选题应该遵循以下几条原则:

1.选有现实意义的题目

(1)选重点问题

重点问题,是指与国计民生有关的大问题。这类问题关系国家、民族、人民的前途命运,因而具有普遍的社会意义。例如:为什么要构建社会主义和谐社会?构建什么样的社会主义和谐社会?怎样构建社会主义和谐社会?这是改革发展关键时期,中国共产党和中国人民必须回答的重大时代课题,对中国的改革与发展来说,具有深远的意义。

(2)选热点问题

热点问题,是指人民群众普遍关注或期待解决的非全局性问题。例如:房价调控、医疗制度、劳动就业、社会治安、工资改革以及抑制通货膨胀等关系千家万户的问题。

(3)选难点问题

难点问题,是指有疑虑须进行探讨和解答的问题。例如:高校收费问题、乡镇企业的技术改造问题、领导方法和领导艺术问题、职业道德教育问题等。

(4)选焦点问题

焦点问题,是指群众议论纷纷、关注度高、须正确引导的问题。例如:分配方面的公平与效率、先富与后富、反对平均主义与防止两极分化等。

2.选较适合自己的题目

(1)选有条件完成的

选有条件完成的,是指选题的大小要适中,要适合自己。对于刚刚涉及研究工作的大学生来说,选题应当小而具体,便于结合自己的学习实际,搜集资料,形成观点,使自己在完成课题题目的过程中切切实实地受到学术训练。例如,《苏轼诗词研究》这个题目就比较大,涉及面广,学生把苏轼的诗词看一遍,需要花费多少时间?何况要研究,看一遍是远远不够的,在时间上和研究的深度上存在困难。这样的题目可以写一本书,在结业作业这样较短的时间内是难以把握的,而且这样的题目,研究的人也多,难以突破。如果是《论苏轼题的艺术特色》就小而具体了,虽然对苏轼词的研究较多,但就词题的艺术特色进行深入探讨的还较少,这个题目在难易、篇幅等方面适合大学生做毕业论文。

(2)选有能力完成的

选有能力完成的,是指选题一定要在自己综合能力可驾驭的范围内。就每一个大学生来说,发展不平衡,知识结构、认识能力等存在差异,有的善于想象,有的善于调查,有的擅长概括,有的富于开拓精神……就每个课题来说,对知识、能力的要求也不一样,因而一定要根据自己的具体情况,找准方向,选自己有能力、有办法驾驭的课题,量力而行,尽力而为。

(3)选有兴趣完成的

毕业论文的写作是运用理论知识解决实际问题的高智能活动,需要发挥学生自身的主观能动性,需要付出大量的时间和精力。如果缺乏兴趣,就很难完成好。兴趣是毕业论文写作的动力,有了对某个课题的写作兴趣,才能积极、主动地投入,才容易出成果。

(4)选有专业优势的

专业理论、专业知识和专业语言是正确选题和写好论文的重要前提条件,是毕业班学生大学多年积淀下来的专业优势。放弃自己的专业优势,选择与自己所学专业无关的领域的问题来研究,也可能写出比较好的论文,但难度更大。所以高等院校一般都要求本、专科生的毕业论文要在专业领域内选题,这样驾轻就熟,扬长避短,容易找到有价值的课题。

3.选容易出新意的题目

(1)选择从未有人研究的问题

选择从未有人研究的问题,就是要在某一无人研究的领域创立新说,就是在人们忽视的地方"爆冷门",在"空白点"上做文章。实际上就是解决前人未曾解决甚至还没有涉及的论题。

(2)选择比较少人研究的问题

选择比较少人研究的问题,就是要从不同角度、不同侧面去做已有的课题。这样可以横向发展,拓宽课题的宽度,同样可以产生一些新的观点,补充、完善旧课题,做到"人无我有,人有我先,人先我优"。例如,有人写出了《股份制企业职工思想政治工作的特点及方法》一文,比《职工思想政治工作》一文就显得具体而略有新意。我们也可以写《中外合资企业职工思想政治工作的特点及方法》《在华外企职工思想政治工作的特点及方法》等,它们同为职工思想政治工作这个课题的子课题,它们的关系是并列的,但针对不同的企业,肯定有不同的情况,可以从不同方向充实职工思想政治工作这个旧课题,给人耳目一新之感。

(3)选择可以深入研究的问题

选择可以深入研究的问题,就是在前人成果的基础上继续发挥,做更高层次的探讨。这要求学生对有关方面的问题有所了解,要弄清别人写过什么、有些什么观点、目前国内外对这一问题的研究进展如何等。在明确已有成果的基础上,把别人认识的成果作为自己的起点,在前人和他人认识的基础上深入研究,写出有自己见解的论文。这样可以纵向发展,挖掘课题的深度,丰富旧课题。

(4)选择学术上有矛盾的问题

由于学术观点、人生经历、研究方法等的差异,对一个问题的研究可能存在不同意见,有时分歧很大、矛盾很多。选择学术上有矛盾的课题,就是要从原有理论自身暴露的矛盾、原理论和新现象的矛盾、传统理论与流行理论的矛盾以及新理论的对立的观点中选题。比较各种不同的意见,找出分歧的实质和焦点,对已有的片面的甚至不正确的理论提出质疑,对前人研究的谬误之处予以纠正,提出自己独到的见解。

(5)选择科际间交叉的问题

近几年,交叉学科迅速发展壮大,出现了许多新的课题,这也为我们的选择拓宽了领域。交叉领域往往容易被人忽视,许多有待研究的课题恰恰积存在这里。选择科际之间交叉的问题:一是在两门以上的学科之间寻找问题;二是运用多学科理论解决现实问题;三是运用某一学科的理论研究另一学科的问题。这些都容易形成新的观点。例如,运用美学理论研究经济问题,就可以牵出一系列有新意的选题——企业形象与审美、商品包装与审美艺术、审美艺术在谈判中的运用等。

(二)选题的步骤、方法及其他

1.选题步骤

(1)确定自己的选题方向

我们常常发现有许多问题亟待解决,但到底要选哪个问题作为目标来研究,这就是选题首先要确定的。确定选题方向的方式有三种:自选式、命题式、结合式。自选式是学生根据个人的兴趣、爱好、专长、条件、能力等因素自己确定选题方向;命题式就是学生在教师公布的选题方向中确定一个适合自己的来研究;结合式是学生受教师命题启发,触类旁通,找与命题相似或相关的选题方向。

(2)查阅各种文献资料

通过人工或网络去查阅一些近期报刊目录、索引、学术会议论文、国家有关部门的统计资料等有关参考资料,了解课题研究的历史和现状、研究程度、角度和方法,明白哪些问题解决了、哪些问题还没有解决、哪些问题有争议、哪些问题可以深入和探讨等,避免盲目性,提高研究效益。

(3)考虑各种主、客观条件

初步确定选题方向后,学生要从主、客观两方面考虑研究范围:一是根据自己的占有资料、科研能力、兴趣专长等主观条件来考虑研究范围;二是根据课题意义、他人帮助、时间环境等客观因素来考虑研究范围。如果主、客观条件比较优越,研究范围就可以大一些;否则,宜小一些。

(4)积极思维,拟具体题目

经过前面三番五次的研究、思考之后,学生就有可能萌生一点见解,此时应及时充分发挥思维的作用:纵向思维,预见问题的发展趋势;横向思维,考虑问题的不同侧面;同向思维,估计通常的解决途径;逆向思维,寻觅反常的创新之处;开放思维,联系古今中外,联系理论与实践……这样积极思考,反复推敲,步步深入,焦距在不断缩小,选题的目标也会渐渐明确起来,最后集中于一点,题目也就诞生了。

(5)听取指导教师的意见

具体题目确定了,还应听取指导老师的意见。导师专业知识渊博,能够得到导师的指教非常重要,有时甚至是画龙点睛。导师同意后,应写开题报告,待院系批准后,才能进入下一步工作。

2.选题方法

(1)热点法

热点法是指把社会各界人士集中关注的热点问题确定为题目的一种选题方法。热点问题往往又在某个时期具有较强的现实意义,引人注意,吸引眼球,学生从中确定自己的选题也比较容易。

(2)浏览法

浏览时,要及时记下资料的纲目和对资料的体会,以及对自己影响最深刻的观点、论据、论证方法等;要将阅读得到的内容排列、组合、分类;要将自己的体会与资料加以比较,找出不同点和相同点,经过深思熟虑后必然会有所发现,题目也就渐渐明确了。

(3)验证法

验证法是指根据平时的积累,以主观"拟想"为出发点,通过阅读资料沿着一定方向对已有研究成果步步紧跟验证,一追到底,从中获得"一己之见"的选题方法。我们要验证"拟想"是否对别人的观点有补充作用,若有,又符合主客观条件,就可以把"拟想"定下来作为毕业论文的题目;要验证"拟想"是否重复别人的,若完全重复,就要改选;若是部分重复,就应缩小范围,在没有重复的方面深入研究。

(4)调查法

调查法是指从现实需要出发,通过实践调查、收集材料、提炼加工、去伪存真、去粗取精、分析思考,最终敲定题目的一种选题方法。调查是选题的基础,通过调查确定的论文题目,具有较高的实际应用价值,现实针对性强。

(5)启发法

启发法是指学生根据教师的引导、启发来确定题目的一种选题方法。

(6)新闻法

新闻法是指从新闻报道中受到启发,发现问题,从而确定论文题目的一种选题方法。

除此以外,还有借鉴法、意见法等。具体采用何种方式,或者多种方法混合使用,应综合考虑,灵活选择。

3.选题的注意事项

(1)避免选题过大

选题过大是指学生选择对象模糊、范围太大,依靠个人能力和所学知识在老师指导下在规定时间内很难完成的题目。例如,××大学金融班有个学生选择《加入 WTO 对我国的影响》这个题目,想了很久,材料很杂,难以集中。后来草草收兵,勉强交上去,又被退回来重写。最后,在老师的指点下,他把题目改为《加入 WTO 对金融业的影响》,范围小了,论题明确,又能发挥专业优势,加上选材源于实践,具体新颖,论述条理清晰,论文别具一格,最终得到了肯定。

(2)避免雷同重复

雷同重复是指学生的论文选题与别人的论文选题重复。这是毕业论文写作的大忌。如果选题完全相同,内容完全不同,最好的解决办法是根据论文标题的写法来改换。论文标题有揭示论点的,这类标题直接反映作者对问题的看法;有揭示课题的,这类标题所反映的只是文章所要解决的问题,而不涉及作者对问题的看法。如果原来雷同的标题是揭示论点的,就可以把它改成揭示课题的;如果原来雷同的标题是揭示课题的,就可以把它改成揭示论点的。例如,《论执法工作的社会舆论监督》是揭示课题的,如果根据其中心论点,可以改成《如何加强执法工作的社会舆论监督》,谈的是怎么做。这么一改,就不雷同了。如果选题相同,内容也差不多,没有超越别人的地方,就要换题。最好先查资料,避免重复。

(3)避免缺乏价值

缺乏价值是指学生选择了没有经济效用、社会效益、理论意义的题目。这样的选题对人类生存环境的改善、社会经济文化的发展等都没有促进作用。缺乏价值的选题归纳起来大致有几种:陈旧过时的、研究透彻的、没有实用前景的、问题已解决的、应用性问题又无可操作等。

(4)避免盲目赶时髦

盲目赶时髦是指学生片面地认为只要题目新,就能出奇制胜,一鸣惊人,凭几个新概念、新名词、随大流,盲目选择了自己没有了解或没有条件研究的问题。表面上看是标新立异,与时俱进,具有时代气息,实际上却是东拼西凑,囫囵吞枣,“四不像”。

除了要避免以上事项之外,还要避免选题太小等问题,这里不再一一列举。

三、毕业论文的材料

论题确定后,就要搜集材料。撰写毕业论文离不开材料,材料是形成论点、提炼主题的基础;材料是说明论点、表现主题的支柱。

(一)毕业论文需要的材料类型

1.理论型材料

理论型材料主要指党和国家的政策法令,经过历史和实践检验并造成一定影响的人类思想成果,如科学原理、公理定式和名人名言等。

2.事实型材料

(1)经验型

从长期生活、学习的实践中获得的材料,就是经验型材料,也称直接材料。要获取这方面的材料,必须提高观察力,养成积累习惯。

(2)实验型

实验是根据科学研究的需要,人为地控制研究对象并模拟客观条件,排除偶然因素的干扰,以便更好地显示事物的本质和规律的一种活动。通过这种活动获得的可靠性比较强的材料,称为实验型材料。

(3)调查型

为了某一目的,通过问卷法、访问法、座谈法等方式获得的材料称为调查型材料。调查的目的在于寻找事物内在的真实联系,弄清事情的真相,使主观认识符合客观实际。

(4)统引型

物质世界的发展包含着一定的数量关系,是数量之间相互作用和影响的结果。因此,不但要权衡各种材料的性质,还要权衡各种材料之间数量的多少。量变可以导致质变,所以,不但要调查事物的性质,而且要调查事物的数量。调查本身也要通过一定的数量来考察精确度。

(二)毕业论文材料的获取方法

1.通过信息检索获取材料

(1)纸质文献的信息检索。包括图书、期刊、报纸、学位论文等。

(2)数字资源的信息检索。如电子图书的检索、电子期刊的检索、学位论文的检索等。

(3)Internet 信息检索。

2.通过亲自调查来获取材料

(三)毕业论文材料的选择原则

通过信息检索、亲自调查,搜集大量的材料,对形成论点、提炼主题会发挥重要的作用。但这些庞杂的材料,不能西瓜、芝麻统统都要,还要经过选择。具体来说,选择材料必须遵循如下原则:

1.选择表现主题的材料

选择材料的主要目的是充分表现主题,使主题更加深刻、突出。选择表现主题的材料是首先应遵循的原则。主题是统帅,我们必须根据主题的需要决定材料的取舍、主次和详略。凡是能有力表现主题的材料,就选用;与主题无关,不能说明、表现、烘托主题的材料,就舍弃。

2.选择真实可靠的论点

选择真实可靠的论点才站得住脚,才有说服力。所谓真实可靠,就是指材料要符合客观实际的情况,要反映客观事物的本质。有些学生的毕业论文选材不准,没有鉴别真伪,引用的历史人物、事件、时间、地点、数字、引文等没有认真地核对,出现误差,这样的文章不能叫人信服。要保证能选择到真实、可靠的材料,一是要细心观察,认真调查,避免不实;二是要对所选用的材料进行认真审核,尤其是细枝末节,有时恰恰是细节差错引起读者对文章全部真实性的怀疑,从而影响到整篇论文。

3.选择精当、典型的材料

选择精当、典型的材料是论文写作必须遵循的一个选材原则。凡是能够深刻揭示事物的本质、具有广泛代表性、普遍指导性和强大说服力的材料,就是精当、典型的材料。精当、典型的材料,往往能够以一当十、一针见血、以少胜多。

4.选择富有新意的材料

选择富有新意的材料就是要选择别人没有用过的、具有时代精神和特点的材料,如新事实、新政策、新的数据统计、新发现的问题等。写论文选择新颖的材料，能增强论文的现实性，使人耳目一新。富有新意的材料要靠我们自己去发掘。实际生活中充满大量重复无意义的类型化的东西，我们要善于披沙拣金，以独特的视角、敏锐的触觉对生活进行个体化的把握，形成自己独特的、创造性的经验才能先人一步，发现、选择新颖的材料，并赋之鲜明的时代感和前瞻性。

四、撰写毕业论文

在撰写毕业论文的过程中，需要经过开题报告、论文写作、论文答辩三个过程。

(一)开题报告

开题报告是论文撰写过程中最重要的一个环节，也是论文能否进行的一个重要指标。开题报告包括以下几个方面的内容

1.论文名称

论文名称就是课题的名字，名称要准确、规范、简洁，一般不超过20个字。

2.论文研究的目的和意义

首先从现实需要方面去论述，指出现实当中存在相关的学术问题需要去研究和解决，即论文研究的实际作用；其次，再介绍论文的理论和学术价值，主要内容有研究的有关背景，为什么要研究该课题、研究的价值，以及要解决的问题。

3.本论文国内外研究的历史和现状(文献综述)

这部分是要求毕业生掌握研究课题的广度、深度、已取得的成果，寻找有待进一步研究的问题，从而确定本课题研究的平台、研究的特色或突破点。

4.论文研究的指导思想

指导思想就是在宏观上应坚持什么方向、符合什么要求等，这个方向或要求可以是哲学、政治理论，还可以是政府的教育发展规划，也可以是有关研究问题的指导性意见等。

5.论文写作的目标

论文写作的目标也就是课题最后要达到的具体目标，要解决哪些具体问题，即论文写作的目标定位。确定目标时要紧扣课题。

6.论文的基本内容

基本内容一般包括对论文名称的解说，以及对研究对象、研究问题、研究方法的介绍。还包括与论文写作有关的理论、名词、术语、概念的解说。

7.论文写作的方法

论文写作的具体方法包括观察法、调查法、实验法、经验总结法、个案法、比较研究法、文献资料法等。

8.论文写作的步骤

论文写作的步骤，也就是论文写作在时间和顺序上的安排。

(二)论文写作

1.拟写论文提纲

拟写论文提纲是论文写作过程中的重要一步，这是论文进入正式写作阶段的标志。

(1)要对学术论文的基本类型有一概括了解，并根据自己掌握的资料考虑论文的构成

形式。对于初学论文写作者可以参考杂志上发表的论文类型,做到心中有数。

(2)要对掌握的资料做进一步的研究,通盘考虑众多材料的取舍和运用,做到论点突出、论据可靠、论证有力、各部分内容衔接得体。

(3)要考虑论文提纲的详略程度。论文提纲可分为粗纲和细纲两种,前者只是提示各部分要点,不涉及材料和论文的展开。但对初学论文写作者来说,最好拟一个比较详细的写作提纲,不但提出论文各部分要点,而且对其中所涉及的材料和材料的详略安排以及各部分之间的相互关系等都有所反映,写作时即可得心应手。

2.正文各要素的写法

(1)摘要与关键词

摘要一般为300字左右,位于作者署名之后,正文之前。结合标题和正文内容,一般选取3～5个关键词。

(2)引论

常写作"引言""引论""绪论",引论的内容一般是交代选题背景、课题来源、本课题在国内外的研究进展状况、已有的研究成果、存在的问题、选题的意义,以及讨论的问题。本文分几部分,从哪些方面进行讨论,以及指导思想、论证方法等,均可根据内容的需要写在引论中。

(3)正论

正论常分几部分写,分别标示"一""二""三"等,有的加小标题,或以分论点的形式出现,以凸显论述的观点或主要内容。这部分是对研究过程及分析、归纳、概括的表达,体现分析方法与思路,充分有力的论证。正论还要体现出明确的指导思想。

(4)结论

结论一般用"结语""小结""余论"等标示。在毕业论文格式中,结论是对整个研究工作的归纳、综合或概括,也可以提出进一步研究的建议。若在正论之后,对相关联的问题还想简短论述一下,或是对较为重要的问题再说一些想法,可写成"余论"。

在写毕业论文时,有以下几点需要注意:

①注意段落与章节之间的逻辑性。对于理论方面的毕业论文,还应当注意理论论证的严密性和知识的系统性,同时论述要以论题为核心展开。

②论文的阐述宜客观,一般采用第三人称叙述,尽量避免使用第一人称。

③文章内容的叙述要详略得当,要注意避免重复。对于有新意、有争论的观点,则要讲透,绝不能吝惜笔墨。

(5)毕业论文致谢

简述自己撰写毕业论文的体会,并对指导老师以及有关人员表示感谢。

(6)注释与参考资料

注释专指"本文注",即作者对论文有关内容所做的解释,属于毕业论文格式的非必备项。参考文献专指"引文注",即作者对引用他人作品的有关内容所做的说明,在引文结束处右上角用"[1]""[2]"等标示,序号与文末参考文献列表一致。同一著作或文章被多次引用时,只著录一次。

(三)论文答辩

1.要熟悉内容

参加论文答辩同学,必须对自己所著的毕业论文内容有比较深刻理解和比较全面的熟悉。这是为回答毕业论文答辩委员会成员就有关毕业论文的深度及相关知识面而可能提出的论文答辩问题所做的准备。所谓“深刻的理解”是对毕业论文有横向的把握。

2.要紧扣主题

对于毕业论文答辩委员会成员来说,他们不可能对每一位的毕业论文内容有全面的了解,有的甚至连毕业论文题目也不一定熟悉。因此,在整个论文答辩过程中能否围绕主题进行,能否最后扣题就显得非常重要。另外,委员们一般也容易就论文题目所涉及的问题进行提问,如果能自始至终地以论文题目为中心展开论述就会使评委思维明朗,对你的毕业论文给予肯定。

3.语速适中

一般来说,毕业生首次进行毕业论文答辩时,说话速度往往会越来越快,以致毕业答辩委员会成员听不清楚,影响了毕业答辩成绩。故毕业答辩学生一定要注意在论文答辩过程中的语速,要有急有缓、有轻有重。

五、写作提示

(一)坚持理论联系实际的原则

毕业论文在选题和观点上都必须注重联系社会主义现代化建设的实际,密切注视社会生活中出现的新情况、新问题。

(二)立论科学、观点创新

毕业论文的科学性是指文章的基本观点和内容能够反映事物发展的客观规律。文章的创新性,就是要求不能简单地重复前人的观点,而必须有自己的独立见解。

(三)论据要翔实、论证要严密

毕业论文必须要有充分、翔实的论据材料作为支持。论证要严密、富有逻辑性,才能使文章具有说服力。

(四)格式规范化、标准化

毕业论文应按根据学校标准的有关规定编写。

例文鉴赏

论大众传媒与农村经济发展的良性互动

摘要:农村的落后,农民的贫困,使用媒介素养教育水平低于城市居民,即对媒介信息的解读、批判以及使用的能力较弱。另外,农村的信息获取渠道又极其狭窄,因而与城市居民相比,其信息接收能力就较弱,而与此同时大众传媒的城市市场已接近饱和状态,急欲进军、开拓农村市场以拓宽大众传媒的生存和发展空间。也正因农村的落后,农民的贫困使得大众传媒对农村的传播受阻。大众传媒的去农化现象非常严重,远离农村使得传媒失去了抢占广阔农村市场的先机。远离农村又使得农村因信息闭塞越来越穷,久而久之造成了两者之间的恶性循环。本文主要通过对大众传媒与农村经济发展良性互动的探讨和论述,从而有效地促进农村经济快速健康地发展,进而有效地开拓传媒农村市场,促进大众传媒的发展,形成两者之间的良性互动。

关键词:农村经济大众传媒良性互动

正文:"三农"问题一直是国家发展的重中之重,建设社会主义新农村是我国现代化进程中的重要任务。大众传媒在当前农村经济发展中具有重要的促进作用。与此同时,农村的发展变革又可为其提供潜在的发展空间。本文主要通过对大众传媒和农村经济发展的良性互动的探讨和论述,从而有效地促进农村经济的发展,同时又为大众传媒提供潜在的广阔的农村市场,消除大众传媒的去农化形象,形成两者之间的良性循环。

一、政府应加强对农村媒介素养教育的投入

媒介素养有不同的提法,众说纷纭,其共同的含义是:指人们对各种媒介信息的解读和批判能力,以及使用媒介信息为个人生活、社会发展服务的能力。在现实中,可以说它是缩短城乡之间知识鸿沟的最重要因素之一。怎样有效地加强对农村受众的媒介素养教育,可以从以下几个方面入手:

(一)加强文化教育投入

1.短期内着重传播科技知识和致富信息……

2.长期内要注重对其进行观念的更新……

(二)加大经济投入……

(三)加强政府政策引导,关注"三农"……

1.推行一系列支农、惠农新政策……

2.加强农村广播电视网络建设,开通信息获取渠道……

3.发挥农民主体作用,还农民以主体地位……

二、政府应扶持大众传媒进入农村市场

(一)直接投资……

(二)间接资助……

三、……

四、……

结论(略)

致谢(略)

参考文献(略)

(本文选自优秀论文网,收入本书时略去部分内容)

简评:本文能够围绕题目,扣住中心进行论述;论据翔实,坚持摆事实,讲道理,结论有说服力。格式比较规范,具有参考价值。

技能训练

说一说以下选题，哪一些比较合理？

1.财务风险的分析与防范

2.中小企业筹资风险与防范

3.中小企业的审计风险与控制

4.企业并购的财务风险

5.会计电算化在农村财务管理中的应用

6.现金流量表分析与应用——以××股份有限公司为例；

7.中小型餐饮企业成本控制——以××餐饮管理公司为例

8.格力电器股份有限公司偿债能力分析

9.中小企业存货核算过程中存在的问题及对策——以A公司为例

10.M公司存货管理现状及其对策分析

拓展知识

结合所学专业，通过查阅文献资料，了解学术动态，初选一道自己感兴趣的毕业论文论题，拟出写作提纲，并写出初稿。

附录一　党政机关公文处理工作条例

第一章　总则

第一条　为了适应中国共产党机关和国家行政机关(以下简称党政机关)工作需要，推进党政机关公文处理工作科学化、制度化、规范化，制定本条例。

第二条　本条例适用于各级党政机关公文处理工作。

第三条　党政机关公文是党政机关实施领导、履行职能、处理公务的具有特定效力和规范体式的文书，是传达贯彻党和国家方针政策，公布法规和规章，指导、布置和商洽工作，请示和答复问题，报告、通报和交流情况等的重要工具。

第四条　公文处理工作应该是指公文拟制、办理、管理等一系列相互关联、衔接有序的工作。

第五条　公文处理工作应当坚持实事求是、准确规范、精简高效、安全保密的原则。

第六条　各级党政机关应当高度重视公文处理工作，加强组织领导，强化队伍建设，设立文秘部门或者由专人负责公文处理工作。

第七条　各级党政机关办公厅(室)主管本机关的公文处理工作，并对下级机关的公文处理工作进行业务指导和督促检查。

第二章　公文种类

第八条　公文种类主要有:(15 种)

(一)决议。适用于会议讨论通过的重大决策事项。

(二)决定。适用于对重要事项作出决策和部署、奖惩有关单位和人员、变更或者撤销下级机关不适当的决定事项。

(三)命令(令)。适用于公布行政法规和规章、宣布施行重大强制性措施、批准授予和晋升衔级、嘉奖有关单位和人员。

(四)公报。适用于公布重要决定或者重大事项。

(五)公告。适用于向国内外宣布重要事项或者法定事项。

(六)通告。适用于在一定范围内公布应当遵守或者周知的事项。

(七)意见。适用于对重要问题提出见解和处理办法。

(八)通知。适用于发布、传达要求下级机关执行和有关单位周知或者执行得事项、批转、转发公文。

(九)通报。适用于表彰先进、批评错误、传达重要精神和告知重要情况。

(十)报告。适用于向上级机关汇报工作、反映情况,回复上级机关的询问。

(十一)请示。适用于向上级机关请求指示、批准。

(十二)批复。适用于答复下级机关请示事项。

(十三)议案。适用于各级人民政府按照法律程序向同级人民代表大会或者人民代表大会常务委员会提请审议事项。

(十四)函。适用于不相隶属机关之间商洽工作、询问和答复问题请求批准和答复审批事项。

(十五)纪要。适用于记载会议主要情况和议定事项。

第三章　公文格式

第九条　公文一般由份号、密级和保密期限、紧急程度、发文机关标志、发文字号、签发人、标题、主送机关、正文、附件说明、发文机关署名、成文日期、印章、附注、附件、抄送机关、印发机关和印发日期、页码等组成。

(一)份号。公文印制份数的顺序号。涉密公文应当标注份号。

(二)密级和保密期限。公文的秘密等级和保密期限。涉密公文应当根据涉密程度分别标注“绝密”“机密”“秘密”和保密期限。

(三)紧急程度。公文送达和办理的时限要求。根据紧急程度,紧急公文应当分别标注“特急”“加急”,电报应当分别标注“特提”“特急”“加急”“平急”。

(四)发文机关标志。由发文机关全称或者规范化简称加“文件”二字组成,也可以使用发文机关全称或者规范化简称。联合行文时,发文机关标志可以并用联合分文机关名称,也可以单独用主办机关名称。

(五)发文字号。由发文机关待字、年份、发文顺序号组成。联合行文时,使用主办机关的发文字号。

(六)签发人。上行文应该标注签发人姓名。

(七)标题。由发文机关名称、事由和文种组成。

(八)主送机关。公文的主要受理机关,应当使用机关全称、规范化简称或者同类型机关统称。

(九)正文。公文的主体,用来表述公文的内容。

(十)附件说明。公文附件的顺序号和名称。

(十一)发文机关署名。署发文机关全称或者规范化简称。

(十二)成文日期。署会议通过或者发文机关负责人签发的日期。联合行文时,署最后签发机关负责人签发的日期。

(十三)印章。公文中有发文机关署名的,应当加盖发文机关印章,并与署名机关相符。有特定发文机关标志的普发性公文和电报可以不加盖印章。

(十四)附注。公文印发传达范围等需要说明的事项。

(十五)附件。公文正文的说明、补充或者参考资料。

(十六)抄送机关。除主送机关外需要执行或者知晓公文内容的其他机关,应当使用机关全称、规范化简称或者同类型机关统称。

（十七）印发机关和印发日期。公文的送印机关和送印日期。

第十条　公文的版式按照《党政机关公文格式》国家标准执行。

第十一条　公文使用的汉字、数字、外文字符、计量单位和标点符号等，按照有关国家标准和规定执行。民族自治地方的公文，可以并用汉字和当地通用的少数民族文字。

第十二条　公文用纸幅面采用国际标准 A4 型。特殊形式的公文用纸幅面，根据实际需要确定。

第四章　行文规定

第十三条　行文应当确有必要，讲究实效，注重针对性和可操作性。

第十四条　行文关系应当根据隶属关系和职权范围确定。一般不得越级行文，特殊情况需要越级行文的，应当同时抄送被越过的机关。

第十五条　向上级机关行文，应当遵循以下规则：

（一）原则上主送一个上级机关，根据需要同时抄送相关上级机关和同级机关，不抄送下级机关。

（二）党委、政府的部门向上级主管部门请示、报告重大事项，应当经本级党委、政府同意或者授权；属于部门职权范围内的事项应当直接报送上级主管部门。

（三）下级机关的请示事项，如需以本机关名义向上级机关请示，应当提出倾向性意见后上报，不得原文转报上级机关。

（四）请示应当一文一事。不得在报告等非请示性公文中夹带请示事项。

（五）出上级机关负责人直接交办事项外，不得以本机关名义向上级机关负责人报送公文，不得以本机关负责人名义向上级机关报送公文。

（六）受双重领导的机关向一个上级机关行文，必要时抄送另一个上级机关。

第十六条　向下级机关行文，应当遵循以下规则：

（一）主送受理机关，根据需要抄送机关。重要行文机关应当同时抄送发文机关的直接上级机关。

（二）党委、政府的办公厅（室）根据本级党委、政府授权，可以向下级党委、政府行文，其他部门和单位不得向下级党委、政府发布指令性公文或者在公文中向下级党委、政府提出指令性要求。需经政府审批的具体事项，经政府同意后可以由政府职能部门行文，文中须注明已经政府同意。

（三）党委、政府的部门在各自职权范围内可以向下级党委、政府的相关部门行文。

（四）涉及多个部门职权范围内的事务，部门之间未协商一致的，不得向下行文；擅自行文的，上级机关应当责令其纠正或者撤销。

（五）上级机关向受双重领导的下级机关行文，必要时抄送该下级机关的另一个上级机关。

第十七条　同级党政机关、党政机关与其他同级机关必要时可以联合行文。属于党委、政府各自职权范围内的工作，不得联合行文。党委、政府的部门依据职权可以相互行文。部门内设机构除办公厅（室）外不得对外正式行文。

第五章　公文拟制

第十八条　公文拟制包括公文的起草、审核、签发等程序。

第十九条　公文起草应当做到：

（一）符合国家法律法规和党的路线方针政策，完整准确体现发文机关意图，并同现行有关公文相衔接。

（二）一切从实际出发，分析问题实事求是，所提政策措施和办法切实可行。

（三）内容简洁，主题突出，观点鲜明，结构严谨，表述准确，文字精练。

（四）文中正确，格式规范。

（五）深入调查研究，充分进行论证，广泛听取意见。

（六）公文涉及其他地区或者部门职权范围内的事项，起草单位必须征求相关地区或者部门意见，力求达成一致。

（七）机关负责人应当主持、指导重要公文起草工作。

第二十条　公文文稿签发前，应当由发文机关办公厅（室）进行审核。审核的重点是：

（一）行文理由是否充分，行文依据是否准确。

（二）内容是否符合国家法律法规和党的路线方针政策；是否完整准确体现发文机关意图；是否同现行有关公文相衔接；所提政策措施和办法是否切实可行。

（三）涉及有关地区或者部门职权范围内的事项是否经过充分协商并达成一致意见。

（四）文种是否正确，格式是否规范；人名、地名、时间、数字、段落顺序、引文等是否准确；文字、数字、计量单位和标点符号等用法是否规范。

（五）其他内容是否符合公文起草的有关要求。

需要发文机关审议的重要公文文稿，审议前由发文机关办公厅（室）进行初核。

第二十一条　经审核不宜发文的公文文稿，应当退回起草单位并说明理由；符合发文条件但内容需作进一步研究和修改的，由起草单位修改后重新报送。

第二十二条　公文应当经本机关负责人审批签发。重要公文和上行文由机关主要负责人签发。党委、政府的办公厅（室）根据党委、政府授权制发的公文，由授权机关主要负责人签发或者按照有关规定签发。签发人签发公文，应当签署意见，姓名和完整日期；圈阅或者签名的，视为同意。联合发文由所有联署机关的负责人会签。

第六章　公文办理

第二十三条　公文办理包括收文办理、发文办理和整理归档。

第二十四条　收文办理主要程序是：

（一）签收。对收到的公文应当逐件清点，核对无误后签字或者盖章，并注明签收时间。

（二）登记。对公文的主要信息和办理情况应当详细记载。

（三）初审。对收到公文应当进行初审。初审的重点是：是否应当由本机关办理，是否符合行文规则，文种、格式是否符合要求，涉及其他地区或者部门职权范围的事项是否已经协商、会签，是否符合公文起草的其他要求。经初审不符合规定的公文，应当及时退回来文单位并说明理由。

（四）承办。阅知性公文应当根据公文内容、要求和工作需要确定范围后分送。批办性公文应当提出拟办意见报送本机关负责人批示或者有关部门办理；需要两个以上部门办理的，应当明确主办部门。紧急公文应当明确办理时限。承办部门对交办的公文应当及时办理，有明确办理时限要求的应当在规定时限内办理完毕。

（五）传阅。根据领导批示和工作需要将公文及时送传阅对象阅知或者批示。办理公文传阅应当随时掌握公文去向，不得漏传、误传、延误。

（六）催办。及时了解掌握公文的办理进展情况，督促承办部门按期办结。紧急公文或者重要公文应当由专人负责催办。

（七）答复。公文的办理结果应当及时答复来文单位，并根据需要告知相关单位。

第二十五条　发文办理主要程序是：

（一）复核。已经发文机关负责人签批的公文，印发前应当对公文的审批手续、内容、文种、格式等进行复核；需作实质性修改的，应当报原签批人复审。

（二）登记。对复核后的公文，应当确定发文字号、分送范围和印制份数并详细记载。

（三）印制。公文印制必须确保质量和时效。涉密公文应当在符合保密要求的场所印制。

（四）核发。公文印制完毕，应当对公文的文字、格式和印刷质量进行检查后分发。

第二十六条　涉密公文应当通过机要交通、邮政机要通信、城市机要文件交换站或者收发件机关机要收发人员进行传递，通过密码电报或者符合国家保密规定的计算机信息系统进行传输。

第二十七条　需要归档的公文及有关材料，应当根据有关档案法律法规以及机关档案管理规定，及时收集齐全、整理归档。两个以上机关联合办理的公文，原件由主办机关归档，相关机关保存复制件。机关负责人兼任其他机关职务的，在履行所兼职务过程中形成的公文，由其兼职机关归档。

第七章　公文管理

第二十八条　各级党政机关应当建立健全本机关公文管理制度，确保管理严格规范，充分发挥公文效用。

第二十九条　党政机关公文由文秘部门或者专人统一管理。设立党委（党组）的县级以上单位应当建立机要保密室和机要阅文室，并按照有关保密规定配备工作人员和必要的安全保密设施设备。

第三十条　公文确定密级前，应当按照拟定的密级先行采取保密措施。确定密级后，应当按照所定密级严格管理。绝密级公文应当由专人管理。

公文的密级需要变更或者解除的，由原确定密级的机关或者其上级机关决定。

第三十一条　公文的印发传达范围应当按照发文机关的要求执行；需要变更的，应当经发文机关批准。

涉密公文公开发布前应当履行解密程序。公开发布的时间、形式和渠道，由发文机关确定。

经批准公开发布的公文,同发文机关正式印发的公文具有同等效力。

第三十二条　复制、汇编机密级、秘密级公文,应当符合有关规定并经本机关负责人批准。绝密级公文一般不得复制、汇编,确有工作需要的,应当经发文机关或者其上级机关批准。复制、汇编的公文视同原件管理。

复制件应当加盖复制机关戳记。翻印件应当注明翻印的机关名称、日期。汇编本的密级按照编入公文的最高密级标注。

第三十三条　公文的撤销和废止,由发文机关、上级机关或者权力机关根据职权范围和有关法律法规决定。公文被撤销的,视为自始无效;公文被废止的,视为自废止之日起失效。

第三十四条　涉密公文应当按照发文机关的要求和有关规定进行清退或者销毁。

第三十五条　不具备归档和保存价值的公文,经批准后可以销毁。销毁涉密公文必须严格按照有关规定履行审批登记手续,确保不丢失、不漏销。个人不得私自销毁、留存涉密公文。

第三十六条　机关合并时,全部公文应当随之合并管理;机关撤销时,需要归档的公文经整理后按照有关规定移交档案管理部门。

工作人员离岗离职时,所在机关应当督促其将暂存、借用的公文按照有关规定移交、清退。

第三十七条　新设立的机关应当向本级党委、政府的办公厅(室)提出发文立户申请。经审查符合条件的,列为发文单位,机关合并或者撤销时,相应进行调整。

第八章　附　则

第三十八条　党政机关公文含电子公文。电子公文处理工作的具体办法另行制定。

第三十九条　法规、规章方面的公文,依照有关规定处理。外事方面的公文,依照外事主管部门的有关规定处理。

第四十条　其他机关和单位的公文处理工作,可以参照本条例执行。

第四十一条　本条例由中共中央办公厅、国务院办公厅负责解释。

第四十二条　本条例自2012年7月1日起施行。1996年5月3日中共中央办公厅发布的《中国共产党机关公文处理条例》和2000年8月24日国务院发布的《国家行政机关公文处理办法》停止执行。

二〇一二年四月十二日

附录二　党政机关公文格式

前　言

本标准按照 GB/T 1.1—2009 给出的规则起草。

本标准根据中共中央办公厅、国务院办公厅印发的《党政机关公文处理工作条例》的有关规定对 GB/T 9704—1999《国家行政机关公文格式》进行修订。本标准相对 GB/T 9704—1999 主要做如下修订：

a)标准名称改为《党政机关公文格式》，标准英文名称也作相应修改；

b)适用范围扩展到各级党政机关制发的公文；

c)对标准结构进行适当调整；

d)对公文装订要求进行适当调整；

e)增加发文机关署名和页码两个公文格式要素，删除主题词格式要素，并对公文格式各要素的编排进行较大调整；

f)进一步细化特定格式公文的编排要求；

g)新增联合行文公文首页版式、信函格式首页、命令(令)格式首页版式等式样。

本标准中公文用语与《党政机关公文处理工作条例》中的用语一致。

本标准为第二次修订。

本标准由中共中央办公厅和国务院办公厅提出。

本标准由中国标准化研究院归口。

本标准起草单位：中国标准化研究院、中共中央办公厅秘书局、国务院办公厅秘书局、中国标准出版社。

本标准主要起草人：房庆、杨雯、郭道锋、孙维、马慧、张书杰、徐成华、范一乔、李玲。

本标准代替了 GB/T 9704—1999。

GB/T 9704—1999 的历次版本发布情况为：

——GB/T 9704—1988。

1　范围

本标准规定了党政机关公文通用的纸张要求、排版和印制装订要求、公文格式各要素的编排规则，并给出了公文的式样。

本标准适用于各级党政机关制发的公文。其他机关和单位的公文可以参照执行。

使用少数民族文字印制的公文，其用纸、幅面尺寸及版面、印制等要求按照本标准执行，其余可以参照本标准并按照有关规定执行。

2 规范性引用文件

下列文件对于本标准的应用是必不可少的。凡是注日期的引用文件，仅所注日期的版本适用于本标准。凡是不注日期的引用文件，其最新版本（包括所有的修改单）适用于本标准。

GB/T 148 印刷、书写和绘图纸幅面尺寸

GB 3100 国际单位制及其应用

GB 3101 有关量、单位和符号的一般原则

GB 3102（所有部分）量和单位

GB/T 15834 标点符号用法

GB/T 15835 出版物上数字用法

3 术语和定义

下列术语和定义适用于本标准。

3.1 字 word

标示公文中横向距离的长度单位。在本标准中，一字指一个汉字宽度的距离。

3.2 行 line

标示公文中纵向距离的长度单位。在本标准中，一行指一个汉字的高度加 3 号汉字高度的 7/8 的距离。

4 公文用纸主要技术指标

公文用纸一般使用纸张定量为 60 g/m～80 g/m 的胶版印刷纸或复印纸。纸张白度 80%～90%，横向耐折度≥15 次，不透明度≥85%，pH 值为 7.5～9.5。

5 公文用纸幅面尺寸及版面要求

5.1 幅面尺寸

公文用纸采用 GB/T 148 中规定的 A4 型纸，其成品幅面尺寸为：210 mm×297 mm。

GB/T 9704—2012

5.2 版面

5.2.1 页边与版心尺寸

公文用纸天头（上白边）为 37 mm±1 mm，公文用纸订口（左白边）为 28mm±1mm，版心尺寸为 156 mm×225 mm。

5.2.2 字体和字号

如无特殊说明，公文格式各要素一般用 3 号仿宋体字。特定情况可以做适当调整。

5.2.3 行数和字数

一般每面排 22 行，每行排 28 个字，并撑满版心。特定情况可以做适当调整。

5.2.4 文字的颜色

如无特殊说明,公文中文字的颜色均为黑色。

6　印制装订要求

6.1 制版要求

版面干净无底灰,字迹清楚无断划,尺寸标准,版心不斜,误差不超过 1 mm。

6.2 印刷要求

双面印刷;页码套正,两面误差不超过 2 mm。黑色油墨应当达到色谱所标 BL100%,红色油墨应当达到色谱所标 Y80%、M80%。印品着墨实、均匀;字面不花、不白、无断划。

6.3 装订要求

公文应当左侧装订,不掉页,两页页码之间误差不超过 4 mm,裁切后的成品尺寸允许误差±2mm,四角成 90°;,无毛茬或缺损。

骑马订或平订的公文应当:

a)订位为两钉外订眼距版面上下边缘各 70 mm 处,允许误差±4mm;

b)无坏钉、漏钉、重钉,钉脚平伏牢固;

c)骑马订钉锯均订在折缝线上,平订钉锯与书脊间的距离为 3mm～5mm。

包本装订公文的封皮(封面、书脊、封底)与书芯应吻合、包紧、包平、不脱落。

7　公文格式各要素编排规则

7.1 公文格式各要素的划分

本标准将版心内的公文格式各要素划分为版头、主体、版记三部分。公文首页红色分隔线以上的部分称为版头;公文首页红色分隔线(不含)以下、公文末页首条分隔线(不含)以上的部分称为主体;公文末页首条分隔线以下、末条分隔线以上的部分称为版记。

页码位于版心外。

7.2 版头

7.2.1 份号

如需标注份号,一般用 6 位 3 号阿拉伯数字,顶格编排在版心左上角第一行。

7.2.2 密级和保密期限

如需标注密级和保密期限,一般用 3 号黑体字,顶格编排在版心左上角第二行;保密期限中的数字用阿拉伯数字标注。

7.2.3 紧急程度

如需标注紧急程度,一般用 3 号黑体字,顶格编排在版心左上角;如需同时标注份号、密级和保密期限、紧急程度,按照份号、密级和保密期限、紧急程度的顺序自上而下分行排列。

7.2.4 发文机关标志

由发文机关全称或者规范化简称加“文件”二字组成,也可以使用发文机关全称或者规范化简称。

发文机关标志居中排布，上边缘至版心上边缘为 35mm，推荐使用小标宋体字，颜色为红色，以醒目、美观、庄重为原则。

联合行文时，如需同时标注联署发文机关名称，一般应当将主办机关名称排列在前；如有“文件”二字，应当置于发文机关名称右侧，以联署发文机关名称为准上下居中排布。

7.2.5 发文字号

编排在发文机关标志下空二行位置，居中排布。年份、发文顺序号用阿拉伯数字标注；年份应标全称，用六角括号“〔〕”括入；发文顺序号不加“第”字，不编虚位(即 1 不编为 01)，在阿拉伯数字后加“号”字。

上行文的发文字号居左空一字编排，与最后一个签发人姓名处在同一行。

7.2.6 签发人

由“签发人”三字加全角冒号和签发人姓名组成，居右空一字，编排在发文机关标志下空二行位置。“签发人”三字用 3 号仿宋体字，签发人姓名用 3 号楷体字。

如有多个签发人，签发人姓名按照发文机关的排列顺序从左到右、自上而下依次均匀编排，一般每行排两个姓名，回行时与上一行第一个签发人姓名对齐。

7.2.7 版头中的分隔线

发文字号之下 4 mm 处居中印一条与版心等宽的红色分隔线。

7.3 主体

7.3.1 标题

一般用 2 号小标宋体字，编排于红色分隔线下空二行位置，分一行或多行居中排布；回行时，要做到词意完整，排列对称，长短适宜，间距恰当，标题排列应当使用梯形或菱形。

7.3.2 主送机关

编排于标题下空一行位置，居左顶格，回行时仍顶格，最后一个机关名称后标全角冒号。如主送机关名称过多导致公文首页不能显示正文时，应当将主送机关名称移至版记，标注方法见 7.4.2。

7.3.3 正文

公文首页必须显示正文。一般用 3 号仿宋体字，编排于主送机关名称下一行，每个自然段左空二字，回行顶格。文中结构层次序数依次可以用“一、”“(一)”“1.”“(1)”标注；一般第一层用黑体字、第二层用楷体字、第三层和第四层用仿宋体字标注。

7.3.4 附件说明

如有附件，在正文下空一行左空二字编排“附件”二字，后标全角冒号和附件名称。如有多个附件，使用阿拉伯数字标注附件顺序号(如“附件：1.××××××”)；附件名称后不加标点符号。附件名称较长需回行时，应当与上一行附件名称的首字对齐。

7.3.5 发文机关署名、成文日期和印章

7.3.5.1 加盖印章的公文

成文日期一般右空四字编排，印章用红色，不得出现空白印章。

单一机关行文时，一般在成文日期之上、以成文日期为准居中编排发文机关署名，印章端正、居中下压发文机关署名和成文日期，使发文机关署名和成文日期居印章中心偏下位置，印章顶端应当上距正文(或附件说明)一行之内。

联合行文时，一般将各发文机关署名按照发文机关顺序整齐排列在相应位置，并将印章一一对应、端正、居中下压发文机关署名，最后一个印章端正、居中下压发文机关署名和成文日期，印章之间排列整齐、互不相交或相切，每排印章两端不得超出版心，首排印章顶端应当上距正文(或附件说明)一行之内。

7.3.5.2 不加盖印章的公文

单一机关行文时，在正文(或附件说明)下空一行右空二字编排发文机关署名，在发文机关署名下一行编排成文日期，首字比发文机关署名首字右移二字，如成文日期长于发文机关署名，应当使成文日期右空二字编排，并相应增加发文机关署名右空字数。

联合行文时，应当先编排主办机关署名，其余发文机关署名依次向下编排。

7.3.5.3 加盖签发人签名章的公文

单一机关制发的公文加盖签发人签名章时，在正文(或附件说明)下空二行右空四字加盖签发人签名章，签名章左空二字标注签发人职务，以签名章为准上下居中排布。在签发人签名章下空一行右空四字编排成文日期。

联合行文时，应当先编排主办机关签发人职务、签名章，其余机关签发人职务、签名章依次向下编排，与主办机关签发人职务、签名章上下对齐；每行只编排一个机关的签发人职务、签名章；签发人职务应当标注全称。

签名章一般用红色。

7.3.5.4 成文日期中的数字

用阿拉伯数字将年、月、日标全，年份应标全称，月、日不编虚位(即 1 不编为 01)。

7.3.5.5 特殊情况说明

当公文排版后所剩空白处不能容下印章或签发人签名章、成文日期时，可以采取调整行距、字距的措施解决。

7.3.6 附注

如有附注，居左空两字加圆括号编排在成文日期下一行。

7.3.7 附件

附件应当另面编排，并在版记之前，与公文正文一起装订。“附件”二字及附件顺序号用 3 号黑体字顶格编排在版心左上角第一行。附件标题居中编排在版心第三行。附件顺序号和附件标题应当与附件说明的表述一致。附件格式要求同正文。

如附件与正文不能一起装订，应当在附件左上角第一行顶格编排公文的发文字号并在其后标注“附件”二字及附件顺序号。

7.4 版记

7.4.1 版记中的分隔线

版记中的分隔线与版心等宽，首条分隔线和末条分隔线用粗线(推荐高度为 0.35 mm)，中间的分隔线用细线(推荐高度为 0.25 mm)。首条分隔线位于版记中第一个要素之上，末条分隔线与公文最后一面的版心下边缘重合。

7.4.2 抄送机关

如有抄送机关，一般用 4 号仿宋体字，在印发机关和印发日期之上一行、左右各空一字编排。“抄送”二字后加全角冒号和抄送机关名称，回行时与冒号后的首字对齐，最后一个抄送机关名称后标句号。

如需把主送机关移至版记，除将“抄送”二字改为“主送”外，编排方法同抄送机关。既有主送机关又有抄送机关时，应当将主送机关置于抄送机关之上一行，之间不加分隔线。

7.4.3 印发机关和印发日期

印发机关和印发日期一般用 4 号仿宋体字，编排在末条分隔线之上，印发机关左空一字，印发日期右空一字，用阿拉伯数字将年、月、日标全，年份应标全称，月、日不编虚位（即 1 不编为 01），后加“印发”二字。

版记中如有其他要素，应当将其与印发机关和印发日期用一条细分隔线隔开。

7.5 页码

一般用 4 号半角宋体阿拉伯数字，编排在公文版心下边缘之下，数字左右各放一条一字线；一字线上距版心下边缘 7 mm。单页码居右空一字，双页码居左空一字。

GB/T 9704—2012

8　公文中的横排表格

A4 纸型的表格横排时，页码位置与公文其他页码保持一致，单页码表头在订口一边，双页码表头在切口一边。

9　公文中计量单位、标点符号和数字的用法

公文中计量单位的用法应当符合 GB 3100、GB 3101 和 GB 3102（所有部分），标点符号的用法应当符合 GB/T 15834，数字用法应当符合 GB/T 15835。

10　公文的特定格式

10.1 信函格式

发文机关标志使用发文机关全称或者规范化简称，居中排布，上边缘至上页边为 30mm，推荐使用红色小标宋体字。联合行文时，使用主办机关标志。

发文机关标志下 4 mm 处印一条红色双线（上粗下细），距下页边 20 mm 处印一条红色双线（上细下粗），线长均为 170 mm，居中排布。

如需标注份号、密级和保密期限、紧急程度，应当顶格居版心左边缘编排在第一条红色双线下，按照份号、密级和保密期限、紧急程度的顺序自上而下分行排列，第一个要素与该线的距离为 3 号汉字高度的 7/8。

发文字号顶格居版心右边缘编排在第一条红色双线下，与该线的距离为 3 号汉字高度的 7/8。

标题居中编排，与其上最后一个要素相距二行。

第二条红色双线上一行如有文字，与该线的距离为 3 号汉字高度的 7/8。

首页不显示页码。

版记不加印发机关和印发日期、分隔线，位于公文最后一面版心内最下方。

10.2 命令（令）格式

发文机关标志由发文机关全称加“命令”或“令”字组成，居中排布，上边缘至版心上边

缘为 20 mm，推荐使用红色小标宋体字。

发文机关标志下空二行居中编排令号，令号下空二行编排正文。

签发人职务、签名章和成文日期的编排见 7.3.5.3。

10.3 纪要格式

纪要标志由"×××××纪要"组成，居中排布，上边缘至版心上边缘为 35 mm，推荐使用红色小标宋体字。

标注出席人员名单，一般用 3 号黑体字，在正文或附件说明下空一行左空二字编排"出席"二字，后标全角冒号，冒号后用 3 号仿宋体字标注出席人单位、姓名，回行时与冒号后的首字对齐。

标注请假和列席人员名单，除依次另起一行并将"出席"二字改为"请假"或"列席"外，编排方法同出席人员名单。

纪要格式可以根据实际制定。

11　式样

A4 型公文用纸页边及版心尺寸见图 1；公文首页版式见图 2；联合行文公文首页版式 1 见图 3；联合行文公文首页版式 2 见图 4；公文末页版式 1 见图 5；公文末页版式 2 见图 6；联合行文公文末页版式 1 见图 7；联合行文公文末页版式 2 见图 8；附件说明页版式见图 9；带附件公文末页版式见图 10；信函格式首页版式见图 11；命令(令)格式首页版式见图 12。

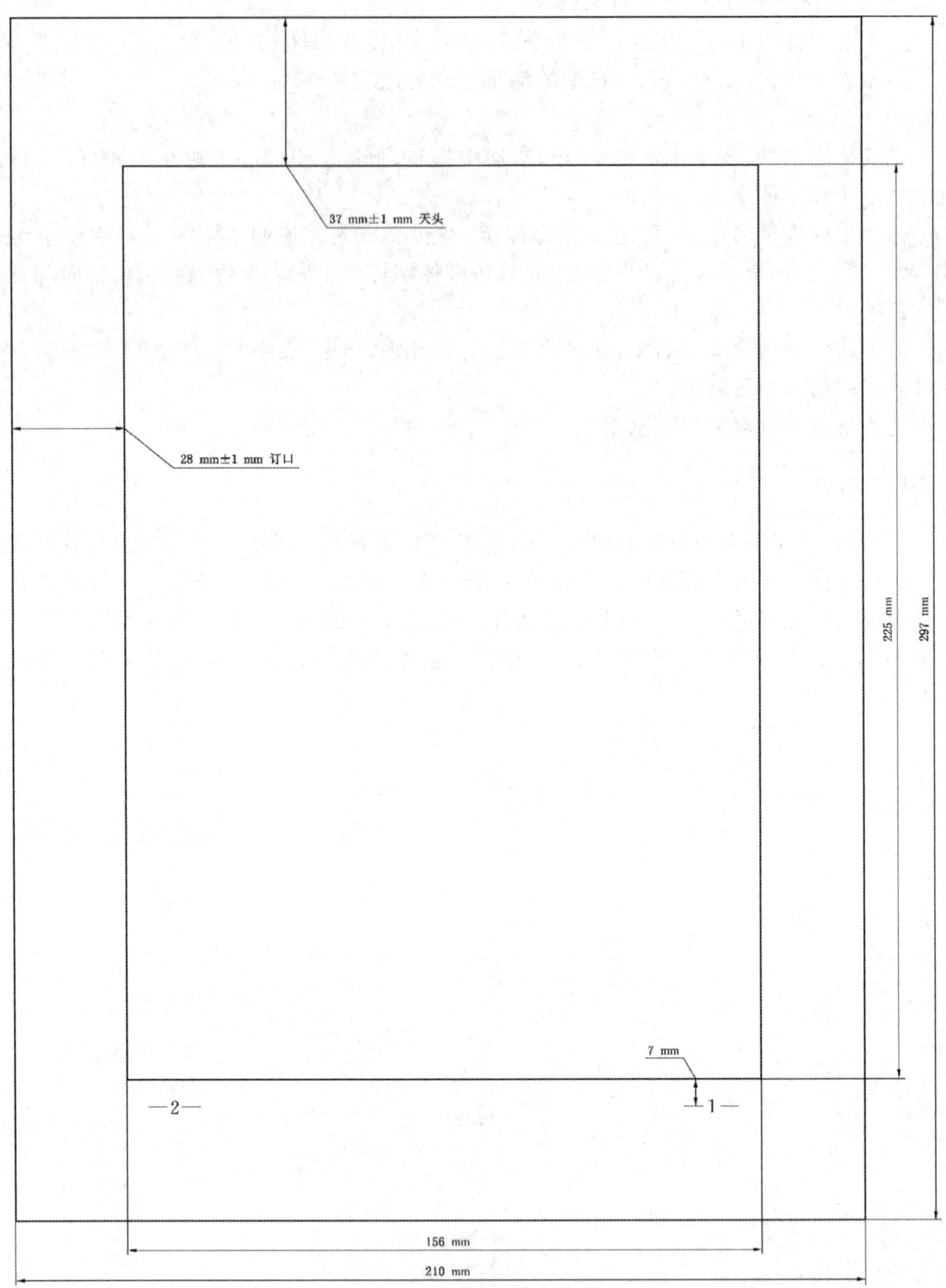

图 1　A4 型公文用纸页边及版心尺寸

000001

机密★1年

特急

×××〔2012〕10号

×××××关于××××××的通知

××××××××：

××。

×××××××××××××××××××××××××××××××××××××××。

×××××××××××××。

×××××××。××

— 1 —

图2　公文首页版式

注：版心实线框仅为示意，在印制公文时并不印出。

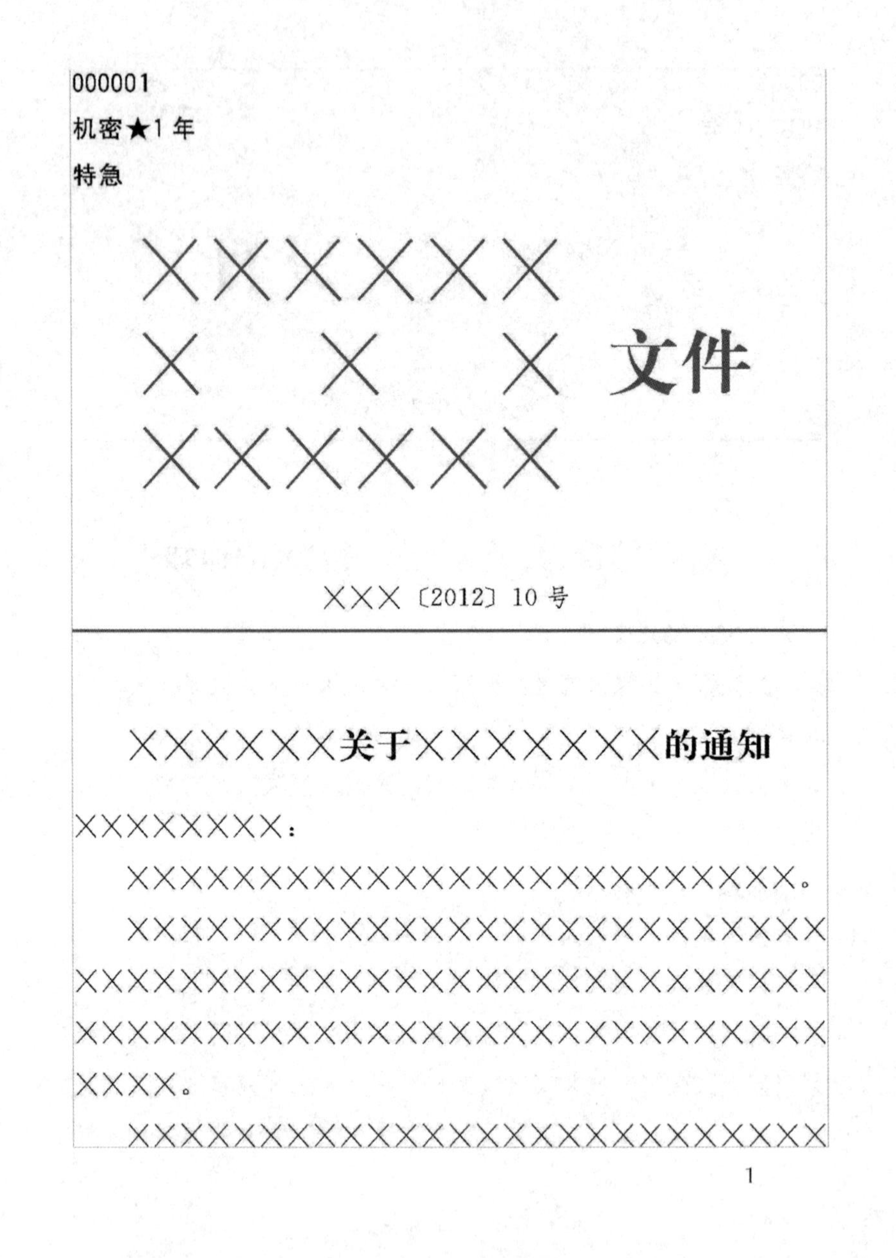

000001
机密★1年
特急

××××××
× × × 文件
××××××

×××〔2012〕10号

××××××关于×××××××的通知

××××××××：

××××××××××××××××××××××××××。

××。

××××××××××××××××××××××××××

1

图3　联合行文公文首页版式1

注：版心实线框仅为示意，在印制公文时并不印出。

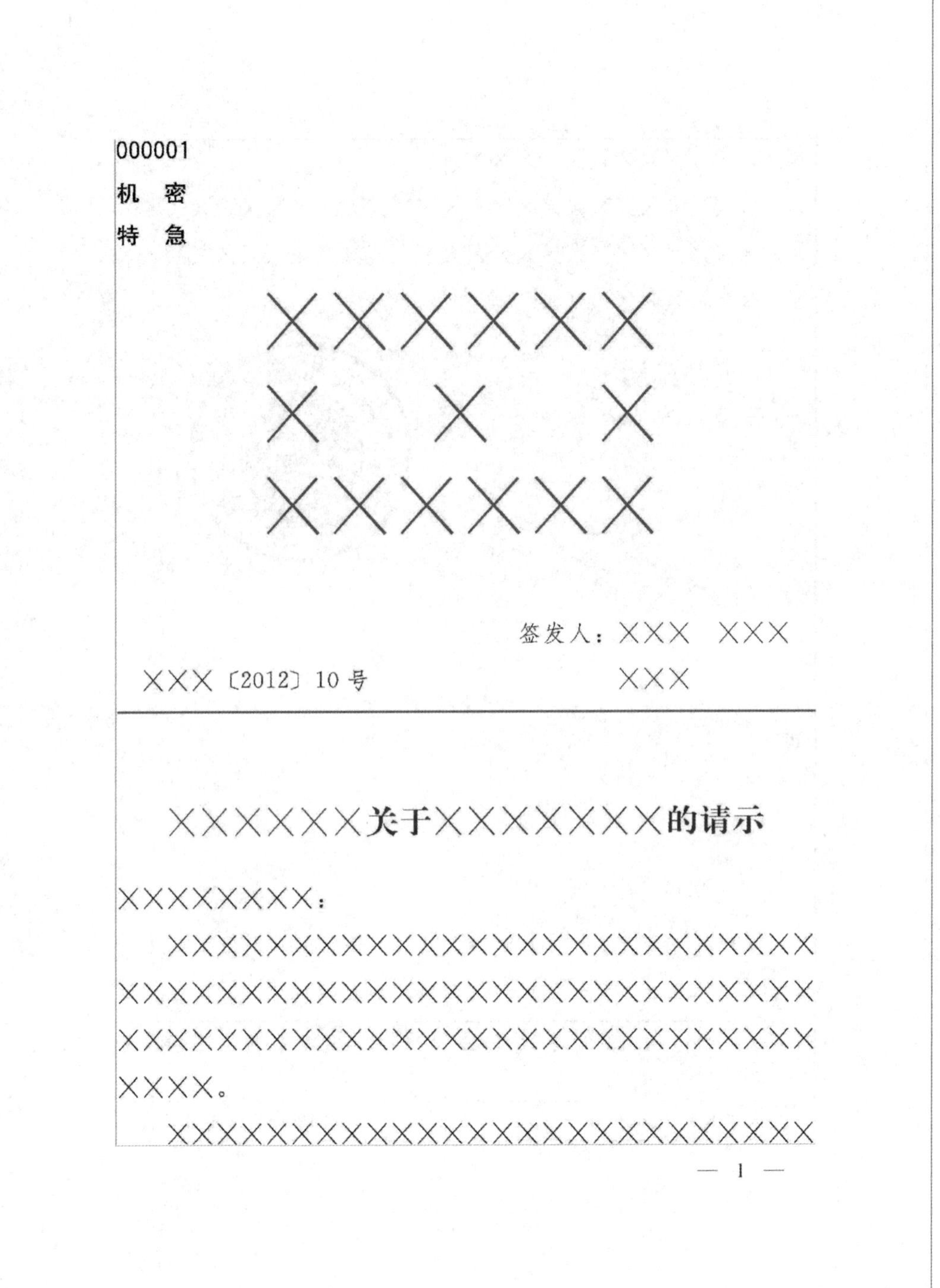
000001
机　密
特　急

××××××
×　×　×
××××××

签发人：×××　×××
×××〔2012〕10号　×××

×××××关于×××××××的请示

××××××××：
××。
×××××××××××××××××××××××××××
— 1 —

图4　联合行文公文首页版式2

注：版心实线框仅为示意，在印制公文时并不印出。

××××××××××××××。

××。

中华人民共和国×××部

2012年7月1日

（×××××）

抄送：××××××××，××××××，×××××，×××××，×××××。

×××××××××× 2012年7月1日印发

— 2 —

图5 公文末页版式1

注：版心实线框仅为示意，在印制公文时并不印出。

×××××××××××××××。

　　×××。

×××××××××××

2012 年 7 月 1 日

（×××××）

抄送：××××××××，××××××，×××××，×××××，×××××。

××××××××××　　2012 年 7 月 1 日印发

— 2 —

图 6　公文末页版式 2

注：版心实线框仅为示意，在印制公文时并不印出。

图7　联合行文公文末页版式1

注：版心实线框仅为示意，在印制公文时并不印出。

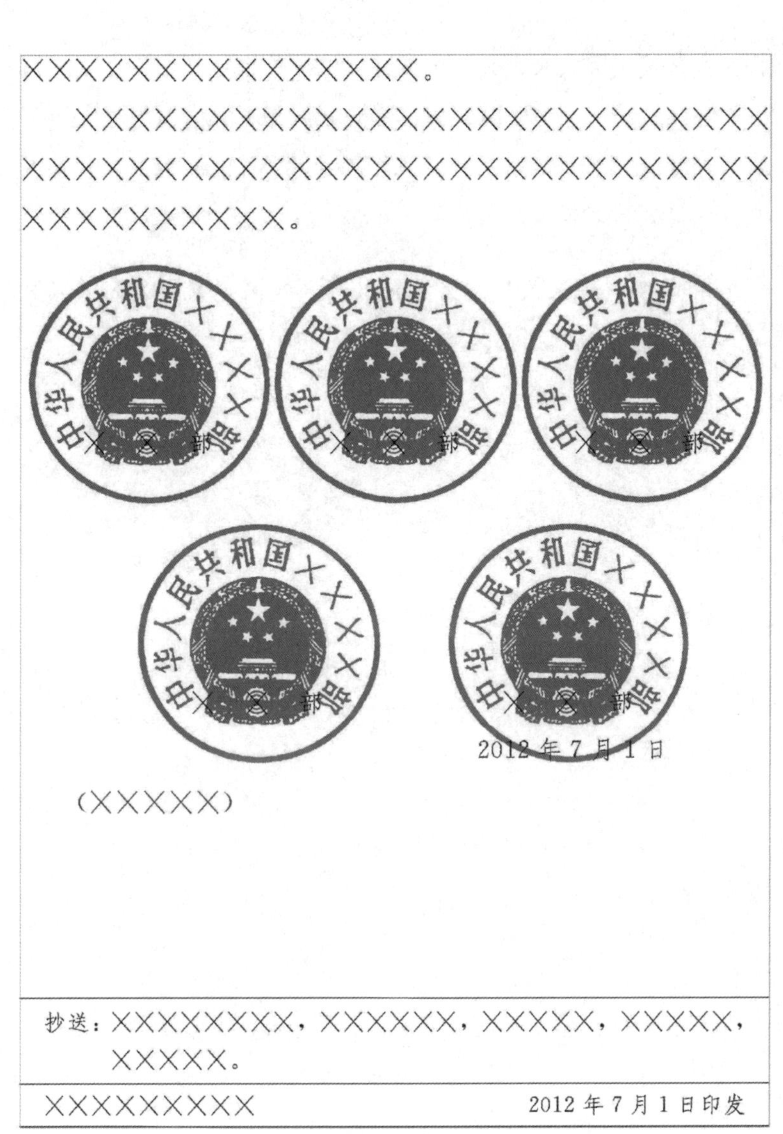

××××××××××××××。

　　××。

中华人民共和国××××部　中华人民共和国××××部　中华人民共和国××××部

中华人民共和国××××部　中华人民共和国××××部

2012年7月1日

（×××××）

抄送：××××××××，××××××，×××××，×××××，×××××。	
××××××××××	2012年7月1日印发

— 2 —

图 8　联合行文公文末页版式 2

注：版心实线框仅为示意，在印制公文时并不印出。

×××××××××××××××。

××。

附件：1. ×××××××××××××××××××××××××××

2. ××××××××××××××

×××××××

× × × ×

2012年7月1日

（×××××）

— 2 —

图9 附件说明页版式

注：版心实线框仅为示意，在印制公文时并不印出。

附件 2

××××××××××××××

　　×××××××××××××××××××××××××××
×××××××××××××××××××××××××××××
×××。

　　×××××××××××××××××××××××××××
×××××××××××××××××××××××××××××
×××××××××××××××××××××××××××××
×××××××××××××××××××××××××××××
×××××××××××××××××××××××××××××
×××××××××××××××。

抄送：××××××××，××××××，×××××，×××××，
　　　×××××。

××××××××××　　2012 年 7 月 1 日印发

— 4 —

图 10　带附件公文末页版式

注：版心实线框仅为示意，在印制公文时并不印出。

中华人民共和国×××××部

000001　　　　　　　　　　　　×××〔2012〕10号

机　密

特　急

×××××关于×××××××的通知

××××××××：

　　××。

　　××。

　　××。

图11　信函格式首页版式

注：版心实线框仅为示意，在印制公文时并不印出。

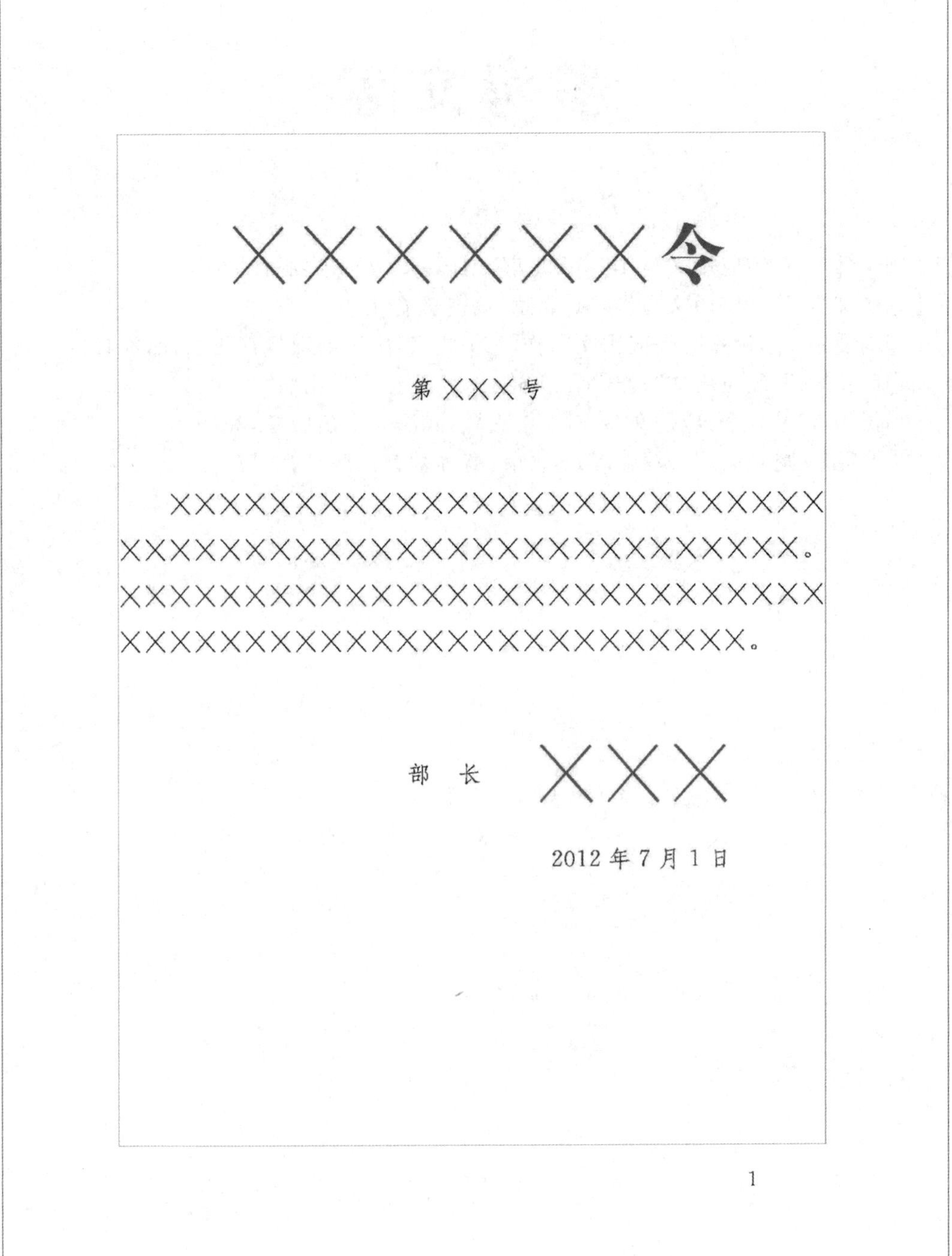

××××××令

第×××号

　　××。××。

部　长　×××

2012年7月1日

1

图12　命令（令）格式首页版式

注：版心实线框仅为示意，在印制公文时并不印出。

参考文献

[1]李延玲.财经应用文写作[M].北京:中国财政经济出版社,2018.
[2]杨文丰.秘书应用文写作[M]北京:高等教育出版社,2014.
[3]周爱荣,游路湘.财经应用文写作[M].北京:中国财政经济出版社,2018.
[4]邱宣煌.财经应用文写作[M].大连:东北财经大学出版社,2013.
[5]付为贵,卢敏秋.应用文写作[M].武昌:武汉大学出版社,2019.
[6]柳胜辉.财经应用文写作[M].北京:高等教育出版社,2017.